DESCRIPTION
DE
L'ÉGYPTE,

RECUEIL
DES OBSERVATIONS ET DES RECHERCHES

QUI ONT ÉTÉ FAITES EN ÉGYPTE

PENDANT L'EXPÉDITION DE L'ARMÉE FRANÇAISE.

SECONDE ÉDITION

DÉDIÉE AU ROI

PUBLIÉE PAR C. L. F. PANCKOUCKE.

TOME TREIZIÈME

ÉTAT MODERNE

IMPRIMERIE
DE C. L. F. PANCKOUCKE.

M. D. C. C. XXIII.

DESCRIPTION

DE

L'ÉGYPTE.

DESCRIPTION

DE

L'ÉGYPTE

OU

RECUEIL

DES OBSERVATIONS ET DES RECHERCHES

QUI ONT ÉTÉ FAITES EN ÉGYPTE

PENDANT L'EXPÉDITION DE L'ARMÉE FRANÇAISE.

SECONDE ÉDITION
DÉDIÉE AU ROI
PUBLIÉE PAR C. L. F. PANCKOUCKE.

TOME TREIZIÈME.

ÉTAT MODERNE.

PARIS
IMPRIMERIE DE C. L. F. PANCKOUCKE
M. D. CCC. XXIII.

ÉTAT MODERNE.

DESCRIPTION

DE L'ART DE FABRIQUER

LE SEL AMMONIAC.

HISTORIQUE.

O<small>N</small> n'entreprendra point ici de rechercher si la substance que l'on appelle maintenant *sel ammoniac*, a été connue des anciens Égyptiens; mais on croit devoir rappeler qu'elle diffère beaucoup de celle à laquelle Pline et Dioscoride ont donné le même nom[1]. Cette simili-

---

[1] C'était un sel gemme, probablement à cassure fibreuse, comme on peut en juger par les passages de ces deux auteurs que nous rapportons ici.

*Sunt et montes nativi salis......
Postea inter Ægyptum et Arabiam cœptus est inveniri, detractis arenis, qualiter et per Africæ sitientia usque ad Hammonis oraculum. Num Cyrenaïci tractus nobilitantur Hammoniaco et ipso, quia sub arenis inveniatur, appellato. Similis est colore alumini quod* schiston *vocant, longis glebis, neque perlucidis, ingratus sapore, sed medicinæ utilis, etc.* (Plin. l. XXXI, cap. 7, t. X, pag. 354 et suiv. de l'édition in-4° en 12 vol. Paris, 1778.)

Sal fossilis efficacior est, commu-

tude de nomenclature n'existait point autrefois, et elle n'a été produite que par l'obstination des érudits des derniers siècles à appliquer ce que Pline dit du sel de la Cyrénaïque au sel ammoniac moderne; leurs écrits mêmes nous apprennent que ce dernier portait le nom de *sel arménien* (*sal armeniacus*)[1]. Cette dénomination, à laquelle on doit rapporter l'origine du mot *armoniac*, sous lequel cette substance était encore désignée dans quelques ouvrages du siècle dernier, se retrouve en Perse, où le mot *nouchâder* et celui de *sel arménien* sont indifféremment employés pour désigner notre sel ammoniac[2]. Elle lui avait, sans doute, été donnée, parce que ce sel faisait partie du commerce des Arméniens, et qu'on aura cru qu'il provenait de leur pays, comme on a long-temps supposé qu'il se fabriquait à Venise, parce que les Vénitiens l'apportaient du Levant, après l'avoir acheté peut-être des Arméniens.

En Égypte, cette substance porte le nom de *nachâder*[3],

---

niter si est candidus, calculis vacans, et perspicuus, densus, æquali compage. Peculiariter ammoniacum genere laudatur, si modò findi facilè possit, rectisque segminibus diduci. In marino sale, etc. (Dioscorides, lib. v, cap. 117, de sale, pag. 326 verso, édition de 1529.)

[1] Seplasiarii pariterque chymistæ sal Armeniacum appellant, quòd fortasse existiment ex Armenia adferri, ubi innumeri sunt camelorum greges. Sed isti, etc. (Matthiol. Comm. in Dioscor. lib. v; cap. 88.)

Barbari Armoniacum pro eo dixerunt, ut et Armoniacum gummi pro ammoniaco; inde Armeniacum hunc salem Pandectarius appellat, quasi ex Armenia adferretur. (Salmasius, de homonymis hyles iatricæ, pag. 193, in Plinian. Exercitation. tom. II, edit. 1689.)

[2] Si l'on consulte le Dictionnaire persan intitulé *Gazophylacium linguæ Persarum*, à P. Angelo, anno 1684, on trouve que ce qui était appelé par les Italiens *sale armoniaco*, en français *sel armoniac*, le nommait en perse نوشادر *nouchâder*, ou bien ملح ارمنيا *melah ermanyá*, c'est-à-dire sel arménien.

[3] نشادر, prononcez *nachâdre*.

mot très-analogue à celui de *nouchâder*, qui, d'après quelques recherches que M. Langlès a bien voulu faire à ma prière, est employé avec la même acception dans l'Inde, où l'on sait qu'il se fabrique aussi du sel ammoniac, et par les mêmes procédés qu'en Égypte. Cette ressemblance de noms, et l'opinion de quelques orientalistes qui ne croient point que le mot *nachâder* ait une origine arabe, portent assez naturellement à penser que l'art de fabriquer ce sel a été pratiqué dans l'Inde avant de l'être en Égypte, et qu'il n'a été introduit dans cette dernière contrée qu'après la conquête qu'en ont faite les Arabes; mais cette conjecture exigerait un examen approfondi pour être adoptée définitivement.

Les Arabes paraissent être les premiers qui aient écrit sur le sel ammoniac des modernes : on trouve, dans leurs ouvrages, quelques indications vagues de la manière de le fabriquer, mêlées, à ce qu'il semble, avec des idées prises de Pline; et elles sont loin de suffire pour faire connaître sa véritable origine [1].

En Europe, quelques personnes se sont imaginé, nous ne savons à quelle époque, que cette substance était produite par l'urine des chameaux déposée dans les sables

[1] *Sal armoniacum est in multis modis unum quod venit de Ægypto, aliud de India, aliud quod venit de Forperia....... et hoc sal faciunt sublimando de aqua tantùm, et adducunt partes magnas; et aliud sal armoniacum est quod fodiunt, et frangunt per partes; et sublimant eum, ut dicant quòd de illo est, et vendunt eum in similitudinem alterius. Differentia inter ea : primum est album; et istud, quando frangis, invenies nigrum in medio.* Avicennæ dictio 5, pag. 145. (Artis chemicæ principes Avicenna atque Geber. Basileæ, 1572, in-8°.)

Scholium Plempii : *El Kharasjius scribit medicamenti hujus genus aliud esse naturale, aliud factitium : hoc capi ex fornacibus balneariis et similibus; naturale esse salis speciem, eruique ex fodinis, sicut lapi-*

des déserts. Cette idée, que d'autres ont trouvée ridicule, semble avoir eu pour but d'accorder le récit de Pline avec ce que l'on savait alors des moyens d'obtenir le sel; car long-temps avant le commencement du siècle dernier, sans connaître parfaitement la composition du sel ammoniac, sur laquelle Duhamel n'a fixé l'opinion qu'en 1735, les chimistes l'obtenaient dans leurs laboratoires, en distillant ensemble un mélange de sel marin, d'urine, et de suie de bois [1]. En 1716, on ignorait encore la véritable origine de celui que les arts consommaient; on savait seulement qu'il venait du Levant.

A cette époque (le 22 avril 1716), Geoffroy le cadet lut à l'Académie des sciences un mémoire dont le but était de prouver que ce sel devait être obtenu par sublimation, et qu'on pouvait, à l'aide de la même opération, le fabriquer en France avec un mélange de sel marin, de terre bolaire, et d'urine ou de toute autre matière animale. Cette opinion ayant été contredite par Lemery fils, le travail de Geoffroy ne fut point publié dans le volume de l'année, et M. de Réaumur se chargea de demander, au nom de l'Académie, des renseignemens sur ce sujet, au consul de France en Égypte. Lemery croyait que le sel ammoniac était extrait par dissolution et cristallisation, comme on le pratique en plusieurs lieux pour le muriate de soude. Ce chimiste

---

dem durum. (Avicenne de Plempius, 1658, tom. 1, lib. II, tract. 2, pag. 208, col. 2.)

[1] Homberg et Lemery père supprimaient la suie. (*Hist. de l'Académ.*, 1716.) Ce procédé, que Juncker rapporte d'après Langius (*voyez* la traduction de Demachy, tom. v, p. 356) comme pratiqué à Venise, est le même, à quelques légères différences près, que celui que donne Geber. *Voyez* l'ouvrage déjà cité, intitulé : *Artis chemicæ principes Avicenna atque Geber*, pag. 715.

fondait cette manière de penser sur la forme des pains de sel ammoniac qui arrivent du Levant; et c'était aussi cette forme qui avait fait conclure à Geoffroy que l'on employait la sublimation.

Cependant une lettre du P. Sicard, en date du 1er juin 1716, publiée dans le second volume des Mémoires des missionnaires de la compagnie de Jésus dans le Levant, qui parut en 1717, et une autre lettre de Lemaire, consul de France au Kaire, écrite le 24 juin 1719 en réponse aux questions de l'Académie, confirmèrent à peu près toutes les opinions de Geoffroy. Ce chimiste eut alors la liberté de faire imprimer son mémoire dans le volume de 1720. Il y inséra aussi les deux lettres dont on vient de parler.

Les descriptions qu'elles renferment sont assez conformes entre elles; elles font connaître que le sel ammoniac se fabrique en Égypte, et qu'on le retire, par sublimation, des suies produites principalement par la combustion des excrémens d'animaux : mais elles diffèrent en un point important, qui a été pour les chimistes le sujet de discussions longues, et pour les voyageurs subséquens, l'objet d'un examen scrupuleux. Suivant Lemaire, la matière d'où l'on retire le sel ammoniac est de la suie pure, unique. Suivant le P. Sicard, au contraire, on ajoute à cette suie un peu de sel marin et d'urine de bestiaux. Geoffroy eut grand soin de faire remarquer cette dernière assertion, parce qu'il croyait l'addition du sel marin nécessaire pour la confirmation de ses premières conjectures.

Mais de nouveaux renseignemens fournis par le même

P. Sicard pour répondre aux questions de l'Académie, et publiés en 1729 dans le septième volume des Mémoires des missionnaires déjà cités, se trouvent parfaitement d'accord, sous ce rapport, avec la description de Lemaire.

Les voyageurs qui ont parcouru l'Égypte depuis cette époque, et qui ont donné une attention particulière à cette fabrication, ne disent plus que l'on emploie le sel et l'urine.

Granger, qui s'est particulièrement occupé de s'assurer si l'on en faisait usage, affirme d'une manière très-positive que l'on se sert uniquement de suie [1].

Hasselquist, qui voyagea après Granger, et qui a donné dans les Mémoires de Stockholm [2] des détails intéressans sur ce genre d'industrie, confirme aussi l'emploi unique des suies animales; mais il insiste beaucoup sur la grande quantité de muriate de soude que contiennent les plantes qui servent de nourriture aux animaux dont les excrémens sont à peu près le seul combustible usité en Égypte, et il l'indique comme la source de l'acide muriatique nécessaire pour la production du sel ammoniac. Cette opinion a été présentée ensuite avec plus de développement par Leyel [3]. Si Geoffroy eût pu soupçonner ce fait, il eût été plus disposé, sans doute, à admettre la possibilité de fabriquer

---

[1] *Voyez* la relation de ce voyageur, ou le mémoire que Duhamel a fait imprimer dans le recueil de l'Académie, année 1735, pag. 107 et suivantes.

[2] Recueil des mémoires les plus intéressans de chimie et d'histoire naturelle contenus dans les Actes de l'Académie d'Upsal et dans les Mémoires de l'Académie de Stockholm, tom. 1er, pag. 237.

[3] *Voy.* le même volume, p. 227.

le sel ammoniac avec les suies de l'Égypte sans y ajouter de sel marin.

D'autres voyageurs encore ont parlé de ce travail, mais d'une manière trop superficielle pour que nous en fassions mention ici. Les seuls qui, à notre connaissance, aient fourni des renseignemens utiles, sont ceux dont nous avons parlé. Malheureusement les descriptions qu'ils nous ont laissées sont toutes incomplètes; quelquefois même elles se trouvent en contradiction les unes avec les autres, de sorte qu'il serait très-difficile, en comparant tous leurs récits, de se faire une idée exacte du procédé. Nous nous sommes décidés, par cette raison, à en présenter ici tous les détails, tels que plusieurs personnes de l'expédition les ont vu exécuter. La description que l'on va lire a été rédigée d'après les notes recueillies par elles, et surtout d'après celles de feu M. Lerouge, qui avait suivi toutes les opérations avec beaucoup d'attention et d'assiduité. Il avait même entrepris quelques recherches pour établir la théorie de la formation du sel ammoniac; mais il a été enlevé par l'épidémie de 1801, avant d'avoir pu les terminer, et l'on n'a pu tirer de grandes lumières de ses expériences.

Il résulte de l'exposé que nous venons de faire, que les derniers voyageurs que nous avons cités ont suffisamment prouvé la vérité de l'assertion de Lemaire, relative à l'emploi des suies sans aucun mélange, et il serait superflu de la confirmer encore par notre propre témoignage : on doit conclure de cette pratique, que les suies contiennent le sel ammoniac tout formé, et qu'on ne fait que l'en extraire par la sublimation; diverses expériences qui ont été faites sur ce sujet, conduisent à la même conséquence. Cette propriété des suies, comme l'ont très-bien remarqué Lemaire et le P. Sicard, dépend de la nature des combustibles qui les ont produites, et c'est par conséquent de ce dernier objet que nous devons d'abord nous occuper.

DES COMBUSTIBLES USITÉS EN ÉGYPTE.

Pour alimenter leurs foyers, les habitans de l'Égypte emploient presque exclusivement les excrémens d'animaux. La disette de bois et le manque absolu de tout combustible minéral les ont forcés, depuis long-temps sans doute, à adopter cet usage, qui n'a pas, dans cette contrée, les inconvéniens qu'il présenterait dans un pays moins fertile : le besoin des engrais s'y fait peu sentir; et d'ailleurs les seuls dont on fasse usage, les poussières criblées de décombres et le fumier de pigeon, sont trop abondans pour que l'on ait à regretter celui que pourraient fournir les quadrupèdes. Les excrémens de ces derniers sont recueillis avec soin, et exclusivement destinés à servir de combustible.

Pour les rendre propres à cet emploi, on les écrase d'abord, et on les pétrit, pour leur donner la consistance d'une pâte molle. Si la matière est trop dure, on l'humecte avec un peu d'eau; si elle est trop liquide, on y ajoute de la paille hachée : comme on fait cette opération sur le sol, il s'y mêle toujours un peu de terre. On en forme ensuite des pelotes que l'on projette contre un mur ordinairement en terre et exposé au soleil. La pelote s'y colle en s'aplatissant, et prend ainsi la forme d'une espèce de tourteau, dont l'étendue varie selon la quantité de matière employée à le former. Quand elle est sèche, on la détache pour la mettre en magasin. Cette matière, dont la préparation est confiée aux femmes et aux enfans, porte le nom de *gelleh*. Elle est à un assez bas prix, puisque cent morceaux épais et larges comme la main coûtent au plus trois médins, ou environ un décime. Elle est néanmoins trop chère pour être employée par toutes les classes des habitans. On en diminue le prix en y ajoutant, dans sa préparation, une grande quantité de poussière et de terre. On forme de ce mélange des mottes grosses comme les deux poings, que l'on fait sécher au soleil. Elles brûlent assez bien, à la manière des tourbes, et se consument peu à peu, en donnant une chaleur très-égale. On leur donne le nom de *kers*.

Indépendamment de ces deux espèces de combustibles qui sont trop coûteux pour certains établissemens, on brûle encore les balayures des rues et les pailles, les os, les plumes, les excrémens de toute espèce desséchés par la chaleur du soleil, qui se trouvent sur les monticules d'immondices et de décombres qui entourent les villes, et que l'on sépare de la terre à l'aide d'un crible. C'est particulièrement avec ces matières, qui contiennent encore beaucoup de terre, et qui sont imprégnées de sel marin[1], que l'on chauffe les bains publics.

Les combustibles végétaux ne sont employés exclu-

---

[1] La poussière des rues contient plusieurs centièmes de son poids de sel marin.

siyement que dans quelques ateliers qui ne fournissent pas de suies, tels que les fours à brique et à poterie, et les fourneaux de verrerie, où l'on ne brûle que des pailles et des tiges de dourah et de roseaux. Le gelleh est employé même dans les fours à pain.

Les trois espèces de combustibles dont il a d'abord été question, doivent produire beaucoup d'ammoniaque pendant leur combustion, puisqu'ils contiennent une grande quantité de matières animales : mais ce principe, pour former le sel ammoniac, doit être combiné avec l'acide muriatique; et l'on ne peut supposer que ce dernier ait d'autre origine que le muriate de soude qui se trouve dans les matières que l'on brûle. Les matières ramassées dans les rues et sur les monticules de décombres en contiennent beaucoup; et son existence dans les excrémens des quadrupèdes de l'Égypte est un des faits les mieux constatés par les expériences de M. Lerouge, qui y a trouvé aussi des sulfates et des sels amers, mais qui n'a point déterminé la nature particulière de ces derniers.

Il est facile d'expliquer le dégagement de l'acide muriatique dans les foyers où l'on brûle le kers ou les immondices des villes, puisque, ces matières contenant beaucoup de parties terreuses mélangées avec le sel marin, toutes les conditions nécessaires pour la décomposition de cette dernière substance se trouvent réunies : mais lorsque l'on emploie uniquement le gelleh, la quantité de terre qui s'y trouve paraît bien peu considérable pour qu'elle puisse agir d'une manière sensible sur le muriate de soude; et ce dernier doit être décomposé surtout par les autres sels avec lesquels il se trouve mélangé dans les matières excrémentitielles. On peut croire aussi que pendant la digestion il se forme des muriates terreux, qui sont décomposés ensuite par la chaleur de la combustion, et même qu'une petite quantité de muriate d'ammoniaque est déjà toute formée dans les excrémens; mais les effets de ces deux dernières causes sont certainement très-faibles en comparaison de ceux que doit produire la première que nous avons indiquée.

Quelles que soient, au surplus, l'époque et la cause de la décomposition du sel marin, une observation de M. Chaptal met hors de doute que c'est à la présence de cette substance saline dans les alimens des bestiaux, qu'est due la propriété qu'ont les suies produites par leurs excrémens, de contenir du muriate d'ammoniaque. Ce célèbre chimiste fait connaître, dans sa Chimie appliquée aux arts (tom. IV, pag. 175), « qu'il a retiré du sel ammoniac de la suie provenant de la combustion de la fiente des bœufs et des chevaux sauvages qui vivent dans les plaines immenses de la Camargue et de la Crau, et sur les bords des nombreux marais de la Méditerranée; mais que ces animaux, qui préfèrent les plantes douces aux herbes salées, ne se nourrissent de ces dernières que pendant l'hiver, et que leurs excrémens ne lui ont fourni de sel ammoniac que pendant cette saison.

Ce fait donne beaucoup de valeur à l'opinion d'Hasselquist, qui n'était fondée que sur la saveur saline qu'il avait trouvée dans plusieurs espèces de plantes dont on nourrit les bestiaux en Égypte. Son observation, qui semble inconciliable avec les inondations annuelles du Nil, exige que nous entrions dans quelques détails, pour faire voir que la plus grande partie des végétaux de l'Égypte doit en effet contenir plus de sel marin que ceux de nos climats.

Dans les contrées pluvieuses de l'Europe, le terrain, continuellement lavé par les eaux pures des pluies, ne peut contenir que les matières salines apportées par les engrais; ce qui ne peut être fort considérable : au contraire dans l'Égypte, qui ne reçoit presque jamais l'eau du ciel, le sol, encaissé dans un rocher calcaire qui recèle beaucoup de muriate de soude, est tellement imprégné de sel, qu'il suffit qu'un champ n'ait pas été arrosé pendant quelques années pour qu'il soit incapable de produire des plantes utiles, s'il n'est préalablement lessivé, pour ainsi dire, par les eaux du fleuve. Les terres sur lesquelles le Nil a séjourné long-temps, sont les seules qui soient entièrement dessalées : mais il n'y a ordinairement qu'une petite partie de la surface de l'Égypte qui soit dans ce cas; une très-grande portion n'est abreuvée qu'à l'aide d'arrosages qui, pour la plupart, se font avec l'eau des puits creusés pour cet objet dans les campagnes. Ces puits ne donnent qu'une eau plus ou moins saumâtre, selon leur éloignement du fleuve, dont ils reçoivent les eaux à travers la couche de terre végétale. Les plantes, en absorbant une quantité d'eau considérable, absorbent aussi par conséquent une assez grande quantité de sel marin. Celles qui croissent sur le bord de la mer et dans les lieux qui ne sont pas inondés, en contiennent nécessairement beaucoup plus encore. C'est surtout dans ces dernières qu'Hasselquist a dû trouver un goût salin; car nous ne nous sommes pas aperçus que les végétaux qui couvraient les champs eussent une saveur particulière.

On doit, au surplus, remarquer qu'il n'est pas nécessaire que les végétaux contiennent beaucoup de muriate de soude, pour que l'on puisse expliquer la production du sel ammoniac; car la quantité des suies est si peu considérable par rapport à celle du combustible consommé, et surtout par rapport à la quantité des alimens pris par les bestiaux, qu'il suffit que ces alimens contiennent une très-petite proportion de sel, pour qu'ils puissent fournir tout l'acide muriatique nécessaire à la formation du sel ammoniac que produit l'Égypte, toute cette vaste contrée n'étant, pour ainsi dire, qu'une seule fabrique, dont les premiers travaux s'exécutent dans toutes les habitations particulières.

On conçoit, d'après ce qui vient d'être dit, comment la différence de nourriture des bestiaux peut produire une différence dans la valeur des suies que produisent leurs excrémens; c'est pour cette raison, sans doute, que ceux de certains animaux passent pour donner des suies plus riches. Ainsi, d'après des renseignemens fournis à M. Lerouge par des fabricans de sel ammoniac, on doit préférer d'abord les fientes de buffle, ensuite les crottins de mouton et de chèvre, puis les excrémens humains, ensuite les crottins de chameau, et enfin ceux des chevaux et des ânes. Mais cet ordre n'est probablement établi sur aucune expérience positive, et il doit changer selon la nature des alimens : aussi nous ne le rapportons ici que pour ne rien omettre de ce qui concerne l'art dont nous nous occupons.

DES SUIES[1].

La plupart des habitations des paysans égyptiens sont des maisons en terre peu élevées; elles n'ont d'autre ouverture que la porte pour le passage de la fumée. Les suies se fixent sur toute la surface intérieure de l'habitation; mais, comme le sel ammoniac est moins volatil que les parties fuligineuses, les suies les plus voisines du sol sont les plus riches.

La récolte des suies ne se fait ordinairement que tous les trois ans dans les maisons particulières : dans les lieux où l'on fait habituellement du feu, comme dans les bains publics et dans les fours à pain, on les recueille une fois chaque année. Des hommes envoyés par les propriétaires des fabriques ou ateliers de sublimation parcourent les villages, et achètent des paysans la permission de ramasser les suies de leurs habitations. Ils ne les prennent point au poids; mais ils jugent au coup d'œil quelle quantité ils en peuvent retirer. Si les suies sont de peu de valeur, comme dans la haute Égypte, ils donnent en échange du savon, des aiguilles, ou quelques autres objets analogues; dans la basse Égypte, ils les payent en argent.

Pour ramasser les suies sur les voûtes basses et sur les murs, on se sert de petits grattoirs en fer, à long

[1] هبّاب *Hebbâb.*

manche, avec lesquels on les ratisse pour détacher les croûtes qui y adhèrent fortement; ce qui entraîne toujours beaucoup de terre. Dans la haute Égypte, où elles ne forment point de croûtes, on se contente de les faire tomber avec un balai sur une toile étendue à terre.

Les suies diffèrent entre elles autant par la couleur, la pesanteur et le goût, que par leur qualité, c'est-à-dire par la quantité de sel ammoniac qu'elles contiennent : il y en a qui passent pour n'en pas contenir du tout, quoique provenant de matières animales; et cette portion est, à ce qu'on assure, très-considérable. Les meilleures viennent de la basse Égypte, et surtout de Menouf et de ses environs, sur la branche de Rosette et de Mansourah et lieux d'alentour, sur la branche de Damiette. Elles sont roussâtres, pesantes, et contiennent un peu de terre; elles ressemblent plutôt à de la terre enfumée qu'à de véritables suies : leur goût est très-piquant, et l'on aperçoit facilement, dans les gros fragmens, de petits filamens de sel ammoniac; elles en fournissent une grande quantité, et de qualité supérieure, lorsque la sublimation est bien conduite.

Les suies les moins bonnes qui viennent de la haute Égypte, sont fines, très-légères, plus noires que les autres, et peu différentes, au premier coup d'œil, de nos suies ordinaires; elles donnent moins de sel que les premières, et ce sel est toujours plus sale.

On se sert, pour transporter les suies dans les magasins, de sacs de toile; et l'on a la précaution de les humecter, pour empêcher les pertes que pourraient occasioner le vent et les secousses de la route : celles de bonne qualité s'agglomèrent fortement; les autres restent en poudre. On ne leur fait subir aucune préparation avant d'en extraire le sel ammoniac.

DE LA SUBLIMATION.

La sublimation du sel ammoniac s'effectue dans des ballons de verre lutés jusqu'à quelques centimètres de leur ouverture; l'espace laissé à découvert, étant continuellement refroidi par l'air, se tapisse intérieurement de sel ammoniac à mesure que ce dernier est dégagé, par la chaleur, des suies qui remplissent la capacité du ballon. Tous les détails de ce travail vont être exposés successivement dans les paragraphes suivans.

Des ballons et de leur fabrication.

Les ballons dont on fait usage sont de verre noir, extrêmement mauvais, mais qui suffit pour l'usage auquel il est destiné.

Le bas prix du natron et son abondance ont dû, dès l'origine, faire donner la préférence au verre sur toute autre matière, pour en former des vases sublimatoires. Ces causes, jointes à la rareté du combustible, ont empêché que l'art de la verrerie n'ait reçu en Égypte de grands perfectionnemens. Aussi ses produits, même ceux destinés aux usages ordinaires de la vie, sont-ils de très-mauvaise qualité; et les ballons employés dans les fabriques qui nous occupent, leur sont encore de beaucoup inférieurs. La fragilité de ces vases rendrait leur transport excessivement difficile, pour ne pas dire impossible; les propriétaires de manufactures de sel ammoniac sont, par cette raison, obligés de les faire fabriquer dans leurs propres ateliers : mais ce travail n'entraîne ni de grandes dépenses, ni beaucoup d'embarras.

Un espace carré, de deux mètres environ de côté, suffit pour l'emplacement du fourneau de verrerie[1]; quatre murs principaux, de trois décimètres d'épaisseur, qui s'élèvent de deux mètres environ, et qui sont réunis à leur extrémité supérieure par une voûte, renferment le fourneau à fondre et le four à recuire.

Le fourneau à fondre occupe les deux tiers environ de la hauteur totale de la construction; le reste contient le four à recuire. Le premier consiste en un foyer et en une cuvette sur laquelle on place immédiatement la matière à fondre. Le foyer, qui s'étend sur toute la longueur du fourneau dans un sens, et sur le tiers seulement dans l'autre direction, est séparé de la cuvette par un mur d'un mètre de hauteur, qui ne s'élève que de quelques centimètres au-dessus du sol de la cuvette, cette dernière étant placée sur un massif de maçonnerie qui l'élève de huit à neuf décimètres au-dessus du sol de l'atelier.

Le fourneau à fondre est recouvert par une voûte qui sert en même temps de plancher au four à recuire. Cette voûte réfléchit sur la cuvette la flamme du combustible, qui ordinairement consiste en tiges de dourah et de roseaux. Une portion de la flamme s'introduit aussi dans le four à recuire, par une ouverture pratiquée au centre de la voûte dont on vient de parler.

[1] *Voyez* les figures 17, 18 et 19 et l'explication de cette planche, de la planche II des *Arts et métiers*, tom. XII, pag. 406, *É. M.*

La matière avec laquelle on fabrique les ballons, est un mélange de natron et de fritte vitreuse déjà toute préparée, que l'on achète dans les verreries ordinaires. On dispose cette fritte en couches minces sur la cuvette, et l'on y ajoute une grande quantité de natron pour en accélérer la fusion.

Pour faire un ballon, l'ouvrier enlève, avec sa canne, la totalité de la matière qui lui est nécessaire : après avoir amené la pièce au diamètre de vingt-quatre à vingt-sept centimètres environ, en la tenant dans le fourneau de fusion, il la termine dans le four à recuire, en la portant au milieu de la flamme qui pénètre dans ce dernier par l'ouverture pratiquée au centre de la voûte inférieure. Lorsque le ballon a atteint le diamètre de quarante à quarante-cinq centimètres, l'ouvrier le pose sur le sable dont est garni le sol du four à recuire : il mouille le col, et d'un petit coup sur la canne il la sépare du ballon. La portion de col restant au ballon a de quatre à cinq centimètres de longueur, et de quatre à sept centimètres de diamètre. Toute cette opération dure cinq à six minutes.

Le four à recuire ne pouvant contenir que deux ou trois ballons, chacun de ces vases ne peut rester au recuit que dix à quinze minutes; on les retire peu à peu, à l'aide d'un crochet de fer, jusqu'à l'extérieur du fourneau, et par une ouverture assez large pratiquée sur un des côtés; on ne les éloigne ensuite que graduellement du feu, en les faisant passer sur une banquette placée auprès du four, mais qui ne reçoit la chaleur que par l'ouverture qui donne passage aux ballons.

Chaque cuite dure vingt-quatre heures, c'est-à-dire que la matière est à peu près douze heures à fondre, et que le soufflage dure ensuite autant de temps.

Le produit de ce travail est tel qu'on doit l'attendre de l'imperfection des moyens qui y sont employés, et du peu d'habileté des ouvriers. Les ballons sont d'une épaisseur très-inégale, et presque tous fendillés, à cause du refroidissement trop brusque. Il n'est pas rare de voir des pièces tomber d'elles-mêmes en morceaux, même sur la banquette. On estime à un dixième la quantité qui est brisée tant dans la fabrication que pendant le transport hors de l'atelier, et lorsque l'on applique le lut. Les fragmens sont recueillis avec soin, ainsi que ceux des ballons qui ont déjà servi, et on les rejette dans le fourneau à fondre.

Ces ballons, tout lutés, ne reviennent au fabricant qu'à 10 ou 15 médins, c'est-à-dire à peu près 35 ou 50 centimes, 5 francs valant 142 médins.

Du lut des ballons.

Pour faire usage de ces vases, on est obligé de les enduire d'une couche épaisse de lut. Celui que l'on emploie est fait avec de la terre végétale que l'on délaye dans une fosse, et à laquelle on ajoute une assez grande quantité de menues chenevottes de lin battu, débarrassées de la plus grande partie de l'étoupe qui y reste ordinairement attachée et qui gênerait l'opération.

L'application du lut se fait en quatre fois.

On apporte d'abord le ballon sur le bord de la fosse,

et on le place, le col en bas, sur un lit de cendres tamisées, au milieu duquel on a pratiqué une cavité assez grande pour recevoir ce col : l'ouvrier passe alors sur le fond qui se trouve le plus élevé, et qui est la partie la plus mince du vase, une couche de lut de dix à douze millimètres d'épaisseur, qu'il unit grossièrement. On enlève alors le ballon; on le pose sur le sol dans la même situation, pour le laisser sécher au soleil. Quand le lut est bien sec, on reporte le ballon près de la fosse, pour luter la partie supérieure; on le place alors sur son fond, le col en haut, et l'on couvre de lut toute la portion restée à découvert dans la première opération, à l'exception d'une calotte de dix-neuf à vingt centimètres de diamètre, dont le col est le centre, et qui doit toujours rester nue. Lorsque cette nouvelle portion de lut est sèche, le ballon est repris une troisième et une quatrième fois pour recevoir une seconde couche, qui s'applique comme la première. Chaque opération dure environ deux ou trois minutes.

Les ballons une fois lutés sont assez solides, et on peut les conserver long-temps en magasin, en piles de trois rangs. S'il y arrive quelque léger accident, comme d'être percés ou d'avoir le col brisé, ils ne sont pas perdus pour cela : on y remédie en plaçant sur le trou un morceau de verre que l'on recouvre de lut; et si ce trou existe dans la calotte, qui doit rester à nu, on se contente d'y adapter un fragment de verre un peu plus grand que l'ouverture, lorsque le ballon est placé sur le fourneau. Les premières portions de sel ammoniac qui se condensent, ont bientôt fixé suffisamment le fragment.

DE FABRIQUER LE SEL AMMONIAC.

Remplissage des ballons.

Le remplissage des ballons n'exige aucune précaution particulière; on nettoie seulement avec soin la calotte supérieure, et l'on introduit ensuite les suies. On ne laisse de vide que ce qu'il en faut pour le pain de sel qui doit se former; c'est-à-dire que l'on remplit le ballon jusqu'à environ quatre centimètres au-dessous de l'origine du col, lorsqu'on emploie les suies riches, et un peu moins lorsque les suies sont pauvres. Dans ce dernier cas, on diminue aussi l'étendue de la calotte qui est sans lut.

On a soin de secouer le ballon à mesure qu'on le remplit, pour faire tasser les suies, et pour qu'elles offrent à leur partie supérieure une surface plane et horizontale.

Les ballons ainsi remplis sont ensuite placés sur le fourneau, dont nous allons donner la description.

Du fourneau de sublimation.

Le fourneau[1] consiste en quatre murs principaux de six décimètres d'épaisseur, qui laissent entre eux un espace carré de deux mètres environ de côté. Ces murs s'élèvent de treize décimètres environ au-dessus du sol de l'atelier; mais, comme ils sont construits autour d'une fosse profonde de sept décimètres, leur hauteur

---

[1] *Voyez* les figures 20, 21, 22 et 23 de la planche II des *Arts et métiers*, et l'explication, tom. XII, pag. 406, *É. M.*

totale est de deux mètres à peu près. Une porte placée sur la face antérieure sert à l'introduction de l'air et du combustible, et à l'extraction des cendres.

Ordinairement les deux murs des côtés, au lieu de conserver toute leur épaisseur, s'amincissent progressivement en s'élevant, les faces extérieures restant verticales, de manière que l'intérieur du fourneau, à sa partie supérieure, présente un parallélogramme de vingt-huit à vingt-neuf décimètres dans un sens, sur vingt décimètres dans l'autre.

Sur les deux murs de côté sont appuyés trois arceaux élevés en plein cintre, qui sont épais de vingt-deux centimètres chacun, et qui sont construits parallèlement aux murs de devant et de derrière. Ils divisent l'intérieur du fourneau en quatre bandes égales qui restent vides. L'extrados de ces arceaux est chargé d'un petit mur de même épaisseur, qui s'élève horizontalement jusqu'à quatre décimètres environ au-dessous de l'extrémité supérieure des murs principaux, et les deux murs de devant et de derrière présentent, à la même hauteur, un retrait dans l'intérieur du fourneau. Ces arceaux et les retraits sont destinés à supporter les ballons qui, de cette façon, se trouvent soutenus au-dessus des bandes vides, et qui reçoivent par-là l'impression du feu; l'excédant de quatre décimètres en hauteur, des murs principaux sur les arceaux, forme une enceinte qui entoure de tous côtés les ballons placés sur le fourneau.

Toute cette construction est faite en briques maçonnées avec de la terre ordinaire, seulement broyée avec de l'eau, en y mêlant environ un quart de son volume de sel marin [1].

Chaque fabrique possède ordinairement plusieurs fourneaux de cette espèce : ils sont placés sur un ou deux rangs, selon que le local le permet, et ils sont réunis par des murs mitoyens; un grand hangar, recouvert le plus souvent avec des feuilles de palmier, les renferme tous.

Arrangement des ballons sur le fourneau.

Communément on met vingt-quatre ballons sur chaque fourneau, de sorte que chaque rang est composé de six de ces vases. On les place très-près les uns des autres, mais sans qu'ils se touchent. On a soin aussi de les isoler des murs et des arceaux qui les supportent, en interposant des morceaux de cendres vitrifiées.

Ces ballons étant placés, on remplit les intervalles que laissent entre elles leurs moitiés supérieures, avec de gros morceaux de cendres, que l'on recouvre avec des fragmens plus minces, et l'on finit par mettre un lit de cendres fines, qui s'élève jusqu'à la base du col du ballon.

On pratique encore à chacun des quatre angles du fourneau, dans le lit de cendres, une ouverture d'un décimètre environ de diamètre, pour servir de cheminée.

Toutes ces dispositions, depuis le remplissage des ballons jusqu'à la mise au feu, durent une journée.

---

[1] L'addition du sel marin dans les mortiers est une pratique générale en Égypte, dont nous n'avons pu apprécier les avantages.

Conduite du feu.

Lorsque tout est préparé comme on vient de le dire, on jette dans le fourneau, qui n'a ni grille ni cendrier, une quantité de kers suffisante pour remplir à peu près la moitié de sa capacité : on y met ensuite le feu dans la partie voisine de la porte; l'inflammation s'étend lentement sur toute la surface, et gagne insensiblement jusqu'au fond. Lorsque toute la masse est bien allumée, on bouche presque entièrement la porte, que l'on avait commencé à murer avant d'y introduire le combustible : par ce moyen, l'on n'a pendant long-temps qu'une chaleur très-faible, qui pénètre lentement les vases sublimatoires. On ne débouche la porte que lorsqu'il est nécessaire d'augmenter le feu, et l'on ajoute alors, selon le besoin, de nouveau combustible.

Ce n'est jamais qu'au commencement de la nuit que l'on met le feu au fourneau, parce que l'opération durant environ soixante heures, elle se trouve, de cette façon, terminée vers le matin de la troisième journée. L'enlèvement des pains de sel se fait alors au jour; ce qui est plus commode que si l'on était obligé d'exécuter ce travail pendant la nuit.

Ce n'est que vers la fin de la première nuit que la chaleur commence à être un peu forte. A cette époque, il s'exhale déjà des ballons une grande quantité de vapeurs humides et fuligineuses, mêlées de carbonate d'ammoniaque. Ce n'est qu'avec peine que l'on peut rester quelques momens sur le fourneau, sur lequel, cependant, un ouvrier est obligé de monter pour briser une croûte de sel ammoniac qui se forme à la surface supérieure des suies, et quelquefois vers l'origine du col du ballon. Cette croûte, en fermant toute issue aux vapeurs, déterminerait la rupture des vaisseaux, si on ne la brisait avec une sonde de fer, lorsqu'elle a trop de consistance.

Vers le milieu de la première journée, la fumée des ballons devient blanche; et elle diminue sensiblement, quoiqu'alors la chaleur soit portée au plus haut degré que comporte l'opération. A cette époque, les suies sont débarrassées de l'humidité et des parties huileuses qu'elles renfermaient. On découvre avec un balai les portions de ballon qui sont sans lut, et qui, jusqu'alors, avaient été couvertes de cendres. Le refroidissement qu'éprouvent les calottes détermine une portion du sel qui se sublime à se condenser; mais une grande portion continue à se perdre dans l'atmosphère, sous la forme de fumées blanches. Ce n'est véritablement que de ce moment que le pain de sel commence à se former, la croûte qui recouvrait les suies ayant été, en très-grande partie, vaporisée par la chaleur à mesure qu'elle en a pénétré la masse.

Le second jour, dans la matinée, le chef de l'atelier, en frappant à petits coups sur les calottes, juge si le sel se solidifie; et, dans ce cas, il casse les cols des ballons, mais sans détacher les morceaux.

Sur le soir du même jour, il examine de nouveau l'état des pains de sel : s'il les juge bien compactes, il casse les calottes, mais toujours sans enlever les pièces; si le ballon sonne le creux, l'ouvrier attend quelque temps pour fêler le verre. Malgré ces précautions, il est très-fréquent que les vapeurs qui se forment au milieu de la masse des suies, déterminent la rupture du vaisseau au-dessous du pain de sel.

M. Lerouge a remarqué une forte odeur d'acide sulfureux qui se manifeste lorsque les ballons se brisent.

La sublimation est terminée ordinairement vers le matin du troisième jour. Si cependant, après avoir enlevé quelques pains, on ne les trouve pas assez denses, on continue de chauffer les autres pendant quelques heures, en ajoutant du combustible.

Lorsque l'on juge l'opération entièrement achevée, on procède à l'enlèvement du sel ammoniac : pour cela, on brise le ballon immédiatement au-dessous de la masse sublimée, et on enlève la calotte, sans rien déranger au reste. Avec un peu d'eau froide que l'on jette sur les portions de verre qui restent adhérentes au pain de sel, on les fait éclater, et on les ôte ensuite avec facilité. Pour séparer les matières noires qui salissent ordinairement sa surface concave, on est quelquefois obligé d'employer une petite herminette; si elles tiennent peu, un chiffon suffit, et si le sel est sali de quelques taches jaunes ou noires, l'ouvrier les fait disparaître avec un peu d'eau ou de salive. S'il arrive que le pain de sel présente quelques parties peu serrées, on les refoule à coups de marteau avant qu'elles soient refroidies.

Le pain de sel qu'on retire de chaque ballon pèse ordinairement quatre ou cinq rotles.

La beauté du sel ammoniac dépend, comme on le conçoit bien, de la qualité des suies et de la conduite du feu. On en fait trois classes, selon sa blancheur; mais la différence n'est pas suffisamment tranchée pour qu'il n'y ait rien d'arbitraire. Le plus blanc, celui que l'on nomme raffiné, se retire des matières qui restent au centre des ballons, lorsque la sublimation n'a point été complète; ce qui arrive assez souvent. Ces matières, auxquelles on donne le nom de *harâdi* et celui de *oualad* (enfant), selon M. Lerouge, forment une espèce de boule très-consistante au milieu du résidu noir et pulvérulent qui remplit les ballons : on a soin de l'enlever immédiatement après que l'on a emporté le sel, et l'on verse aussitôt dessus une petite quantité d'eau froide, pour arrêter les vapeurs abondantes de muriate d'ammoniaque qui s'en dégagent. Cette matière est rarement traitée seule; ordinairement on la mêle dans la proportion d'un tiers avec de nouvelles suies, et les ouvriers croient que ce mélange donne une plus grande quantité de sel que si la sublimation des deux matières se faisait séparément. En dissolvant les matières salines que contient le harâdi, on obtient une liqueur très-chargée de fer. Il est possible que le mélange avec de nouvelles suies qui contiennent du carbonate d'ammoniaque, donne naissance à une plus grande quantité de muriate ammoniacal. Il est peu probable néanmoins que cette augmentation soit bien sensible.

Les résidus pulvérulens s'embrasent aussitôt après avoir été mis en contact avec l'air; ils perdent leur couleur noire par la combustion du charbon, et en prennent une grise ou brune foncée. On les jette, et l'on ne conserve que les fragmens de verre qui peuvent être refondus; les portions qui ont éprouvé la plus forte chaleur, s'étant fondues et soudées au lut, sont jetées avec lui.

Les suies fournissent, terme moyen, le dixième environ de leur poids de sel ammoniac. Mais si l'on réfléchit à la quantité considérable qui est perdue dans l'atmosphère pendant la sublimation, quantité qui est telle, que l'atelier est toujours rempli, pendant le travail, d'une fumée très-épaisse, et qu'il suffit d'agiter les feuilles de palmier qui servent de toit, pour que les vêtemens soient couverts d'une poussière abondante de muriate d'ammoniaque, il paraîtra évident que l'on n'obtient qu'une faible portion du sel contenu dans les suies. En lessivant d'abord ces dernières, et en sublimant ensuite le résidu de l'évaporation de ces lessives, M. Lerouge a obtenu, dans une expérience faite en petit à la vérité, une quantité de sel égale à la moitié du poids des suies lessivées. Il est probable, par conséquent, qu'il serait possible de faire des changemens avantageux au procédé pratiqué en Égypte.

Les principaux ateliers de sublimation existent à Mansourah et à Boulâq. C'est dans ce dernier lieu que l'on a suivi les détails de ce travail.

L'atelier de Mansourah, qui possédait six fourneaux, fabriquait annuellement soixante à soixante-dix *qantâr*. Deux cents rotles ou un qantâr se vendaient, avant la guerre, 100 pataques de 90 médins.

Le nombre des ouvriers payés à l'année était de six. On employait en outre, selon les besoins, quinze à vingt ouvriers pour aller acheter les suies.

H. V. COLLET DESCOSTILS.

MÉMOIRES

ET OBSERVATIONS

SUR PLUSIEURS MALADIES

QUI ONT AFFECTÉ

LES TROUPES DE L'ARMÉE FRANÇAISE

PENDANT L'EXPÉDITION D'ÉGYPTE ET DE SYRIE,

ET QUI SONT ENDÉMIQUES DANS CES DEUX CONTRÉES;

Par M. le Baron LARREY,

Docteur en chirurgie de Paris, et en médecine de l'Université d'Iéna, Membre de l'Institut d'Égypte, de plusieurs Académies, premier Chirurgien de l'ex-garde, Inspecteur général du service de santé des armées, l'un des Commandans de la Légion d'honneur, et Chevalier de l'ordre de la Couronne de fer.

Le passage subit des troupes européennes dans une des contrées brûlantes de l'Afrique, dont les vicissitudes extrêmes et les influences nous étaient, pour ainsi dire, inconnues, devait produire dans la santé de ces troupes une altération d'autant plus grande, qu'on n'avait pris presque aucune des précautions nécessaires pour se garantir de ses effets, soit par le défaut de connaissances assez positives sur les localités, soit par l'ignorance des véritables causes des maladies particulières à ce climat.

Ainsi, à notre arrivée en Égypte, nous fûmes frappés tout-à-coup d'une ophthalmie rebelle, qui affaiblit promptement nos bataillons, jeta plusieurs de nos soldats dans un désespoir absolu, et causa, chez un certain nombre, la perte de la vue d'une manière si prompte, qu'on ne put leur apporter aucun secours efficace.

Les voyageurs et les médecins qui avaient écrit sur cette maladie, nous en avaient donné des notions trop incertaines pour qu'on pût asseoir, dans les premiers instans, un pronostic juste et favorable. Les empiriques que nous trouvâmes dans le pays, prétendirent connaître seuls une affection dépendante de leur climat. Ils surprirent ainsi la crédulité d'un très-grand nombre de militaires qui en étaient attaqués; et sans doute la séduction aurait été générale, si bientôt la multiplicité de leurs fautes, l'abus de leurs collyres âcres, et les fâcheux résultats de leur traitement, n'eussent contraint ceux qui n'avaient pas encore été victimes, à rendre aux officiers de santé de l'armée la confiance que leur avaient méritée leur zèle et leur constante application.

L'observation et les recherches nous conduisirent bientôt à la connaissance exacte de cette maladie, des causes qui la produisaient, des phénomènes qu'elle présentait dans sa marche, et des succès que pouvaient faire obtenir les moyens qu'on mit en usage pour la combattre. Une suite d'observations et d'expériences heureuses forma la base du Mémoire que j'ai communiqué à l'Institut d'Égypte en l'an vii (1798), sur l'ophthalmie, et qui sera le premier de ce recueil. Les préceptes qu'il renferme ont été appliqués, peu de temps après notre arrivée dans ce pays, avec un tel succès, que cette maladie était devenue, même dans les mains des plus jeunes élèves, la plus simple et la plus facile à traiter.

Une maladie plus terrible encore vint attaquer plusieurs militaires qu'avaient déjà maltraités les combats : souvent elle terminait leur carrière au moment même où leurs blessures offraient les plus belles espérances. Je veux parler du tétanos traumatique, que déterminèrent des influences particulières du climat égyptien, de concert avec l'irritation nerveuse donnée par les blessures.

Cette maladie, reconnue mortelle par tous les auteurs, résista d'abord à tous les moyens qu'ils conseillent de lui opposer; et nous fûmes quelque temps, malgré les soins les plus assidus, malgré l'emploi varié de ces mêmes moyens, simples spectateurs de ses terribles effets.

Cependant l'usage de quelques médicamens déjà connus, mais différemment préparés, et employés avec des modifications particulières, sauva la vie à quelques-uns. L'amputation du membre blessé, faite dès l'invasion des premiers accidens, a eu surtout, dans quelques circonstances, un heureux résultat. Ce moyen fait le principal objet du mémoire que j'ai rédigé sur cette maladie, et qui tiendra le second rang dans ce travail. Je n'y ai point tracé l'histoire du tétanos; je me suis contenté d'y présenter, d'une manière succincte, le tableau de ses symptômes, ses causes, sa terminaison, et plusieurs observations qui étayent ce que j'avance.

Les premières chaleurs que nous eûmes à essuyer en Égypte, déterminèrent, chez plusieurs individus d'un embonpoint plus ou moins considérable, une altération notable dans la substance adipeuse des *omentum* et du tissu cellulaire, altération dont les effets portaient immédiatement sur l'organe hépatique. Bientôt, dans cet état, son appareil vasculaire et glanduleux, dont l'extrême divisibilité affaiblit le ressort et s'éloigne du mouvement systaltique général, s'engorge et s'enflamme; et cette inflammation, à raison de son intensité et de sa marche rapide, se terminait constamment par la suppuration, lorsque le malade ne recevait pas à temps les secours nécessaires. L'incertitude, l'irrégularité des symptômes de cette affection, et les préceptes non moins incertains que prescrivent les auteurs pour la vaincre, rendirent infructueux les effets des moyens conseillés par ces mêmes auteurs : il fallut faire des recherches pour en arrêter les progrès et en prévenir les suites fâcheuses ; il fallut, en quelques circonstances, plonger profondément l'instrument tranchant, pour ouvrir les abcès qui survenaient. Ces dépôts et l'inflammation qui les prépare, font le sujet d'un autre mémoire, étayé de plusieurs observations. Le mode d'opération que nécessite ce dépôt, et les pansemens qui doivent le suivre, me paraissent offrir quelque intérêt.

Il me serait plus difficile d'expliquer comment les influences de ce climat ont pu coopérer, avec de très-légères causes locales, à la destruction graduée et presque insensible des principaux organes de la génération; je me contenterai d'exposer les effets de ces accidens dans une notice intitulée *Atrophie des testicules*, en indiquant, à la fin, les moyens et les précautions à mettre en usage pour s'en garantir : un assez grand nombre d'individus en ont été victimes.

Il n'est pas moins remarquable de voir les enveloppes de ces organes, jusqu'aux tégumens, se dénaturer, se distendre outre mesure, et prendre un accroissement monstrueux, maladie que les auteurs désignent sous le nom de *sarcocèle :* j'en rapporterai quelques exemples accompagnés de leur figure. Cette affection, très-fréquente chez les naturels du pays, n'a point épargné nos soldats.

Ce n'était pas assez pour eux d'essuyer les fatigues et les vicissitudes de la campagne mémorable de la Syrie, et d'avoir souvent à redouter les dangers des blessures graves qu'ils avaient reçues dans différens combats; il fallait encore qu'ils éprouvassent les effets de la peste, qui venait fondre sur eux, quelquefois au moment où ils touchaient à leur guérison.

Sans prétendre décrire cette maladie, dont les médecins de l'armée feront sans doute un tableau très-détaillé, j'exposerai succinctement ses symptômes, et je ferai connaître les moyens que la chirurgie a employés pour en arrêter les effets.

Au retour de l'armée en Égypte, et dans le passage des déserts voisins de l'antique Péluse, plusieurs de nos militaires, tourmentés par la soif, se jetaient dans des espèces de puits ou cloaques remplis d'une eau douce, mais très-bourbeuse, qu'on trouvait de distance en distance. Ils y puisèrent, avec l'eau, de petites sangsues qui échappaient à leur vue. Ces sangsues s'arrêtèrent dans divers sinus de l'arrière-bouche et du pharynx, s'y développèrent, et causèrent des accidens assez fâcheux pour menacer la vie de quelques soldats. Ce phénomène singulier fait le sujet d'une autre notice.

Les blessures que nous donna le siége du Kaire, se compliquèrent, pendant leur traitement dans l'hôpital de la ferme d'Ibrâhym-bey, d'une maladie funeste qui me parut présenter tous les symptômes de la fièvre jaune : ces causes semblaient dépendre des influences de la saison (qui était celle du *khamsyn*), et de l'état particulier où se trouvait alors l'hôpital. J'esquisserai cette complication.

J'ajouterai à ces divers mémoires des remarques sur des éruptions lépreuses qu'excita l'usage de la viande de porc ou de salaison, sur la lèpre et l'éléphantiasis, sur la morsure des chameaux, sur le scorbut, sur la manière de traiter les maladies vénériennes dans le climat de l'Égypte, sur les phénomènes particuliers qu'ont présentés les blessures faites par les armes à feu des Arabes et des Turks, sur l'ambulance volante, sur l'établissement d'un hôpital civil où j'avais réuni toutes les femmes publiques affectées de maladies vénériennes, toutes les femmes enceintes de la même classe, dans la vue de prévenir l'avortement qu'elles provoquent à volonté, et d'assurer l'existence de leurs enfans; établissement philanthropique, où j'étais parvenu encore à attirer les habitans mutilés par des infirmités graves, en m'efforçant de leur inspirer le degré de confiance qu'ils devaient avoir dans les secours de l'art de guérir, et de leur faire surmonter le fatal préjugé qui les portait à s'abandonner aux seules ressources de la nature, et à préférer à des moyens probables de guérison l'habitude où ils étaient de traîner dans les rues ou sur les chemins les débris de leurs corps couverts d'ulcères, et d'étaler, en un mot, aux yeux de tout le monde, le spectacle hideux d'un cadavre vivant, bien moins capable d'exciter la compassion que l'horreur. Mon travail sera terminé par quelques détails sur la médecine des Égyptiens, et sur l'exercice de la chirurgie parmi ces peuples.

MÉMOIRE

SUR

L'OPHTHALMIE ENDÉMIQUE
EN ÉGYPTE.

Les yeux, ayant été frappés tout-à-coup de l'ardente lumière du soleil, soit directe, soit réfléchie par le sol blanchâtre de l'Égypte, ont les premiers ressenti, dans cette contrée, les effets de la répercussion de la transpiration cutanée : il en est résulté une ophthalmie opiniâtre, qui a jeté plusieurs de nos soldats dans un désespoir absolu, et a causé la perte de la vue à un assez grand nombre.

Je vais tracer les symptômes qu'elle nous a présentés : engorgement des paupières, de la conjonctive, et quelquefois des tuniques de l'œil; douleur locale extrêmement forte, attribuée par le malade à la présence de grains de sable (ce sont des vaisseaux variqueux); obscurcissement de la vue, et impossibilité de supporter la lumière vive. A ces premiers symptômes succèdent bientôt de violentes douleurs de tête, des vertiges et l'insomnie. Le peu de larmes qui se sécrètent sont âcres, irritent les paupières et les points lacrymaux. Tous ces accidens s'aggravent et sont fréquemment suivis de la fièvre, quelquefois même du délire. La maladie parvient à son plus haut degré le troisième ou quatrième jour, plus tôt chez quelques individus, plus tard chez d'autres; elle parcourt, comme toutes les inflammations, ses stades ou périodes.

Quelquefois elle est moins grave, et porte un caractère séreux : elle se développe alors plus lentement, et cause moins de douleur ; la rougeur est légère ; les vaisseaux de la conjonctive sont jaunâtres. Il y a, dans ce cas, œdématie aux paupières, surabondance de larmes ; le teint du sujet est basané, la langue est sale : ce qui peut faire regarder cette ophthalmie comme symptomatique ou séreuse.

La terminaison de l'ophthalmie varie. Lorsqu'elle est inflammatoire et abandonnée aux seules ressources de la nature, il se forme ordinairement, vers le sixième ou septième jour, plusieurs points de suppuration sur le bord des paupières, à leur face interne et dans leurs commissures. Ces ulcérations s'étendent par degrés sur la conjonctive, attaquent la cornée transparente, et souvent la perforent. Quelquefois la cornée éclate tout-à-coup et sans ulcération : j'en ai vu plusieurs exemples. La rupture se faisait dans les premières vingt-quatre heures de la marche de la maladie, et lorsque la conjonctive était à peine rouge. Il serait difficile d'expliquer les causes de cette rupture prompte et spontanée. Nous nous contenterons de faire observer les phénomènes qu'elle a offerts en Égypte, et les effets qu'elle a produits. L'ouverture qui en résulte est de forme arrondie, et d'un diamètre à peu près égal chez tous les sujets qui en ont été atteints ; elle laisse passer une portion de la membrane aqueuse ou de l'iris, et forme une hernie connue sous le nom de *staphylôme*. La tumeur formée par la membrane aqueuse est d'un gris terne; celle de l'iris est de couleur plus foncée. Cette tumeur est sensible au contact des corps extérieurs les plus légers et au frottement des paupières. La vue, pendant les premiers jours, est plus ou moins obscurcie, de manière que la pupille est en partie ou entièrement effacée; mais, en général, le staphylôme diminue par degrés, rentre dans la chambre antérieure, et les membranes aqueuses reprennent leur première position. Quelquefois il en reste une portion au dehors, qui s'étrangle par le resserrement de l'ouverture, perd sa sensibilité, et acquiert une certaine consistance; ou bien elle se boursoufle, se divise en plusieurs lobules, et prend un caractère carcinomateux, surtout s'il y a complication de vice vénérien.

Lorsque le staphylôme rentre de lui-même, l'ouverture de la cornée transparente se resserre par l'affaissement de ses bords, et laisse une petite cicatrice opaque et enfoncée, qui intercepte, pendant le premier temps, le passage des rayons lumineux.

Dans quelques cas, le cristallin et l'humeur vitrée suivent le déplacement de l'iris; leurs membranes s'altèrent, se réduisent en suppuration; l'œil se désorganise et perd ses fonctions. C'est ce que l'on remarque chez beaucoup d'habitans du pays, surtout chez les personnes indigentes, qui couchent presque nues sur la terre et au serein, se nourrissent de mauvais alimens, reçoivent dans le jour la poussière et les rayons brûlans du soleil, sans chercher à s'en garantir.

L'hypopyon ne s'est présenté que rarement à la suite de l'ophthalmie, et n'a offert rien de particulier. Il s'annonce par un point opaque dans la cornée transparente, qui dérange le passage du cône visuel. Ce point augmente graduellement, fait saillie sur la surface de l'œil, et occupe une plus ou moins grande étendue de la cornée, dont les feuillets sont écartés. On reconnaît, avec l'extrémité d'un stylet, une légère fluctuation, qui fait distinguer l'hypopyon de la taie (ou *albugo*).

Les taies ont été fréquentes; elles occupent un point ou toute l'étendue de la cornée transparente. Dans le premier cas, le malade perçoit encore les objets; dans le deuxième, la cornée étant entièrement opaque, la cécité est complète. Elles ne se manifestent que vers la fin de la maladie, et suivent la marche qui leur est ordinaire.

Lorsque le sujet est irritable, et que l'ophthalmie est ancienne, l'engorgement de la conjonctive devient souvent très-considérable; cette membrane forme un bourrelet autour de la cornée, et dépasse les paupières; celles-ci se renversent, se tuméfient, et offrent la plus grande résistance à la réduction.

Les cartilages tarses participent rarement à cette inflammation. Lorsque cet accident arrive, les conduits lacrymaux pratiqués dans leur épaisseur le détruisent par la suppuration qui en est ordinairement la suite; les paupières perdent leur forme et se rétractent. La perte de la vue a lieu presque toujours après, par l'inflammation consécutive qui survient au globe de l'œil: j'en ai vu quelques exemples.

Il est rare que l'ophthalmie inflammatoire, à moins qu'elle ne soit légère, se termine, sans le secours de l'art, par résolution.

Il n'en est pas de même de l'ophthalmie séreuse; elle peut se terminer par la sueur, par une surabondance de larmes, et surtout par la diarrhée.

En général, l'ophthalmie affaiblit l'organe de la vue, dispose à la cataracte, aux fistules lacrymales, à la goutte sereine, et se trouve fréquemment suivie de nyctalopie. Plusieurs individus, guéris de l'ophthalmie, ont été affectés d'une de ces dernières maladies [1].

La chaleur brûlante du jour; la réfraction des rayons du soleil par la blancheur des corps répandus sur le sol de l'Égypte, ce qui irrite et fatigue les parties sensibles de l'œil; l'usage immodéré des liqueurs spiritueuses et des femmes; la poussière entraînée par l'air, laquelle s'engage dans l'intérieur des paupières, et détermine sur le globe une plus ou moins grande irritation; surtout la suppression de la transpiration cutanée, par le passage subit du chaud au froid; l'humidité et la fraîcheur des nuits, pour les militaires qui bivouaquent: telles sont les principales causes de l'ophthalmie.

La suppression subite de la diarrhée cause les mêmes accidens : nous avons eu occasion de le remarquer dans un grand nombre de sujets, à la fin de la campagne de Sâlehyeh, en l'an vi (1798).

J'ai observé que les sujets blonds étaient plus fré-

---

[1] Dans le cas de nyctalopie et de goutte sereine, nous avons employé avec succès le moxa sur le trajet des principales branches du nerf facial (petit sympathique).

quemment atteints de cette maladie que les bruns. J'ai observé aussi que l'œil droit était plus grièvement affecté que le gauche; car presque tous ceux qui sont devenus borgnes, le sont de l'œil droit. Cela dépend peut-être de l'usage où l'on est de cligner l'œil gauche lorsqu'on est frappé d'une lumière vive, tandis qu'on l'affronte avec le droit, peut-être aussi de l'habitude dans laquelle sont presque tous les individus de se coucher sur le côté droit; en sorte que cette région du corps est la première à recevoir les impressions de l'humidité de la terre.

Cette maladie est plus fréquente pendant le débordement du Nil que dans toute autre saison.

Lorsque l'ophthalmie n'est point négligée, et qu'elle est traitée selon les préceptes de l'art, elle n'a point de suites fâcheuses : mais la confiance aveugle du soldat dans les remèdes des empiriques, sa négligence à se rendre dans les hôpitaux, et le peu d'exactitude qu'il apportait, dans les premiers temps, à suivre le régime qu'on lui prescrivait, ont produit, sur un assez grand nombre, la cécité complète.

Lorsque les personnes atteintes d'ophthalmie se trouvent affectées de quelque vice particulier, tel que le vénérien, les accidens sont plus graves et plus rapides. Elle se caractérise alors par des symptômes particuliers: la rougeur du bord des paupières est plus claire; le pus qui en découle est verdâtre, comme dans la gonorrhée; il excorie les parties qu'il touche, et le malade souffre beaucoup plus pendant la nuit. On doit s'assurer d'ailleurs des causes qui ont donné lieu à cette complication.

La suppression subite des gonorrhées produit fréquemment, surtout en Europe, l'ophthalmie particulière dont nous venons de parler; et le meilleur moyen de la faire disparaître est de rétablir la gonorrhée. Il en sera fait mention plus loin.

Le traitement est relatif à chaque espèce d'ophthalmie, et aux principaux effets qui en résultent. Je vais rapporter les moyens à l'aide desquels nous avons obtenu le plus de succès dans l'un et l'autre cas.

Lorsque l'ophthalmie est inflammatoire, une saignée aux veines du cou, du bras ou du pied, convient dans le premier temps : il faut la réitérer selon l'état de pléthore du sujet et l'intensité de l'inflammation. Ensuite on se servira avec avantage de sangsues appliquées sur les tempes, le plus près possible de l'œil, ou, à leur défaut, on fera des mouchetures aux mêmes parties : j'ai remarqué même que les mouchetures produisent de meilleurs effets.

A ce premier moyen on fera succéder les bains de pieds; on fera recevoir sur l'œil malade les vapeurs d'une décoction bouillante de substances émollientes et anodines; on fera des lotions avec une forte décoction de graine de lin, de têtes de pavots et de safran oriental. On aura soin de les appliquer, autant que possible, dans l'intervalle des paupières : à l'extérieur elles augmentent leur œdématie; les cataplasmes surtout présentent cet inconvénient, en outre de la gêne et de la pesanteur qu'ils exercent sur l'œil. Une étoupade de blancs d'œufs battus avec quelques gouttes d'eau de rose, quelques grains de sulfate d'alumine et de camphre, appliquée le soir sur les yeux, calme la douleur et diminue l'inflammation.

Pour seconder l'effet de ces topiques, on fera faire usage au malade de boissons rafraîchissantes et acidulées.

S'il se présente des symptômes de saburre dans les premières voies, on peut ajouter à ces boissons quelque substance purgative, ou les aiguiser avec quelques grains de tartrite de potasse antimonié. On donnera, pendant la nuit, au malade, quelques verres d'émulsion anodine. Il faut prescrire un régime convenable, entretenir la transpiration, et faire éviter la lumière.

A mesure que l'inflammation diminue et que le dégorgement s'opère, on animera les collyres de quelques gouttes d'acétite de plomb, ou d'une légère dissolution de muriate oxigéné de mercure et de sulfate de cuivre, dont on augmente graduellement la dose.

Lorsque la résolution sera commencée, on se servira d'une décoction d'écorce de grenade, ou d'une légère dissolution de sulfate de zinc; on substituera aux boissons rafraîchissantes une tisane amère et laxative.

Si cependant l'engorgement de la conjonctive résiste, et qu'elle soit boursouflée, on y fera quelques mouchetures avec une lancette; on peut même en exciser les points les plus saillans : on continuera l'usage des collyres répercussifs.

Si les paupières sont renversées et forment un bourrelet autour de l'œil, ce qui est arrivé chez un assez grand nombre d'ophthalmiques, on fait d'abord quelques mouchetures dans la direction de la paupière, avec l'attention de ne point léser les cartilages tarses; on emploie ensuite, pendant quelques heures, les collyres astringens, et l'on doit procéder à la réduction des paupières, avec la précaution de les oindre d'un peu de cérat, et de ne point blesser le globe : on les fixe en rapport à l'aide d'un bandage, et l'on fait observer le plus grand repos au malade. Ce procédé, qui m'a constamment réussi, exige un peu d'habitude.

Lorsque ces moyens sont insuffisans, on extirpe la portion excédante de la conjonctive, en épargnant, autant que possible, les cartilages tarses. La paupière s'affaisse ensuite et reprend sa première forme.

Les ulcères des paupières seront traités avec des substances dessiccatives et légèrement scarrotiques. Nous nous sommes servis avec succès, dans ce cas, de la pommade suivante :

Prenez cérat fait avec la cire vierge,
 l'huile d'amandes douces. . . . grammes 32 (℥j').
Oxide rouge de mercure, purifié et
 porphyrisé. . . . . décig^{mes}. 2 (g. IV).
Tutie préparée. . . . . gramme 1 (g. XVI).
Camphre dissous dans un jaune
 d'œuf. . . . . décig^{mes}. 2 (g. IV).
Pâte de cochenille. . . . . gramme ½ (g. VIII).
Safran oriental en poudre. . . . décig^{mes}. 3 (g. VI).
Mêlez et triturez dans un mortier de marbre.

On met une très-petite quantité de cette pommade, le soir avant de se coucher, sur les paupières, et l'on couvre les yeux d'un bandeau peu serré.

On ne doit entreprendre le traitement des ulcères de

la cornée et des taies que lorsque l'inflammation de la conjonctive est entièrement dissipée. Les fumigations d'oxide rouge de mercure, l'application immédiate de quelque caustique léger, suffisent ordinairement pour les faire disparaître; cependant on est obligé quelquefois de passer un séton à la nuque [1].

Il ne faut pas chercher à faire rentrer le staphylôme pendant son accroissement; la nature doit en avoir commencé elle-même la réduction : on la secondera par une légère compression méthodiquement faite. Si la tumeur perd sa sensibilité, et qu'elle reste au-dehors, on en fera l'extirpation avec des ciseaux évidés et courbés sur leur plat. Je n'ai eu occasion de faire cette opération que deux fois. L'organe de la vue a repris en partie, chez les deux sujets, ses fonctions.

Dans le cas où l'ophthalmie est entretenue par un vice vénérien, il faut en détruire la cause par les antivénériens pris intérieurement, surtout les sirops sudorifiques et dépuratifs, auxquels on ajoute une quantité relative de muriate oxigéné de mercure. Il faut aussi faire entrer dans les collyres quelque substance mercurielle.

Si l'ophthalmie est l'effet d'une répercussion subite du flux blennorrhagique, après avoir apaisé l'irritation locale par les mouchetures aux tempes et les anodins, il faut inoculer une nouvelle gonorrhée, ou faire une

---

[1] Si la taie offrait une certaine épaisseur, on peut l'enlever par petits feuillets, à l'aide d'un bistouri très-mince. J'ai eu occasion de faire cette opération à une demoiselle à Toulon; moyen qui a contribué à la destruction d'une taie très-ancienne qui couvrait toute l'étendue de la cornée, et interceptait totalement le passage de la lumière. La transparence se rétablit dans le point que j'avais aminci avec le bistouri, et cette personne put, par la suite, très-bien distinguer les objets.

injection alcaline dans le canal de l'urètre, laquelle peut suppléer à l'inoculation naturelle : ce moyen m'a réussi dans un grand nombre de cas analogues qui se sont présentés à l'hôpital de la garde impériale.

Lorsque l'ophthalmie tient d'une affection gastrique, elle exige un traitement différent; la saignée n'est point indiquée pour elle; les sangsues ou les mouchetures à la tempe, près du petit angle de l'œil, sont quelquefois nécessaires : ces dernières conviennent aussi sur les paupières lorsqu'elles sont œdématiées.

Le vin chaud et les collyres répercussifs doivent être appliqués immédiatement; mais, à cause de l'affection de l'estomac, on fera passer au malade quelques vomitifs suivis de purgatifs et de boissons amères. Si la maladie ne cède point à ces moyens, on appliquera les vésicatoires à la nuque ou derrière les oreilles. On guérit souvent les fluxions des yeux par le seul usage des remèdes internes.

L'ophthalmie a épargné peu de personnes pendant les derniers mois de l'an vi et les premiers de l'an vii (1798) : chez presque toutes, elle a été inflammatoire; et chez quelques-unes, elle a eu des suites fâcheuses.

Dans le cours de l'an viii (1800), peu de militaires en ont été affectés, et j'ai observé qu'elle était, chez presque tous, symptomatique et moins opiniâtre : aussi la guérison en a été prompte et facile. Quelles sont les causes de ces différences? Je crois les trouver dans les marches pénibles que nous avons faites, pendant les années vi et vii, à travers des déserts sablonneux, arides, privés d'eau, et où les soldats passaient tout-à-coup des chaleurs brûlantes du jour à l'humidité froide de la nuit, dont ils ne pouvaient se garantir faute de capotes ou de couvertures. Cependant l'expérience leur apprit bientôt que c'était le seul moyen de se préserver de cette cruelle maladie : aussi depuis cette époque ont-ils eu soin de porter avec eux tous les vêtemens nécessaires.

Le repos des troupes, la précaution qu'elles avaient prise depuis dans les marches, et leur acclimatement, ont rendu les effets de cette maladie, pendant cette dernière année, presque insensibles.

Au commencement de l'an IX (1800), l'armée se mit en marche pour repousser les Anglais, qui venaient d'effectuer leur descente à Abouqyr. Nos troupes se réunirent sur les limites de l'antique Alexandrie, et y établirent leur camp. Après la bataille du 30 ventose an IX (21 mars 1801), les chaleurs, les travaux pénibles des retranchemens et la fraîcheur des nuits commencèrent à affecter les individus de l'armée les plus faibles, tels que les blessés ou ceux qui avaient déjà été atteints de la maladie des yeux. Le débordement du lac Ma'dyeh, dont les eaux vinrent en peu de temps baigner les ruines d'Alexandrie, augmenta considérablement les émanations aqueuses, et rendit les nuits encore plus fraîches. Bientôt le plus grand nombre des soldats campés sur les rives du nouveau lac Maréotis furent frappés d'ophthalmie; et dans l'espace de deux mois et demi, plus de trois mille hommes passèrent successivement dans les hôpitaux. La maladie se présenta sous différentes formes; mais, en général, elle était inflammatoire avec des symptômes moins intenses que celle qui régna la première année. Chez quelques-uns elle se compliquait de fièvre catarrhale ou d'affection scorbutique. On combattait ces complications par les remèdes indiqués. Dans tous les cas, les saignées locales, telles que les mouchetures aux tempes et aux paupières, produisaient de très-bons effets; elles calmaient promptement la douleur, diminuaient l'engorgement, et facilitaient l'action des autres remèdes : la saignée générale ne convenait point.

On avait égard ensuite à l'état de l'estomac et aux vices qui pouvaient compliquer la maladie; on suivit d'ailleurs avec un succès complet, pour le reste du traitement, les préceptes indiqués dans le cours de mon mémoire : il en est résulté que, sur trois mille et quelques ophthalmiques, il n'y en a pas eu un seul qui ait perdu la vue.

Les Anglais, à leur arrivée en Égypte, n'ont pas été exempts de cette maladie; mais ils ont suivi la méthode française tracée dans ce mémoire, qu'ils trouvèrent dans nos hôpitaux à Rosette, et ils ont conservé ainsi la vue à la plupart de leurs malades.

Plusieurs Français qui avaient échappé à cette affection, furent frappés presque tout-à-coup, en rentrant en France, d'un aveuglement plus ou moins complet, qui paraît devoir être attribué à la paralysie de l'organe visuel, déterminée, sans doute, par le passage subit du climat très-chaud de l'Égypte à celui de la France dans la saison la plus rigoureuse.

J'ai pu remarquer les phénomènes qu'a présentés la

maladie de M. Poirée, brigadier des guides de l'armée d'Orient, devenu aveugle au moment de sa rentrée en France. Ce militaire, après avoir essuyé, pendant sa quarantaine à Marseille, une ophthalmie inflammatoire, accompagnée de douleurs violentes à la tête, et qui le priva totalement de la lumière, fut transporté à l'hôpital de la garde des Consuls, où il termina sa carrière.

Tous les symptômes inflammatoires avaient disparu ; cependant les yeux étaient saillans, plus gros que dans l'état naturel, et les iris sans mouvement. Si le malade y sentait de légères douleurs, il en éprouvait de vives et de permanentes vers le fond des orbites, sur le trajet des sinus frontaux ; sa constitution était appauvrie, et son moral considérablement affecté. Après cinq ou six mois des soins les plus assidus, et l'usage des remèdes les mieux indiqués, Poirée est mort dans le marasme.

A l'ouverture de son cadavre, nous avons trouvé le globe des yeux tuméfié ; le cristallin avait acquis un peu d'opacité ; la face interne de la choroïde était de couleur jaunâtre, la rétine réduite en putrilage, les nerfs optiques atrophiés ; le périorbite et une portion de la dure-mère des fosses antérieures de la base du crâne étaient détachés, et les points osseux dénudés de ces membranes, attaqués de carie ; la substance du cerveau était ramollie, et ses cavités ou ventricules remplis de sérosité.

Il serait important pour la santé des troupes, qu'on ne les fît passer d'un climat à un autre opposé, que dans les saisons où ces deux climats jouiraient d'une température à peu près égale; ou, si les circonstances forçaient à s'éloigner de ce principe, on devrait prendre les précautions nécessaires pour prévenir les influences de l'extrême différence de la température et de ses effets pernicieux.

Pour se garantir de l'ophthalmie en Égypte, il faut éviter l'impression directe de la lumière et de la poussière sur les yeux pendant le jour, être bien couvert de la tête aux pieds pendant la nuit, se mettre un bandeau sur les yeux, s'éloigner autant que possible des endroits humides et marécageux, entretenir la transpiration et la sueur par les bains égyptiens, dans la bonne saison, et par l'exercice : il faut éviter l'usage déréglé du vin et des liqueurs spiritueuses, s'abstenir des alimens échauffans et de mauvaise digestion, et soutenir les forces de l'estomac, qui tend toujours à la débilité dans un climat aussi chaud, par l'usage de quelques toniques, tels que le café et une infusion amère qu'on prend le matin; enfin se laver souvent les yeux et toute la tête avec de l'eau fraîche et du vinaigre.

MÉMOIRE

SUR

LE TÉTANOS TRAUMATIQUE.

Le tétanos est défini, par tous les auteurs, une contraction des muscles plus ou moins forte et plus ou moins étendue, avec tension et rigidité des parties affectées.

Il se présente sous quatre états différens.

On le nomme *trismus* ou *trismos*, lorsqu'il borne ses effets aux muscles des mâchoires et de la gorge;

Tétanos, lorsque tout le corps est pris et tombe dans un état de roideur en conservant sa rectitude ordinaire;

Emprosthotonos, lorsque le corps se courbe en devant;

Opisthotonos, lorsqu'il se courbe en arrière.

Chacun de ces états offre des différences remarquables; très souvent les deux premiers se manifestent en même temps, et forment ce qu'on peut appeler *tétanos complet*.

On peut distinguer le tétanos, à raison de son plus ou moins d'intensité, en aigu et en chronique.

Le premier est dangereux et ordinairement mortel.

Le tétanos chronique a moins d'intensité, et, à cause de la marche graduée de ses symptômes, laisse entrevoir plus de ressources.

Nous allons rapporter les principaux phénomènes

que cette maladie présente dans ces différens états, n'entendant parler, néanmoins, que du tétanos traumatique observé en Égypte.

J'ai remarqué que les plaies d'armes à feu sur le trajet des nerfs, ou aux articulations, l'ont souvent produit dans ce climat, particulièrement pendant la saison où la température passe d'un extrême à l'autre, dans les lieux humides, dans ceux qui sont voisins du Nil ou de la mer.

Les tempéramens secs et irritables y ont été le plus exposés; sa terminaison a été presque toujours mortelle.

Cette maladie commence par un malaise général et une sorte d'inquiétude qui s'empare du blessé; la suppuration de la plaie diminue promptement, et finit par se supprimer : les chairs se boursouflent, se dessèchent; elles sont d'abord rouges, et deviennent ensuite marbrées. Ce phénomène est accompagné de douleurs aiguës qui augmentent par le contact de l'air et des plus légers corps extérieurs : ces douleurs se propagent de proche en proche dans le trajet des nerfs et des vaisseaux; la totalité du membre devient douloureuse, les parties lésées s'enflamment; les muscles éprouvent des contractions convulsives, accompagnées ou précédées de crampes vives, et de soubresauts dans les tendons.

L'irritation musculaire s'étend rapidement des muscles voisins de la plaie aux plus éloignés, qui se contractent avec force et se roidissent; ou bien elle se transporte tout-à-coup aux muscles de la gorge et des mâchoires, où elle se concentre. Celles-ci se rapprochent graduellement et s'enclavent de manière à ne permettre que peu ou point d'écartement : la déglutition devient difficile, et bientôt impossible, par la contraction forcée du pharynx et de l'œsophage.

Lorsque le tétanos est général, tous les muscles sont attaqués en même temps. Les yeux ont peu de mobilité; ils s'enfoncent dans les orbites et deviennent larmoyans. La face se colore, la bouche se contourne, et la tête s'incline différemment, selon l'espèce de tétanos. Les parois du bas-ventre se rapprochent de la colonne vertébrale, et agissent sur les viscères de cette cavité, lesquels semblent se cacher dans les hypocondres, le bassin et les fosses lombaires, où les contractions répétées des muscles les poursuivent, et exercent sur eux un degré de compression plus ou moins fort. Les excrétions diminuent et se suppriment, surtout les selles. Les côtes où s'attachent les muscles abdominaux, sont entraînées en bas. La poitrine est rétrécie, les contractions du diaphragme sont bornées, la respiration est courte et laborieuse. Le cœur se resserre et se roidit comme tous les muscles : ses contractions sont fréquentes et imparfaites; ce qui doit affaiblir la circulation du sang. Les veines s'engorgent, surtout celles de la tête; elles compriment le cerveau et en dérangent les fonctions.

Dans le tétanos complet, les membres se roidissent, entrent dans une rectitude parfaite, et tout le corps devient tellement roide, qu'en le prenant par une de ses extrémités on peut le lever comme une masse inflexible. Le malade tombe dans un état d'insomnie. Lorsqu'il s'assoupit, il fait des rêves sinistres, il s'agite, il s'inquiète, il se tourmente, et cherche à sortir de l'état de gêne où le tiennent la rigidité de ses membres et le défaut de jeu des organes.

Tous ces accidens font des progrès si rapides, que très-souvent, en vingt-quatre heures, le malade ne peut plus avaler, ou n'avale qu'avec la plus grande peine; quelquefois il est frappé de délire; son pouls est petit et accéléré; un mouvement de fièvre se manifeste ordinairement le soir, suivi de sueurs partielles et plus ou moins copieuses. Il maigrit à vue d'œil, et éprouve des douleurs atroces : la roideur augmente; les muscles se dessinent, la peau se colle sur leur périphérie; les glandes salivaires expriment un suc écumeux et blanchâtre, qui se présente à l'ouverture de la bouche et en découle involontairement; la déglutition est interrompue. C'est alors que cet infortuné connaît le danger où il est; et sans perdre l'usage de ses facultés morales, il finit malheureusement sa carrière, le troisième, quatrième, cinquième ou septième jour : rarement arrive-t-il au dix-septième.

On peut rapporter la cause immédiate de sa mort à l'engorgement du cerveau, à la forte compression des viscères du bas-ventre, à la gêne qu'éprouvent les organes de la respiration, et au resserrement du cœur. Les ouvertures que nous avons faites de quelques cadavres des personnes mortes du tétanos, confirment ce que nous avançons.

Dans l'emprosthotonos, les muscles fléchisseurs l'emportent sur les extenseurs, de manière à faire porter la tête sur le tronc, le bassin sur le thorax; et le corps prend alors la forme d'un arc.

Dans l'opisthotonos, au contraire, les muscles extenseurs surmontent la force des fléchisseurs, la tête se porte en arrière, et la colonne vertébrale se renverse dans le même sens; les membres restent ordinairement étendus. Ce genre de tétanos s'observe plus rarement que l'emprosthotonos. J'ai remarqué aussi qu'il était plus promptement suivi de la mort. Il paraît que l'extension forcée des vertèbres du cou et le renversement de la tête causent une forte compression sur la moelle épinière, et produisent la contraction permanente du larynx et du pharynx. Je vais citer quelques exemples de l'opisthotonos.

Pierre Genet, sergent dans la 4e demi-brigade d'infanterie légère, âgé de trente ans, d'un tempérament sec et bilieux, entra à l'hôpital de la ferme d'Ibrâhymbey, le 13 frimaire an IX (4 décembre 1800), avec tous les symptômes de l'opisthotonos : les mâchoires étaient serrées, les muscles de la face dans une contraction convulsive et permanente, la tête renversée sur le tronc, les extrémités inférieures roides et étendues, les parois du bas-ventre contractées et rapprochées de la colonne vertébrale, le pouls petit, la respiration laborieuse, la déglutition et la parole difficiles.

Le mal, qui s'était déclaré vingt-quatre heures avant l'entrée à l'hôpital, paraissait avoir pour cause une chute que ce militaire avait faite sur le nez, cinq jours auparavant : elle avait été suivie d'une courte hémorragie nasale et d'une légère écorchure sur cette partie; mais il ne s'était manifesté ni fracture ni aucun signe de commotion au cerveau.

On administra de suite les opiacées, les boissons rafraîchissantes et anodines, les bains tièdes, et les émolliens appliqués sur le nez. Ces moyens répétés n'ayant produit aucun effet, j'invitai l'officier de santé chargé du soin particulier du malade à appliquer le cautère actuel sur le trajet du petit sympathique et à la plante des pieds, d'après l'aphorisme d'Hippocrate, section 8, *Quæ ferrum non sanat, ea ignis sanat*, etc. Je lui posai neuf cautères assez larges et incandescens. Leur application augmenta instantanément les douleurs et les contractions convulsives des muscles. Celles du larynx, du pharynx et des parois de la bouche, furent violentes et faillirent faire suffoquer le malade; néanmoins cette crise fut suivie d'un calme assez grand pour nous faire espérer quelque succès de l'emploi de ce moyen : mais, deux ou trois heures après, il se déclara des mouvemens convulsifs, des contractions violentes, des sueurs froides et gluantes; enfin la mort termina les tourmens de cet infortuné, la nuit du 19 au 20 du même mois, le septième jour de l'invasion du tétanos, et le treizième de la chute.

Quelques momens avant la mort, la tête était fortement renversée, la colonne vertébrale courbée en arrière, les extrémités inférieures roides et étendues, les supérieures à demi fléchies et contractées. Il sortait de sa bouche une salive épaisse et écumeuse, donnant une odeur nauséabonde. A l'ouverture du cadavre, nous n'avons trouvé d'autres phénomènes que ceux indiqués plus haut. J'ai remarqué que les coups de feu aux articulations ginglymoïdes, ou sur le trajet des nerfs, ont été souvent accompagnés du tétanos, sans qu'il parût s'y joindre d'autre cause : cependant l'humidité et le changement subit de la température paraissent l'avoir déterminé chez les personnes dont les blessures étaient fort légères.

Dans le nombre des blessés que nous donna la bataille des Pyramides, cinq furent attaqués du tétanos, que développèrent sans doute l'humidité et la fraîcheur des nuits. Cet accident résista à l'usage soutenu et varié des antispasmodiques combinés avec les narcotiques et pris à forte dose. Tous ces blessés périrent le troisième, le quatrième et le cinquième jour. Leur mort fut précédée de sueurs abondantes.

A la révolte du Kaire, le 30 vendémiaire an VII (21 octobre 1798), les blessés furent traités à l'hôpital n°. 1, situé place *Birket el-Fyl,* et dont les murs étaient baignés par l'eau du Nil, qui séjourne trois mois de l'année dans cet endroit. Le tétanos s'empara de sept d'entre eux, et les fit périr en très-peu de jours, malgré l'usage soutenu des opiacées, des bains d'eau tiède pour les uns, et d'eau froide pour les autres.

L'emprosthotonos était caractérisé chez quatre de ces blessés; deux moururent du tétanos complet, et le septième du trismus. Ce dernier n'avait qu'une simple division au pavillon de l'oreille droite, causée par un coup de balle : si l'on avait excisé cette partie dès l'apparition des premiers symptômes, on aurait probablement sauvé la vie au malade.

Au combat d'el-A'rych, les blessés furent placés sous des tentes, sur un terrain humide, exposés aux pluies continuelles qu'on essuya pendant le siége de ce fort. Huit furent frappés du tétanos, qui se manifesta dans tous ses genres, et se termina par la mort chez tous, du cinquième au septième jour de son invasion, malgré les soins que les circonstances nous permirent de leur donner.

A la prise de Jaffa, nous perdîmes quelques blessés, du tétanos extrêmement aigu; tous ceux qui en furent atteints moururent en deux ou trois jours: le moxa et les alcalis, qu'on employa pour quelques-uns, parurent aggraver les accidens. Il est à remarquer que les hôpitaux étaient sur le bord de la mer, et la saison pluvieuse.

Le général de division Daumartin, descendant le Nil pour se rendre à Alexandrie, fut assailli avec son escorte par les Arabes. Plusieurs de ses soldats furent tués ou blessés. Il reçut lui-même quatre coups de feu assez légers, un à la jambe droite, un autre à la cuisse gauche; le troisième lui avait effleuré la poitrine, et la balle du quatrième était entrée dans le bras droit: les premiers n'avaient intéressé que les tégumens et une très-petite portion des muscles.

Ce général resta sans secours jusqu'à son arrivée à Rosette; c'était le cinquième jour de son accident. Le chirurgien de première classe, M. Guillier, chargé du service de l'hôpital de cette place, pansa les plaies suivant les préceptes de l'art, et mit le malade à la diète et à l'usage des boissons rafraîchissantes. Peu de jours après, la balle s'étant manifestée près de l'articulation du coude, il en fit l'extraction. Les plaies étaient en bon état, et, sans les inquiétudes auxquelles se livrait le blessé, on avait lieu d'espérer une prompte et sûre guérison; mais, son affection morale devenant de jour en jour plus forte, on conçut quelques craintes de l'invasion du tétanos. En effet, le huitième jour de l'accident, on trouva la suppuration des plaies considérablement diminuée; et leur pansement, quoique fait avec les plus grandes précautions, fut très-douloureux.

Le neuvième, tous les accidens du tétanos étaient déclarés; ils marchèrent avec rapidité, et se terminèrent par la mort, le quinzième jour de la blessure et le sixième de l'invasion.

Peut-être la terminaison de la maladie eût-elle été moins funeste, si l'on eût amputé le bras dès l'apparition des premiers symptômes.

On transporta les blessés de la bataille d'Abouqyr, an VII (1798), dans les hôpitaux d'Alexandrie, après qu'ils eurent reçu les premiers secours. Dix d'entre eux s'y étaient trouvés exposés au serein et à la fraîcheur des nuits : ils furent attaqués du tétanos. Sa marche rapide, et la disposition des blessures situées à la tête, au tronc ou à la partie supérieure des cuisses, rendirent inutiles tous les secours qu'on put leur donner. Cette maladie, qui présenta chez ces individus les mêmes phénomènes que dans les cas précités, se termina également par la mort, et à peu près aux mêmes périodes.

Dans le cas où le froid contribue au développement du tétanos, l'irritation transmise par la blessure au système nerveux est sans doute augmentée par la suppression de la transpiration cutanée, qui porte ses effets sur les organes, et principalement sur les parties déjà malades; mais, en général, toute l'irritation se concentre, dès l'invasion de la maladie, ou par la suite, dans les nerfs du cou et de la gorge. Leurs rapports directs avec la moelle allongée et épinière, leurs entrelacemens nombreux et leurs fréquentes anastomoses, les rendent susceptibles, par les plus légères impressions, d'une très-grande mobilité qui détermine aussitôt la contraction des muscles de ces régions, en sorte que la déglutition et la respiration se dérangent promptement. Les malades éprouvent alors, sinon une horreur pour les liquides, du moins une très-grande répugnance, ce qui empêche très-souvent l'emploi de remèdes internes; et si la blessure est hors de la portée des secours de l'art, l'individu est condamné à parcourir le cercle de douleurs que cause cette terrible maladie. Rien ne peut surmonter les obstacles qui se présentent dans le conduit alimentaire. L'introduction de la sonde de gomme élastique dans ce canal, par les fosses nasales, est suivie de convulsions et de suffocations. J'ai eu occasion d'essayer ce moyen dans la personne de M. Navailh, officier de santé de deuxième classe, mort d'un trismus déterminé par une blessure qu'il avait reçue à la face, avec fracas des os du nez et d'une partie de l'orbite gauche.

A l'ouverture que j'ai faite des cadavres de personnes mortes du trismus, j'ai trouvé le pharynx et l'œsophage considérablement resserrés, leurs membranes internes rouges, enflammées, et enduites d'une humeur visqueuse et rougeâtre.

L'hydrophobie, l'hystéricisme, et plusieurs autres maladies nerveuses, portent également leurs effets sur ces organes, et le résultat paraît être le même : aussi viens-je de remarquer que, lorsque le tétanos est parvenu à son dernier degré, les malades éprouvent une très-grande aversion pour les liquides; si on les force à en avaler, ils entrent de suite dans les convulsions les plus fortes. Ce phénomène a été particulièrement observé chez M. Navailh.

Malgré la certitude de ces faits, je ne me permettrai aucune réflexion sur l'analogie des symptômes que présentent ces différentes maladies.

L'expérience a prouvé que, lorsque le tétanos est abandonné aux seules ressources de la nature, les individus périssent promptement : l'homme de l'art doit donc se hâter de remplir, autant que possible, les indications qu'offre cette maladie; les principales sont de détruire les causes d'irritation et de rétablir les excrétions supprimées.

On remplit la première par des incisions convenables faites à la plaie avant que les accidens de l'inflammation se soient déclarés; car, si celle-ci était avancée, les incisions seraient inutiles et même dangereuses. Il faut qu'elles comprennent, autant que cela se pourra, tous les cordons de nerfs et portions membraneuses lésés par la cause vulnérante : mais celles faites aux articulations sont pernicieuses, et paraissent, dans tous les cas, accélérer les accidens du tétanos; j'en ai vu des exemples.

L'application des caustiques sur la plaie peut être faite avec avantage, dès que les premiers symptômes se manifestent, si l'on suit le même précepte pour leur emploi que pour les incisions. Ces opérations doivent être suivies de la saignée, s'il y a lieu, et de l'usage des topiques émolliens et anodins, quoique leur effet soit en général assez faible.

Les remèdes internes, quelles que soient leurs propriétés, sont presque toujours inutiles, parce que le malade, peu de temps après l'invasion du tétanos, tombe dans un état de strangulation; mais, si celle-ci ne se développe que vers la fin de la maladie et graduellement, on peut employer les remèdes dans lesquels les praticiens ont le plus de confiance, tels que l'opium, le camphre, le musc, le castoréum et autres antispasmodiques, donnés à forte dose et d'une manière graduée. Nous avons usé de ces moyens avec quelque avantage pour les malades qui font le sujet des observations exposées ci-après.

Un Mamlouk de Mourâd-bey, nommé *Moustafâ*, âgé de vingt-sept ans, d'une constitution sèche et bilieuse, reçut, le 29 germinal an VIII (19 avril 1800), un coup de feu qui lui fracassa les premières phalanges des doigts de la main droite, les os du métacarpe correspondans, et emporta le pouce à son articulation avec le trapèze; plusieurs tendons ou ligamens furent arrachés ou déchirés.

Mourâd-bey lui fit donner tous les soins possibles; mais, administrés sans connaissance de cause, ils ne purent remplir l'indication qui se présentait. Ainsi l'on peut dire que cet individu resta sans secours jusqu'au 28 floréal suivant (18 mai), époque à laquelle Mourâd-bey, voyant le mauvais état du blessé, l'envoya aux chirurgiens français, en l'adressant au général Donzelot, pour qu'il voulût bien le leur recommander. M. Cellières, chirurgien de deuxième classe à l'hôpital de Syout, fut invité par le général à se charger du traitement de ce Mamlouk.

Tous les symptômes du tétanos étaient déclarés depuis trois jours; la suppuration de la plaie était séreuse et peu abondante; ses bords étaient rouges et boursouflés; les muscles du bras déjà contractés et dans un état de convulsion, les mâchoires serrées; la déglutition se faisait avec peine; le blessé était constipé et fort inquiet.

Le premier soin de M. Cellières fut de débrider la plaie et d'en extraire avec précaution les esquilles détachées : il la pansa avec les émolliens, et fit prendre au malade six grains d'opium combinés avec quatre de camphre. Peu d'heures après il y eut un peu de calme, et la nuit suivante fut moins orageuse. Cependant le sommeil fut interrompu par des soubresauts dans le membre blessé et par les douleurs vives qui les accompagnaient : la sueur s'établit dans la moitié supérieure du corps; les extrémités inférieures restèrent dans leur état ordinaire. Cette amélioration engagea le chirurgien à continuer les mêmes remèdes, dont la dose fut augmentée graduellement. Les accidens diminuèrent sensiblement jusqu'au 4 prairial (24 mai), époque à laquelle il fut conduit de Syout à Minyet. Les obstacles de la déglutition étaient levés, et les excrétions en partie rétablies. La chaleur brûlante du jour et le voyage l'avaient fatigué; ce qui contribua peut-être, avec la fraîcheur de la nuit, à laquelle il s'exposa en couchant sur la terrasse de l'hôpital, à rappeler les accidens du tétanos. On continua les mêmes moyens, qui n'empêchèrent point le mal de marcher avec sa rapidité ordinaire; on essaya les bains d'eau tiède : le deuxième bain produisit une détente générale, qui mit le malade dans le cas d'avaler la moitié d'une potion composée de huit grains de camphre, autant de musc, et de vingt grains d'opium dissous dans un verre d'émulsion; l'autre moitié fut prise dans le reste de la journée. Peu de momens après, les douleurs se calmèrent, les mâchoires se relâchèrent; la nuit, le sommeil fut assez tranquille. Le 9 (29 mai) au matin, on trouva une grande amélioration, et la suppuration de la plaie s'était rétablie; les organes reprirent par degrés l'usage de leurs fonctions. Peu de jours après, le Mamlouk se trouva en voie de guérison, à laquelle il fut conduit par les soins les plus assidus et l'usage varié des médicamens énoncés; enfin, le 10 messidor suivant (29 juin), il fut rendu bien portant au général Mourâd-bey.

Le général de division Lannes reçut, à la bataille d'Abouqyr, un coup de balle qui lui traversa la jambe à sa moitié inférieure, dans l'intervalle de deux os; il fut traité sous la tente pendant les cinq premiers jours; on le transporta ensuite à Alexandrie. Quoiqu'il fût porté dans une voiture couverte et suspendue, sa marche fut pénible et douloureuse.

A son arrivée, il me fit appeler : je le trouvai inquiet, agité, et me témoignant les plus grandes craintes sur les suites de sa blessure. La jambe était tuméfiée, les plaies sèches et douloureuses; il éprouvait des soubresauts, des tiraillemens violens dans la totalité du membre, et le pied était engourdi ; la voix était rauque, les mâchoires assez serrées, les yeux hagards, et la fièvre s'était allumée.

Je lui laissai prendre quelques momens de repos, qu'il demanda dans l'espoir de dormir ; mais il ne tarda pas à être éveillé par les douleurs et le malaise général. Je le pansai avec les émolliens, et lui prescrivis des boissons rafraîchissantes, la plus grande tranquillité et la diète.

A ma seconde visite, qui eut lieu trois heures après, je trouvai que tous les accidens étaient aggravés ; je lui fis faire de suite une saignée du bras, et le mis à l'usage des émulsions, auxquelles j'ajoutai le nitrate de potasse purifié, l'éther sulfurique alcoolisé, le sirop de diacode et l'eau de fleurs d'oranger aux doses convenables, à prendre par verre tous les quarts d'heure ; les topiques émolliens furent continués. La nuit fut pénible ; le lendemain, le malade était dans le même état, la jambe très-enflammée ; il avalait difficilement, et les mâchoires étaient toujours serrées. Je fis réitérer la saignée, et l'on continua les mêmes médicamens avec augmentation des antispasmodiques.

La nuit suivante fut calme ; la fièvre se dissipa, tous les autres accidens s'apaisèrent et allèrent en diminuant. Un suintement sanguinolent dégorgea les plaies et la jambe, le spasme cessa totalement, et la suppuration devint belle et abondante ; les excrétions reprirent leur cours, le sommeil se rétablit ; et au moment où je partis pour le Kaire, il était en voie de guérison. Peu de temps après il fut en état de repasser en France avec le général en chef Bonaparte.

M. Croisier, aide-de-camp du général en chef, avait péri du tétanos dans le désert de Qatyeh, à notre retour de Syrie, par suite d'une semblable blessure.

M. Estève, directeur général et comptable des revenus publics de l'Égypte, fut attaqué d'une légère esquinancie inflammatoire, déterminée par la présence d'une portion d'arête de poisson, qui s'était fichée dans un des sinus de l'arrière-bouche : sa petitesse la fit échapper à toutes mes recherches.

Le treizième jour de l'accident, et le troisième de l'époque à laquelle l'inflammation s'était formée, les symptômes du tétanos se déclarèrent, tels que le serrement des mâchoires, les mouvemens convulsifs des muscles de la face, accompagnés de douleurs violentes, et de la roideur de tous les muscles de la gorge; le pouls était nerveux et accéléré ; des soubresauts fréquens se faisaient sentir dans les extrémités supérieures; il y avait suppression de selles, beaucoup de gêne dans la prononciation et la déglutition.

La marche rapide des accidens faisait trembler pour la vie de M. Estève : toute l'armée en était affectée, et craignait de perdre un administrateur dont elle appréciait les talens, les qualités, et qu'elle chérissait comme l'homme le plus intègre.

Je mis de suite le malade à l'usage d'une boisson emulsionnée et édulcorée, à laquelle j'ajoutai l'extrait d'opium, le castoréum, le camphre, le nitrate de potasse purifié et l'éther sulfurique alcoolisé, à des doses assez fortes, qu'il prenait par verre de quart d'heure en quart d'heure. L'état de faiblesse du pouls ne me permit pas d'user de la saignée; j'appliquai des cataplasmes résolutifs sur la région antérieure du cou; j'ordonnai des bains de pieds, des lavemens émolliens, la vapeur d'une forte décoction de jusquiame, de pavot et de racine de guimauve à recevoir sur la gorge, des frictions sèches sur toute l'habitude du corps, et je fis éloigner tout ce qui pouvait troubler le repos. Je suivais pas à pas tous les phénomènes de la maladie. La nuit suivante fut très-agitée; les douleurs étaient violentes, la déglutition se suspendit, la salive sortait de la bouche, les mâchoires étaient fort serrées; le malade était dans une agitation pénible et continuelle, il tombait par momens dans un assoupissement interrompu par de légers accès de frénésie; tout annonçait enfin le danger le plus imminent. Cependant, vers les quatre heures du matin, une sueur douce et abondante qui s'établit sur la poitrine et le bas-ventre, succéda à cette crise violente; le malade entra dans un état de calme, et put avaler un verre de l'émulsion précitée. Le second verre augmenta la sueur et le relâchement des parties : ce qui me fit favorablement augurer de ses effets; car lorsque la sueur est symptomatique, elle commence par la tête et les extrémités, tandis que, si elle est critique, elle se forme sur la poitrine et sur le bas-ventre. Le lendemain les mâchoires étaient totalement relâchées, la déglutition était facile, et les contractions des muscles beaucoup moindres. Je substituai aux cataplasmes résolutifs les linimens volatils, et à l'émulsion une tisane amère et laxative, pour débarrasser les premières voies et rétablir le ressort de l'estomac : peu de jours après, M. Estève se trouva parfaitement guéri.

L'arête paraît avoir été entraînée par une légère suppuration qui s'était établie dans l'arrière-bouche.

J'ai remarqué que les malades ont moins de répugnance à avaler les émulsions que tout autre liquide. Elles sont plus douces, plus agréables, et facilitent les effets des remèdes avec lesquels on les combine.

Les frictions huileuses, préconisées par quelques auteurs, ont été mises en usage à l'hôpital n°. 2 du Kaire; mais elles n'ont rien changé à l'état de la maladie.

Les frictions mercurielles m'ont paru aggraver les accidens chez ceux à qui elles ont été administrées. L'emploi de ce moyen, même contre les maladies vénériennes, exige, en Égypte, les plus grandes précautions; car l'administration de ce remède, faite comme en Europe, a produit, dans ce climat, des accidens fâcheux, tels que la folie, des maladies hépatiques, etc.

Les cataplasmes de feuilles de tabac sur les plaies des personnes atteintes du tétanos n'ont été suivis d'aucun effet avantageux. Les alcalis ont été employés pour plusieurs tétaniques, sans succès. Les vésicatoires, qui ont été appliqués sur la gorge dans le cas du trismus, et notamment à M. Navailh, n'ont rien produit d'avantageux.

Le moxa et le cautère actuel, conseillés par le père de la médecine, ont eu le même résultat. Le moxa a été employé, à Jaffa, chez trois blessés; le tétanos a suivi sa marche ordinaire, et s'est terminé par la mort.

J'ai cité un exemple frappant du non-succès du deuxième moyen dans un opisthotonos.

Les grandes plaies, telles que celles qui proviennent de l'amputation d'un membre, ou les plaies avec perte de substance, quoiqu'elles soient quelquefois suivies du tétanos, ne prouvent pas que l'amputation que je propose contre cette maladie, soit dangereuse, et ne puisse au contraire être suivie de résultats avantageux, d'autant plus qu'il est facile au chirurgien attentif de prévenir le contact de l'air froid et humide sur ces plaies, l'irritation déterminée par la présence de corps étrangers, et le reflux de matières purulentes, causes ordinaires du tétanos, surtout dans les climats chauds.

On pourra parvenir à ce but, en tenant le blessé dans une température assez chaude et toujours égale autant que possible, en ayant le soin d'extraire promptement tous les corps étrangers, de panser la plaie avec douceur, de la couvrir immédiatement de linge fin fenêtré, et de ne panser les plaies récentes que lorsque la suppuration est bien établie; enfin, on fait observer au malade le régime et le plus grand repos. Lorsque le tétanos est causé par le reflux de matières purulentes, les vésicatoires appliqués le plus près possible de la plaie, ou sur la plaie même, rappellent la suppuration, et font cesser les effets du tétanos. Je vais citer quelques exemples de ce succès.

Bonnet (Pierre), de la 85ᵉ demi-brigade, âgé de vingt ans, d'un tempérament bilieux et irritable, languissait dans les hôpitaux du Kaire depuis la campagne de Syrie, pour un ulcère fistuleux, avec carie des os qui forment l'articulation du pied droit avec la jambe. Il fut décidé, dans une conférence clinique, que, vu la désorganisation du pied et l'état de marasme auquel était réduit ce militaire, l'amputation était le seul moyen de lui sauver la vie; elle fut faite le cinquième jour complémentaire (22 septembre) par M. Valet, chirurgien de première classe, chargé particulièrement de ce blessé.

Le succès de l'opération ne fut dérangé par aucun accident; la suppuration s'établit à l'époque ordinaire, la plaie devint belle. Dix jours après, la cicatrice commença à se former dans la circonférence de la plaie, et s'étendit graduellement vers le centre.

Au moment où le blessé touchait à sa guérison, c'était le vingt-quatrième jour de l'opération, il fut frappé tout-à-coup des symptômes du tétanos, que détermina sans doute le reflux des matières purulentes qui suintaient encore de la plaie.

La transpiration s'était également supprimée par l'imprudence qu'eut le malade de se promener pendant la nuit. Les diaphorétiques, les opiacées à forte dose et les frictions sèches sur toute l'habitude du corps, furent mis en usage d'après mon conseil; néanmoins les accidens marchèrent avec la célérité accoutumée.

Le blessé éprouvait des douleurs inouies dans l'épigastre, des tiraillemens insupportables dans le membre amputé; la respiration était laborieuse, la déglutition difficile, les mâchoires serrées, la tête fléchie sur la poitrine, le tronc courbé, et l'emprosthotonos était à son plus haut degré.

Les opiacées ne pouvant plus passer, on donna au malade, à la faveur d'une échancrure que laissait la perte de deux dents incisives, les émulsions anodines et antispasmodiques, qui calmèrent d'abord les douleurs d'estomac. Un large vésicatoire appliqué sur toute la circonférence du moignon ramena dans les vingt-quatre heures la suppuration, et détermina une éruption miliaire, qui se forma à la face et à la poitrine. Dès ce moment, le malade fut beaucoup mieux; tous les accidens du tétanos diminuèrent par degrés, les fonctions se rétablirent, et, le cinquantième jour de l'opération, ce militaire sortit de l'hôpital, parfaitement guéri.

Grangié (Pierre), carabinier dans la 21e demi-brigade d'infanterie légère, reçut, au siége du Kaire, un boulet au bras, qui nécessita l'amputation sur-le-champ. Rien ne dérangea le travail de la nature pendant les premiers jours; la suppuration s'était établie, et la plaie était en fort bon état, lorsque, le neuvième jour de l'opération, après s'être exposé à l'air humide de la nuit, ce blessé fut pris de tous les symptômes du tétanos. M. Lachôme, chirurgien de deuxième classe, chargé du traitement de ce blessé, ayant reconnu que le reflux de la matière purulente était la principale cause du tétanos, se hâta d'appliquer sur la plaie, d'après l'exemple d'un premier succès que j'avais eu dans un cas semblable à celui de cette seconde observation, les mouches cantharides mêlées au basilicon. Le malade fut mis à l'usage d'une tisane diaphorétique, et on lui fit prendre une forte dose d'opium et de camphre dissous dans un verre d'émulsion. Les accidens se soutinrent encore pendant vingt-quatre heures : cependant les vésicatoires ramenèrent la suppuration ; la transpiration cutanée se rétablit, les mâchoires se relâchèrent, le danger disparut totalement, et le malade fut conduit à la guérison par la continuation des moyens indiqués.

Le succès aussi inattendu que complet, obtenu de l'amputation du membre blessé, dans la personne d'un officier attaqué d'un tétanos chronique, me porte à mettre en question si, dans cette maladie déterminée par une blessure qui lèse une partie des extrémités, il ne vaudrait pas mieux emporter le membre blessé, par l'amputation, au moment où les accidens du tétanos se déclarent, que d'attendre des ressources de la nature et de remèdes très-incertains la guérison qui a lieu si rarement.

Si le tétanos est chronique, comme cela se remarque quelquefois, l'amputation peut être faite dans tous les temps de la maladie, pourvu que l'on choisisse le moment d'intermission que laissent les accidens. Elle ne réussirait pas également dans le tétanos aigu, s'il était avancé et que les muscles du membre qu'on doit couper fussent fortement contractés et roides, comme je l'ai observé, au siége d'Acre, chez un militaire attaqué du tétanos par suite d'un coup de feu qu'il avait reçu à l'articulation du coude gauche.

Lorsque je vis le blessé qui fait le sujet de cette dernière observation, les accidens étaient déjà avancés ; cependant je fis tenter l'amputation du bras : elle fut suivie d'un calme assez grand pour me donner quelque espérance de succès; mais, n'ayant pu garantir le malade de la fraîcheur des nuits, et le tétanos étant trop avancé et très-aigu, les accidens se renouvelèrent peu d'heures après, et le malade mourut le troisième jour de l'opération.

Qu'il me soit permis, sans prétendre résoudre la question importante que je viens de présenter, d'essayer de produire quelques raisons qui me paraissent militer en faveur de l'amputation.

Lorsqu'il est bien reconnu que le tétanos est déterminé par la blessure, il ne faut pas hésiter de faire l'amputation dès l'apparition des accidens. On peut s'assurer qu'il est traumatique par la nature de la plaie, la marche des premiers symptômes, et en considérant l'époque de leur invasion, qui se fait du cinquième au quinzième jour au plus tard : il paraît que c'est le moment où la mobilité nerveuse est très-forte. Lorsque la suppuration s'établit, la stupeur se dissipe promptement, les vaisseaux se dégorgent, les escarres se détachent, et les nerfs entrent dans un état de liberté parfaite : alors leur sensibilité est extrême, et ils sont susceptibles, par les plus légères impressions, d'une irritation des plus grandes, qui se propage bientôt dans tout le système nerveux. Si, dans cette circonstance, la plaie est frappée par un air froid et humide, ou qu'il y soit resté des corps étrangers piquant les parties nerveuses isolées de leurs escarres, le tétanos est inévitable, surtout dans les climats chauds. On doit ensuite s'attendre à le voir s'aggraver rapidement, en sorte qu'en très-peu de temps toutes les parties du membre sont prises et tous les nerfs irrités. Les effets de cette première cause peuvent encore être compliqués de la présence d'un vice dans les humeurs, ou de celle des vers dans les intestins, comme j'en ai vu un exemple à Nice : mais, en suivant attentivement les phénomènes du tétanos, on peut distinguer facilement les symptômes qui caractérisent ces légères complications, et les combattre par les moyens indiqués.

La section du membre, faite dans les premiers momens de la déclaration des accidens, interrompt toute communication de la source du mal avec le reste du sujet : cette division dégorge les vaisseaux, fait cesser les tirraillemens nerveux, et détruit la mobilité convulsive des muscles. Ces premiers effets sont suivis d'un *collapsus* général qui favorise les excrétions, le sommeil, et rétablit l'équilibre dans toutes les parties du corps.

La somme de douleurs momentanées que cause l'opération, ne peut augmenter l'irritation existante; d'ailleurs, les douleurs du tétanos rendent celles de l'opération plus supportables, et en diminuent l'intensité, surtout lorsque les principaux nerfs du membre sont fortement comprimés. L'observation suivante vient à l'appui de ces assertions.

M. Bonichon, lieutenant au premier bataillon de la 21e demi-brigade d'infanterie légère, entra à l'hôpital n°. 1, le 16 vendémiaire an VII (7 octobre 1798) pour un coup de feu qu'il avait reçu au pied gauche, à la bataille de Sedment.

La plaie se dirigeait obliquement d'arrière en avant,

en traversant le tarse, dont plusieurs os étaient fracturés; le muscle court extenseur des orteils et les ligamens articulaires correspondans étaient déchirés. Cependant, à son arrivée à l'hôpital, il ne se présenta rien de fâcheux : les premiers pansemens avaient été méthodiquement faits, la plaie était débridée, et l'on avait extrait quelques esquilles.

Le même soir, le blessé éprouva de l'inquiétude; le sommeil fut pénible : il ressentit, dans la plaie, des douleurs aiguës qui allèrent en augmentant jusqu'à la visite du matin. Les bords étaient alors boursouflés, entourés d'un cercle rougeâtre; la suppuration était supprimée, et le pansement, quoique fait avec douceur, fut extrêmement douloureux : le blessé se trouva dans un état de malaise général.

Les boissons rafraîchissantes et anodines, les émolliens appliqués sur la plaie, ne produisirent aucun effet.

Le 28 (19 octobre), le serrement des mâchoires commença à paraître, et le 29 (20 octobre), tous les symptômes du tétanos furent caractérisés : les muscles de l'extrémité blessée étaient entrés dans un état de contraction convulsive; les parois abdominales étaient rétrécies, la déglutition gênée, et le malade constipé.

Ces accidens allèrent toujours en augmentant, mais d'une manière lente et graduée; car le tétanos devint chronique. On s'empressa de débrider la plaie, pour extraire quelques esquilles mobiles qui avaient échappé aux premières recherches. On prescrivit l'opium aux doses convenables. Ce moyen parut d'abord apaiser les accidens, qui se calmaient et se reproduisaient alternativement : mais les alternatives furent de peu de durée; le 12 brumaire (2 novembre), la maladie était à son plus haut degré.

Une contraction convulsive s'était emparée de tous les muscles; les jambes étaient roides et fortement fléchies sur les cuisses, celles-ci sur le bassin; les parois du ventre étaient collées sur la colonne vertébrale, la tête fléchie sur la poitrine, les bras et avant-bras fléchis les uns sur les autres, les mâchoires fort serrées, et la déglutition difficile; le pouls était petit et nerveux. Le malade était réduit à un degré de maigreur extrême; son corps était constamment couvert de sueur; il éprouvait des douleurs violentes et continuelles, qui lui faisaient demander la mort comme un bienfait.

Après avoir vainement essayé tous les moyens qu'offre en pareil cas l'art de guérir, tels que les opiacées sous toutes les formes, même unies au camphre et au quinquina, les lotions d'eau froide, les dissolutions d'opium sur la plaie, les cataplasmes émolliens, et par suite ceux de tabac; après avoir, dis-je, épuisé ces moyens, je conçus l'idée de faire amputer la jambe. Le désespoir de cet infortuné, et la certitude de la mort qui l'attendait, m'engagèrent, contre l'avis de plusieurs officiers de santé que j'avais appelés à la consultation, à employer promptement cette dernière ressource : on profita d'un moment de calme qui s'établit le même jour. Cette opération fut faite avec dextérité, sous mes yeux, par M. Assalini, chirurgien de première classe, et en présence de tous les consultans. Le blessé, qui la désirait, la supporta courageusement et sans manifester de grandes douleurs. Une syncope légère, survenue peu de momens après l'opération, fut le présage heureux de la cessation des accidens : en effet, il s'opéra immédiatement une détente générale, qui permit au malade d'avaler quelques liquides. La nuit suivante fut calme, et il dormit trois heures d'un bon sommeil. Le lendemain je trouvai son pouls développé, les membres moins roides, les mâchoires relâchées; il avait déjà rendu quelques selles à l'aide des lavemens. La suppuration de la plaie s'établit à l'époque ordinaire, et tous les accidens disparurent par degrés; pourtant le moignon conserva pendant quelques jours des soubresauts violens, qui augmentaient par les plus légers attouchemens extérieurs, et surtout durant le pansement, quelques précautions que l'on prît pour ne point irriter les parties. Je parvins à apaiser ces mouvemens convulsifs par une compression bien exacte que je fis faire sur le trajet du nerf sciatique.

Les forces se rétablirent assez promptement; mais les organes digestifs restèrent long-temps dans l'atonie, à raison de la pression qu'avaient exercée sur eux les parois musculaires du bas-ventre.

Cependant, vers la fin du mois de frimaire suivant (en décembre), cet officier sortit de l'hôpital parfaitement guéri, commençant à marcher sur sa jambe de bois. Peu de temps après il partit pour France avec une évacuation d'aveugles : il doit être à l'hôtel des Invalides, à Paris.

La bataille du 30 ventose an IX (21 mars 1801) me fournit l'occasion de faire faire l'amputation de la jambe à un militaire, pour une blessure semblable à celle de M. Bonichon. Quoique le tétanos fût déclaré et fût d'un caractère aigu, l'opération enleva, comme par enchantement, tous les accidens; et, sans l'humidité de la salle où se trouvait le blessé, sans la pénurie où l'on était des moyens propres à le garantir de la fraîcheur des nuits, cette opération aurait eu sans doute un succès aussi complet : il passa environ douze heures dans un calme parfait; mais la fraîcheur de la nuit suivante, plus forte qu'à l'ordinaire, rappela tous les accidens, qui résistèrent à tous les moyens indiqués, et le malade mourut le troisième jour de l'opération.

Le général de division Destaing reçut, à cette même bataille du 3o, un coup de balle qui lui traversa le bras droit à sa partie moyenne, interne et postérieure. Une portion du biceps, du coraco-brachial, le nerf radial et le cutané interne furent coupés : cette plaie laissait un pont de quelques lignes d'épaisseur, formé par les tégumens, par le tissu cellulaire et quelques fibres motrices. Les premiers effets de cette blessure furent la chute du sabre qu'il avait en main, la paralysie du bras, et un trémoussement douloureux qui se manifesta immédiatement sur toute l'extrémité, accompagné d'angoisses, de faiblesse générale et de gêne dans les organes de la respiration.

Ce ne fut qu'avec peine que le général put être transporté à Alexandrie, où il reçut les premiers secours, qui lui furent administrés par un de mes collaborateurs. Je ne fus appelé que le huitième jour, époque où il commençait à éprouver de très-vives douleurs. Quoique la suppuration fût établie, l'appétit du malade était dérangé, le sommeil interrompu, et il se déclarait, vers le soir, un mouvement fébrile. Je sentis d'abord la nécessité de couper le pont dans lequel se trouvaient des rameaux nerveux du cutané interne : mais, le blessé s'étant refusé à cette légère opération, je fus obligé de m'en tenir à l'application des émolliens et à l'usage interne des remèdes indiqués; je pansai moi-même la plaie, et continuai de le faire jusqu'à sa guérison. Le lendemain les douleurs locales étaient plus vives; il y avait des mouvemens convulsifs dans la main et l'avant-bras, chaleur dans tout le système, et resserrement des mâchoires : le blessé était fort inquiet et dans une agitation continuelle. Les progrès rapides que faisaient les accidens, me déterminèrent à couper ce pont, et à inciser le fond de la plaie, où je trouvai quelques brides nerveuses ou aponévrotiques.

Cette opération fut douloureuse; mais, deux heures après, le blessé fut très-soulagé : à l'aide des émulsions anodines, des lavemens émolliens, du repos et de la diète, tous les accidens disparurent dans l'espace de deux jours. La suppuration devint belle, la plaie se détergea promptement, les bords s'affaissèrent, et la cicatrice se forma vers la fin du siége d'Alexandrie.

Cette blessure a laissé l'avant-bras et la main paralysés; les deux derniers doigts ont été privés aussi pendant long-temps du sentiment.

Quoique j'aie à regretter de n'avoir pas un plus grand nombre d'exemples de guérison à présenter, résultant de cette opération, j'en ai assez pour conclure,

1°. Que de tous les remèdes conseillés par les praticiens habiles, l'expérience m'a prouvé que l'extrait d'opium combiné avec le camphre, et le nitrate de potasse purifié, dissous dans une petite quantité d'émulsions faites avec les semences froides ou les amandes douces, sont très-efficaces, et agissent d'ailleurs d'autant plus favorablement, que les malades qui ont de la répugnance pour les autres liquides, prennent avec plaisir ces médicamens, dont on secondera les effets par la saignée si elle est indiquée, et par les vésicatoires dans les circonstances dont nous avons parlé;

2°. Que l'amputation faite à propos est le moyen le plus certain pour arrêter et détruire les effets du tétanos, lorsqu'il dépend d'une blessure qui a son siége aux extrémités.

Je désire que ces observations puissent fixer l'opinion des chirurgiens des armées sur le traitement du tétanos traumatique; que le succès d'une opération dont je ne connaissais pas d'exemple les encourage à la pratiquer, et, en les éloignant d'une route où l'on doit craindre à chaque pas de rencontrer la mort, leur fasse suivre désormais celle où il est encore possible de sauver la vie à quelques dignes citoyens.

MÉMOIRE
SUR LA PESTE.

La peste avait déjà attaqué quelques militaires à Qa-tyeh, à el-A'rych et à Gaza, lors du passage de l'armée dans ces endroits pour se rendre en Syrie; mais elle ne se déclara d'une manière bien marquée qu'à Ramleh. Pendant le siége de Jaffa, plusieurs soldats, bien portans en apparence, périrent subitement de cette maladie; et après la prise de cette ville, elle se développa avec une telle intensité, que, durant le séjour que nous y fîmes, le nombre des morts était depuis six jusqu'à douze et quinze par jour. Cette maladie s'apaisa pendant quelque temps, mais ce ne fut que pour reparaître avec plus de violence; et elle ne quitta point l'armée jusqu'au siége de Saint-Jean-d'Acre, où elle exerça le plus de ravages.

Voici les principaux phénomènes qu'elle m'a présentés, à des degrés différens, chez tous les malades que j'ai vus ou traités.

On languit quelque temps dans un état d'inquiétude, de malaise général, qui empêche de rester un seul instant dans la même position. Tout devient indifférent; l'appétit pour les alimens ordinaires disparaît; on conserve, dans les premiers momens, le désir de prendre quelques liqueurs stomachiques, telles que du vin ou du café; on éprouve une difficulté de respirer, et on cherche en vain de l'air pur. A cette anxiété succède une faiblesse générale; il survient des douleurs sourdes à la tête, principalement au-dessus des sinus frontaux, et aux articulations; toutes les cicatrices deviennent douloureuses; il y a souvent des coliques; des frissons irréguliers se font sentir dans toute l'habitude du corps, et particulièrement aux extrémités inférieures; le visage se décolore; les yeux sont ternes, larmoyans et sans expression; les excrétions sont suspendues; il se déclare des nausées, des envies de vomir, et même des vomissemens de matières d'abord glaireuses, ensuite bilieuses. Dans les premiers momens, le pouls est petit et prompt; quelques heures après l'invasion de ces symptômes, il se manifeste une chaleur universelle qui paraît se concentrer dans la région précordiale; le pouls s'élève et devient accéléré; la surface de la peau est brûlante et se couvre d'un enduit gommeux. Les douleurs de tête augmentent et produisent des vertiges; les yeux sont hagards, la vue se trouble, la voix s'affaiblit; le malade s'assoupit, et éprouve, par intervalles, des contractions involontaires dans les muscles des extrémités et de la face. Alors la fièvre est allumée; le délire arrive plus ou moins vite, et devient furieux chez quelques-uns. J'en ai vu, sous Acre, sortir de l'hôpital ou de la tente, courir dans les champs, entrer dans la mer jusqu'à mi-corps, et, après les plus violens exercices, revenir à leur place; ou bien ils tombaient de faiblesse au premier endroit, et y périssaient immédiatement. Le délire se déclare souvent en même temps que la fièvre; sa durée est relative à la force du sujet : quelquefois il finit avec la vie, en quelques heures; chez d'autres, il se soutient vingt-quatre heures, deux jours; rarement va-t-il jusqu'au cinquième, à moins qu'il ne soit léger. Toutes les excrétions s'ouvrent, surtout les selles, qui dégénèrent en diarrhée, ou flux dyssentérique : le sang que rend le malade est noir et fétide.

Outre ces symptômes, il survient dans les aines, les aisselles, ou d'autres parties du corps, des tumeurs qu'on désigne sous le nom de *bubons :* ils n'attaquent jamais le tissu des glandes, et se manifestent presque toujours au-dessous ou dans les environs. Lorsqu'ils se déclarent au commencement de la maladie et qu'ils se terminent par la suppuration, ils paraissent produire une crise favorable. D'autres fois il se forme des charbons qui se présentent ordinairement à la face ou aux extrémités : leur nombre varie.

Lorsque la maladie se déclare tout-à-coup, et qu'il n'y a ni bubons ni charbons, on voit paraître des taches de forme lenticulaire : d'abord elles sont rouges, ensuite elles brunissent et deviennent noires (ce sont des pétéchies); souvent elles s'étendent, communiquent ensemble et forment des charbons.

Cette maladie offre beaucoup de variétés. Quelquefois elle se développe d'une manière subite, produit des symptômes alarmans, et enlève le malade en quelques heures. J'ai vu un sergent-major de la 32ᵉ demi-brigade, âgé de vingt-trois ans, d'une constitution robuste, périr après six heures de maladie seulement. Lorsqu'elle est aussi violente, il ne paraît aucun exanthème; mais à l'instant de la mort, ou peu de momens après, le corps se couvre de pétéchies gangréneuses.

Chez la plupart des individus que j'ai eu occasion de traiter de la peste, elle a eu une marche moins effrayante. Les douleurs de tête, la faiblesse, les nausées et les vomissemens, avaient lieu pendant les premières vingt-quatre heures; la fièvre s'allumait le second jour; les bubons se montraient aussitôt; et s'ils étaient suivis d'inflammation et de la suppuration, les accidens s'apaisaient vers le quatrième jour, et disparaissaient insensiblement; les bubons s'abcédaient, et les malades pouvaient être regardés comme guéris : au contraire, si les bubons ne suppuraient pas, tous les accidens faisaient des progrès rapides, et ils périssaient le troisième ou le cinquième jour.

Dans le cas où la maladie était de courte durée, la mort était devancée par les symptômes les plus affreux. J'ai vu périr plusieurs personnes dans cet état. Si l'individu est en marche, il tombe frappé de convulsions et de contorsions violentes; tous les traits de la face se décomposent, les lèvres s'écartent et se contournent en tout sens, la langue se tuméfie et sort de la bouche; une salive épaisse et fétide coule involontairement; les narines se dilatent et laissent fluer en abondance une morve sanieuse et de mauvaise odeur; les yeux sont ouverts, semblent sortir de l'orbite et restent fixes; la peau du visage se décolore; le malade se contourne sur lui-même, jette quelques cris lugubres, et expire tout-à-coup[1].

[1] M. Gros a très-bien rendu ces phénomènes dans son superbe tableau de Jaffa.

La mort offre un aspect moins effrayant, lorsque la maladie a été longue, et que la constitution primitive du sujet est faible et débile. La peste a préférablement attaqué les jeunes gens et les adultes, rarement les personnes avancées en âge. Les sujets d'un tempérament flegmatique et gras y ont été plus exposés; les tempéramens secs ont été généralement plus épargnés.

Il paraît que le virus pestilentiel se porte principalement sur le système cérébral et nerveux; et à raison de son intensité, les organes du sentiment et du mouvement doivent perdre leurs fonctions. J'ai remarqué que ceux de la digestion étaient les premiers affectés, et le plus gravement : aussi il se forme promptement, dans les premières voies, des saburres qui, par leurs effets, compliquent la maladie. C'est ainsi qu'à cette première cause sédative se joint la putridité, qui coopère à la destruction de toute la machine.

Plusieurs observations me portent à croire que ce virus pestilentiel peut se conserver dans le système vivant, plus ou moins long-temps, lorsque la peste ne s'est pas déclarée d'une manière complète, ou que les crises en ont été imparfaites, surtout lorsque les bubons ne se sont pas abcédés, ou que la suppuration en a été supprimée par une cause quelconque : il est probable aussi que ce germe pestilentiel agit à la manière des autres virus, tels que la petite vérole, etc.

L'époque la plus favorable au développement de ce virus, est la saison où la peste règne en Égypte, c'est-à-dire celle du *khamsyn*, vents du sud qui durent environ cinquante jours, et ont lieu avant et après l'équinoxe du printemps ; tandis que, dans les autres saisons, les personnes qui en sont affectées paraissent jouir d'une bonne santé.

J'ai vu beaucoup de militaires qui, ayant eu la peste à des degrés plus ou moins forts, ont éprouvé, les années suivantes, pendant cette saison, des récidives qu'on distingue de la peste elle-même par des symptômes qui non-seulement sont plus légers, mais présentent encore des nuances différentes. La peste proprement dite peut aussi se reproduire plusieurs fois, comme nous en avons vu un grand nombre d'exemples. Dans les récidives, les cicatrices des bubons s'ulcéraient et prenaient un caractère gangréneux chez quelques individus; et cette altération locale était accompagnée de la perte de l'appétit, de nausées, et quelquefois de vomissemens de bile d'un vert foncé, de pesanteur à la tête, de vertiges et de lassitude générale : chez d'autres, les bubons qui n'avaient point suppuré, se gonflaient à la même époque, et formaient des tumeurs bleuâtres, indolentes, qui restaient dans un état squirrheux; ou bien elles suppuraient, et, dans ce dernier cas, la fluctuation était précédée d'une phlyctène gangréneuse, qui indiquait la nécessité d'ouvrir promptement l'abcès. Ces symptômes locaux étaient également accompagnés de lassitude, de pesanteur à la tête, etc. J'en ai encore vu chez qui les cicatrices des charbons prenaient une teinte noirâtre, causaient des tiraillemens douloureux dans les parties subjacentes, et de la gêne dans les mouvemens.

De légers vomitifs et l'usage de stomachiques pendant quelques jours, suffisaient ordinairement pour faire disparaître ces affections; mais elles se reproduisaient souvent aux époques indiquées, avec les mêmes phénomènes. J'ai remarqué que, dans ces récidives, il n'y a point de contagion, sans doute parce que la maladie dégénère et perd de son vrai caractère, à mesure qu'on s'éloigne plus de l'époque où la peste proprement dite a eu lieu, et des climats où elle est endémique. La plupart des soldats qui en étaient attaqués, couchaient avec leurs camarades dans les casernes, sans leur communiquer la maladie.

Parmi le grand nombre de personnes qui se sont trouvées dans le cas de ces récidives, M. Leclerc, chirurgien de seconde classe, qui avait contracté la peste en Syrie, en produit un exemple frappant. Depuis cette campagne, il avait éprouvé, tous les ans, de légers retours pendant la saison où règne cette maladie; les bubons qui s'étaient terminés chez lui par la résolution, se tuméfiaient prodigieusement, surtout celui du côté gauche, lequel gênait alors les mouvemens de la cuisse, et entretenait la totalité du membre dans un état de maigreur et de faiblesse. La première année, étant à Gyzeh, près du Kaire, il lui survint à la face une éruption lépreuse d'un caractère très-malin, qui résista à tous les moyens que je mis en usage pour la combattre, et qui disparut par le seul travail de la nature, à l'époque où la saison de la peste finissait. A Paris, dans la même saison, cet officier de santé vit également ses bubons s'engorger; mais il ne parut point d'autres symptômes.

Je lui avais conseillé l'application de la potasse caustique ; il s'y refusa, et, malgré mon avis, il voulut partir pour Saint-Domingue. J'étais persuadé d'avance qu'à raison de cette affection pestilentielle, il contracterait facilement la fièvre jaune, endémique dans ce climat, et avec laquelle la peste m'a paru avoir beaucoup d'analogie. En effet, à peine fut-il arrivé dans cette contrée, qu'il fournit une victime de plus à cette fièvre meurtrière.

Pendant la campagne de Syrie, j'ai voulu rechercher, jusque dans les entrailles des morts, les causes et les effets de la peste. Le premier cadavre dont je fis l'ouverture, fut celui d'un volontaire âgé d'environ vingt-cinq ans, qui mourut quelques heures après son entrée à l'hôpital des blessés à Jaffa, ayant pour principal symptôme un charbon au bras gauche. Son corps était parsemé de pétéchies ; il exhalait une odeur nauséabonde, que je ne supportais qu'avec la plus grande peine. Le bas-ventre était météorisé ; le grand épiploon jaunâtre et marqueté de taches gangréneuses ; les intestins étaient boursouflés et de couleur brunâtre ; l'estomac était affaissé et gangréné dans plusieurs points correspondans au pylore ; le foie d'un volume plus considérable que dans l'état ordinaire ; la vésicule pleine d'une bile noire et fétide ; les poumons d'un blanc terne, entrecoupé de lignes noirâtres ; le cœur d'un rouge pâle ; son tissu presque macéré, se déchirant facilement ; les oreillettes et les ventricules pleins d'un sang noir et liquide ; les bronches remplies d'une liqueur roussâtre et écumeuse[1].

[1] M. Betheil, chirurgien de seconde classe, jeune homme instruit et

Le second cadavre était celui d'un sergent-major dont j'ai déjà parlé. Je trouvai à peu près les mêmes désordres dans les viscères du bas-ventre et de la poitrine. Le foie était plus engorgé, la vésicule extraordinairement distendue, le péricarde rempli d'une humeur sanguinolente, et le tissu cellulaire parsemé d'un lacis de vaisseaux variqueux pleins d'un sang noir liquéfié. J'ai ouvert, en Égypte, plusieurs autres cadavres de personnes mortes de la peste, et j'ai remarqué les mêmes résultats. Les circonstances ne m'ont jamais permis de faire l'ouverture du crâne.

Cette maladie a fait de grands ravages parmi les habitans de Gaza, Jaffa et Acre. Elle n'a pas épargné les Arabes du désert voisin de la mer. Elle ne s'est fait sentir qu'à peine dans les villages des montagnes de Naplouse et Canaan ; mais elle a régné dans les lieux bas, marécageux, et dans ceux qui bordent la mer.

De tous les habitans qui ont été frappés de la peste dans ces endroits, il n'y en a eu qu'un petit nombre qui ait échappé à la mort. Le genre de traitement que leurs médecins leur font subir, et le préjugé funeste qu'ils ont de ne pas croire à la contagion, ne coopèrent pas peu sans doute à leur destruction.

Je considère la peste comme endémique non-seulement sur la côte de Syrie, mais encore dans les villes d'Alexandrie, Rosette, Damiette, et le reste de l'Égypte.

En effet, elle me paraît dépendre de causes propres

plein de zèle, qui mourut de la peste à Jaffa, m'aida à faire l'ouverture de ce corps.

à chacun de ces pays[1] : on sera convaincu de ce que j'avance, si l'on examine d'abord la construction des villes, dont les rues sont étroites, tortueuses, non pavées, les maisons mal percées et remplies la plupart de décombres ; ensuite chaque carrefour formant un cloaque d'immondices, où les eaux des pluies croupissent pendant l'hiver, surtout dans les villes maritimes, et principalement à Damiette, à raison de la disposition du sol de ces villes, toujours au-dessous du niveau de la mer ou des lacs environnans, ou des rizières marécageuses et très-infectes ; si l'on observe que pendant la même saison les vents du sud règnent dans ces contrées, et se soutiennent jusqu'à la fin de mai, ce qui rend l'atmosphère toujours chaude et humide ; si l'on réfléchit à la malpropreté des habitans, à leur mauvais régime, et à l'état d'inaction où ils sont presque continuellement ; si l'on ajoute enfin à toutes ces causes la putréfaction de beaucoup de cadavres d'animaux délaissés dans les carrefours, surtout de chiens, dont le nombre était prodigieux avant notre arrivée dans ce pays ; la position des cimetières dans le voisinage des villes, lesquels consistent dans des tombes de mauvaise maçonnerie, où les Turks ménagent un soupirail dirigé à l'orient, qui communique avec le cadavre, de sorte que, lorsqu'il se décompose, les gaz s'échappent par cette ouverture et augmentent l'infection de l'air.

Ainsi à Alexandrie, où la peste a régné la première année avec beaucoup d'intensité, la prise de cette

---

[1] Je me trouve d'accord en ce point avec tous les médecins de l'armée d'Orient qui ont écrit sur cette maladie.

place ayant donné un assez grand nombre de cadavres d'hommes et d'animaux qu'on négligea d'enlever ou qui furent mal enterrés sous ses remparts, les corps entrèrent bientôt en putréfaction, et contribuèrent au développement de cette maladie.

J'ai remarqué que la peste, lorsque les vents du sud soufflaient, prenait une intensité plus grande que pendant les vents du nord ou nord-est, qui en diminuaient les effets, et les faisaient même disparaître s'ils régnaient long-temps : elle reparaissait avec autant de violence au retour des vents du sud (*khamsyn*).

Lorsqu'elle commence par la fièvre et le délire, il est rare que le malade guérisse : malgré l'usage de tous les remèdes indiqués, il meurt dans les premières vingt-quatre heures, ou le troisième jour au plus tard. J'ai eu cependant occasion de traiter un sous-officier de la 52e demi-brigade, qui avait sept charbons, et chez qui, malgré le délire violent par lequel la maladie avait commencé, et dont il fut tourmenté pendant trois jours, je vis la suppuration s'établir dans les charbons, les escarres se détacher, les accidens se calmer, et la guérison s'opérer parfaitement, après une convalescence d'ailleurs fort longue.

La femme de ce militaire, enceinte de six mois, contracta la maladie, qui ne fut pas aussi intense, et dont elle guérit également, sans fausse couche; mais deux autres femmes enceintes, auxquelles je donnai aussi mes soins, avortèrent dans les premières vingt-quatre heures, et moururent immédiatement.

Si la fièvre ne survient que le deuxième jour de l'invasion de la maladie, il y a moins de danger, et l'on a le temps de prévenir les accidens consécutifs. J'ai observé que la peste attaquait rarement les blessés dont les plaies étaient en pleine suppuration, tandis que, lorsqu'elles étaient cicatrisées, plusieurs s'en trouvaient frappés, et peu échappaient à la mort. Nous avons fait la même remarque sur les habitans du pays qui portaient des cautères [1].

J'ai remarqué encore que l'affection morale aggravait cette maladie, en facilitait aussi le développement chez les personnes qui en possédaient le germe, et la faisait contracter par les causes les plus légères : mais, quelque forte qu'ait été cette affection, les effets n'ont pu être comparés à ceux qui résultaient de la communication des individus sains avec les malades, ou aux effets du contact des objets contaminés. On a pu se convaincre de cette vérité par les ravages que la peste a faits, en l'an ıx (1801), chez les fatalistes musulmans.

Que l'on ne croie pourtant pas que le nom de *peste* ait beaucoup effrayé nos soldats : ils étaient trop accoutumés à recevoir sans émotion toute sorte d'impressions; leur sensibilité morale et physique était, pour ainsi dire, émoussée par les chocs divers qu'elle avait reçus dans les pénibles campagnes qu'ils avaient déjà faites. Il eût donc été à désirer que, dès les premiers jours de l'invasion de la peste, on eût présenté au militaire, toutefois sous les couleurs les moins défavora-

[1] Galien, Fabrice de Hilden, Plater, Ingrassias, Paré et autres auteurs célèbres, assurent que, dans les contrées qu'ils ont vues ravagées par la peste, cette maladie respectait tous ceux qui portaient des cautères bien établis.

bles, le vrai caractère de cette maladie; on aurait diminué le nombre des victimes : au lieu que le soldat, imbu de l'opinion qui fut d'abord répandue que cette maladie n'était pas pestilentielle, n'hésitait pas, dans le besoin, de s'emparer et de se couvrir des effets de ses compagnons morts de la peste : le germe pestilentiel ne tardait pas alors à se développer chez ces individus, qui subissaient souvent le même sort. Ce ne fut que lorsqu'ils eurent une connaissance parfaite de cette maladie, que beaucoup s'en préservèrent par les précautions qui leur furent indiquées.

Dans le premier temps, sur quatre individus attaqués de la peste, il en périssait deux, et souvent trois; mais ensuite plus des deux tiers guérissaient[1].

La première indication qui se présente, est d'évacuer les premières voies, à l'aide de vomitifs plus ou moins forts. Le tartrite de potasse antimonié a le double avantage de donner à tout le système une secousse relative à la dose, de faire cesser le spasme des petits vaisseaux, et d'ouvrir les voies de la transpiration.

La seconde indication est de soutenir les forces du malade, de prévenir la désorganisation de la machine, et de faciliter l'issue au-dehors de l'humeur délétère et de la matière des bubons.

Il faut continuer l'usage du tartrite de potasse antimonié, à petites doses, combiné avec les boissons acides, surtout l'eau de tamarin, administrer le soir quelques

---

[1] Ces succès sont principalement dus au courage et au zèle du médecin en chef Desgenettes, qui a dirigé lui-même le traitement des pestiférés placés dans le département des fiévreux.

potions de camphre et de thériaque, auxquelles on ajoutera la liqueur minérale d'Hoffmann, à des doses plus ou moins fortes, selon le degré de prostration où se trouve le malade. On pourrait, vers la fin de la maladie, seconder ces remèdes par les apozèmes amers, unis au quinquina, et donner une infusion de sauge pour boisson. On fera faire, sur toute l'habitude du corps, des lotions d'eau pure et de vinaigre à parties égales. Le traitement doit être accompagné du régime convenable.

Il est rare que la saignée soit indiquée : ainsi il faut être très-circonspect sur son usage. Les frictions huileuses dont M. Villepreux, chirurgien de première classe, s'est servi à l'hôpital de Belbeys, n'ont paru rien produire. Elles peuvent cependant être employées comme préservatives.

Lorsque les bubons parcourent toutes les périodes de l'inflammation, et qu'ils s'abcèdent, il faut aider la nature dans cette terminaison, qui est la plus favorable. Dès le principe, on appliquera des cataplasmes très-chauds d'ognons de scilles cuits sous la cendre : ils accélèrent l'inflammation et facilitent la formation du pus. Je m'en suis servi utilement en Syrie, où les plantes bulbeuses abondent. Il ne faut pas attendre la parfaite maturité de l'abcès pour l'ouvrir, et l'on doit préférer l'instrument tranchant. Si le bubon est indolent, sans changement de couleur à la peau, et que la faiblesse de l'individu soit grande, il est pressant d'y appliquer un bouton de feu et le cataplasme immédiatement. Souvent ce moyen provoque l'inflammation, qui est suivie de la suppuration et de la guérison du malade. Le cautère potentiel a des effets plus lents, et n'offre pas les mêmes avantages. Les pansemens doivent être simples, mais toniques et suppuratifs.

Le traitement des charbons consiste à exciter dans les parties subjacentes une légère inflammation qui fera détacher les escarres : les cataplasmes chauds et rubéfians conviennent dans ce cas, ainsi que les caustiques fluides précédés de scarifications et de l'excision des parties gangrénées.

On ne peut contester que la peste ne soit épidémique et contagieuse[1] : les progrès rapides qu'elle a faits, et une suite d'expériences trop malheureuses chez les mu-

---

[1] Les Égyptiens ont remarqué, et plusieurs médecins célèbres le confirment, que deux épidémies marchent rarement ensemble. En effet, nous avons observé que pendant l'an VII (1799), où la peste fut généralement assez forte dans les villes maritimes de l'Égypte, en Syrie, et même au Kaire, on n'entendit point parler de la petite vérole, et je ne me rappelle point avoir vu alors un seul enfant affecté de cette dernière maladie. Dans l'an VIII (1800), au contraire, nous eûmes à peine quelques accidens de peste, et la petite vérole exerça les plus grands ravages, surtout au Kaire. C'est dans l'interrègne de cette dernière maladie que la fièvre jaune se déclara.

En l'an IX (1801), la peste dévasta la haute Égypte, et détruisit un grand nombre d'habitans de la capitale; mais la petite vérole n'y parut point.

Pendant le siége d'Alexandrie, nous fûmes affligés d'une épidémie scorbutique qui se répandit généralement sur les habitans de la ville et les individus de l'armée, et nous n'eûmes que quelques accidens de peste. Le premier attaqua un membre de la Commission des arts (M. Lerouge), qui venait du Kaire, d'où il avait peut-être rapporté le germe de la maladie. Ce savant mourut dans le lazaret, le troisième jour de l'invasion de la peste : il avait eu, pour principaux symptômes, un bubon et deux charbons.

Le deuxième accident survint à M. Force, officier dans la 18ᵉ demi-brigade. Ce militaire s'était d'abord établi dans une maison particulière à Alexandrie, où je lui donnai des soins pendant les premières vingt-quatre heures : je le fis transporter ensuite au lazaret, où je dirigeai encore son traitement. La maladie parcourut assez lentement ses pério-

sulmans[1], ne laissent pas le moindre doute sur les effets de la contagion; mais elle ne paraît pas avoir lieu dans toutes les périodes de la maladie, et elle doit se faire de différentes manières. Je ne pense pas, par exemple, que la peste se communique lorsqu'elle est légère et dans la première période. Je ne crois pas non plus qu'on ait à la craindre en touchant du bout des doigts le pouls du malade, en lui ouvrant et en lui cautérisant ses bubons ou charbons, en lui appliquant rapidement divers topiques, ou en touchant par de petites surfaces son corps, ou ses vêtemens, de quelque nature qu'ils soient, et en passant dans son appartement, pourvu qu'il y ait des courans d'air. Les convalescens de cette maladie, ou ceux qui ont de simples récidives, ne la communiquent point.

Il faut éviter le trop long séjour dans les salles peu aérées des pestiférés, les exhalaisons des corps morts ou des personnes qui sont au troisième ou quatrième degré de la maladie, ne point les toucher par de grandes

des. L'ouverture d'un bubon énorme qui s'était formé dès le troisième jour, à l'aine droite, la termina heureusement.

Le troisième atteignit M. Rouveyrol, chirurgien de deuxième classe, chargé du service du lazaret. La maladie suivit la même marche que chez M. Force, et eut la même terminaison.

La femme d'un sergent-major des canonniers nommé *Pérès*, fut également attaquée de la maladie. Je l'isolai dans une baraque, et la conduisis à la guérison malgré l'intensité du mal.

Sept soldats furent encore atteints de la peste; deux succombèrent, et les cinq autres furent guéris avant notre départ pour la France. Enfin le général Menou, dont l'observation va être rapportée plus bas, fournit à cette époque le treizième exemple de l'apparition de cette maladie; nombre presque nul, si on le compare à la grande quantité d'individus affectés du scorbut.

[1] L'épidémie de l'an ix (1801), qui régna au Kaire et dans la haute Égypte, enleva 150000 Égyptiens, tandis qu'il ne périt qu'un petit nombre de Français.

surfaces, et ne point se couvrir de vêtemens qui aient servi aux individus atteints de la peste.

Je pense que la matière des charbons et des bubons communique la maladie lorsqu'elle est en contact avec les parties sensibles et intérieures du corps, au moment où ces charbons font des progrès. Ainsi M. Charroy, officier des guides à cheval, frappé, dans l'an ix (1801), d'une peste violente, avec un bubon à l'aine droite, ayant négligé de le faire ouvrir, il se forma, avant que le bubon s'abcédât, une fusée inflammatoire qui descendit intérieurement le long de la cuisse jusqu'au genou, où il se manifesta un charbon. De celui-ci partaient deux autres fusées qui, en s'écartant, se terminaient, l'une à la malléole interne, et l'autre sur le trajet du tendon d'Achille, où elles produisirent deux autres charbons de la même nature. On employa contre eux la méthode curative désignée plus haut, et le malade fut conduit à la guérison après trois mois de traitement : mais ce qu'il y a de très-remarquable, c'est que pendant les paroxysmes de la maladie, qui durèrent environ six semaines, toute la partie droite du corps fut paralysée. Ainsi, cet officier fut privé, tout ce temps, de la vue de l'œil droit, d'une partie du goût, de l'ouïe, de l'odorat, du mouvement du bras, de l'avant-bras, de la fesse, de la cuisse et de la jambe du même côté, lesquels se trouvaient presque atrophiés : cependant tous ces accidens cessèrent avec la maladie, à la fin de la saison où elle règne, et le malade recouvra bientôt l'usage de toutes ses facultés[1]. Ce phénomène prouve,

[1] M. Boussenard, qui me remplaçait au Kaire, m'a communiqué

d'une manière évidente, que le virus pestilentiel porte principalement ses effets sur le système nerveux.

Avant notre départ d'Alexandrie pour la France, le général en chef Menou fut attaqué de tous les symptômes de la peste, qui se développèrent chez lui d'une manière lente et graduée. Il se plaignit d'abord de pesanteur à la tête, de gêne dans la respiration, de lassitude, de faiblesse générale, avec engourdissement dans les extrémités inférieures, surtout à la gauche, de tiraillemens dans l'aine du même côté : il était agité la nuit par des somnolences ; et lorsqu'il s'assoupissait, il faisait des rêves sinistres : il avait le pouls petit et accéléré.

Le général était dans cet état depuis trois jours ; il avait déjà fait usage de quelques amers, lorsqu'il me fit appeler, pour la première fois, le 22 vendémiaire au soir (14 octobre 1801). Il me fit appeler de nouveau le 23 (15 octobre), à cinq heures du matin, pour me montrer trois charbons de la grandeur d'un centime, qui s'étaient formés, pendant la nuit, à la partie interne et supérieure de la jambe gauche. Il n'était point effrayé de cet accident ; car, étant à Rosette en l'an VII (1799), au moment où il devait aller prendre le commandement de la Palestine, il avait été affecté d'un semblable charbon au bras gauche. Néanmoins il était inquiet et dans un état de morosité et de tristesse. La prostration de ses forces, son regard fixe, les douleurs de tête qui avaient augmenté, l'irrégularité du pouls, et la chaleur vive

cette observation, et l'officier m'a certifié depuis la vérité de tous ces faits.

qu'il ressentait dans la région précordiale, me faisaient craindre des suites funestes. Le *khamsyn* ou les vents du sud commençaient à régner, et toute l'armée était déjà partie ou mettait à la voile. Nous étions par conséquent dans l'alternative de voir sa maladie faire des progrès rapides, de nous trouver dans une ville infectée par mille causes différentes, au milieu des ennemis, et peut-être sans secours, ou bien de transporter dans le vaisseau le germe de la peste. Cependant, je crus ce dernier parti le plus sage et le moins désavantageux; car j'avais fait isoler dans la frégate l'appartement du général; je devais m'y isoler moi-même, pour pouvoir lui donner mes soins sans communiquer avec le reste de l'équipage, dans la supposition que le mal vînt à empirer. J'avais encore tout lieu de croire que l'éloignement du sol égyptien, le changement d'air et le mouvement du vaisseau donneraient une issue favorable à la maladie. D'ailleurs, nous rentrions en France dans une saison où la peste ne peut se développer, surtout lorsque le froid est vif et sec, comme au temps où nous y sommes arrivés; et j'avais, outre cela, formé le projet de nous faire relâcher dans une des îles de la Grèce, en cas que la maladie prît un mauvais caractère. En conséquence, je pressai le général de partir, en lui faisant connaître les dangers qu'il avait à courir s'il mettait le moindre délai à son départ. Il suivit mon conseil, et s'embarqua le 25 vendémiaire (17 octobre) au soir. Le vaisseau mit à la voile le 26 (18 octobre), à la pointe du jour. Les charbons s'étaient étendus pendant la nuit, et le lendemain tous les autres accidens se trouvèrent aggravés.

Des premiers charbons qui s'étaient formés naissaient des lignes rougeâtres, érysipélateuses, qui marchaient flexueusement en différens sens, de manière à parcourir toute la surface interne et antérieure de la jambe jusqu'aux malléoles. Ces fusées morbifiques déterminèrent, de distance en distance, d'autres petits charbons d'un caractère semblable aux premiers. J'ai généralement remarqué que les charbons se manifestaient dans les régions du corps où le tissu cellulaire est plus serré, tandis que les bubons avaient leur siége aux endroits pourvus d'un tissu plus lâche, tels que les aines, les aisselles, etc. On peut se rappeler que les charbons dont fut affecté M. Charroy, lui étaient aussi survenus précisément aux endroits que nous désignons.

Je me disposais à faire passer quelques grains de tartrite de potasse antimonié au général Menou, et à remplir les autres indications, lorsque tout-à-coup les vents du sud qui nous avaient éloignés de la côte d'Afrique, passèrent au nord-nord-ouest, et devinrent très-forts. Le général fut aussitôt frappé du mal de mer; il eut des vomissemens copieux de matières bilieuses, et de fortes évacuations alvines, qui furent suivies de sueurs abondantes. Ces violentes secousses me firent craindre un instant pour sa vie : cependant le calme s'établit chez le malade, après la cessation de l'ouragan; les douleurs de tête disparurent, le sommeil se rétablit, et le général fut en état de recevoir quelques stomachiques. L'affection gangréneuse des charbons s'était bornée, et un cercle rougeâtre qui les cernait, m'annonçait la suppuration prochaine et le retour des forces vitales.

J'appliquai sur les charbons, comme je l'avais déjà fait, l'onguent de styrax, saupoudré de camphre et de quinquina rouge, et sur toute la jambe, des compresses de vin de Bordeaux camphré et ammoniacé. Je faisais faire usage intérieurement des amers, du camphre, de l'opium, de la liqueur anodine d'Hoffmann, et du quinquina aux doses convenables et différemment variées selon les circonstances. Peu de jours après, la suppuration fut établie dans les charbons, et les escarres ne tardèrent pas à se détacher. Je pansai ensuite avec le vin miellé les ulcères que la chute des escarres mit à découvert : ce moyen fut continué jusqu'à la cicatrisation, qui eut lieu avant notre arrivée en France. Les forces et les fonctions du général en chef se rétablirent graduellement par la continuation de ce traitement; et à notre arrivée à la quarantaine de Toulon, il était parfaitement guéri. Là, je fis parfumer et *sereiner* tous ses effets, comme ceux de tous les individus du bord. Les premiers froids que le général Menou essuya en arrivant à Marseille, lui causèrent une dyssenterie opiniâtre qui le retint dans cette ville le reste de l'hiver; mais le retour de la belle saison, et les soins que les médecins de Marseille lui prodiguèrent, le rendirent à Paris bien portant.

Il résulte de tous ces faits, selon moi, que l'inoculation de la peste est inutile et dangereuse.

Pour se garantir de cette maladie, il importe de prendre beaucoup de précautions : les plus efficaces sont le grand exercice, la propreté, le bon régime. Il faut entretenir avec soin toute espèce d'émonctoire ou d'érup-

tion, comme un des meilleurs préservatifs; et il serait même utile, pour celui qui ne pourrait s'isoler du foyer de la contagion, de se faire établir un cautère ou un vésicatoire[1]. On doit encore éviter l'usage immodéré des liqueurs spiritueuses, des viandes et du laitage; boire beaucoup de café, et une infusion de sauge le matin à jeun; se laver souvent le corps avec l'eau et le vinaigre; ne point se baigner pendant la saison morbide; changer souvent de linge et d'habits; coucher dans des lieux secs et aérés; éloigner les affections morales, et prendre, aux plus légers symptômes de saburre, un vomitif léger et en grand lavage : c'est pour cela qu'il est prudent d'apporter avec soi quelques grains d'émétique dans les climats où la peste est endémique.

En même temps on diminuerait et l'on ferait disparaître insensiblement les causes qui la produisent, en prévenant la stagnation des eaux du Nil, lors de leur retraite dans les bassins établis près des habitations; en creusant des canaux d'irrigation bien dirigés; en faisant des plantations dans tous les endroits humides et marécageux; en écartant les rizières des endroits habités; en faisant transporter au loin dans les déserts, et toujours à l'occident des villes et villages, tous les cimetières;

---

[1] En 1783, la Société royale de médecine de Paris, d'après l'excellent mémoire du docteur Carrère, considéra l'emploi de ces moyens comme le meilleur préservatif de la peste. En effet, tous les médecins célèbres, depuis l'antiquité la plus reculée jusqu'à nos jours, conseillent ces moyens, et presque tous, en préconisant leur efficacité, s'étayent de l'expérience. Je citerai, comme partisans de ces préservatifs, *Hippocrate*, *Galien*, *Zacutus Lusitanus*, *Fabrice de Hilden*, *Lancisi*, *Thomas Willis*, *Muller*, *Sennert*, *Mercurialis*, *Richard Mead*, *Lieutaud*, *Kœmpfer*, *Prosper Alpin*, etc.

en rasant les tombes qu'on serait obligé de laisser dans les cités, et les couvrant du moins d'une couche de chaux vive; en ayant l'attention d'exhausser le sol des habitations, de manière à les mettre à l'abri des plus fortes inondations, de sabler les rues, de construire des aqueducs à pente facile, dans les villes maritimes, où la pluie est plus fréquente; en changeant la construction des maisons de la classe indigente du peuple, et faisant sentir aux habitans la possibilité de se garantir de la contagion et de s'en guérir, d'après l'exemple des Européens, qui savent, au moyen des précautions qu'ils prennent, se préserver de la maladie, et qui trouvent souvent le salut dans la médecine, lorsque les habitans tombent malades à leurs côtés. Enfin, un des grands moyens contre l'invasion et la propagation de la peste, serait de faire connaître aux Égyptiens et de leur faire mettre en pratique les bonnes et sages dispositions que la commission extraordinaire de salubrité publique avait arrêtées et mises à exécution avec un succès inattendu [1].

[1] Cette commission, créée par le général en chef Kléber, se composait du général commandant du Kaire, du général du génie, de l'ordonnateur en chef de l'armée, de celui de la marine, du médecin et du chirurgien en chef. La présidence passait tour-à-tour à chacun de ses membres. Trois autres commissions particulières, subordonnées à la commission extraordinaire, furent établies à Alexandrie, à Rosette et à Damiette. Elles étaient organisées sur les mêmes bases.

Je vais rapporter les principales mesures que la commission extraordinaire avait prises pour prévenir l'invasion de la peste, ou en arrêter la marche.

Placée au centre de l'armée, près de l'état-major général, elle pouvait observer et diriger toutes les mesures de salubrité relatives aux Égyptiens et à l'armée. Elle entretenait une correspondance assidue avec les commissions particulières dont elle suivait toutes les opérations.

Une *germe* d'observation, aux ordres de la commission extraordinaire, était placée à la pointe du Delta, pour reconnaître tous les bâtimens remontant les deux branches

NOTICE

SUR UNE ESPÈCE DE SANGSUE

QUE LES SOLDATS AVALÈRENT

EN SE DÉSALTÉRANT DANS DES LACS D'EAU DOUCE.

Au retour de l'expédition de Syrie, et avant notre arrivée à Sâlehyeh, on avait rencontré, de distance en distance, quelques bassins d'eau douce et bourbeuse, comme nous en avons vu depuis dans les déserts qui bordent la Libye, remplis de petits insectes, parmi lesquels il existe une espèce de sangsue qui paraît avoir

orientale et occidentale du Nil. De là ces bâtimens étaient conduits, sous la garde des conservateurs de santé, au grand lazaret établi dans l'île de Roudah, pour y être mis en quarantaine ou en observation. Des directeurs ou inspecteurs de santé, aux ordres de la commission extraordinaire, faisaient placer les individus et les objets, selon leur degré de contamination, dans des lieux isolés les uns des autres, quoique renfermés dans la même enceinte. Les personnes étaient réparties dans une ligne de petites cabanes en roseaux, séparées les unes des autres par des barrières et des promenades, de manière que ces quarantenaires ne pouvaient communiquer que par la vue et la parole.

Les individus attaqués de la peste étaient placés dans l'hôpital du lazaret, divisé par petites loges; un médecin français et un aide-chirurgien égyptien étaient spécialement chargés du soin de ces malades, que l'on traitait séparément dans tous les degrés de la maladie. Le président de la commission extraordinaire exerçait une surveillance active et permanente sur ces établissemens; il représentait la commission et donnait des ordres en son nom, sauf à lui en rendre compte. Le mouvement du lazaret et de l'hôpital était envoyé chaque jour à la commission, avec le bulletin des malades et de la marche de la maladie. Des commissaires égyptiens, placés dans les principaux quartiers de la ville, étaient tenus de visiter

quelque rapport avec celle qu'on trouve dans l'île de Ceylan[1]. Elle a quelques lignes de longueur. Quoiqu'elle ne soit pas naturellement plus grosse qu'un crin de cheval, elle est susceptible d'acquérir le volume d'une sangsue ordinaire gorgée de sang. Sa couleur est noirâtre; sa forme ne m'a rien offert de particulier.

Nos soldats, pressés par la soif, se jetaient à plat ventre sur le bord de ces lacs, et, sans penser au nouvel ennemi qui les attendait, buvaient avec avidité : bientôt plusieurs d'entre eux ne tardèrent point à ressentir la piqûre des sangsues qu'ils avaient avalées. Les premiers effets de cette piqûre étaient un picotement douloureux qu'ils éprouvaient vers l'arrière-bouche, une toux fréquente, suivie de crachats glaireux légèrement teints de sang, et d'envies de vomir. A cette irritation, que déterminait la sangsue dans les parties sensibles de la

tous les jours les maisons de leur arrondissement, d'y faire maintenir la propreté, de recueillir exactement le nombre des morts, de s'assurer de la cause de la mort, et de rendre compte à la commission de tout ce qui pouvait intéresser la santé publique. Lorsqu'il se déclarait un accident de peste, l'individu était de suite mis en réserve, envoyé au lazaret, s'il était Français, ou placé dans un lieu isolé, s'il était Égyptien, et traité sous la surveillance des médecins français. Tous les voyageurs, quels qu'ils fussent, étaient traités dans le lazaret; les effets contaminés étaient brûlés ou purifiés. La surveillance de la commission s'étendait dans les camps, les casernes, et généralement dans toute l'Égypte.

Les chirurgiens des régimens, sous les ordres du chirurgien en chef, membre de la commission, étaient tenus de visiter chaque jour l'asile des soldats, et de rendre compte à fur et mesure, à la commission, de tous les événemens qui pouvaient survenir. Les officiers de santé en chef des hôpitaux de l'armée étaient assujettis aux mêmes lois.

Près de chaque commission particulière, où le même réglement était suivi, on avait également établi un lazaret et un hôpital pour les pestiférés.

[1] *Voyez* les Voyages de Knorr. Elle paraît avoir encore des rapports, quant à la forme, avec l'*hirudo alpina nigricans* de M. Dana. (*Voyez* le Dictionnaire d'histoire naturelle de Valmont de Bomare.)

gorge, succédaient bientôt l'engorgement de ces mêmes parties, et des hémorragies fréquentes. Dès-lors, la déglutition devenait difficile, la respiration laborieuse, et les secousses produites par la toux sur les poumons et le diaphragme causaient au malade des douleurs vives dans toute la poitrine. La toux augmentait en raison des attouchemens que faisait la sangsue avec l'extrémité de sa queue sur l'épiglotte ou sur les bords de la glotte. (Le sang qui se porte sur cette ouverture peut produire les mêmes effets.) Les sujets maigrissaient à vue d'œil, perdaient l'appétit et le sommeil; ils étaient inquiets, agités; et si on ne leur administrait pas à temps les secours nécessaires, ces accidens les mettaient en danger, et pouvaient les conduire à la mort, comme on en a vu des exemples.

Zacutus Lusitanus[1] cite une personne qui mourut, au bout de deux jours, de la piqûre d'une sangsue qu'on avait laissée s'introduire, par mégarde, dans les fosses nasales[2].

Les Égyptiens savent que les chevaux en reçoivent par les narines, lorsqu'ils boivent dans ces étangs particuliers; ils en sont avertis par les inquiétudes de l'animal, et par les hémorragies nasales qui se déclarent dès le même jour, ou le lendemain.

Les maréchaux du pays en font l'extraction avec autant d'adresse que de dextérité, à l'aide de pinces fabriquées pour cet usage; et lorsqu'elles sont hors de la

---

[1] *De medicinæ principiis*, lib. 1, pag. 5.
[2] Il y a beaucoup d'exemples de personnes mortes des effets de sangsues introduites dans l'urètre, dans le vagin, ou dans l'intestin rectum.

portée de l'instrument, ils font des injections d'eau salée dans les fosses nasales du cheval : mais on n'avait encore aucune connaissance d'un pareil accident arrivé chez l'homme. Le premier individu chez lequel il se manifesta, était un soldat de la 69ᵉ demi-brigade, qui, en arrivant à Sâlehyeh, au retour de la Syrie, fut atteint de douleurs piquantes dans la gorge, de toux et de crachemens de sang. La quantité qu'il en avait perdue l'avait considérablement affaibli. Je le fis entrer à l'hôpital de cette place ; je questionnai le malade, et cherchai, par tous les moyens, à connaître la cause de ces accidens. En abaissant la langue avec une cuiller, je découvris la sangsue, dont la queue se présentait à l'isthme du gosier : elle était de la grosseur du petit doigt. J'introduisis de suite ma pince à pansement pour la saisir ; mais, au premier attouchement, elle se rétracta, et remonta derrière le voile du palais. Il fallut attendre une rechute pour la découvrir, et alors, avec une pince à polype, recourbée sur sa longueur, je l'arrachai du premier coup. Son extraction fut suivie d'une légère hémorragie qui s'arrêta en quelques minutes, et, peu de jours après, ce militaire fut parfaitement rétabli.

Pendant le passage de l'armée de Syrie à Belbeys, il entra à l'hôpital de cette place une vingtaine de soldats attaqués du même accident. Chez presque tous, les sangsues étaient placées près des narines postérieures, derrière le voile du palais ; chez quelques-uns, pourtant, elles pénétraient dans les fosses nasales, où elles s'introduisaient dans l'œsophage, et de là dans l'estomac ; elles y restaient plus ou moins long-temps, et incommodaient beaucoup les soldats jusqu'au moment où elles se détachaient par l'effet des médicamens ou par l'action de ce viscère.

Les gargarismes de vinaigre et d'eau salée suffisaient pour faire détacher celles qui s'étaient placées dans l'arrière-bouche. Il fallut se servir tantôt de la pince à polype, de fumigations de tabac et d'ognons de scilles, tantôt d'injections d'eau salée : deux de ces malades, n'étant entrés à l'hôpital que quelques jours après avoir avalé ces sangsues, se trouvaient considérablement affaiblis et en danger.

Le chef de brigade Latour-Maubourg, commandant le 22e régiment des chasseurs à cheval, partit d'Alexandrie pendant le blocus de cette place, pour rejoindre son régiment au Kaire; il passa dans les déserts de Saint-Macaire, qui bordent la Libye. Ses moyens de transport ne lui ayant pas permis de porter une suffisante quantité d'eau pure, il puisa de l'eau bourbeuse qu'il trouva dans de petits lacs d'eau douce, à une journée des Pyramides. Les soldats de son escorte, ayant conservé de l'eau fraîche dans leurs outres, ne burent point de celle de ces lacs, et évitèrent ainsi l'accident qui survint au chef de brigade Latour. Deux sangsues qu'il avait avalées, le tourmentèrent tout le reste de la marche, et le réduisirent au dernier degré d'épuisement et de maigreur. La toux et le crachement de sang continuèrent, même après les premiers jours de son arrivée au Kaire; car on n'en reconnut pas d'abord la cause. Les médicamens dont on avait fait usage, avaient aggravé les accidens, et mis cet officier en danger, lorsque l'une des sangsues montra sa queue gorgée de sang, à l'entrée de l'arrière-bouche. Le malade lui-même l'indiqua à son médecin : on la saisit avec de fortes pinces à pansement, et on fit détacher la seconde, qui s'était engagée dans les fosses nasales, au moyen d'injections d'eau salée faites par cette voie.

La convalescence de M. Latour-Maubourg fut longue et pénible, à cause de la perte considérable de sang qu'il avait éprouvée, et des fatigues qu'il avait essuyées dans cette caravane.

Pierre Blanquet, guide à pied, étant à la découverte des Arabes, pendant le blocus d'Alexandrie, dans les déserts voisins de cette ville, avala une de ces petites sangsues en se désaltérant dans un des lacs dont j'ai parlé. Elle passa de l'arrière-bouche dans les fosses nasales, où elle s'accrut insensiblement. Ce militaire ne porta d'abord aucune attention aux légers symptômes qui se manifestèrent dès les premiers jours : cependant il lui survint des hémorragies nasales, des picotemens incommodes dans les narines, des douleurs vives vers les sinus frontaux, des vertiges, et souvent de légers accès de délire. Toutes ses fonctions étaient dérangées, et il avait considérablement maigri. Après avoir langui dans cet état pendant environ un mois, il fut transporté à l'hôpital d'Alexandrie. L'embarras qu'il éprouvait dans le nez, la difficulté de respirer par cette voie, et les hémorragies fréquentes qui se déclaraient, me firent soupçonner un corps étranger dans les fosses nasales. En effet, après quelques recherches, je découvris dans la narine gauche l'extrémité d'une sangsue. Je la pris d'abord pour un polype; mais, l'ayant touchée avec une sonde, je la reconnus à sa rétraction subite. Je la laissai se développer de nouveau; et après avoir écarté avec précaution l'entrée de la narine, je la saisis avec ma pince à polype, et en fis l'extraction au même instant. Les accidens disparurent, l'hémorragie cessa, et le malade put aussitôt reprendre son service.

Lorsque les circonstances forcent les voyageurs ou les troupes qui traversent les déserts à boire de ces eaux où l'on pourrait soupçonner la présence de quelques insectes, il faut passer l'eau à travers un linge épais, et y ajouter quelques gouttes d'un acide quelconque, si l'on peut s'en procurer : en conséquence, chaque individu devrait porter avec lui une outre, un gobelet, et un flacon d'alkool acétique ou nitrique.

DE L'HÉPATITIS.

L'hépatitis commence par un mouvement de fièvre accompagné de douleurs vagues, de la perte de l'appétit, et d'assoupissement. La saison et la chaleur brûlante du climat déterminent principalement l'invasion de ces premiers symptômes. Ils ont une marche plus ou moins lente, et sont suivis d'une maigreur générale dont les progrès sont assez rapides. La peau se sèche, le teint du sujet prend une couleur jaunâtre, le bas-ventre se tuméfie, et les digestions sont lentes et difficiles. Le malade éprouve bientôt un point douloureux dans les hypocondres, surtout dans l'hypocondre droit. Cette douleur est accompagnée, dans cette dernière région, d'un sentiment de pesanteur qui augmente lorsque le sujet se couche sur le côté opposé, ou qu'il est debout. La douleur devient plus intense par la pression exercée sur la même région, et elle se propage souvent, surtout si l'inflammation a son siége dans la face convexe du foie, le long du nerf diaphragmatique et du nerf accessoire de Willis, du même côté, à raison des communications de ces nerfs. C'est par cette sympathie qu'on explique les douleurs de l'épaule, qui ne sont pas toujours constantes, et qui existent rarement lorsque l'inflammation se borne à un des points du bord libre du foie ou de sa face concave. La fièvre s'allume avec chaleur intérieure, gêne dans la respiration, angoisses, et souvent envies de vomir : le foie acquiert un volume si considérable, qu'il dépasse le rebord des fausses côtes, et proémine au-dessous de l'hypocondre. Les parties extérieures sont douloureuses, et il se fait ordinairement rétention de la bile, à cause de la grande quantité qui s'en est sécrétée dans les premiers instans des accidens, et à cause du spasme qui survient aux intestins et au canal cholédoque : c'est un effet consécutif de la chaleur et de la fièvre.

Il en résulte quelquefois, au-dessous des fausses côtes, une tumeur avec fluctuation, qu'on pourrait confondre avec un dépôt hépatique. Cette tumeur symptomatique cède ordinairement à l'emploi des moyens indiqués contre l'inflammation. Si celle-ci fait des progrès, tous les accidens augmentent successivement jusqu'au huitième, neuvième ou dixième jour au plus tard. Les douleurs deviennent pungitives; la fièvre est forte, et présente des rémissions vers le soir; les urines se colorent d'une teinte roussâtre, et coulent avec difficulté; quelquefois il y a diarrhée, et les selles sont teintes d'une bile peu colorée; la sécrétion de cette humeur est suspendue : il ne saurait y avoir jaunisse générale, puisque la bile ne peut être absorbée par les vaisseaux lymphatiques, et répandue à l'extérieur. La rate participe à cette maladie; car j'ai remarqué, chez plusieurs sujets, qu'elle s'engorgeait comme le foie : il est vrai que cet engorgement cède à l'emploi des plus légers remèdes.

Lorsque l'inflammation se termine par suppuration, les symptômes de l'inflammation diminuent sensiblement, et finissent par disparaître; mais ils sont remplacés par ceux de la suppuration. La fièvre prend un caractère intermittent; des frissons se font sentir dans les extrémités; la gêne et la pesanteur augmentent; les douleurs sont moins aiguës et plus pulsatives; la langue se couvre d'un enduit blanchâtre; et lorsque le dépôt s'est formé dans un point du bord libre du foie, ou vers sa face concave, il fait ordinairement saillie sous les fausses côtes, de manière que l'on peut sentir la fluctuation à travers les parois musculeuses du bas-ventre.

Si l'abcès s'est formé à la face convexe du foie, il se développe vers la cavité de la poitrine, il amincit et perfore le diaphragme, et distend la plèvre, qu'il pousse vers l'intervalle des côtes où les deux feuillets correspondans contractent des adhérences; le pus ensuite fuse à travers les muscles intercostaux, sort de la cavité, et se prononce sous les tégumens.

Là, le dépôt se manifeste par une tumeur plus ou moins sensible, profonde ou superficielle; il y a fluctuation au centre, et la circonférence reste dure : le changement de couleur à la peau ne survient que par la quantité du pus accumulé, ou par sa mauvaise qualité qui altère les tégumens. En pressant cette tumeur, surtout si le sujet est irritable, on y sent des pulsations qui augmentent suivant le degré de pression qu'on exerce. Ce fait, que j'ai observé plusieurs fois, pourrait faire prendre cette tumeur pour un anévrisme; mais il sera facile de l'en distinguer, si l'on fait attention, d'abord, que les vaisseaux des parois du bas-ventre et de la poitrine sont fort petits et disposés de manière à ne pouvoir devenir anévrismatiques; ensuite, que les principales artères répandues dans les cavités ne pourraient former des tumeurs assez considérables pour proéminer dans les régions où ces dépôts se prononcent. Lorsque ces pulsations sont légères et permanentes, elles dépendent des artères qui sont en rapport avec les parois du kyste; mais celles qui sont excitées par une cause irritante quelconque ou par la pression, dépendent d'un mouvement spasmodique qui s'établit dans le kyste et dans les membranes voisines, où la sensibilité est très-forte, à cause de l'état de maladie dans lequel se trouvent ces parties : cela est si vrai, que, lorsqu'on cesse de comprimer la tumeur, les pulsations disparaissent, et se reproduisent alternativement par les mêmes causes. Il suffit d'ailleurs d'étudier la marche des abcès au foie, pour distinguer cette maladie de l'anévrisme, qui présente des symptômes d'un tout autre caractère.

Les dépôts qui communiquent dans la poitrine, conservent un kyste particulier qui s'oppose ordinairement à l'épanchement du pus dans cette cavité : quelquefois le lobe inférieur du poumon contracte des adhérences avec le diaphragme dans les points correspondans au dépôt; et lorsque la matière purulente a détruit les cloisons qui séparent du foyer purulent le tissu lobulaire de ce viscère, la matière passe dans le système bronchique, et peut être expulsée par l'expectoration. Ce cas est assez rare : il est moins rare d'observer que le pus, après avoir franchi la cloison du diaphragme, s'épanche dans la cavité de la poitrine, et forme un empyème purulent. Ces accidens particuliers sont accompagnés des signes communs à la phthisie et à l'empyème.

Les dépôts du bas-ventre, lorsqu'ils ont même dépassé la périphérie du foie, conservent également un kyste qui augmente en étendue et en épaisseur, à raison de l'accumulation des fluides qui les forment; cependant, lorsque cette accumulation est portée à un très-haut degré, les parois du kyste se rompent, et le pus s'épanche dans la cavité supérieure du bas-ventre. La mort suit de près cet accident, que j'ai vu arriver plusieurs fois; c'est pourquoi il faut se hâter de faire l'ouverture de l'abcès.

Mais il arrive aussi quelquefois que, les parois du dépôt contractant des adhérences avec l'estomac, plus souvent avec l'intestin colon transverse, le pus passe dans leur cavité, et s'évacue par les selles : on en a vu plusieurs exemples. L'observation de la maladie de la femme d'un sergent de mineurs est surtout remarquable par son heureuse terminaison : il en sera parlé plus bas.

Il était trop important de connaître les différentes causes qui ont produit l'hépatitis en Égypte, pour qu'elles pussent être long-temps ignorées des gens de l'art.

La chaleur brûlante du jour, attaquant avec plus de force les personnes grasses, transmet une grande quantité de calorique dans la graisse qui se liquéfie et s'hydrogénifie, pour ainsi dire. Le mouvement spasmodique et de rétraction qui survient dans le tissu adipeux et dans la peau, détermine une compression uniforme, plus ou moins forte, sur cette humeur renfermée dans les cellules de son tissu. Il s'y opère un mouvement spontané; elle cherche à s'échapper par les voies qui lui offrent moins de résistance. La graisse, principalement celle dont les épiploons sont chargés, se dissipe, comme il le paraît, par l'amaigrissement subit du sujet. Le foie est le premier à se ressentir de ce changement du système adipeux. Il semble que les principes de cette graisse, reportés dans la circulation du sang, se déposent dans le foie, aux fonctions duquel celles des épiploons se rapportent. Ce viscère s'embarrasse par l'abord extraordinaire de ces fluides où l'hydrogène et le carbone sont en excès : il en résulte un foyer de chaleur et une irritation qui produisent l'engorgement et l'inflammation du foie.

C'est ainsi que, pour se procurer de grands foies d'oies, destinés à la confection des pâtés, on enferme dans des cages étroites ces volatiles engraissés; on les expose ensuite à une chaleur graduée, les privant de toute espèce d'aliment, et même d'eau. Il se déclare un mouvement fébrile; la graisse éprouve une espèce de fusion; le foie s'engorge et acquiert un volume énorme: on estime qu'il est au degré que l'on désire, lorsque l'animal est réduit à une extrême maigreur et que la fièvre augmente.

Le vin pris en quantité, et les liqueurs spiritueuses, sont généralement le fléau de la santé en Égypte : aussi est-ce à juste raison que la loi du Qorân en défend l'usage. Ces liqueurs ont encore beaucoup coopéré, avec la chaleur, à déterminer l'hépatitis : elles agacent les organes digestifs, dont la sensibilité est extrême dans les climats chauds. Le mouvement systaltique des vaisseaux est augmenté, et il se forme un point d'irritation dans les divers organes, surtout dans le foie, qui est le plus disposé à recevoir l'effet des répulsions de l'huile graisseuse : très-souvent encore l'abus de ces liqueurs produit la diarrhée, dont la suppression subite donne l'hépatitis.

L'eau saumâtre, dont les soldats en garnison à Soueys et à Qatyeh ont fait usage, a pu contribuer au développement de cette maladie; car la 61e et la 69e demi-brigades, qui y ont séjourné le plus long-temps, sont celles qui ont fourni le plus grand nombre de malades attaqués de dépôts hépatiques. Il paraît que ces eaux, fort insalubres, embarrassent le système biliaire, et le disposent à l'engorgement.

A ces causes il faut ajouter la suppression de la transpiration, produite par le passage subit du chaud au froid, les fatigues excessives des campagnes que nous avons faites dans les déserts de la Libye ou des frontières de l'Asie, l'usage immodéré des frictions mercurielles pour les maladies vénériennes, les saignées faites mal-à-propos, et les forts purgatifs ou émétiques.

Les personnes tempérantes, d'une constitution sèche, ont été généralement exemptes de cette maladie.

Le pronostic varie selon le caractère de l'hépatitis, l'état du sujet et la saison. Celle du khamsyn est contraire à toutes les maladies, surtout aux maladies hépatiques; les progrès en sont rapides, et celui qui en est attaqué périt promptement.

Lorsque l'inflammation n'est pas avancée, on peut en obtenir la résolution; mais, si l'abcès est formé, il ne reste plus qu'à attendre la maturité et à donner issue au pus.

Dans le premier cas, on saigne le malade : la saignée doit être relative à l'état de pléthore du sujet, à ses forces, et à l'intensité de l'inflammation. En général, la saignée est moins indiquée dans les climats chauds que dans les pays froids : ainsi il faut être très-circonspect sur son emploi.

Si le sujet est faible, on peut substituer à la saignée l'application des sangsues, et, à leur défaut, celle des ventouses scarifiées sur l'hypocondre. On calme la douleur et on facilite le dégorgement par les cataplasmes émolliens. On fait succéder à ces premiers moyens des lavemens anodins, des émulsions camphrées et nitrées, l'usage d'une tisane acidulée et rafraîchissante, et des lotions d'eau froide animée d'un peu de vinaigre, que l'on fait sur toute l'habitude du corps.

Après deux jours de ce traitement, on fera prendre au malade, le matin, du petit lait clarifié, coupé avec la fumeterre et tartarisé; on rendra purgatifs les lavemens, et on ajoutera à la tisane une petite quantité de tamarin.

Lorsque la résolution se fait, la fièvre s'apaise, la chaleur et la douleur diminuent; le gonflement extérieur, s'il existait, se dissipe graduellement.

Par le relâchement des parties, la bile se sécrète, coule dans les intestins et rétablit les excrétions alvines : la continuation de ces moyens et la diète conduisent ordinairement le malade à parfaite guérison.

Si, après la cessation des premiers accidens, la résolution se faisait difficilement, on appliquerait sur l'hypocondre un emplâtre épispastique.

Vers la fin du traitement, on peut administrer, comme je l'ai fait, de légers purgatifs pris dans la classe des sels neutres, tels que le tartrite acidulé de potasse mêlé au petit lait, le sulfate de magnésie et le sulfate de soude, ou l'eau de tamarin sucrée.

La résolution s'achève par la continuation de ces moyens différemment administrés, par le repos et le régime. Les épispastiques doivent être composés de garou, d'euphorbe, ou de toute autre substance qui produise le même effet. Les mouches cantharides ont l'inconvénient d'irriter le système nerveux et d'augmenter l'alkalescence bilieuse. En effet, les malades auxquels on appliqua les vésicatoires, eurent plus de peine à guérir; la maladie se prolongeait, et la convalescence était longue et pénible : ceux au contraire auxquels nous appliquâmes, au défaut de cantharides, l'ammoniaque, de l'eau bouillante ou de la potasse caustique étaient exempts de ces accidens, et guérissaient plus facilement [1].

Si l'inflammation résiste à tous ces moyens sagement administrés, il faut aider la nature à établir promptement la suppuration, qui se caractérise par tous les symptômes dont nous avons parlé. A cet effet, on soutient les forces du malade par les médicamens appropriés; on applique des émolliens à l'extérieur, et l'on entretient le ventre libre par des lavemens.

Si l'abcès s'ouvre dans la cavité du bas-ventre, le

[1] M. Dumas, professeur de Montpellier, prouve, par une suite d'ob-

malade est en danger de périr. Il est pourtant possible que le pus, communiquant avec la cavité de l'intestin colon par l'effet de l'inflammation, s'écoule au dehors par la voie des selles; dans ce cas, les lavemens répétés, le régime adoucissant et de légers stomachiques, pourront aider le travail de la nature : mais s'ouvre-t-il dans la cavité de la poitrine, on fera l'opération de l'empyème, et l'on se comportera ensuite comme dans les cas relatifs à cette opération.

Si l'abcès se manifeste au dehors dans un des points de l'hypocondre, et que la fluctuation soit sensible, étant bien assuré que la tumeur n'est point formée par la distension de la vésicule du fiel, effet de la rétention de la bile, on doit procéder à son ouverture. Les anciens, craignant de léser les organes, ou d'exposer les malades aux hernies consécutives, employaient le cautère actuel ou potentiel pour ouvrir l'abcès. Ils avaient en vue de produire une grande perte de substance, qui facilitât le passage des matières, et s'opposât néanmoins à l'introduction de l'air extérieur. Ce procédé présente des inconvéniens majeurs : les caustiques n'attaquent que la peau, qu'ils détruisent dans une grande étendue, et la perte de substance qui en résulte expose encore plus les malades aux hernies consécutives; les portions aponévrotiques, musculeuses, ou les membranes subjacentes, sont à peine entamées; le pus sort avec difficulté, la plaie devient fistuleuse, et la cure est incertaine et retardée.

servations et d'expériences, que les mouches cantharides sont nuisibles dans toutes les affections bilieuses.

SUR PLUSIEURS MALADIES.

Le procédé le plus convenable est d'ouvrir les abcès avec l'instrument tranchant. On incise d'abord les tégumens dans la direction convenable, c'est-à-dire relative ou à la rectitude du corps, ou aux principaux mouvemens du tronc. On coupe ensuite les muscles et les membranes parallèlement, et on ouvre le kyste dans une étendue proportionnée et dans le point le plus déclive, ayant soin de ne pas toucher à son adhérence avec la portion correspondante du péritoine, afin de prévenir l'épanchement des matières dans cette cavité, et la sortie des intestins. On peut agrandir cette ouverture supérieurement, autant que les circonstances l'exigent. Il faut établir un parallélisme parfait entre l'incision des tégumens, celle des parties subjacentes et les parois du kyste : il ne faut pas craindre de faire une large ouverture, ni de donner issue, dès le premier moment s'il est possible, à toute la matière contenue dans l'abcès. La liqueur qui s'écoule a ordinairement la consistance et la couleur de la lie de vin. Cependant, cette couleur n'a pas toujours été la même; elle était tantôt plus foncée, tantôt plus claire et plus ou moins consistante. Pour faciliter l'écoulement des matières, il faut mettre le malade dans une position convenable, et comprimer graduellement le bas-ventre, à l'aide d'un bandage de corps.

Les pansemens sont simples, et consistent à mettre une pièce de linge fenêtré sur la plaie, de la charpie, des compresses et le bandage approprié. Ces pansemens doivent être renouvelés fréquemment.

Il n'est pas nécessaire de faire des injections, ainsi

que le conseillent quelques praticiens : elles pourraient dilacérer le tissu friable et vasculaire du foie, d'où résulteraient de légères hémorragies, un surcroît d'irritation qui augmenterait les effets de l'inflammation, et tous les accidens qui en sont la suite. Pendant les premiers jours la suppuration est abondante; ensuite, la couleur des matières changeant, elle devient louable, et dès-lors on peut considérer l'ulcère du foie comme détergé et en voie de guérison. Les pansemens doivent être faits à sec jusqu'à cette époque. On emploie ensuite le vin miellé; et pour empêcher l'adhésion des lèvres de la plaie avant la cicatrisation des parties intérieures, on introduit une bandelette de linge effilé, trempée dans la même liqueur. On fait faire usage au malade des amers pris intérieurement, et on le conduit à la guérison par des soins assidus.

Je vais citer quelques exemples de guérisons obtenues à l'aide de ces moyens.

Un sergent de la 22ᵉ demi-brigade d'infanterie légère entra à l'hôpital de la ferme d'Ibrâhym-bey avec tous les symptômes d'un hépatitis; douleur fixe dans l'hypocondre, sécheresse de la peau, maigreur générale, fièvre, insomnie, tension des parois abdominales, constipation et évacuation d'urine de couleur orangée.

Le sujet avait été affaibli par l'usage des émétiques et des purgatifs : la suppuration se forma promptement, malgré les moyens que j'employai pour l'empêcher.

Peu de jours après, je trouvai une tumeur fluctuante au-dessous du cartilage de la dernière vraie côte, près du muscle droit. A ce symptôme se joignaient tous ceux qui indiquent la formation de l'abcès hépatique.

On fit usage, les deux premiers jours, des émolliens appliqués à l'extérieur, et des boissons adoucissantes prises intérieurement. Je procédai ensuite à l'ouverture de l'abcès; je coupai les tégumens et le tissu cellulaire par une incision oblique qui s'étendait de l'attache du muscle droit au cartilage de la côte, au bas de la tumeur en dehors. Cette première incision mit à découvert le muscle grand oblique, que je coupai avec les subjacens parallèlement à ses fibres, et je parvins à découvrir la tumeur, qu'on aurait d'abord prise pour un anévrisme, à raison des battemens qu'elle donna pendant l'opération. Ces battemens m'arrêtèrent un moment; mais, lorsqu'ils furent apaisés, et que j'eus reconnu leur caractère différent de celui des battemens de l'anévrisme, comme je l'ai expliqué plus haut, je me décidai à plonger le bistouri dans la tumeur. L'ouverture qui en résulta fut suivie de la sortie d'une très-grande quantité de matières de couleur de lie de vin, mêlées de flocons blanchâtres purulens : j'agrandis cette ouverture haut et bas; et après avoir porté le doigt dans le foyer de la maladie, je trouvai une érosion profonde et considérable dans le lobe moyen du foie, près du ligament suspenseur.

Dès ce moment, le malade se trouva soulagé : la suppuration fut, les premiers jours, très-abondante et de la même nature; ensuite, sa quantité diminua graduellement, et changea de couleur en très-peu de temps. La guérison fut achevée le quarante-septième jour de l'ouverture du dépôt, et ce militaire sortit de l'hôpital, parfaitement rétabli.

Un soldat de la 69e se présenta dans le même hôpital avec une maladie semblable. L'abcès fut ouvert aussitôt que la fluctuation devint sensible. Je suivis les mêmes procédés et le même traitement, qui le conduisirent également à la guérison.

Chez un grenadier de la 88e, l'abcès hépatique qui s'était formé à la face convexe du foie, se manifesta dans l'intervalle des côtes, au bas de l'hypocondre, où l'on sentait la fluctuation. J'en fis l'ouverture, et elle me permit de reconnaître le trajet purulent qui passait du foie dans la poitrine, en traversant le diaphragme, que je trouvai perforé vis-à-vis l'intervalle de la septième à la sixième côte.

La marche de cet abcès fut la même que celle du précédent; les matières étaient de la même couleur, et le malade fut conduit à la guérison par les mêmes moyens.

Dix à douze cas semblables se sont présentés dans le même hôpital, et la maladie a eu, chez les individus qui en étaient atteints, la même terminaison.

Je vais rapporter encore un exemple d'une guérison spontanée obtenue par les seuls secours de la nature.

La femme d'un sergent de mineurs me fit appeler pour me consulter sur une tumeur douloureuse qu'elle portait au bas de l'hypocondre droit. Cette tumeur faisait une saillie très-sensible au-dessous du rebord des fausses côtes; elle était fluctuante dans le centre, plus ou moins rénitente, et très-douloureuse dans la circonférence. La malade éprouvait depuis quelques jours des douleurs de coliques qui paraissaient partir de cette tumeur, et se propageaient vers le bassin; elle était constipée, privée du sommeil, et dans un état d'anxiété continuelle. Cette irritation générale me fit suspendre l'ouverture de l'abcès, et prescrire seulement l'usage des lavemens émolliens et anodins, qui la soulageaient beaucoup, de boissons rafraîchissantes et anodines, et de cataplasmes émolliens à l'extérieur. Après deux jours de ce traitement, la malade éprouva tout-à-coup de violentes douleurs vers le fond de la tumeur, qui furent suivies de selles copieuses et fréquentes, composées presque entièrement d'une matière analogue à celle qui était sortie par l'ouverture faite aux dépôts extérieurs; ce qui procura aussitôt du soulagement. La tumeur diminua sensiblement, les douleurs disparurent, et les matières purulentes continuèrent de s'écouler par les selles : on seconda la nature à l'aide de lavemens émolliens, du régime et de légers toniques amers pris intérieurement. Cette circonstance, quoique très-favorable, ne doit pas éloigner le chirurgien des préceptes que nous avons indiqués pour l'abcès hépatique, lorsqu'il est à la portée des secours de l'art; car il est extrêmement rare qu'il s'établisse des crises aussi avantageuses.

Un caporal de la 4e demi-brigade d'infanterie légère, affecté d'un dépôt hépatique, resta long-temps dans les casernes, où cette maladie fut méconnue. Il n'arriva au grand hôpital qu'à la dernière extrémité. Les circonstances qui avaient précédé, et les symptômes d'un épanchement purulent dans la poitrine, me déterminèrent à pratiquer l'opération de l'empyème entre la sixième et la septième côte, en comptant de bas en haut. Je rencontrai le foyer purulent ; et à la faveur de cette ouverture, il sortit une grande quantité de pus de couleur brunâtre, mêlé de flocons blanchâtres et celluleux. Le malade, qui était près de suffoquer, respira plus librement ; l'oppression fut moindre, mais la prostration resta la même : après quelques jours de calme et d'une suppuration abondante, le malade mourut dans un état d'épuisement.

A l'ouverture du cadavre, je trouvai ulcérées la plèvre et une petite portion du poumon, lequel était réduit à un très-petit volume. Une ouverture de la grandeur d'une pièce de quinze sous environ se rencontrait au-dessus du trèfle tendineux du diaphragme, du côté droit, et communiquait avec la partie moyenne de la face convexe du foie profondément ulcéré. Si l'on eût fait cette opération dès le moment où le pus s'est épanché dans la poitrine, on aurait pu sauver la vie à ce militaire, d'autant plus qu'il s'était manifesté, quelques jours avant son entrée à l'hôpital, suivant le rapport qu'il nous fit, une tumeur fluctuante de la grosseur d'un œuf de poule, dans l'intervalle des côtes où l'opération fut faite.

Plusieurs individus s'étant refusés à laisser ouvrir ces dépôts hépatiques, sont morts par suite des effets de la maladie. L'ouverture de leurs cadavres a présenté le pus épanché dans la partie supérieure du ventre, et borné par le mésocolon. Ceux qui ont été opérés à temps sont parfaitement guéris.

Pierre Cinna, canonnier du 4e régiment d'artillerie à pied, entra à l'hôpital de la ferme d'Ibrâhym-bey, pour y être traité d'une dyssenterie opiniâtre, qui avait résisté à plusieurs traitemens déjà employés avant son entrée à l'hôpital. Les astringens, dont on lui fit faire immédiatement usage, arrêtèrent tout-à-coup son flux dyssentérique. Il se fit aussitôt métastase sur le foie : elle était caractérisée par des douleurs vives et profondes, qui se déclarèrent, dans l'hypocondre, par un malaise général et une difficulté de respirer. Il survint constipation, chaleur intérieure, soif ardente, fièvre, insomnie, augmentation de douleur, et en très-peu de jours parut, au-dessous du rebord cartilagineux des fausses côtes, et très-près du cartilage xiphoïde, une tumeur dure, rénitente, douloureuse, sans changement de couleur à la peau ; mais, vingt-quatre heures après, elle présentait un point de fluctuation vers le centre. Les premiers symptômes propres à l'inflammation qui s'était emparée de cet organe, firent place à ceux de la suppuration ; et alors, douleurs pulsatives, frissons irréguliers, fièvre lente avec redoublement le soir, pâleur du visage, abattement des forces et augmentation de la tumeur. Tel était l'état du malade lorsque je le vis pour la première fois. Après avoir reconnu l'existence du dépôt, je me hâtai d'en faire l'ouverture pour prévenir la rupture du kyste dans la cavité abdominale. Les battemens légers qu'offrait la tumeur ne m'arrêtèrent point, par les raisons que j'ai données dans ce mémoire. Je plongeai mon bistouri dans le point le plus fluctuant, et je prolongeai l'incision à environ six centimètres (deux pouces et demi) d'étendue, haut et bas. Cette ouverture fut immédiatement suivie de la sortie d'une grande quantité de matières grisâtres tirant sur le brun, mêlées de flocons celluleux et blanchâtres. Je parcourus avec le doigt une partie du foyer de la maladie : il s'étendait supérieurement jusqu'au lobe moyen du foie, dont une portion du bord libre était ulcérée à quelques millimètres de profondeur. Dans les premiers pansemens, la suppuration fut très-abondante et de même couleur; mais ensuite elle changea de nature, et peu à peu sa quantité diminua. On seconda par les boissons amères et stomachiques l'action des topiques simples dont on faisait usage. Les forces se rétablirent, l'ulcère se détergea, les parois du kyste s'exfolièrent, le foie se dégorgea, les bords de la plaie s'affaissèrent, et, après six semaines de traitement, le malade se trouva bien guéri et en état de sortir de l'hôpital.

Des médecins célèbres, tels que Bianchi et autres, prétendent que les dépôts hépatiques ne se forment jamais dans la propre substance du foie, sans causer la mort des individus qui en sont attaqués, quels que soient les moyens qu'on mette en usage pour seconder la nature; et ils ne les regardent comme susceptibles de guérison, que lorsqu'ils s'établissent dans les portions membraneuses qui recouvrent cet organe, ou dans le tissu cellulaire environnant.

Outre les motifs exposés dans le cours de ce mémoire, pour démontrer la possibilité de guérir les dépôts qui se forment dans la propre substance du foie, chaque observation vient à l'appui de ces principes, et prouve encore, d'une manière incontestable, que c'était là le véritable siége des dépôts hépatiques que j'ai opérés.

On se préserve, en Égypte, de cette maladie, que la plupart des auteurs ont considérée comme mortelle, en évitant, pendant le jour, l'impression du soleil, et la nuit, le contact de l'air froid et humide; en n'usant pas immodérément des femmes, du vin et des liqueurs; en faisant des lotions savonneuses sur l'habitude du corps; en prenant quelques infusions amères le matin, et des boissons acides dans la journée; enfin, en modérant l'exercice à pied, et surtout en éloignant de soi les affections morales, dont les effets portent principalement sur les organes biliaires.

DE L'ATROPHIE

DES TESTICULES.

Plusieurs soldats de l'armée d'Égypte, au retour des campagnes de l'an vii (1799), se plaignirent de la disparition presque totale des testicules, sans nulle cause de maladie vénérienne. Surpris de ce phénomène dont je n'avais pas vu d'exemple, je fis des recherches pour reconnaître la cause et la marche de cette singulière maladie : je vais en présenter les symptômes tels que je les ai observés.

Les testicules perdent de leur sensibilité, s'amollissent, diminuent de volume d'une manière graduée, et paraissent se dessécher. Le plus ordinairement l'altération commence par l'un des deux.

Le malade ne s'aperçoit de cette destruction, qui s'opère insensiblement, qu'autant que le testicule est réduit à un très-petit volume : on le trouve rapproché de l'anneau, sous la forme et la grandeur d'un haricot blanc. Il est indolent et d'une consistance assez dure; le cordon spermatique est lui-même aminci, et participe à l'atrophie.

Lorsque les deux testicules sont atrophiés, l'homme est privé des facultés génératrices, et il en est averti par l'absence des désirs, des sensations amoureuses, et par la laxité des parties génitales. En effet, tous les individus qui ont éprouvé cet accident, n'ont eu, depuis, aucun désir de l'acte vénérien, et cette perte influe sur tous les organes de la vie intérieure. Les extrémités inférieures maigrissent et chancellent dans la progression, le visage se décolore, la barbe s'éclaircit, l'estomac perd son énergie, les digestions sont pénibles et laborieuses, et les facultés intellectuelles, dérangées. Plusieurs militaires, par suite de ces infirmités, ont été jugés dans le cas de l'invalidité absolue.

J'attribue principalement cette maladie aux fortes chaleurs du climat égyptien, qui, en ramollissant le tissu du testicule, l'ont disposé à la décomposition. Les parties les plus fluides de cet organe sont entraînées au dehors par la transpiration; une autre portion est absorbée par le système lymphatique, et rapportée dans le torrent de la circulation. Le parenchyme des vaisseaux qui résiste à ces premiers effets, s'affaisse et se rétracte; les tubes s'oblitèrent et se dessèchent; la masse totale du testicule perd plus ou moins de son volume, et s'atrophie.

A cette principale cause peuvent se joindre les fatigues de la guerre et les privations, mais surtout l'usage de l'eau-de-vie de dattes, dans laquelle, pour en augmenter la force et la rendre plus agréable au goût, les habitans du pays font entrer les fruits de plusieurs *solanum*, tels que le *pseudo-capsicum* et le *capsicum*, qui sont des espèces de piment.

Peut-être aussi l'expérience ou la tradition a-t-elle appris à ces habitans que ces substances modifiaient la sensibilité nerveuse qui se développe plus facilement dans les climats chauds, et devient par conséquent susceptible d'une plus grande mobilité.

La physiologie nous démontre qu'il existe une grande sympathie entre l'estomac et les testicules; qu'ainsi une irritation portée sur ces derniers organes détermine fréquemment un mouvement spasmodique sur l'estomac, suivi de douleurs, d'anxiétés et de vomissemens : de même, les affections de ce viscère font perdre aux testicules leur énergie et leur intégrité; or, il est possible que les *solanum* portent indirectement leur effet stupéfiant sur les testicules. Les anciens parvenaient à les atrophier par l'application long-temps continuée sur les bourses, du suc épaissi de ciguë[1].

J'ai remarqué que le suc de *bella-donna* paralyse à l'instant même l'organe de la vue; je me suis convaincu de ce fait par plusieurs exemples : il faut donc être très-circonspect, dans les pays chauds, sur l'emploi des *solanum*, qui m'ont paru être pernicieux.

Lorsque l'atrophie des testicules est complète, l'art n'offre contre elle aucune ressource; mais, si elle n'était que commençante, on en préviendrait les suites fâcheuses, à l'aide de quelques bains de vapeurs, des frictions sèches sur l'habitude du corps, de l'urtication sur les fesses, de remèdes rafraîchissans et stomachiques, et de bons alimens.

On peut se garantir de cet accident en évitant l'usage des liqueurs spiritueuses, surtout de l'eau-de-vie de dattes faite par les Égyptiens; et, sous ce rapport, la confection de cette liqueur exigerait une surveillance

---

[1] *Voyez* Marcellus Empiricus, *experientiâ* 33².

particulière, si l'on pouvait être encore dans le cas d'en user. Il faut aussi avoir le soin de porter un suspensoir assez serré, faire de fréquentes lotions d'eau fraîche et de vinaigre sur toute l'habitude du corps, et s'abstenir du commerce immodéré des femmes.

DU SARCOCÈLE.

Le mot de *sarcocèle* dérive du grec (σὰρξ et κήλη). Fabrice d'Aquapendente, de Hilden, André de la Croix, Lanfranc, Gabriel Fallope, et plusieurs autres médecins, ont désigné cette maladie sous le nom de *caro adnata ad testes vel ad testem*. Depuis ces auteurs, qui paraissent avoir observé le sarcocèle dans les climats chauds, les modernes l'ont confondu avec les maladies du testicule, telles que la tuméfaction, l'inflammation, le squirrhe, le cancer, l'hydrocèle et l'hydrosarcocèle.

L'étymologie du mot *sarcocèle*, et le sens que les auteurs anciens y ont attaché, prouvent que cette dénomination appartient exclusivement à cette maladie qui distend outre mesure les enveloppes extérieures du testicule, surtout le scrotum et le dartos, et donne aux bourses un volume et une forme extraordinaires. Le grand nombre d'individus que j'ai vus attaqués de cette maladie en Égypte, me met en état d'en faire connaître les causes, les vrais symptômes, la marche, les effets, et d'indiquer les moyens curatifs que l'art peut offrir.

Mes recherches sur le sarcocèle me portent à croire qu'il est endémique dans les climats chauds : du moins se rencontre-t-il rarement dans les climats froids; car la plupart des exemples vus en Europe provenaient de l'Asie et de l'Afrique. La tumeur scrotale de Charles Delacroix, ancien ministre des relations extérieures, est peut-être le seul exemple bien constaté d'un vrai sarcocèle déclaré sous notre température; et encore était-il peu volumineux, en comparaison des sarcocèles cités dans les Éphémérides d'Allemagne, *année* 1692, dans les OEuvres chirurgicales de Dionis, dans la Bibliothèque de médecine, *tome* ix, et de ceux que j'ai été surpris de voir en Égypte, dont les moindres, parvenus à leur accroissement, pesaient plus de 24 kilogrammes 47 décagrammes (50 livres).

Je désignerai donc, sous le nom de *sarcocèle* proprement dit, cette tumeur qui se développe dans les bourses, sous la forme d'une masse charnue, évasée à sa partie déclive, et suspendue au pubis par un pédicule plus ou moins étroit.

Elle présente, à l'extérieur, des rugosités de différentes grandeurs, séparées par des lignes ou sinus particuliers, auxquels correspondent les cryptes muqueuses et les racines des poils. On trouve constamment, sur une grande partie de sa surface, et surtout si le sarcocèle est ancien, des croûtes jaunâtres et écailleuses, dont la chute laisse autant de petits ulcères d'un caractère dartreux, d'où découle une sérosité ichoreuse. La tumeur est indolente, dure en quelques points, et mollasse dans d'autres. On peut, sans produire la moindre douleur, la comprimer et la presser en différens sens. Le malade n'en est incommodé que par la pesanteur et l'embarras qu'il en éprouve dans la progression; ce qui l'oblige à faire usage d'un suspensoir. L'urine ruisselle sur la tumeur, à cause de l'éloignement de l'urètre, sans y faire d'excoriation.

Dans le grand nombre de sarcocèles que j'ai observés,

j'ai toujours reconnu que le cordon spermatique et les testicules étaient, dans l'état naturel, placés sur les côtés et à la racine de la tumeur. Les vaisseaux spermatiques seulement augmentent de volume et de longueur.

Il est rare que les testicules participent au sarcocèle : lorsque cette complication se présente, il est accompagné de symptômes propres aux maladies de ces organes. Ils ne me paraissaient pas susceptibles d'une très-grande distension, quelle que soit la nature de leur affection ; car, dans ce dernier cas, la santé du sujet est tellement altérée, qu'il succomberait aux accidens qui surviennent, avant même que le sarcocèle proprement dit fût parvenu au second degré. L'altération du testicule fait alors le fond de la maladie, qui doit être regardée comme très-différente du sarcocèle, et être traitée selon son caractère particulier.

Il n'est point de mon sujet de décrire les affections propres du testicule ; qu'il me suffise de faire connaître le sarcocèle que j'ai observé en Égypte. Les ouvriers, et généralement tous ceux qui travaillent assis, tels que les tisserands, les tailleurs, les brodeurs, etc., y sont le plus exposés.

Plusieurs causes m'ont paru contribuer à la formation et au développement de cette maladie. Parmi les causes internes, on doit compter les différens vices des humeurs, la syphilis dégénérée, qui a pour symptôme commun, dans ce pays, des pustules aux bourses, accompagnées de prurit, que les Égyptiens négligent tout-à-fait, surtout ce virus singulier qui provient peut-être du premier, et produit dans ces contrées une maladie non moins fâcheuse, l'éléphantiasis. J'ai remarqué que tous les individus affectés du sarcocèle l'étaient en même temps de ce dernier vice à des degrés plus ou moins forts. Le sujet de l'observation exposée à la fin de ce mémoire en est un exemple sensible. Toutes ces causes portent leur effet sur le tissu membraneux des bourses et la peau de ces parties, qui sont les plus disposés sans doute à l'impression de tous les vices psoriques. En effet, la partie qui en est la première attaquée est la peau des bourses. Sa laxité, le grand nombre de cryptes muqueuses répandues dans son épaisseur, et son peu de sensibilité, la disposent à la tuméfaction. Les vaisseaux des membranes et de la peau s'engorgent d'abord; leur ressort s'affaiblit, les bourses grossissent et, en même temps, acquièrent de la densité, comme le placenta. Le testicule conserve sa forme et son intégrité; mais bientôt on ne peut le distinguer qu'à la partie postérieure de la tumeur, qui s'accroît progressivement dans tous les points de la circonférence, et surtout à sa partie la plus déclive. Le tissu cellulaire, les membranes externes du testicule, s'épaississent et se carnifient; la peau se distend et augmente d'autant en épaisseur. Elle emprunte de celle qui couvre le pubis, la verge, les aines et les parois du bas-ventre, ce qu'il lui en faut pour suivre le développement monstrueux que prend insensiblement la tumeur; en sorte que les poils du pubis descendent plus ou moins bas au-dessous de cette région. L'extrémité du prépuce se présente sous la forme d'une espèce de nombril, dans un des points de la surface antérieure de la tumeur, le plus ordinairement dans son milieu. L'urine coule par cette ouverture, et ruisselle sans pouvoir être dardée.

La surface extérieure de cette masse charnue devient rugueuse et écailleuse : elle conserve peu de chaleur, et l'on y aperçoit, de distance en distance, des veines cutanées qui rampent entre l'épiderme et la peau.

Le sarcocèle est susceptible encore d'un plus grand accroissement. Celui du sujet cité dans les Éphémérides d'Allemagne pesait plus de 97 kilogrammes 90 décagrammes (200 livres). Celui d'un fellâh (agriculteur) descendu de la haute Égypte, dont je rapporterai l'histoire plus bas, fut estimé du poids de 48 kilogrammes 95 décagrammes (100 livres). J'en ai vu, en différentes contrées de l'Égypte, dix ou douze presque aussi volumineux, et tous étaient à peu près du même caractère.

Lorsque l'on dissèque ces tumeurs, on les trouve composées d'une substance couenneuse, peu vasculaire, très-dure dans quelques points, et de consistance plus molle dans d'autres. Toute cette masse est peu sensible, et le malade n'éprouve pas beaucoup de douleur lorsqu'on la coupe; j'ai pu en juger par l'extirpation d'un sarcocèle commençant, que j'ai faite à un cuisinier du couvent des Capucins du Kaire.

Un vieillard sexagénaire de cette ville me fit appeler pour un sarcocèle énorme qu'il portait depuis une vingtaine d'années, et qui, à raison de sa grosseur, l'avait obligé de garder le lit. Le désir de se délivrer de cette affreuse infirmité l'avait engagé à consulter les médecins du pays, qui avaient inutilement essayé différens moyens, tels que le feu, les caustiques concentrés, les incisions et les répercussifs les plus forts. Le dernier médecin qu'il consulta, traversa le centre de la tumeur d'un côté à l'autre, à l'aide d'une grosse aiguille, large et tranchante sur la pointe, armée d'un gros séton de linge effilé. Cette opération se fit sans douleur et sans lésion aux testicules ; ce qui prouve qu'ils ne participent point à la distension démesurée des bourses. Ce séton, qu'on faisait courir journellement, avait déterminé un écoulement séreux assez abondant et d'une odeur nauséabonde (le malade était, en outre, affecté d'éléphantiasis). L'usage prolongé du séton avait causé un peu de diminution à la tumeur : cependant ce séton ne promettait pas plus que les autres moyens qu'on avait déjà employés. Je proposai l'amputation, dont le malade sentit lui-même la nécessité ; et j'allais la pratiquer, lorsque l'ordre de me rendre à Alexandrie, que les Anglais menaçaient d'un débarquement, me força de laisser cet infortuné vieillard, sans avoir pu le délivrer de son fardeau douloureux.

Aux causes que je viens d'exposer, on peut ajouter le mauvais régime, l'intempérance, et l'abus des femmes. Le séjour dans les lieux humides et marécageux, les effets du climat, le mode d'habillement de ses habitans, les pressions et les percussions plus ou moins fortes sur les bourses, peuvent aussi contribuer au développement de cette maladie.

Le sarcocèle paraît appartenir exclusivement à l'homme, dans la supposition qu'il se borne aux parties génitales : cependant on peut considérer les tumeurs charnues qui se développent dans les autres parties du corps, surtout au visage, où la peau est sujette, autant que celle des bourses, à l'impression des vices vénériens et psoriques, comme autant de tumeurs sarcomateuses de la même nature, et tenant aux mêmes causes. Il existe un grand nombre d'exemples de ces sortes de tumeurs. Il est encore des causes locales qui en déterminent la formation dans une partie plutôt que dans une autre : telles sont les chutes, l'irritation mécanique de la peau, le défaut de propreté, et l'application des substances âcres ou corrosives.

Aucun auteur, que je sache, n'a parlé d'une maladie semblable survenue aux parties génitales de la femme, quoique la peau qui forme et recouvre ces parties ne diffère guère de celle des parties génitales de l'homme. Sans doute que les évacuations périodiques et d'autres ressources que la nature ménage aux femmes, s'opposent chez elles au développement de ces excroissances monstrueuses qui se remarquent si fréquemment chez les hommes : cependant, par un écart singulier de la nature, la nommée *Ammeh Fatoumy*, du grand Kaire, fournit un exemple de sarcocèle bien caractérisé aux grandes lèvres. Je rapporterai cette observation.

Tous les auteurs qui ont écrit sur le sarcocèle, s'accordent à regarder cette maladie comme incurable, vu le peu de succès qu'ils ont obtenu de l'emploi des remèdes internes et des topiques. Ceux qui ont proposé l'amputation, ont craint ou n'ont pas été à portée de la pratiquer. M. Imbert Delonnes a le mérite d'avoir franchi la barrière élevée par l'opinion des grands médecins, en portant avec hardiesse l'instrument tranchant sur le sarcocèle de Charles Delacroix. Je n'avais pas encore connaissance du succès de son opération, que j'en avais fait une presque semblable en Égypte à l'individu que j'ai déjà cité; et je me proposais d'opérer d'autres sarcocèles très-volumineux, quand l'armée se mit en marche.

Lorsque la maladie est commençante, on pourrait la traiter simplement par les remèdes énoncés ci-après; mais, si elle était avancée, il ne resterait d'autre ressource que l'amputation, précédée néanmoins des remèdes internes propres à détruire les causes du mal.

Parmi les remèdes internes, les préparations antimoniales combinées avec des substances mercurielles et sudorifiques aux doses convenables, continuées pendant quelque temps, alternées avec les acides minéraux donnés en petite quantité, étendues dans des boissons mucilagineuses, produisent de très-bons effets; principalement l'acide sulfurique, affaibli par un véhicule approprié qu'on applique à l'extérieur, sous la forme de lotions, à des doses plus ou moins fortes, ou bien une dissolution de muriate oxigéné de mercure, d'oxide de cuivre et de muriate d'ammoniaque, dont on seconde la propriété astringente et répercussive par une compression graduée et uniforme sur tout le sarcocèle. Le succès de ces moyens s'annoncera par la diminution sensible de la tumeur, par la rétraction de la peau et l'amélioration du teint du sujet. Dans ce cas, on continuera l'usage de ces remèdes avec des modifications convenables, jusqu'à l'entière réduction de la tumeur. Les incisions et les caustiques me paraissent inutiles : je me fonde sur le peu de succès que les médecins espagnols et anglais en ont obtenu dans un des cas rapportés. Il est même probable que ces moyens, suivis de l'application des substances astringentes dont j'ai parlé, détermineraient une affection cancéreuse. Enfin si, après l'usage de ces moyens diversement combinés pendant un temps suffisant, le sarcocèle reste dans le même état, je ne balance pas à prononcer la nécessité de l'opération, et à établir la possibilité de la pratiquer sans danger.

Sa nécessité est reconnue par l'inutilité des autres moyens, et par la certitude où l'on est que cette maladie, allant toujours en croissant, bien que les accidens n'en soient pas intenses, entretient le malade dans une vie pénible, languissante et malheureuse. Il ne me reste plus qu'à exposer comment l'opération doit se faire.

Les vaisseaux qui se rendent dans cette tumeur, proviennent des branches de la honteuse externe et de quelques ramifications de la honteuse interne. Les spermatiques se bornent aux testicules, qui doivent être respectés. L'hémorragie que ces premiers vaisseaux peuvent produire est peu dangereuse, puisqu'on l'arrête facilement à l'aide de ligatures immédiates, et successivement faites à l'instant de la section des artères. L'opération est longue et pénible; mais elle est peu douloureuse. L'extraction du sarcocèle étant faite, en supposant même que le mal fût compliqué du vice éléphantiasique, comme je l'ai souvent observé, on n'a pas à craindre que la maladie se reproduise; d'ailleurs, on continuerait l'usage des remèdes indiqués contre l'éléphantiasis.

Il y a des préceptes généraux pour cette opération. On doit éviter la lésion des testicules, des cordons spermatiques et des corps caverneux. On fera deux incisions obliques, qui commenceront à l'ouverture du prépuce, ou à cette espèce de nombril, et qui, en s'écartant inférieurement, tomberont au-dessous des testicules, sur les côtés de la tumeur. On coupera profondément, avec un couteau à deux tranchans, dans cette direction, les parties comprises entre les corps caverneux de la verge et les testicules, observant de bien ménager ces derniers organes, et l'on emportera toute la portion comprise au-dessous de la ligne formée par ces incisions : s'il reste encore des parties sarcomateuses autour de la verge et des testicules, on les disséquera et on les extirpera dans toute leur étendue.

On recouvre les corps caverneux et les testicules mis à découvert, des tégumens qui ont été épargnés par l'instrument; et l'on peut, à raison de l'extensibilité de la peau de ces parties, en rapprocher les bords et les fixer en contact, au moyen de quelques points de suture, des emplâtres agglutinatifs, et d'un bandage. Les parties se dégorgent, s'affaissent, se rapprochent et se cicatrisent promptement. S'il survient hémorragie, on fera la ligature immédiate des vaisseaux; ou, s'ils ne sont pas apparens, on appliquera le cautère actuel, et l'on aidera au succès de l'opération par la continuation des remèdes internes.

PREMIÈRE OBSERVATION.

Jacques Molini, Qobte, cuisinier du couvent des Capucins du grand Kaire, me consulta pour une tumeur assez considérable aux bourses, qu'il portait depuis plusieurs années : elle était de forme pyramidale, et pesait environ 2 kilogrammes 94 décagrammes (6 livres). Le testicule droit était sain et répondait à la partie supérieure de la tumeur. Le *penis* avait presque entièrement disparu. Le testicule gauche était confondu avec la masse de chairs formant le sarcocèle, et il ne me fut pas possible d'en reconnaître la présence. Je doutais beaucoup encore s'il faisait partie de la tumeur, attendu que le malade n'avait pas ressenti de douleur.

Cette tumeur était formée d'une substance couenneuse, et presque cartilagineuse en quelques points. Au milieu de cette masse informe nous trouvâmes le testicule réduit à un moindre volume. Le pansement de la plaie fut simple et méthodique. Le traitement ne fut troublé par aucun accident; et à mon départ de l'armée pour Alexandrie, je laissai le malade en voie de guérison.

DEUXIÈME OBSERVATION.

J'attendais le moment où il m'aurait été possible d'opérer l'Égyptien descendu de Qéné, haute Égypte, pour faire dessiner son sarcocèle, dont je désirais conserver la forme et le volume. Les circonstances ayant détruit mes projets, je ne voulus point quitter l'Égypte sans emporter au moins une esquisse de cette tumeur énorme. Je priai M. Balzac, membre de la Commission des arts, de vouloir bien me dessiner le sarcocèle du nommé *Mahammed Ibrâhym*, que je vis à Alexandrie. Cet infortuné, âgé d'environ soixante ans, aveugle, était affecté aux jambes d'un éléphantiasis qu'il portait depuis un nombre considérable d'années. Ces extrémités, mesurées, étaient de moitié plus grosses que les cuisses; les pieds étaient monstrueux. La peau, vers la moitié supérieure de la jambe, était lisse, marbrée, et traversée çà et là par des veines variqueuses; l'autre moitié et le pied étaient couverts de croûtes jaunâtres, épaisses, rugueuses, disposées en écailles, et séparées, de distance en distance, surtout aux endroits des articulations, par des sillons profonds et ulcérés, d'où découlait une humeur ichoreuse et fétide. Les croûtes étaient plus considérables au coude-pied et sous les malléoles, que partout ailleurs. Des gerçures profondes se remarquaient à l'intervalle des orteils et à la plante des pieds. La pression exercée sur les points les plus engorgés se faisait sans douleur, et sans laisser aucune empreinte sensible. Le tissu cellulaire et la peau offraient la résistance du cartilage [1].

Cet individu avait perdu la vue par suite de l'ophthalmie endémique; il était décoloré, d'une constitution faible, et traînait une vie languissante.

La tumeur paraissait être d'un poids à s'élever au-delà de 48 kilogrammes 95 décagrammes (100 livres). Elle était de forme ovalaire, et parsemée, dans la

---

[1] *Voyez* la planche de chirurgie dans la partie relative à l'*État moderne*.

moitié inférieure de sa circonférence, de tubercules rugueux, de croûtes jaunâtres, de sillons et de sinus. Elle était dure, rénitente dans quelques points, mollasse dans d'autres, sans fluctuation, et de couleur brun-noirâtre dans toute sa périphérie. A la partie moyenne et antérieure s'observait une ouverture oblongue, entourée d'un rebord calleux et épais, formé par le prépuce. Cette ouverture conduisait au canal de l'urètre, qui se dirigeait obliquement, en haut et en arrière, vers le pubis. Les corps caverneux se faisaient sentir antérieurement au centre du pédicule de la tumeur, et les testicules, sur les côtés et en arrière : ces derniers paraissaient intacts. Les cordons des vaisseaux spermatiques étaient allongés, d'un volume considérable, et les artères, dont les pulsations étaient très-sensibles, paraissaient avoir augmenté de calibre. La peau du bas-ventre s'était aussi allongée pour se prêter à l'extension de la tumeur; en sorte que les poils du pubis se trouvaient beaucoup au-dessous de cette région, et que le nombril en était très-rapproché. On peut reconnaître les dimensions de la tumeur, par l'échelle mise au bas de la planche.

Cette masse, soutenue à l'aide d'un suspensoir, ne causait à cet Égyptien d'autre incommodité que celle de gêner, par son poids, les mouvemens de la progression.

TROISIÈME OBSERVATION.

L'agriculteur de la haute Égypte portait, depuis douze ou quinze ans, un sarcocèle qui allait toujours en croissant. A l'époque où je le rencontrai au Kaire, sa tumeur était prodigieuse, et pesait à peu près 48 kilogrammes 95 décagrammes (100 livres) : elle descendait jusqu'au bas des jambes, et les forçait à s'écarter; elle était de forme arrondie, de couleur brun-foncé, inégale dans la plus grande partie de sa surface, parsemée de croûtes dartreuses, comme le sarcocèle d'Ibrâhym. Le prépuce correspondait également à la partie moyenne de la tumeur. Les testicules en occupaient les côtés et la partie supérieure.

Après avoir subi divers traitemens des médecins égyptiens, il s'adressa à un médecin anglais qui voyageait en Égypte. Dans l'espérance d'une guérison parfaite, il consentit à se laisser appliquer le cautère actuel; mais l'application réitérée de ce moyen ne produisit aucun effet, et la tumeur resta dans le même état. Quelques années après, il consulta un médecin espagnol, autre voyageur, qui porta profondément un instrument tranchant dans la tumeur, persuadé que la maladie consistait en un hydrosarcocèle : mais il n'en sortit que très-peu de sang; et le sarcocèle, loin de céder à tous ces moyens, alla en augmentant.

Ces deux opérations, au récit du malade, se firent sans douleur, ou il en éprouva très-peu, et il ne survint aucun accident fâcheux. Les cicatrices étaient encore sensibles, à notre arrivée en Égypte, et il était disposé à subir l'amputation que je lui avais conseillée. Les mêmes motifs que ceux dont j'ai déjà parlé m'empêchèrent de la faire.

QUATRIÈME OBSERVATION.

La nommée *Ammeh Fatoumy*, âgée d'environ trente ans, femme d'un fellâh du Kaire, entra à l'hôpital civil pour y être traitée de deux tumeurs énormes dont elle était affligée depuis plusieurs années.

Ces tumeurs, dont la figure a été dessinée par M. Redouté, membre de l'Institut d'Égypte, étaient placées l'une à côté de l'autre, sur le bord de la vulve, contiguës en devant, et un peu écartées en arrière. Elles paraissaient avoir pris naissance dans les grandes lèvres; car on ne trouvait aucun vestige de ces replis tégumenteux, ainsi que des nymphes. Elles avaient à peu près la même grandeur; chacune d'elles ressemblait à la tête d'un enfant. Elles étaient rugueuses, inégales dans les trois quarts de leur périphérie, lisses et d'un rouge violet en dedans; leur bord saillant, ou plutôt la base, était couvert de croûtes pustuleuses, comme celles du sarcocèle d'Ibrâhym, et laissait suinter une humeur analogue et d'une odeur désagréable. Ces tumeurs étaient suspendues ou attachées, par des racines assez minces, aux branches des os ischions et pubis. Elles étaient dures, insensibles et comme squirrheuses; chacune d'elles avait 35 centimètres et quelques millimètres (13 pouces et quelques lignes) de circonférence, 12 centimètres (4 pouces 6 lignes) dans le diamètre transversal, et 19 centimètres (7 pouces) de hauteur. Cette femme, d'une constitution maladive, avait les pieds attaqués d'un commencement d'éléphantiasis, les lèvres épaisses et de couleur plombée, les gencives pâles et ulcérées, le visage décoloré, les yeux tristes, l'appétit dépravé, et elle était disposée à la mélancolie; d'ailleurs, les fonctions digestives se faisaient bien. J'attribuai la formation du sarcocèle au vice éléphantiasique dont elle était affectée. (Il est à remarquer que cette femme n'avait jamais été réglée.)

Je me proposai d'extirper ces tumeurs, et je commençai à préparer la malade par les remèdes que j'avais déjà employés avec succès contre l'éléphantiasis. Après six semaines de ce traitement, les pieds, les jambes et les lèvres étaient dégorgés et revenus à peu près à leur état naturel; les tumeurs s'étaient un peu ramollies; l'humeur qui transsudait des petits ulcères recouverts de ces croûtes, était en moindre quantité, et avait perdu de son odeur fétide; enfin, j'estimais que cette femme, qui d'ailleurs avait pris de l'embonpoint, était dans le cas de subir l'opération.

La nécessité d'amputer ce sarcocèle et celui d'Ibrâhym avait été reconnue dans une conférence clinique tenue à ce sujet; et l'opération en avait été fixée au lendemain, lorsque l'ordre de suivre l'armée, qui se mettait en marche pour Alexandrie, me força d'abandonner le traitement de l'un et de l'autre malade.

MÉMOIRE

SUR LA FIÈVRE JAUNE,

CONSIDÉRÉE

COMME COMPLICAITON DES PLAIES D'ARMES A FEU.

Les accidens mortels qui survinrent à une grande partie de nos blessés de la bataille d'Héliopolis et du siége du Kaire de l'an VIII (1800), avaient fait craindre à nos soldats que les balles des ennemis ne fussent empoisonnées. Il ne fut pas difficile de les détromper; mais il ne fut pas aussi aisé d'arrêter les effets de la maladie[1]. Elle présenta tous les symptômes de la fièvre jaune observée en Amérique lors de l'avant-dernière guerre, et qui, d'après le rapport de mon ancien collègue M. Gilbert, médecin en chef de l'armée de Saint-Domingue, s'est renouvelée parmi les troupes françaises, avec un caractère analogue, dans la dernière expédition de cette contrée. En Égypte, elle n'attaqua guère que les blessés, et particulièrement ceux qui avaient été atteints aux articulations, ou avaient eu les os fracturés, les nerfs, la tête, le bas-ventre ou la poitrine lésés. Les blessures simples de la face et des extrémités ne furent généralement suivies d'aucun accident. La maladie se déclara vers le 15 germinal de la même

---

[1] Nous manquions de médicamens, d'alimens légers, de fournitures de lits et de linge à pansement: l'hôpital de la ferme d'Ibrâhymbey, où étaient les blessés, regorgeait de troupes et de malades.

année (5 avril 1800), et finit au commencement de prairial suivant (fin de mai). Je vais exposer succinctement les principaux symptômes qu'elle nous a offerts.

Les blessés avaient à peine reçu les premiers secours, ou subi l'opération, qu'ils tombaient dans un état d'abattement et d'inquiétude; de légers frissons se faisaient sentir sur toute l'habitude du corps et principalement aux extrémités inférieures. Dans l'invasion, les yeux étaient tristes, la conjonctive était jaunâtre, le visage cuivré, et le pouls lent et comprimé. Le malade ressentait des douleurs à l'hypocondre droit, et les plaies restaient sèches, ou ne donnaient qu'une sérosité roussâtre. Ces symptômes étaient suivis d'une chaleur vive et générale, d'une soif ardente, de violentes douleurs d'entrailles et de tête, accompagnées chez quelques-uns de délire, de frénésie, d'oppression et de fréquens soupirs. Une hémorragie nasale qui survenait quelquefois, calmait ces derniers accidens, et favorisait les vomissemens bilieux qui s'établissaient avec peine avant cette première évacuation. Quelquefois aussi les hémorragies, suivies de vomissemens copieux et de déjections alvines, faisaient avorter la maladie, et produisaient une crise salutaire; mais le plus souvent la fièvre qui se déclarait en même temps, devenait plus intense, et était accompagnée d'exacerbation vers le soir. La soif augmentait, la langue était sèche et comme brûlée, les yeux étaient rouges, les urines rares et enflammées, quelquefois totalement supprimées ou retenues dans la vessie. La peau prenait une teinte jaune; les douleurs de l'hypocondre devenaient plus fortes; le bas-ventre était douloureux et tuméfié; enfin le malade jetait des cris lugubres, était privé de sommeil, s'agitait sans cesse, sans pouvoir goûter un instant de calme et de repos. Si les accidens suivaient cette marche, la maladie avait ordinairement une terminaison funeste. Dès le second jour, et quelquefois le premier, la plaie était frappée de gangrène; tous les symptômes mortels se déclaraient dans les premières douze heures après l'accident, et les malades périssaient le premier, le deuxième ou le troisième jour. C'est l'invasion subite de la mortification et ses progrès effrayans qui avaient fait croire à quelques personnes, et surtout aux soldats, que les balles étaient empoisonnées.

L'ouverture des cadavres nous a fait reconnaître les effets de la maladie : sérosité roussâtre dans les cavités du ventre et de la poitrine, météorisme et phlogose aux intestins, engorgement du foie et de la rate; la vésicule ne contenait que très-peu de bile de couleur noirâtre et épaisse; des affections gangréneuses existaient dans différentes parties du corps, surtout dans les substances adipeuses. Les organes de la poitrine ne nous ont offert rien de remarquable. Toutes les parties molles du membre blessé se trouvaient gangrénées, et répandaient une odeur nauséabonde et fétide. Deux cent soixante blessés de tout genre ont péri de cette complication, sur six cents environ que le siége du Kaire et la prise de Boulâq nous avaient donnés.

La fièvre jaune ne s'est pas montrée chez tous les blessés avec la même intensité. Les symptômes que je viens d'esquisser, prenaient, chez quelques-uns, une marche plus lente et plus variée : l'éréthisme, l'insomnie et la tension nerveuse, étaient remplacés par un état d'atonie générale et d'assoupissement ; la constipation et les douleurs de l'hypocondre, par des évacuations alvines, bilieuses ou sanguines. Les types de la fièvre étaient moins violens, et la jaunisse d'autant plus forte. La maladie se prolongeait jusqu'au quinzième jour ; et si elle passait cette époque, nos blessés étaient ordinairement sauvés : il se faisait alors par les selles, les urines et la transpiration, une espèce de crise qui changeait en bien l'état de l'individu ; tous les symptômes diminuaient promptement ; une bonne suppuration s'établissait dans les plaies, et elles marchaient sans obstacle à la guérison.

La manière prompte dont la maladie se déclarait chez les individus qui, avec de légères blessures, passaient dans les lits de ceux qui étaient morts, me persuade qu'elle était contagieuse ; et la contagion avait lieu d'autant plus facilement, que la maladie était plus avancée et la gangrène déclarée dans les plaies.

J'ai vu des hommes affectés de blessures très-simples contracter la maladie, étant couchés dans des lits dont on n'avait pu changer que les draps, et auprès des blessés qui en étaient attaqués au troisième degré. Le mal prenait tout-à-coup un caractère grave, et mettait la vie dans le plus grand danger.

Plusieurs causes m'ont paru déterminer la fièvre jaune. La première était constitutionnelle ; la seconde tenait à l'encombrement de l'hôpital, que la difficulté insurmontable de former d'autres établissemens ne put faire éviter : ajoutez à cela que les blessés occupaient les salles du rez-de-chaussée, dont l'humidité favorisait le développement de la maladie.

En effet, les troupes qui fournirent ces blessés, étaient campées à l'ouest du Kaire, entre cette ville et Boulâq, dans des lieux bas et humides, remplis d'émanations putrides, surtout depuis le retraite des eaux du Nil, qui s'y étaient décomposées en raison de la chaleur et du séjour qu'elles y avaient fait. Le passage subit de la chaleur brûlante du jour à l'humidité que les soldats éprouvaient pendant la nuit, devait nécessairement les affaiblir et les disposer à la maladie. L'atmosphère, dans cette saison, celle du khamsyn, est chaude et humide, et par conséquent pernicieuse à la santé des individus. C'est aussi alors que règne la peste ; et l'on peut dire que la fièvre jaune, sous le rapport de ses effets et de sa prompte terminaison, a quelque analogie avec ce fléau.

Le célèbre physicien Humboldt, qui a eu occasion de voir ces deux maladies, la première en Turquie, en Égypte et en Afrique, et la deuxième sur les bords de l'Orénoque, a fait la même remarque. Si l'on suit les phénomènes de ces deux affections, en supposant qu'elles soient aiguës et attaquent des personnes du même âge, du même sexe et du même tempérament, on verra que, dans la première période, l'anxiété, le trouble, l'inquiétude du malade, les douleurs des lombes et des hypocondres, les vomissemens, la rougeur de la conjonctive, la chaleur brûlante des entrailles, la sécheresse de la peau, la dureté et la fréquence du pouls, sont, à quelques variations près, les mêmes dans la peste et dans la fièvre jaune. Dans la seconde période, la prostration, l'assoupissement interrompu par des accès de délire, l'altération sensible des fonctions intérieures, caractérisée par la dyspnée, les palpitations, les vomissemens convulsifs de matières noirâtres et nauséabondes, d'abord la suppression des évacuations alvines, puis les déjections involontaires et colliquatives, l'irrégularité du pouls, sont les symptômes quelquefois communs à ces deux maladies. Dans cette période, l'une se caractérise par une couleur jaune qui se manifeste et se répand sur toute l'habitude du corps; l'autre, par des taches livides, des pétéchies, des charbons ou des bubons qui peuvent également survenir dans la fièvre jaune, mais beaucoup plus tard; et cette circonstance est fort rare. Dans la troisième période, il y a disparition presque totale des fonctions de la vie animale : les sphincters ont perdu leur action, les déjections sont forcées; l'affection gangréneuse se déclare dans les solutions de continuité, s'il en existe, ou elle attaque le tissu cellulaire et cutané, et successivement tous les organes.

Aux causes que nous avons déjà citées, on peut ajouter les fatigues excessives du soldat, la disette des vivres de toute espèce, le défaut de boissons acides, et le manque de capotes pour se couvrir la nuit.

La reddition du Kaire ayant rétabli toutes les communications, nous mit en état de former de nouveaux hôpitaux, de nous procurer de bons alimens, des médicamens, du linge et des fournitures de lits : nous évacuâmes une grande partie de nos malades sur d'autres établissemens. Ces circonstances et le retour des vents du nord firent disparaître presque entièrement la maladie.

Lorsque la fièvre jaune était aiguë et présentait les symptômes d'une fièvre inflammatoire avec ictère, vomissemens spasmodiques, délire, etc., etc., les ventouses scarifiées à la nuque et sur les hypocondres produisaient de très-bons effets[1]; à leur défaut, on faisait une petite saignée au bras : les saignées copieuses sont mortelles, et même l'on ne doit pratiquer la première qu'avec beaucoup de circonspection.

L'eau de tamarin nitrée et édulcorée avec le sucre ou le miel, quelques verres d'émulsions camphrées, nitrées et anodines, pris la nuit, calmaient la soif et apaisaient l'irritation intestinale. Si, à l'aide de ces remèdes, la détente s'opérait dans les premières vingt-quatre heures, on avait beaucoup à espérer; dans cette circonstance, on continuait l'usage des rafraîchissans, des anodins, des antispasmodiques, suivis des laxatifs, des toniques et antiputrides par degrés : les émétiques auraient été pernicieux. Mais si, malgré tous ces moyens, les accidens persistaient, la maladie avait une issue funeste.

Lorsqu'au contraire la maladie commençait par des symptômes ataxiques, tels que la prostration, l'assoupissement, les frissons, la teinte noirâtre de la langue et la constipation, une boisson légèrement émétisée et

---

[1] Les sangsues à la marge de l'anus auraient sans doute été employées avec le même avantage, si l'on avait pu s'en procurer.

la limonade minérale sulfurique dissipaient le spasme, et rétablissaient les forces de l'estomac; nous employions ensuite les toniques et antiseptiques avec quelque succès, tels que le quinquina [1], le camphre combiné avec l'opium, la liqueur minérale d'Hoffmann, et les amers aux doses convenables : on insistait sur ces moyens, dont on modifiait l'usage, tout le temps de la maladie. Le garou, et la moutarde pilée avec le vinaigre, appliquée sur les hypocondres ou sur le dos, secondaient efficacement ces remèdes. C'est dans cette maladie que j'ai remarqué le mauvais effet des cantharides : aussi me suis-je fort peu servi de vésicatoires.

Les plaies compliquées de ces fièvres bilieuses étaient pansées suivant l'indication particulière : on les saupoudrait de camphre et de quinquina, lorsqu'elles étaient menacées de gangrène; et lorsqu'elles prenaient un caractère de putridité, on employait les acides végétaux, surtout les citrons, abondans en Égypte.

Tous ceux qui ne succombèrent pas à la fièvre jaune, eurent une convalescence longue et pénible; quelques-uns même éprouvèrent des rechutes, et périrent en fort peu de jours. Elle n'épargna point les blessés des Turks. Invité par le général en chef, après la reddition du Kaire, à leur donner des soins, je les fis réunir dans une grande mosquée, pour les panser plus commodé-

---

[1] Le quinquina m'a paru produire moins d'effet que le bon vin coupé avec de la limonade sucrée. Le café nous a été d'un grand secours, et nous l'avons employé avec de grands avantages, surtout lorsque la maladie avait passé sa seconde période, que la crise était faite, ou que le mal était sur son déclin; il hâtait, dans ce cas, le retour des forces vitales, et nourrissait le malade.

ment[1]. Une partie des blessés attaqués de cette maladie en furent les victimes. On peut attribuer ce fâcheux résultat au mauvais traitement qu'on leur avait fait suivre, et aux privations qu'ils avaient supportées pendant le siége.

[1] J'en confiai la direction et le traitement à M. Balme, l'un de nos chirurgiens-majors, nommé depuis médecin de l'armée. J'ai lieu de croire que ce médecin, d'un mérite distingué, aura recueilli les faits intéressans que ces prisonniers ont offerts dans le cours de leurs maladies.

DE LA LÈPRE

ET

DE L'ÉLÉPHANTIASIS.

Les médecins qui ont écrit sur la lèpre et l'éléphantiasis, tels qu'Hippocrate, Galien, Arétée, Archigène, Aétius, Soranus et Oribase, ne s'accordent point sur le caractère propre de ces maladies, et sur les différences qui existent entre elles.

Je ne rapporterai point l'opinion particulière de ces auteurs; cela m'écarterait nécessairement du but que je dois me proposer, celui de décrire ces maladies, telles que je les ai observées en Égypte. Je ne parlerai pas non plus de quelques maladies, vues en Europe, ou dans d'autres climats étrangers à celui de l'Égypte, auxquelles on a cru trouver le même caractère que présentent la lèpre et l'éléphantiasis : car, d'après les remarques que j'ai faites, je regarde celles-ci comme des maladies propres aux climats chauds, et particulièrement à l'Égypte; ou du moins, si elles sont transplantées dans d'autres contrées, elles dégénèrent et prennent un aspect différent.

L'expérience m'a également appris que la lèpre différait de l'éléphantiasis, quoique ces maladies offrent des symptômes communs : c'est d'après ces principes que j'en exposerai le tableau séparément.

DE LA LÈPRE.

La lèpre des Égyptiens n'attaque que les enveloppes extérieures du corps, surtout le système dermoïde; elle s'annonce par des douleurs vagues dans les membres, par la difficulté de marcher, par une faiblesse et une lassitude générales. Le malade tombe dans une mélancolie profonde. Bientôt il se déclare de petites pustules bleuâtres, rugueuses à leur sommet, et rassemblées par plaques plus ou moins larges; elles se manifestent ordinairement au visage et aux extrémités, rarement à la poitrine et au bas-ventre : les fesses, et les articulations du genou, en sont le plus affectées. Ces plaques pustuleuses se dessèchent à l'extérieur, et fournissent des croûtes noirâtres, de dessous lesquelles découle une humeur séreuse, jaunâtre et d'une odeur fétide : l'haleine du malade donne la même odeur. Le pouls est faible, l'urine est abondante et terreuse. A ces premiers symptômes, si la maladie fait des progrès, se joint une légère difficulté de respirer. Le visage prend une teinte bronzée; la peau de la surface du corps devient inégale, rugueuse et imperspirable; elle perd sa sensibilité dans les points des éruptions dont nous avons parlé; les lèvres s'épaississent, les narines se dilatent, affaissent le nez, et le mucus nasal devient fluide et ichoreux. Les larmes sont âcres, ulcèrent le bord libre des paupières, et s'épanchent souvent sur les joues. Le sujet maigrit à vue d'œil. Les éruptions pustuleuses augmentent progressivement et deviennent plus noirâtres; quelquefois elles s'étendent au loin en se réunissant. Ces croûtes lépreuses ne causent point de prurit, comme les dartres, avec lesquelles elles ont quelques rapports. Il y a douleur dans l'épaisseur des membres, surtout dans les os et les articulations. Le malade peut rester des années entières dans cet état, ou finir sa carrière en peu de temps. Dans le dernier cas, les petits ulcères cachés par ces pustules ou croûtes lépreuses s'agrandissent, attaquent le tissu cellulaire, dont les points correspondans aux croûtes sont lardacés et tuberculeux. Les parties de la peau qui sont affectées acquièrent de l'épaisseur, et perdent totalement la sensibilité; en sorte que des lambeaux du derme tombent en mortification, et qu'on les coupe sans faire éprouver de douleur. La fièvre hectique s'empare du malade; il tombe dans le marasme et s'éteint insensiblement. Quelquefois les ulcères attaquent les articulations assez profondément pour en détruire les ligamens, et opérer ainsi la nécrose et la chute des membres.

J'ai vu au grand Kaire plusieurs lépreux qui se tenaient isolés du reste de la société, et dont la lèpre m'a présenté tous les symptômes que je viens de tracer. Plusieurs soldats de l'armée l'ont contractée ou l'ont acquise par les mêmes causes qui, sans doute, la produisent chez les Égyptiens. Les symptômes de cette maladie étaient d'ailleurs les mêmes dans ces deux classes d'individus. Elle offre quelques différences, qui ne sont relatives qu'au siége des pustules, à leur étendue et à leur caractère : quant à la couleur et à la forme, elles sont constamment les mêmes. L'affection générale est plus ou moins forte, selon l'idiosyncrasie du sujet, et plusieurs autres circonstances particulières.

Cette maladie m'a paru contagieuse, lorsque les ulcères sont profonds et étendus, et que le sujet est déjà affaibli. Dans ce cas, il s'exhale de ces ulcères et de toute la surface du corps une odeur nauséabonde et fétide, qu'on ne peut respirer quelques minutes sans en être incommodé. Les vêtemens et le linge qui ont servi aux lépreux paraissent s'imprégner d'une substance délétère, propre à développer le même vice chez un individu qui porterait ces vêtemens, et qui serait d'ailleurs disposé à son absorption. La connaissance de ces faits, et l'avis que donnent les anciens médecins arabes de faire isoler les lépreux, m'engagèrent à traiter séparément dans nos hôpitaux les soldats de l'armée qui furent attaqués de la lèpre. Cependant, les circonstances ne m'ayant pas toujours permis de faire complétement isoler ces malades, j'ai vu des personnes qui l'ont contractée d'après des communications plus ou moins rapprochées : ainsi, pendant le siége d'Alexandrie, donnant mes soins à un officier de la 25e demi-brigade, pour une lèpre bien caractérisée qui l'avait retenu six mois à l'hôpital, je remarquai qu'un autre officier, duquel il était encore assez éloigné, quoique dans la même salle, mais avec qui il avait des communications fréquentes, fut affecté, quelque temps après, de la même maladie. Elle se manifesta d'abord, sur la cicatrice d'une plaie d'amputation au bras gauche, par une croûte épaisse, jaunâtre, sillonnée de gerçures profondes, d'où découlait une humeur ichoreuse et fétide. La circonférence du moignon prit une couleur bleuâtre, et devint insensible; le reste du membre se tuméfia, se durcit, et la peau participait de cette teinte bleuâtre. Il se déclara ensuite des pustules lépreuses dans différentes parties du corps, principalement aux coudes, aux jambes et au visage. Les moindres mouvemens faisaient éprouver au malade des douleurs violentes dans les extrémités : sa figure devint hideuse, sa peau sèche et rugueuse. Il mangeait peu et il avait le goût dépravé : les forces s'affaiblirent, la maigreur parvint au dernier degré, et il finit sa carrière, après avoir passé les derniers jours de sa vie dans un état affreux d'inquiétude, de malaise, et une sorte d'anxiété difficile à décrire. Cet officier, d'après son aveu, n'avait jamais eu de maux vénériens, ni aucune éruption dartreuse. Son régime avait été assez régulier, et bien meilleur que celui du soldat. La plaie du moignon n'avait été dérangée par aucun incident, jusqu'au moment où la cicatrice allait se terminer, et où la lèpre se déclara : je suis donc porté à croire qu'elle n'a eu lieu que par contagion.

L'invasion subite qui s'est faite de cette maladie chez un guide à pied, Charles Fourrat, dont je rapporterai plus bas l'observation, me paraît un exemple incontestable des effets de cette contagion. J'ajouterai ensuite à ces faits l'assertion de la plupart des anciens médecins juifs ou arabes, et celle des médecins égyptiens d'aujourd'hui. Je n'ai point vu la lèpre compliquée de l'éléphantiasis, que je crois être, comme je l'ai déjà dit, une maladie différente. Voici ce que m'offrit l'ouverture cadavérique de l'officier cité plus haut. Le foie était dur, plus volumineux que dans l'état ordinaire, et d'un brun foncé. La vésicule du fiel contenait très-peu d'une bile épaisse et de couleur vert-bouteille foncé. La rate était plus grosse que dans l'état naturel, et squirrheuse. Les autres viscères du ventre étaient décolorés et dans une laxité considérable; les glandes mésentériques, engorgées; les intestins grêles, parsemés de tubercules durs et plâtreux; le tissu cellulaire était presque nul, jaunâtre, et rempli de tubercules blanchâtres, durs, et en rapport avec les ulcères; la peau, dure comme du parchemin et sans élasticité.

Les maladies vénériennes dégénérées, ou les affections dartreuses, semblent être des causes prédisposantes de la lèpre. Quelques-uns de nos soldats, après avoir subi plusieurs traitemens antivénériens, ayant eu pour symptômes syphilitiques, des pustules cutanées, très-rebelles, guéries selon toutes les apparences, ont été affectés, par la suite, d'éruptions lépreuses bien prononcées, et qui ont cédé cependant au traitement exposé plus bas.

On peut regarder aussi comme causes secondaires de cette maladie, l'usage des viandes salées, du poisson salé et des ognons, que le peuple mange en grande quantité dans ce pays; celui des viandes de porc ou de sanglier même, quoique non salées : car nous avons vu que tous les Français qui s'en sont nourris pendant quelque temps, en ont été incommodés. Un très-grand nombre a été attaqué d'éruptions lépreuses, qui se manifestaient à la face, surtout au nez, dont la forme devenait hideuse. Il s'en déclarait ensuite aux extrémités

supérieures et inférieures, et successivement sur toute
la surface du corps. Sans doute que la chair de ces porcs,
nourris autrement que les porcs ne le sont en Europe,
recèle des principes malfaisans; ce qui le prouve, c'est
qu'exposée aux fortes chaleurs du climat d'Égypte, elle
se décompose promptement. Sans nous livrer à d'autres
conjectures, il est de fait que cette viande est insalubre;
et c'est probablement d'après l'expérience, que le législateur des Juifs et celui des musulmans en ont proscrit
l'usage par un article de leurs lois [1]. A ces causes, il
faut ajouter la malpropreté du peuple égyptien; l'impression, en quelque sorte vénéneuse, que la classe la
plus pauvre reçoit d'une infinité de corps étrangers, en
couchant presque nue sur la terre, pendant l'été; enfin
l'intempérie des saisons, qui agit avec plus ou moins
de force sur ces individus : voilà pourquoi les gens
riches, qui se tiennent très-propres et peuvent se mettre
à l'abri de ces vicissitudes, sont exempts de la lèpre, à
moins qu'ils ne la prennent par contagion; ce qui arrive
rarement, parce qu'ils usent des plus grandes précautions pour s'en garantir.

Je n'ai vu mourir d'autre lépreux que l'officier dont
j'ai déjà parlé : mais je pense, avec Arétée et Avicenne,
que la lèpre est très-grave, si elle n'est mortelle, lorsqu'elle est parvenue à son plus haut degré; elle est
d'ailleurs, dans tous les cas, très-fâcheuse et opiniâtre;
elle exige les plus grands soins et un traitement fort long.

Le traitement de la lèpre a varié autant qu'il y a eu
de médecins qui s'en sont occupés. La pratique nous a

[1] *Voyez* la Genèse et le Qorân.

appris que les préparations mercurielles, préconisées par quelques-uns, ont exaspéré les accidens, même chez les malades qui avaient eu des symptômes de syphilis, quoiqu'elle dispose quelquefois à la lèpre; tant il est vrai qu'une maladie dégénérée change absolument de nature, et ne se guérit que par des remèdes très-souvent différens de ceux qui sont regardés comme spécifiques contre la maladie première. Effectivement, nous avons guéri un grand nombre de maladies vénériennes dégénérées, par l'usage seul des amers, du quinquina, de l'opium, du camphre, et d'autres toniques. La lèpre, que je regarde comme une maladie asthénique, mais d'un genre particulier, exige un traitement analogue.

Pour bien déterminer ce traitement, et l'exposer avec méthode, je considérerai la lèpre sous quatre états différens. Dans le premier état, il y a turgescence humorale, et l'éruption commence. Dans le second, celle-ci est complète; les forces s'affaiblissent. Dans le troisième, les pustules se couvrent de croûtes d'un jaune noirâtre, et les parties malades sont privées de sensibilité. Dans le quatrième, les croûtes tombent, leur chute met à découvert des ulcères fongueux, d'un rouge violet, accompagnés de cuissons profondes, et d'où découle une sanie fétide et jaunâtre. Il y a prostration de forces, marasme, fièvre lente et quelquefois colliquative.

Dans le premier état, quelques sangsues à la marge de l'anus, lorsqu'il y a embarras dans le système veineux du bas-ventre, produisent un dégorgement salutaire. Nous avons suppléé aux sangsues ordinaires, dont on était privé en Égypte, par les ventouses scarifiées, appliquées dans cette région ou aux hypocondres. Ce moyen, dont je n'ai eu qu'à me louer, est préférable à la saignée ordinaire, qui, en général, n'est pas indiquée dans les climats chauds, surtout en Égypte, et particulièrement pour la lèpre.

Une secousse donnée à l'estomac, à l'aide d'un vomitif, facilite l'action des autres remèdes. On lui fait succéder quelques purgatifs doux. On met ensuite le malade à l'usage des bains tièdes, des lavemens émolliens, des boissons amères et apéritives, telles que le petit lait coupé avec la fumeterre, une infusion d'espèces amères dans le jour, une potion camphrée et antispasmodique la nuit. Le régime doit être doux et humectant, composé principalement de laitage, et tiré du règne végétal. Tels sont les moyens qui conviennent dans les premiers temps, et c'est par leur emploi que nous avons arrêté les progrès de cette maladie chez plusieurs de nos soldats qui en étaient attaqués. On applique sur les éruptions un peu de pommade adoucissante, telle que le cérat safrané.

Dans le second état, il faut donner plus de force aux amers, et y ajouter les racines de patience et de bardane. Le sulfure rouge d'antimoine, combiné avec l'extrait de fumeterre et le muriate de mercure doux, des bols de camphre et d'opium, le soir, à petite dose, ont produit de bons effets.

Lorsqu'on ne voit le malade que dans le deuxième état, il faut faire précéder ces remèdes de quelques purgatifs légers, et de deux ou trois bains tièdes, pour ramollir la peau et les pustules : un plus grand nombre de bains diminuerait ou détruirait l'effet des médicamens. On continue l'usage de la pommade précitée.

Dans les troisième et quatrième états, on ajoute aux remèdes déjà proposés le sirop diaphorétique, mêlé aux cinq racines apéritives, et le quinquina : on en augmente la dose graduellement, ainsi que celle de l'opium et du camphre. Le régime doit être stomachique et stimulant. Il faut que le malade use de bon vin, mais en petite quantité; de café mokhâ sucré; qu'il s'abstienne des viandes indigestes, et mette très-peu de sel dans ses alimens. Il faut qu'il respire, autant que possible, un air pur, et qu'il fasse modérément de l'exercice. Enfin, on lui fait de fréquentes lotions avec du vinaigre et de l'eau chaude, sur toute l'habitude du corps; on fumige souvent son lit et son appartement avec de fort vinaigre.

Ce traitement doit être continué avec les modifications relatives, assez long-temps pour qu'on en obtienne des résultats avantageux.

Lorsque le vice général est détruit, ou considérablement affaibli, ce que l'on reconnaîtra par la diminution des symptômes, on enlèvera les croûtes lépreuses à l'aide des ciseaux ou du bistouri, si la nature n'en a point opéré la chute : on coupera même la peau désorganisée, et on l'emportera en totalité. Cette extirpation se fait sans douleur; elle est accompagnée d'une légère effusion de sang noirâtre. On applique immédiatement, dans les ulcères qui en résultent, le cautère actuel, dont on réitère l'application les jours suivans, jusqu'à ce que les parties subjacentes aient repris la vie et le ressort qu'elles avaient perdus.

Les forces et les fonctions du malade se rétablissent de jour en jour; les ulcères se détergent et se cicatrisent, et il reprend de l'embonpoint. Nous avons remarqué que les cicatrices restent bleuâtres et deviennent douloureuses, lorsque l'atmosphère est humide : c'est le cas de les fortifier par des lotions aromatiques. L'individu éprouve, aux mêmes époques, des douleurs dans les membres. A ces légères infirmités près, ce traitement, long-temps continué, nous a fait obtenir la guérison complète de tous ceux qui ont été atteints de la lèpre, à l'exception de l'officier amputé.

Les pansemens journaliers se font avec une dissolution dans une quantité suffisante d'eau, d'oxide de cuivre, d'alumine, et d'un peu d'acide sulfurique.

L'observation que je vais rapporter semble ne laisser aucun doute sur le vrai caractère de la lèpre, dont les symptômes ont été observés par nous à l'hôpital de la Garde impériale, et par plusieurs médecins. Cette observation nous paraît confirmer l'opinion établie sur la propriété contagieuse de cette maladie, et doit faire accorder de la confiance au traitement que nous avons signalé.

OBSERVATION.

Charles Fourrat, guide à pied de l'armée d'Orient, d'une constitution robuste, n'ayant jamais eu de maladie vénérienne, fut attaqué, pendant le siége du Kaire, à la fin de l'an ix (1801), d'une éruption pustuleuse qui se déclara sur différentes parties du corps. Il ne sut à quoi en attribuer la cause : il était sobre, et son régime n'avait jamais été malsain; il se rappela pourtant d'avoir couché plusieurs nuits sur un matelas qu'il avait pris dans la maison d'un habitant d'un des faubourgs du Kaire, où il avait aperçu une femme couverte, sur tout le corps, de croûtes noirâtres, et qui lui avait paru très-malade. Il y a tout lieu de croire que cette femme couchait habituellement sur ce matelas, lequel, se trouvant imprégné du vice lépreux, l'avait communiqué à ce guide. Ces pustules, d'abord distinctes et séparées, mais disposées par groupes, se réunirent en peu de temps, et ne formèrent plus que des plaques plus ou moins étendues, de couleur noirâtre, et recouvertes de croûtes épaisses, d'un brun jaunâtre. Elles étaient divisées par des gerçures profondes, qui laissaient écouler une humeur ichoreuse et d'une odeur très-fétide.

Dans les premiers temps, le malade, d'après le rapport qu'il m'en fit, ressentait de légères cuissons dans les pustules, qui d'abord étaient rouges, rugueuses à leur sommet, et entourées d'un disque bleuâtre : il y avait douleurs vagues dans tous les membres et aux hypocondres, faiblesse générale, lassitude et dégoût.

Il se fit transporter à l'hôpital de la ferme d'Ibrâhym-bey, près du Kaire. On crut reconnaître dans cette maladie le caractère de pustules syphilitiques, quoique le malade protestât qu'il ne s'était point exposé à contracter le mal vénérien. On prescrivit les frictions mercurielles et d'autres remèdes antisyphilitiques; mais on ne tarda pas à s'apercevoir du mauvais effet de ces médicamens. Les douleurs générales devinrent plus intenses; les pustules se boursouflèrent, et furent extrêmement douloureuses; l'irritation fut si forte, que le malade ne pouvait goûter un instant de repos. Il était totalement privé de sommeil, et il éprouvait des douleurs continuelles. On les calma par les antispasmodiques, les bains tièdes et les adoucissans. Après avoir observé quelque temps ce traitement, il sortit de l'hôpital sans être guéri : ses pustules étaient encore étendues, recouvertes de croûtes; son corps était considérablement affaibli et maigre. On essaya par la suite d'autres traitemens, qui n'empêchèrent point la maladie de faire des progrès.

Après le départ de la division du Kaire pour France, ce malade fut relâché à Malte, avec plusieurs de ses compagnons. Le mauvais état de ses pustules et leur aspect noirâtre et hideux firent croire au comité de santé établi dans cette île, que ce militaire était affecté de la peste. (En effet, ces pustules, lorsque je les vis la première fois à l'hôpital de la Garde, avaient quelque analogie avec les charbons pestilentiels.) Il fut mis en quarantaine à Malte, et, peu de jours après, conduit au lazaret de Marseille, où il resta près de deux mois. Cependant on reconnut que sa maladie n'était point pestilentielle : aussi le mit-on à *libre-pratique*, et il arriva à Paris à la fin de ventose an x (mars 1802). Le premier germinal suivant (22 mars), il entra à l'hôpital de la Garde.

Il était faible et maigre. La couleur de son corps était

cuivrée; les yeux étaient tristes, ternes, les paupières plombées, les narines dilatées, les lèvres épaisses et bleuâtres, les gencives pâles; le nez, auparavant droit et frêle, était affaissé; l'haleine fétide, la peau de la face ridée, la respiration un peu laborieuse : la poitrine et le bas-ventre étaient dans l'état ordinaire, les extrémités maigres et comme engourdies. Il mangeait peu, avait des goûts dépravés; il ressentait de la lassitude, des douleurs dans les membres et aux deux hypocondres. Le pouls était faible et sans fièvre.

Les coudes et les genoux étaient couverts de plaques noirâtres avec des croûtes épaisses, qui cachaient des ulcères fongueux et sanieux. Les bords, formés par les tégumens détachés de l'ulcère, étaient minces et insensibles, et cette insensibilité s'étendait assez loin. Le malade éprouvait quelques légères cuissons vers le fond de ces ulcères. Il portait de pareilles tumeurs aux fesses, à la cuisse droite. Les jambes étaient saines, les urines jumenteuses : les fonctions digestives se faisaient bien. Il ne dormait point, ou faisait des rêves sinistres, et il était constamment dans un état mélancolique.

M. Boussenard, à qui j'avais confié le service chirurgical près de la division du Kaire, m'a donné les détails que j'ai rapportés plus haut, et d'après lesquels il est facile de voir que la maladie était au moins arrivée au troisième état, lorsque ce guide entra à l'hôpital de la Garde.

Après l'avoir préparé par quelques légers purgatifs, je le mis à l'usage d'une tisane diaphorétique et amère, du vin de quinquina le matin, à des doses assez fortes, du sirop que j'ai indiqué, le soir, et d'un bol de camphre et d'opium, la nuit.

Je faisais alterner ces moyens avec quelques préparations sulfureuses et antimoniales. Je fis détacher les croûtes qui recouvraient les ulcères, à l'aide des émolliens, et panser les plaies, pendant les premiers jours, avec de la pommade anodine. Son régime était doux et nourrissant : on lui permettait l'usage d'un peu de vin de Bourgogne. Il faisait aussi, pendant le jour, quelques promenades, au moyen de béquilles.

Après trois mois de ce traitement, modifié convenablement, les douleurs se calmèrent; les cuissons que ressentait le malade vers les racines des tumeurs, disparurent; les forces se rétablirent, les ulcères se détergèrent : mais la peau environnante resta dans le même état; ce qui me força à faire l'excision de toute celle qui était désorganisée. Cette opération se fit sans aucune douleur; il y eut seulement une petite effusion d'un sang noir et oléagineux. J'employai immédiatement le cautère actuel, dont je réitérai plusieurs fois l'application : les dernières applications furent seules douloureuses. Je les secondai par des lotions de vin chaud, et ensuite par celles de la liqueur dont j'ai parlé dans le traitement général.

Dès la seconde application du cautère, les chairs devinrent rouges et sensibles. Le tissu cellulaire était dégorgé, et la peau environnante avait repris son ressort et sa sensibilité. Peu à peu la cicatrice s'est faite; le malade a été parfaitement guéri, le 15 messidor (4 juillet), époque où il est sorti de l'hôpital.

Les traits de la face ont repris leur forme primitive, l'embonpoint s'est rétabli; mais les cicatrices, qui sont larges, sont restées bleuâtres, et causent des tirailleméns douloureux, lors des changemens de température.

Ce militaire, qui a servi quelque temps dans les chasseurs de la Garde, s'est retiré depuis, avec une pension de retraite, dans son pays natal, à Briançon[1].

DE L'ÉLÉPHANTIASIS.

L'éléphantiasis paraît tenir du caractère des maladies lymphatiques : il attaque la peau, le tissu cellulaire des extrémités inférieures, et donne à ces membres un volume monstrueux et une forme si hideuse, qu'on les a comparés aux pieds de l'éléphant[2]; de là vient, selon les auteurs, le mot *éléphantiasis* (*voyez* Avicenne). Cette maladie diffère de la lèpre sous beaucoup de rapports; cependant, comme la lèpre, elle commence par une lassitude générale, une faiblesse dans les extrémités inférieures, une difficulté dans les mouvemens de ces parties.

La plante des pieds est très-sensible; et à la moindre marche, le malade ressent des douleurs dans le trajet des os. Il est frappé de dégoût, de malaise; le visage se décolore, les lèvres s'épaississent, et les gencives deviennent pâles.

Les pieds et les jambes grossissent par l'engorgement

---

[1] Cette observation est rapportée dans l'ouvrage du docteur Alibert, comme un des cas les plus remarquables de la lèpre.

[2] *Voyez* la planche du sarcocèle de l'homme.

des membranes, du tissu cellulaire et de la peau; la jambe et le pied se couvrent de petits boutons miliaires séparés et d'un rouge violet. Ces boutons s'ulcèrent, et les ulcères ou gerçures se couvrent de croûtes jaunâtres, épaisses et inégales. L'humeur qui découle de ces gerçures ou ulcères, présente le même caractère que celle qui découle des pustules lépreuses. La peau de la jambe devient marbrée par le grand nombre de veines variqueuses qui se développent dans son tissu. Ces extrémités perdent de leur sensibilité, grossissent graduellement, et acquièrent, en proportion de leur accroissement, beaucoup de densité; car en les comprimant on éprouve de la résistance : l'impression du doigt n'y reste pas, comme dans l'œdématie, de laquelle l'éléphantiasis diffère encore par la sensibilité qui se conserve dans cette première affection, et qu'on reconnaît aux douleurs assez vives dont se plaint le malade, si l'on pique ou si l'on irrite les parties altérées. La chaleur animale, loin de diminuer, augmente suivant les progrès de l'éléphantiasis, au point de devenir très-incommode.

Ce phénomène me donne lieu de croire que la substance graisseuse domine dans les parties tuméfiées, lesquelles paraissent prendre de la consistance par l'addition de l'hydrogène qui se forme dans le système veineux, à cause de son peu de ressort et de la lenteur de la circulation.

Les ulcères extérieurs s'étendent en largeur, mais fort peu en profondeur. La peau des pieds et des jambes acquiert une épaisseur considérable; les ongles se désorganisent et se convertissent en écailles jaunâtres; le tissu cellulaire s'épaissit et se durcit comme du lard : celui qui se trouve interposé dans l'interstice des muscles, éprouve les mêmes effets, comprime la fibre motrice, dont le ressort s'affaiblit, et rend la contraction presque nulle. Le mouvement et la sensibilité s'éteignent graduellement; et lorsque la maladie est portée à un très-haut degré, les pieds et les jambes sont comme des masses informes, pesantes et presque paralytiques. Le malade est forcé de garder le repos. Le corps maigrit, le visage est basané, les lèvres sont épaisses, et ordinairement gercées, l'haleine fétide, comme dans la lèpre. Il se manifeste quelquefois des pustules de nature dartreuse, sur les bourses et les côtés des cuisses. Les traits du visage, si nous en exceptons les lèvres, ne s'altèrent point; les yeux sont même vifs et brillans. La peau du dos devient blanche et luisante, lorsqu'on la frotte; mais elle ne s'écaille point comme chez les lépreux. Les cheveux conservent leur forme et leur couleur. La barbe, au lieu de tomber, comme dans la lèpre, s'épaissit au menton. Le pouls reste dans l'état naturel. L'éléphantiasis n'ôte point l'appétit. Il n'est point contagieux, mais il peut être héréditaire; et, d'après Bruce, il ne se développe qu'à l'époque de la virilité, et quelquefois plus tard. Les fonctions naturelles ne sont pas beaucoup dérangées, ou même ne le sont point du tout, et le sujet peut vivre, avec cette infirmité, jusqu'à la décrépitude. Il n'en est pas de même de la lèpre; quoiqu'elle soit de longue durée, elle s'accroît par degrés, et elle a presque toujours une terminaison funeste.

La maladie glandulaire des Barbades a de l'analogie avec l'éléphantiasis, quoiqu'elle présente des symptômes qui ne s'observent pas dans cette dernière affection, tels que l'inflammation qui se déclare dès l'invasion du mal sur le trajet des vaisseaux lymphatiques, et la fièvre qui l'accompagne dans presque toutes ses périodes. La tumeur n'offre pas le même aspect que dans l'éléphantiasis : dans celui-ci, la peau est rugueuse, et couverte, sur les lieux des articulations, de tubercules noirâtres, entrecoupés par des ulcères sanieux et fétides.

D'ailleurs, il paraît exister un très-grand rapport dans les causes qui produisent ces deux affections, et dans leurs résultats ; elles peuvent donc être toutes deux de la même nature : mais les climats et la diversité des causes établissent des différences ; et ces différences ne sont peut-être pas encore assez caractérisées pour être regardées comme essentielles, et déterminer la ligne de démarcation qui existe entre les deux maladies. Il faudrait, pour cela, que le médecin à portée de les observer dans un climat pût se transporter dans tous ceux dont les influences particulières produisent, chez les individus qu'elles attaquent, des phénomènes différens.

Il est très-probable que l'éléphantiasis attaque d'abord toute la machine ; mais, par des causes particulières que nous tâcherons d'expliquer, il porte ses principaux effets sur les jambes, où il paraît se fixer et devenir local, à l'instar du vice scrofuleux, qui, ayant déterminé un ulcère profond dans une extrémité, s'y concentre souvent en entier, et devient une maladie locale.

Les travailleurs des rizières, et ceux qui habitent les lieux marécageux, sont les plus sujets à cette maladie.

L'éléphantiasis reconnaît pour causes prédisposantes, à peu près les mêmes que celles qui produisent la lèpre. Il faut y ajouter l'impression immédiate, et plus ou moins continuée, des gaz pernicieux, ou des eaux corrompues, sur les pieds et les jambes; comme les eaux des rizières, qui sont très-malfaisantes. Elles paraissent d'abord relâcher le tissu de la peau; ensuite elles le tuméfient et le désorganisent.

J'ai vu à Damiette un grand nombre d'agriculteurs qui étaient affectés de cette maladie à différens degrés, tandis qu'on ne la rencontre presque point dans les lieux secs et aérés, comme du côté des déserts et de la haute Égypte : mais on la retrouve, selon Bruce, dans les lieux marécageux de l'Abyssinie. La lèpre, au contraire, règne dans les contrées désertes de l'Égypte, et je ne l'ai point vue sur les côtes de la mer, où l'éléphantiasis est commun.

On peut considérer l'éléphantiasis sous trois états différens.

Dans le premier, les pieds et les jambes sont légèrement tuméfiés, couverts ordinairement d'une éruption miliaire, à peine sensible, d'un rouge brun, avec de légers picotemens douloureux, augmentation de chaleur, douleurs irrégulières, surtout à la plante des pieds. Si l'on comprime la peau, le malade souffre, et l'impression ne reste pas. Il y a difficulté dans les mouvemens.

Au deuxième état, l'éruption est remplacée par de

petits ulcères recouverts de croûtes épaisses, jaunâtres et tuberculeuses. La peau est coupée flexueusement par des veines variqueuses qui lui donnent une couleur marbrée. La chaleur est plus forte, la difficulté du mouvement plus grande; les membres ont augmenté en épaisseur, et la sensibilité est moindre.

Dans le troisième état, dureté et augmentation de volume aux extrémités, ulcères et croûtes tuberculeuses plus étendues, perte totale du mouvement, sensibilité presque nulle, faiblesse générale, maigreur et mélancolie. Quoique les individus survivent ordinairement à cette maladie, le pronostic n'en est pas moins grave. Cette infirmité leur rend la vie insupportable; et elle est sans ressource, lorsqu'elle est parvenue à ce degré.

Elle ne paraît pas être contagieuse comme la lèpre : aucun de nos militaires n'en a été affecté, et je la crois aussi moins endémique aux climats chauds; car je l'ai vue dans diverses contrées de l'Europe avec quelques différences.

Les moyens de guérison me paraissent être à peu près les mêmes que ceux que nous avons indiqués pour la lèpre : cependant il faut insister davantage sur les topiques, tels que les répercussifs dissolvans, les caustiques, surtout le feu et la compression graduée.

J'ai guéri, à l'aide de ces moyens, un capitaine âgé d'environ trente-huit ans, attaqué d'un éléphantiasis commençant. Les circonstances ne m'ont pas permis d'entreprendre le traitement de cette affection parvenue aux deuxième et troisième degrés; cependant, je pense que, si elle se bornait à l'un des pieds, et qu'elle eût résisté au traitement suivi et bien administré dont je viens de faire mention, on pourrait, comme dans les caries scrofuleuses anciennes de l'articulation tibio-tarsienne, enlever la maladie par l'amputation de la jambe.

MÉMOIRE

SUR LE SCORBUT.

Dans le mois de messidor an ix (juin 1801), le passage des vents au nord-nord-ouest, et le débordement du lac Ma'dyeh, dont les eaux baignaient nos camps, firent succéder aux blessures, à peine guéries, une ophthalmie assez rebelle, qui fut traitée avec le plus grand succès, mais que remplaça bientôt une affection scorbutique, qui commença d'abord à se manifester sur quelques blessés, et s'étendit ensuite sur une telle quantité des individus de l'armée, qu'on dut la regarder comme épidémique.

L'ignorance de quelques personnes avait fait croire qu'elle était contagieuse. Pour dissiper les craintes qu'inspirait cette idée, et indiquer les moyens prophylactiques, j'adressai une circulaire aux chirurgiens des corps. Mon opinion sur le caractère non contagieux de cette maladie était d'ailleurs partagée par le médecin Savaresy, qui remplissait alors les fonctions de médecin en chef, à la place de M. Desgenettes, dont la présence était devenue importante au Kaire, à cause de la peste qui y exerçait ses ravages.

Je crois pouvoir présenter ici, avec d'autant plus d'exactitude, le tableau des principaux symptômes qui ont caractérisé le scorbut, que cette maladie a particulièrement affecté les blessés et les ophthalmiques confiés à ma surveillance. Je ferai suivre cette description de l'exposition succincte des causes qui ont paru déterminer l'épidémie scorbutique d'Égypte, et j'indiquerai les divers genres de remèdes que nous lui avons opposés, selon les différens degrés sous lesquels nous avons eu à la combattre.

Je passerai rapidement sur les variétés du scorbut relatives à l'idiosyncrasie des sujets, à leur sensibilité physique ou morale, et à leur état de faiblesse primitive.

En général, j'ai constamment remarqué dans cette maladie scorbutique, comme dans celle que j'ai eu occasion de voir dans l'Amérique septentrionale, trois degrés différens.

Dans le premier, le soldat est inquiet, mélancolique ; il a de la tendance à rester assis ou couché ; il est inaccessible à tout ce qui pourrait exciter son moral ; l'approche de l'ennemi, les mouvemens imprévus dans le camp, ne font sur lui aucune impression ; il perd l'appétit ; le sommeil est pénible et interrompu par des rêves désagréables ; le visage se décolore et devient pâle ; les yeux sont tristes, entourés d'un cercle bleuâtre ; les gencives douloureuses, pâles, et saignant facilement à la plus légère pression. Les douleurs compressives se font sentir dans la région lombaire et dans les membres, surtout aux jambes ; la respiration est laborieuse, le pouls lent et inégal ; la transpiration cutanée ne se fait point ; la peau est sèche et rugueuse comme la chair de poule ; les selles se suppriment, les urines deviennent rares et terreuses ; les veines cutanées se gonflent, surtout celles des aines; le malade éprouve des lassitudes dans tous les membres, et a de la peine à marcher.

Les plaies changent promptement de caractère : la suppuration diminue et devient sanguinolente; les bords de la plaie se décolorent : les chairs s'affaissent; elles sont bleuâtres, douloureuses, et saignent par le plus léger attouchement : les cicatrices prennent aussi un aspect particulier; quelquefois elles se rouvrent, s'ulcèrent et tombent en mortification. Ce premier état indique la perte du ressort, la faiblesse générale et la diminution du principe vital.

Dans le second degré, les symptômes prennent un caractère plus intense : la prostration augmente; les douleurs sont plus fortes, et elles se fixent surtout à la tête et aux reins; le malade tombe dans un état de stupeur; il reste presque immobile dans son lit; ses membres sont fléchis et son corps est courbé; il a le visage et les lèvres livides, le pourtour des yeux plombé, l'haleine fétide, les gencives ulcérées, et les dents couvertes de tartre noirâtre. La respiration est difficile et accompagnée d'oppression et de resserrement de poitrine. Le tissu cellulaire des jambes s'engorge, surtout celui qui est interposé entre le tendon d'Achille et le tibia, et l'engorgement s'étend bientôt dans toute l'extrémité : l'enflure a plus de consistance que dans l'œdématie; l'impression du doigt y reste moins. La compression ne peut se faire sans douleur. Des taches noirâtres se prononcent aux malléoles et sur le trajet du tibia; il s'en déclare en même temps à la face et sur les épaules. La constipation augmente, le bas-ventre se tuméfie;

l'individu éprouve un point de chaleur très-fort à la région précordiale, et une douleur compressive vers les hypocondres; le pouls est accéléré, un mouvement de fièvre se fait sentir le soir; l'insomnie, pendant laquelle les douleurs sont plus intenses, tourmente beaucoup le malade. L'affection gangréneuse qui s'est manifestée dans les plaies ou dans la cicatrice, fait des progrès. Les hémorragies sont plus fréquentes; et le sang qui en est le résultat, est noirâtre, très-liquide, et se fige difficilement. Le cal des fractures se ramollit, les fragmens osseux se désunissent; une espèce de carie humide s'empare des extrémités fracturées, qui se dénudent du périoste, et se tuméfient quelquefois prodigieusement.

Dans ce second état, la nature, cherchant à vaincre les obstacles qui gênent l'exercice de ses fonctions, redouble d'énergie, et, pour rétablir l'équilibre, tâche de reprendre les forces qu'elle a perdues; mais c'est ordinairement en vain : une asthénie plus grande succède bientôt à ces réactions.

Le dernier degré du scorbut présente l'aspect le plus affligeant : à quelques paroxysmes fébriles plus ou moins prolongés, et aux symptômes que j'ai décrits, succède un abattement général; l'enflure des pieds et des jambes augmente sensiblement; celles-ci se couvrent de taches noirâtres, qui, par leur rapide communication, donnent un caractère de sphacèle à tout le membre.

Ce phénomène n'a pas été bien observé des praticiens; il a lieu plus fréquemment dans le scorbut de terre que dans celui qui se déclare à bord des vaisseaux : cela dépend, sans doute, de la manière différente avec laquelle agissent les causes qui les produisent sur les deux élémens, et sans doute aussi de la différence qu'il y a, pour les individus, du régime sur terre et du régime sur mer. Ainsi, pendant la campagne que j'ai faite, en 1788, à Terre-Neuve, en qualité de chirurgien-major de la frégate *la Vigilante*, sur quatre-vingts et quelques scorbutiques que j'eus à traiter dans ce vaisseau, il n'y en eut pas un seul chez qui les jambes furent affectées. Le scorbut était parvenu, chez plusieurs, au troisième degré; néanmoins ses effets s'étaient bornés à la bouche et à la poitrine, et je fus assez heureux pour les ramener tous bien portans dans leur patrie. Ces taches noirâtres, qu'on traite fort mal-à-propos de pétéchies gangréneuses, ne sont autre chose que de larges ecchymoses spontanées, déterminées par la dilacération des vaisseaux capillaires cutanés, et par l'extravasation du sang, qui m'a paru surchargé de carbone et d'hydrogène; ce qui lui donne beaucoup plus de fluidité et une couleur plus noire. Le sang a perdu de son calorique et de ses propriétés vitales. (Le célèbre Fourcroy avait fait la même remarque)[1]. Sans doute qu'il éprouve, comme les vaisseaux, aux dernières périodes de la maladie, un degré d'altération plus ou moins avancé, surtout dans les parties déjà frappées d'atonie et de gangrène. Cet effet et ce désordre paraissent être le résultat de la réaction très-forte qu'imprime la nature sur le système vasculaire et nerveux, dont l'impulsion outrepasse les résistances.

La résolution que j'ai obtenue de ces sphacèles appa-

[1] *Voyez* le tome x de ses Œuvres, chap. III, art. 5.

rens, qui frappaient ordinairement toute l'étendue des extrémités inférieures, me confirme dans l'opinion que je viens d'énoncer. Je ferai connaître, en parlant du traitement, les répercussifs qui leur sont propres. Ces ecchymoses gagnent la poitrine, les bras, les épaules et le visage; mais elles y sont moins fortes et moins étendues, parce que les vaisseaux de ces parties conservent plus long-temps leur ressort.

Je reviens aux autres symptômes du scorbut dans le troisième degré. La langue se couvre d'un enduit visqueux et brunâtre; les ulcérations des gencives s'étendent profondément vers les alvéoles et l'intérieur de la bouche, attaquent le voile du palais, et même la voûte palatine; les dents se détachent, et leur chute est souvent accompagnée d'hémorragie qu'on a de la peine à arrêter; les yeux sont ternes et les paupières boursouflées. Un suintement aqueux, froid, et accompagné d'odeur nauséabonde, se manifeste sur toute l'habitude du corps, principalement au bas-ventre et aux extrémités; ce qui rend la peau luisante et marbrée. Les sphincters de l'anus se relâchent; les selles s'ouvrent et s'établissent en diarrhée, qui dégénère en flux dyssentérique et colliquatif; les urines coulent difficilement, et il s'en fait rétention par la paralysie qui survient au corps de la vessie : on est alors obligé de sonder fréquemment le malade, ou de lui laisser une sonde dans la vessie. La difficulté de respirer et l'oppression deviennent extrêmes; des quintes de toux assez fortes rendent pénible l'expectoration d'une matière visqueuse, et le plus souvent teinte de sang noirâtre et fétide. Le pouls s'affaiblit, devient vermiculaire et disparaît insensiblement; les forces de l'individu s'anéantissent totalement; il a des syncopes fréquentes. Les taches noirâtres, qu'on doit considérer d'abord comme autant d'ecchymoses, prennent alors un vrai caractère de gangrène qui frappe de mort les organes sur lesquels elles s'étendent; l'hydropisie se déclare, les fonctions vitales cessent, et le malade expire lentement, comme par extinction.

Le scorbut peut être distingué, à raison de sa durée, en aigu et en chronique. La marche du premier est assez rapide; cependant je n'ai pas vu qu'il fût parvenu au troisième degré avant le neuvième ou dixième jour : mais ensuite la marche en est plus précipitée, et en quatre ou cinq jours le malade meurt. Lorsque le scorbut est chronique, les accidens sont moins graves, mais souvent aussi fâcheux.

L'ouverture des cadavres des personnes mortes du scorbut nous a présenté, outre les ecchymoses extérieures dont nous avons parlé, les intestins affaissés, gorgés de sang noirâtre, le foie et la rate engorgés, les épiploons flétris, les poumons remplis d'une sérosité d'un rouge violet, très-ramollis dans leur tissu, et un épanchement plus ou moins considérable de la même liqueur dans les cavités.

Tels sont les principaux phénomènes que l'épidémie scorbutique d'Alexandrie nous a offerts pendant la durée de la maladie et après la mort.

Le scorbut n'est pas contagieux; cependant, lorsqu'il est arrivé au dernier degré, il peut influer en mal sur celui du premier degré, incommoder même les personnes saines qui coucheraient près du malade, en les disposant au moins à des affections putrides : or, il est important, dans cet état, d'isoler les scorbutiques; mais on ne doit avoir aucune crainte de voir la maladie se communiquer, quand elle n'est qu'au premier et au second degré. Néanmoins, sous le rapport de la tranquillité morale, et des règles de la propreté, il faut éviter de laisser boire un homme bien portant dans la coupe de son camarade dont la bouche serait affectée.

Plusieurs causes majeures m'ont paru déterminer cette épidémie. Le passage des eaux du lac Ma'dyeh dans le lac Maréotis, et la perte que nous fîmes d'une caravane immense de chameaux, nous ôtèrent toute communication avec l'Égypte. Il fallut alors calculer nos ressources sur la durée du siége d'Alexandrie, dont le blocus était complet. Le soldat fut bientôt privé de légumes aqueux et de viande fraîche. On confectionna le pain, par la pénurie où nous étions de froment, avec parties égales de riz et de blé. Outre les qualités indigestes que le riz possède par sa nature, lorsqu'il est pris en grande quantité, il était encore sursaturé de sel. (On le prépare ainsi pour le commerce.) Le pain était donc extrêmement salé; ce qui a dû nécessairement altérer les organes digestifs, et en général tous les systèmes.

Le soldat s'est nourri de ce pain pendant près de deux mois; il a fait aussi une grande consommation de poisson salé, qu'il achetait, à vil prix, du peuple d'Alexandrie; il faisait usage de l'eau des citernes, laquelle se trouvait viciée, soit par l'infiltration de l'eau de mer ou du lac, parvenue à la hauteur de beaucoup de ces citernes, soit par un état de putréfaction, causé par la quantité de vase qui existait dans ces mêmes citernes, que, depuis long-temps, on n'avait pu curer. C'est à ce régime insalubre qu'on doit attribuer la présence du scorbut chez la plupart de nos militaires.

L'ophthalmie et les blessures, qui en avaient déjà maltraité une grande partie, ont encore pu les disposer à le contracter, par l'état de faiblesse dans lequel ces maladies les avaient laissés, et par le séjour qu'ils avaient fait dans les hôpitaux, où ils respiraient en grande quantité des émanations animales très-propres au développement de cette affection.

La principale cause prédisposante de cette maladie était l'humidité presque continuelle à laquelle les soldats étaient exposés, depuis le débordement du lac Ma'dyeh. Elle portait avec elle une quantité de gaz méphitiques, provenant, d'une part, de la décomposition d'un grand nombre de substances végétales et animales qui se trouvaient dans le lac Maréotis; d'une autre part, des cloaques infects répandus dans la ville d'Alexandrie. Les fosses d'aisance, dont le méphitisme augmentait en proportion des individus que l'armée fournissait, et les vingt-cinq ou trente hôpitaux que nous avions établis dans cette place, en avaient aussi rendu le séjour dangereux. Enfin, l'air salin de la mer, et la nécessité où l'on fut long-temps, à cause de l'approche de l'ennemi, de rester sur le qui-vive, presque toujours au bivouac, ont pu coopérer à l'altération de la santé des troupes.

Dans les premiers temps, le scorbut ne se montra

que sous des symptômes fort légers : rougeur, ulcération superficielle aux gencives, quelques douleurs vagues dans les membres, indolence et inquiétude. Il attaqua d'abord un nombre assez considérable de nos soldats. Le changement du pain, qu'on ne mangea plus salé, parce que nous fîmes laver le riz avant de le faire moudre, quelques distributions de vinaigre, de dattes, de mélasse et de café, parurent dissiper cette affection, ou du moins en retarder les effets; mais, comme nous étions toujours privés de viande fraîche, le mal fit des progrès, et prit un caractère épidémique. Une grande partie de l'armée, et les habitans du pays, furent en même temps attaqués du scorbut; en sorte que, les premiers jours de fructidor (août 1801), il se trouvait quatorze à quinze cents scorbutiques dans les hôpitaux d'Alexandrie : il en périssait, au terme moyen, depuis deux jusqu'à quatre et cinq par jour. Les habitans en perdaient depuis six jusqu'à huit; ce qui supposait chez eux un plus grand nombre de malades, et plus d'intensité dans les causes propres à déterminer la maladie : ils étaient, en effet, souvent privés d'eau douce, et ne possédaient d'autre aliment que de mauvais riz.

Il est à remarquer que, pendant tout le temps de cette épidémie, il ne s'est déclaré que deux ou trois accidens de peste (le général en chef contracta cette dernière maladie, qui se déclara chez lui peu de jours avant son départ pour la France), tandis que ce fléau exerçait déjà ses ravages au Kaire et dans l'Égypte supérieure. Ne peut-on pas inférer de là qu'une épidémie devient préservatrice d'une autre dans la même contrée?

Ainsi les Égyptiens ont constamment observé que, lorsque la petite vérole est épidémique, la peste ne se montre pas, et réciproquement : peut-être aussi la nouvelle mer qui entoure actuellement Alexandrie, en rafraîchissant les vents du sud (le *khamsyn*) provenant du désert de la Libye, diminue-t-elle les causes de cette dernière maladie.

Les officiers ont été, proportionnellement, moins exposés à l'épidémie scorbutique que les soldats, ces premiers ayant pu suivre un meilleur régime. Elle a, d'ailleurs, attaqué les personnes de tout âge : ses effets étaient plus prompts, et généralement plus fâcheux, lorsque les malades avaient essuyé, auparavant, une autre maladie, comme des blessures graves, ou l'ophthalmie. J'en ai vu un assez grand nombre chez qui les extrémités inférieures tendaient à se sphacéler ; cependant, à l'aide des moyens que nous allons indiquer, on obtenait la résolution de ces larges ecchymoses, et les malades guérissaient presque tous.

Les chevaux de la cavalerie devenant à peu près inutiles par le resserrement du blocus et la pénurie des fourrages, je demandai au général en chef de les faire tuer, pour la nourriture des soldats et des malades. L'expérience m'avait appris, dans plus d'une occasion, que la viande de ces animaux [1], surtout lorsqu'ils sont jeunes, comme l'étaient nos chevaux arabes, était salubre, très-bonne pour la confection du bouillon, et assez agréable à manger, moyennant quelque prépara-

---

[1] Tous les peuples de la Tartarie asiatique se nourrissent de cette viande.

tion. On en fit des distributions journalières en vertu d'un ordre du jour arrêté à ce sujet. Cette innovation excita d'abord le murmure de quelques personnes pusillanimes et peu éclairées, qui considéraient l'usage de cette viande comme pernicieux à la santé des troupes. Je fus néanmoins assez heureux pour fixer, par mon exemple, une entière confiance sur cet aliment frais, le seul que nous possédions. Les malades des hôpitaux s'en trouvèrent fort bien, et j'ose dire que ce fut le principal moyen à l'aide duquel nous arrêtâmes les effets de la maladie. Le pain n'incommodait plus les soldats, depuis qu'on dessalait le riz qui servait à sa confection.

Nous avons varié le traitement selon les différens états du scorbut, la constitution du sujet et plusieurs autres circonstances, quoique, jusqu'à la capitulation d'Alexandrie, nous fussions en pénurie de beaucoup d'objets.

Dans le premier degré du scorbut, quelques légers vomitifs, avec l'ipécacuanha, suivis d'un ou deux laxatifs, produisaient de bons effets. Le malade prenait, pour sa boisson, de l'eau de tamarin édulcorée avec la mélasse; le soir, quelque potion acidulée et antispasmodique, et le matin, une ou deux tasses de café. Il faisait aussi usage de lavemens mucilagineux animés avec le vinaigre.

La diète sévère favorisait le développement de la maladie : aussi n'a-t-on jamais privé les scorbutiques d'alimens légers, tels que bouillons, potages de riz ou de vermicelle. On répétait le café lorsqu'on ne pouvait le remplacer par du vin. On employait le vinaigre de sucre pour gargarisme. Ces moyens, et l'exercice, suffisaient très-souvent pour rétablir la santé de ces individus. Ils rejoignaient leurs corps respectifs, campés sur les bords du lac Maréotis, où la plupart, exposés à de nouvelles causes asthéniques, ne tardaient pas à être frappés de la même maladie : alors elle prenait un caractère plus intense, et ses progrès étaient plus rapides. Les cicatrices ou les plaies qui, dans la première attaque, avaient à peine changé de couleur, étaient ordinairement rompues et ulcérées, lorsqu'ils entraient à l'hôpital la deuxième fois. Tous les autres symptômes du scorbut passaient tout-à-coup du premier au second degré, et bientôt au troisième. Dans cet état, les forces étant abattues, et l'action musculaire presque anéantie, on ne pouvait perdre le temps dans l'emploi des médicamens légers : ainsi l'on ajoutait aux potions acidules du soir le camphre et l'opium gommeux. J'ai remarqué que ce dernier médicament surtout agissait d'une manière efficace contre cette maladie. Je m'en étais déjà servi, avec le plus grand succès, à l'hôtel des Invalides et à l'hôpital militaire de Paris. Le matin, on donnait au malade une dose de quinquina infusé dans de l'eau-de-vie de sucre assez faible. La boisson ordinaire était, ou de l'oxycrat, ou de l'eau de tamarin sucrée. Lorsque la maladie était parvenue au dernier degré, on forçait la dose de quinquina mêlé à l'eau-de-vie, qu'on répétait plusieurs fois dans le jour; on augmentait aussi la dose du camphre, de l'opium, et le café.

Les vésicatoires, sans produire de grands effets,

étaient généralement pernicieux, à raison des ulcères gangréneux qui résultaient, presque toujours, de leur application. Je substituai avantageusement à ce topique les sinapismes, ou les embrocations de vinaigre très-chaud : les plaies étaient pansées avec le vinaigre saturé de camphre et de quinquina en poudre. Les embrocations d'eau-de-vie camphrée, et les emplâtres de styrax, saupoudrés de fleur de soufre, appliqués chauds sur les ecchymoses et l'œdématie des jambes, soutenus d'un bandage légèrement compressif, secondaient avec succès les remèdes internes. On ne doit changer ces emplâtres que tous les trois ou quatre jours : on en continue l'usage avec les médicamens précités, jusqu'à la guérison parfaite du malade.

Sur trois mille cinq cents scorbutiques environ qui passèrent dans les hôpitaux d'Alexandrie, deux cent soixante-douze périrent depuis l'invasion de la maladie, qui date des premiers jours de thermidor (juillet 1801), jusqu'au 18 vendémiaire (10 octobre), époque de l'embarquement des malades et du reste de l'armée. Près de deux mille regagnèrent leurs bataillons avant et pendant l'embarquement des troupes. Sept cents environ passèrent en France : tous étaient guéris, ou en voie de guérison, à leur arrivée à la quarantaine, à l'exception de six ou sept qui périrent dans la traversée. Cent et quelques-uns des plus gravement affectés restèrent à Alexandrie : ils rentrèrent peu de temps après dans leur patrie, n'ayant pas éprouvé, en proportion, plus de perte que les premiers.

NOTICE
SUR LA SYPHILIS,

ET SUR L'ÉTABLISSEMENT

D'UN HÔPITAL CIVIL AU KAIRE.

Nous avions vu entièrement disparaître parmi nos troupes, sous le climat d'Égypte, la gale, la goutte, et plusieurs autres maladies communes en France; mais la libre communication qui s'était établie entre les femmes du pays et nos soldats, propagea la syphilis, et fournit en peu de temps un grand nombre de malades à l'hôpital. Il était assez difficile d'arrêter les effets de cette contagion : priver de la société des femmes le militaire acclimaté qui avait repris toutes ses forces et sa vigueur, c'était le conduire à l'ennui et à la nostalgie.

Pour parer à cet inconvénient, et arrêter la propagation de la syphilis, je proposai au général en chef l'établissement d'un hôpital civil, pour y recevoir les femmes prostituées affectées de maladies vénériennes, et les femmes enceintes de la même classe, dans la vue de prévenir l'avortement qu'elles provoquent à volonté, et d'assurer l'existence de leurs enfans.

Le général Belliard, commandant du Kaire, en vertu des ordres du général en chef, fit préparer de suite une grande maison favorablement située, où l'on réunit indistinctement toutes les femmes qu'on soupçonnait d'avoir eu quelque commerce avec les soldats français : celles qui n'étaient point infectées furent renvoyées, et les autres retenues et traitées avec le plus grand soin dans cet hôpital, dont j'avais confié la direction, pour le service de santé, à M. Casabianca, chirurgien en chef adjoint. On fit en même temps une visite rigoureuse dans les casernes, et l'on envoya tous les vénériens à l'hôpital militaire, où ils furent consignés jusqu'à leur guérison. Ces mesures produisirent tout l'effet qu'on pouvait en attendre, et bientôt les individus des deux sexes furent rendus à la santé.

La syphilis, en Égypte, présente rarement des symptômes graves, et s'y guérit facilement; mais, si elle est transplantée en Europe, surtout dans les contrées occidentales, elle devient extrêmement opiniâtre et très-difficile à détruire : j'en ai vu plusieurs exemples chez des soldats qui, ayant apporté en France la syphilis d'Égypte, n'ont pu s'en délivrer qu'avec la plus grande peine et après un laps de temps considérable. Le traitement qui nous a le mieux réussi contre cette maladie, en Égypte, était les préparations mercurielles prises intérieurement, unies aux toniques et aux diaphorétiques : les bains de vapeurs secondaient avantageusement l'effet de ces remèdes. Les frictions mercurielles étaient pernicieuses; elles ne guérissaient point la maladie, et produisaient chez les uns des frénésies violentes, chez d'autres des spasmes convulsifs, et des ptyalismes qu'il était difficile d'arrêter.

Nous étions parvenus à attirer encore dans cet hôpital

civil, dont l'établissement fait honneur à la philanthropie du général Belliard, les habitans affligés d'infirmités graves, en leur inspirant la confiance qu'ils devaient avoir dans les secours de l'art de guérir; mais nous eûmes, en général, beaucoup de peine à leur faire surmonter le fatal préjugé qui les portait à s'abandonner aux seules ressources de la nature, et à les faire renoncer, pour des moyens probables de guérison, à l'habitude où ils étaient de traîner dans les rues et sur les chemins une existence pénible et malheureuse.

INFLUENCE DU CLIMAT D'ÉGYPTE SUR LES PLAIES,

ET

REMARQUES PARTICULIÈRES

SUR LES PHÉNOMÈNES QU'ELLES ONT OFFERTS

PENDANT L'EXPÉDITION.

Les plaies produites par les coups de feu que nos soldats ont reçus, en Syrie, aux membres supérieurs, et compliquées de fractures, surtout celles de l'humérus, quoique pansées méthodiquement et avec soin, ont presque toutes été suivies d'articulations accidentelles. Les deux fragmens de l'os rompu restaient mobiles, parce que le frottement continuel usait leurs aspérités et leurs angles saillans. Les extrémités de ces fragmens s'arrondissaient et se recouvraient d'une substance cartilagineuse qui en facilitait les mouvemens, que les blessés exécutaient en différens sens, d'une manière très-imparfaite et sans douleur. Nous avons renvoyé en France plusieurs invalides avec cette infirmité.

J'ai attribué les causes de cette articulation accidentelle, 1°. aux mouvemens continuels auxquels les blessés ont été exposés depuis leur départ de Syrie jusqu'à leur arrivée en Égypte, ayant été obligés de faire la traversée à pied ou sur des montures ; 2°. à la mauvaise qualité des alimens, et à l'eau saumâtre qu'on a été forcé de boire dans cette pénible route ; 3°. à la qualité de l'atmosphère de Syrie, presque entièrement dépourvue d'air vital, et surchargée de gaz pernicieux, provenant des nombreux marécages près desquels nous avons long-temps habité.

Toutes ces causes ont pu empêcher la formation du cal, soit en diminuant le phosphate calcaire, soit en détruisant le rapport où les os doivent constamment se trouver pour qu'ils puissent se souder entre eux.

Les bandages contentifs, les embrocations alcalines, aromatiques, le repos et le régime, n'ont produit aucun effet. Peut-être que le changement de climat et l'usage des eaux minérales auront agi favorablement chez les militaires affectés de cette espèce d'articulation [1].

---

[1] Je ne conseillerai jamais le procédé proposé par quelques auteurs, et exécuté par des praticiens célèbres, lequel consiste à mettre à découvert les deux extrémités de l'os pour en faire la résection, à les remettre en rapport et à les maintenir dans cet état, jusqu'à une entière consolidation : on acheterait trop cher cette heureuse terminaison, s'il est vrai qu'il soit possible de l'obtenir. Je ne connais pas d'exemple de guérison bien avérée produite par ce procédé ; j'ai, au contraire, la connaissance parfaite que deux individus de la classe du peuple, attaqués de cette infirmité, sont morts à la suite de cette opération, après avoir éprouvé les tourmens les plus affreux. Je ne conseille pas davantage le procédé de ceux qui veulent qu'à l'aide d'une longue et grosse aiguille tranchante on passe un séton dans l'épaisseur du membre, entre les deux fragmens de l'os, pour en enflammer les extrémités et en obtenir l'adhérence : ce moyen, quoique moins dangereux que le premier, n'offre pas plus de succès. Lorsque, dans les premiers jours de la guérison des fractures, on n'a pu obtenir, par

Il est encore arrivé, dans cette même campagne, que de très-légères blessures aux épaules, sans lésion des os, ont été suivies, chez presque tous les militaires qui les ont reçues, de paralysie complète ou incomplète du membre correspondant à la blessure; ce qui n'arrive presque jamais en Europe, à moins que les principaux nerfs ne soient coupés ou désorganisés.

Je n'ai pu soupçonner, dans ces blessures, que la lésion de quelques rameaux nerveux et superficiels des paires cervicales, qui, à cause de leur communication avec le plexus brachial, devait déranger le fluide nerveux dans les branches de ce plexus : il est possible aussi que les qualités asthéniques et stupéfiantes du climat de la Syrie, dans la saison que nous y avons passée, aient déterminé la paralysie des membres lésés.

A notre retour en Égypte, où l'air est plus pur, j'ai rétabli le mouvement et le sentiment dans les membres paralysés de plusieurs de ces blessés, par le moxa plus ou moins répété, suivi de l'application immédiate de l'ammoniaque, pour prévenir l'inflammation et la suppuration des parties brûlées. L'usage des eaux thermales et le climat d'Europe ont achevé la guérison de plusieurs auxquels le moxa n'avait pas été suffisant.

Mais, si les plaies qui ont affecté nos soldats en Syrie et en Égypte pendant la saison du khamsyn, toujours pernicieuse, ont été traversées dans leur marche par

---

les moyens proposés, la soudure des deux extrémités fracturées de l'os, il faut en abandonner le soin à la nature. Les malades s'accoutument à cette infirmité, dont les effets diminuent avec le temps et l'exercice, et ils finissent par se servir du membre affecté à peu près comme de son congénère resté sain. J'en ai vu des exemples.

beaucoup d'accidens imprévus, la plupart déterminés par les influences de l'atmosphère pendant cette saison, d'un autre côté, nous avons pu admirer avec quelle promptitude se sont guéries, en Égypte, les solutions de continuité pendant les saisons des vents du nord. Toute l'Égypte est alors sous un ciel pur et serein; la chaleur brûlante, mais uniforme, du jour, est constamment rafraîchie par les vents, qui se lèvent avec le soleil et passent avec lui. A ces influences salutaires il faut ajouter, indépendamment des secours de l'art, la qualité d'une charpie particulière dont nous avons fait usage[1], la bonne tenue des hôpitaux, leur salubre emplacement, et un excellent régime.

C'est ce concours de circonstances favorables qui sert à expliquer comment les plaies des membres amputés ont été cicatrisées avant le trentième jour; comment l'opération de la taille, chez les adultes, a été guérie en quinze jours; comment le trépan, pratiqué sur un assez grand nombre de blessés, a été suivi d'un succès complet; comment, enfin, de grandes plaies pénétrant dans la poitrine, dans le bas-ventre, et d'autres aux extrémités, avec perte de substance, ont été guéries aussi promptement et sans accident.

Les plaies faites par les armes des Turks et des Arabes ont cependant causé des accidens, en général, plus graves que ceux qui résultent des plaies faites par nos armes à feu : on en sera facilement convaincu par la connaissance que nous allons donner des balles que ces peuples emploient. Elles sont armées d'un pédicule de

---

[1] Charpie vierge, faite avec de la toile neuve, battue et lavée.

fer ou de cuivre qu'on fait identifier avec le plomb, au moment de la fonte. Ce fil de fer, qui a environ quatre millimètres (deux lignes) d'épaisseur sur trois centimètres (un pouce) de longueur, entre dans la cartouche; quelquefois il unit deux balles entre elles, et leur donne une forme ramée : elles sont, d'ailleurs, raboteuses, et d'un calibre plus considérable que celles de nos fusils.

Ces balles, en traversant nos parties, produisent, à cause de leur pédicule, de plus grands ravages, et offrent plus d'obstacles à leur extraction, que celles dont se servent les troupes d'Europe. Ce fil métallique déchire les parties molles, rompt les vaisseaux, pique les cordons nerveux, et enclave facilement la balle dans les os, surtout lorsqu'elle s'est engagée dans une articulation.

Les accidens de ces blessures ont présenté des différences. L'hémorragie était fréquente à la suite de l'introduction des balles turques, tandis qu'elle arrive rarement avec les nôtres [1].

[1] Un autre genre d'accident, assez rare en Europe, tourmenta beaucoup les blessés, vers la fin de la campagne de Syrie. Des vers, ou les larves de la mouche bleue, très-commune dans cette contrée, s'introduisaient dans les plaies, déterminaient une démangeaison très-incommode, augmentaient la suppuration, et obligeaient à renouveler fréquemment les appareils. Ces insectes, formés en quelques heures, se développaient avec une telle rapidité, que du jour au lendemain ils étaient arrivés à peu près à leur dernier accroissement. L'incubation des œufs de cette mouche était favorisée par la chaleur de la saison, l'humidité de l'atmosphère, et la toile à pansement qui était de coton. Cependant ces vers, à la présence desquels les blessés étaient déjà accoutumés, loin de retarder la guérison, semblaient l'accélérer, sans doute en concourant avec le travail de la suppuration à l'exfoliation du tissu cellulaire désorganisé. Le pansement et les lotions amères les faisaient mo-

Il était donc nécessaire de remplir d'autres indications : d'abord, d'arrêter les hémorragies ; ensuite, de prévenir ou de détruire les effets de la douleur.

Pour cela, il a fallu faire de profondes incisions, à l'effet de découvrir les vaisseaux, d'en faire la ligature, et de couper totalement les nerfs et bandes aponévrotiques piquées et déchirées par la queue de la balle ; il a fallu étendre ces mêmes incisions, et faire fabriquer des instrumens convenables pour saisir ces corps étrangers et les extraire. Une pince en fer, solide, d'une grosseur suffisante, légèrement courbée dans sa longueur, et fenêtrée à l'extrémité de ses deux branches, qui se trouvaient creusées et armées d'aspérités pour recevoir et fixer la balle, m'a servi avec avantage ; mais il me fallait user de grandes précautions dans l'extraction que j'en faisais, afin qu'elle ne produisît pas de nouveaux accidens en passant dans les parties molles.

mentanément disparaître. Les blessés n'ont pu être débarrassés de cette incommodité qu'au moment de leur entière guérison, ou à leur rentrée dans l'Égypte.

DESCRIPTION

D'UNE AMBULANCE VOLANTE OU LÉGÈRE.

Pour parvenir à enlever promptement les blessés du champ de bataille, à leur donner les premiers secours, et à les faire transporter aux hôpitaux, j'avais formé en Égypte, lors de notre départ pour la Syrie, une ambulance volante ou légère, organisée à l'instar de celle que j'avais créée en 1793, sur les bords du Rhin, pour le service des armées en Europe, et appropriée d'ailleurs, pour les moyens de transport, au climat et à la nature du pays où nous devions l'employer.

L'organisation personnelle de cette ambulance était la même que celle de l'ambulance d'Europe. Les officiers de santé étaient montés sur des dromadaires, pourvus de leur équipement accoutumé : j'avais seulement fait faire plusieurs compartimens dans les sacoches, pour placer les instrumens de chirurgie, les médicamens et les appareils à pansement, indépendamment des vivres de l'officier. L'uniforme et les armes des chirurgiens étaient les mêmes que dans l'ambulance volante d'Europe.

Au lieu de voitures qui ne peuvent servir dans les contrées désertes et sablonneuses de l'Afrique et de l'Asie, j'imaginai d'employer une sorte de panier porté par des chameaux. On en trouvera le dessin dans la planche des objets de chirurgie. Chaque chameau portait deux de ces paniers, et chaque panier contenait un blessé couché horizontalement. Ces paniers étaient faits de branches de palmier, et recouverts d'une toile cirée fine et de couleur grise. Ils étaient garnis en dedans d'un petit matelas et d'un traversin. Ils avaient les dimensions nécessaires pour ne point gêner les mouvemens du chameau, et conserver au blessé son attitude. Il a fallu, pour cela, établir à l'extrémité postérieure du panier, une planche à bascule, supportée par une crémaillère en fer, et soutenant les pieds et les jambes du blessé. Ces paniers étaient suspendus sur la selle du chameau, au moyen de quatre courroies élastiques.

Il fallait vingt-quatre chameaux par division, sans y comprendre ceux qui étaient destinés à porter les vivres, les tentes et les équipages de l'ambulance, qui était commandée par le chirurgien en chef de l'armée.

Un réglement particulier déterminait l'ordre et la marche de ces ambulances volantes, la police intérieure et les fonctions de chaque individu.

NOTICE

SUR

LA CHIRURGIE ET LA MÉDECINE DES ÉGYPTIENS.

Malgré l'état actuel de décadence presque absolue des sciences et des arts en Égypte, on trouve encore dans les mains d'une classe particulière d'hommes portant le nom de *hakym* (médecins), une suite de moyens énergiques pour le traitement de quelques maladies externes, et que nous avons peut-être trop négligés en Europe, tels que le moxa, les ventouses sèches ou scarifiées, les mouchetures, le feu, les frictions sèches, huileuses, et le massement à la suite des bains de vapeurs. L'application de ces moyens, et les préceptes judicieux dont ces médecins ont hérité de leurs ancêtres par une tradition immémoriale, prouvent l'ancienneté et l'utilité de la chirurgie.

Il paraît que cet art a été en grande vénération chez les anciens Égyptiens, puisque les premiers rois de ces peuples l'ont exercé eux-mêmes. Les historiens prétendent qu'Apis et Athotis fouillaient dans les entrailles des morts, pour y chercher les causes du mécanisme extraordinaire de nos fonctions ; qu'Hermès, Isis, Osiris, Esculape lui-même, détruisaient, par l'application du fer et du feu, les effets de plusieurs maladies cruelles. D'autres non moins célèbres ont su, par l'extraction méthodique qu'ils faisaient des flèches lancées par les barbares, prévenir ou faire cesser les accidens graves que leur présence dans les parties sensibles du corps détermine constamment.

En examinant avec soin les bas-reliefs et les peintures des plafonds et des parois intérieures des temples de Tentyra, de Karnak, de Louqsor et de Medynet-abou, dont l'antique magnificence est encore attestée par leurs débris, on sera convaincu que la chirurgie se pratiquait avec méthode chez les anciens Égyptiens. On voit sur ces bas-reliefs et dans ces peintures, des membres coupés avec des instrumens très-analogues à ceux dont la chirurgie se sert aujourd'hui pour les amputations. On retrouve quelques-uns de ces instrumens dans les hiéroglyphes, et l'on y reconnaît encore les traces d'autres opérations chirurgicales. L'on sait aussi qu'Hérophile et Érasistrate illustrèrent l'école d'Alexandrie par leurs découvertes en anatomie, et les succès qu'ils obtinrent dans leurs opérations. C'est surtout sous les Pharaons, les Sésostris, les Ptolémées, que la chirurgie semble avoir été portée au même degré de perfection que les autres arts[1]. Ensuite on vit paraître Rhasès, Aboulkasis, Avicenne, Mésueh, Averroès, etc., tous médecins arabes, dont nous révérons encore les écrits. Les médecins d'aujourd'hui traitent seulement les maladies externes. Les Arabes, pour le traitement des plaies d'armes à feu (blessures qui n'étaient pas

[1] *Voyez* l'Histoire de la chirurgie par Dujardin.

connues de leurs ancêtres), font usage de la poudre à canon, qu'ils mettent en combustion sur les plaies.

Les gens du peuple se traitent eux-mêmes des maladies internes, à l'exception de la peste, qu'un fatal préjugé fait abandonner aux seules ressources de la nature. Toutefois, ils savent très-à-propos opposer aux phlegmasies la diète, le repos, les boissons rafraîchissantes, acidulées, et de légères scarifications qu'ils font avec le rasoir, à la nuque, aux tempes, sur les régions pectorale, dorsale, et sur le gras des jambes, selon le siége du mal.

Dans les affections gastriques, ils emploient les tamarins sucrés et en infusion, la casse et le séné, médicamens indigènes, que les habitans cultivent avec soin dans différentes contrées de l'Égypte.

Dans les maladies asthéniques, ils font usage de la thériaque, de l'opium de la Thébaïde, du café, des bains chauds et de l'exercice. A l'aide de ces procédés, les maladies internes parcourent souvent, sans terminaison fâcheuse, leurs différentes périodes.

Ces Égyptiens ou leurs médecins emploient les médicamens presque sans nulle préparation, ou sous la forme de poudres, d'opiats ou d'infusions. Le seul médicament composé est la thériaque, qu'on prépare avec une grande solennité (*voyez* Prosper Alpin). Le purgatif le plus familier dans la classe indigente consiste à faire séjourner, pendant quelques heures, de l'eau du Nil ou du lait dans une coloquinte vidée. Cette liqueur, après ce séjour, a acquis toutes les qualités purgatives.

Les Égyptiens ont une grande répugnance pour les

vomitifs et les lavemens; cependant ils prennent eux-mêmes ces derniers remèdes, lorsqu'ils sont très-nécessaires, au moyen d'une vessie de bœuf munie d'une canule.

Cette nation fait un grand usage des opiats, composés différemment, selon le genre de maladie ou l'état de la santé des individus.

L'opium et les épices y dominent, lorsqu'il s'agit de relever les forces abattues, de dissiper la mélancolie et le chagrin; les aromates en forment la base, lorsqu'il s'agit d'augmenter les forces prolifiques et la fécondité.

Le camphre, précédé d'une émulsion faite avec les semences froides, est employé avec efficacité contre la fécondité ou le priapisme : on le donne à forte dose.

L'hydrophobie, quoiqu'elle soit plus fréquente dans les climats chauds que dans les climats tempérés, ne s'observe point en Égypte, et les habitans nous ont assuré qu'ils n'avaient jamais eu connaissance que cette maladie se fût déclarée chez l'homme ou chez les animaux : cela tient sans doute à l'espèce, au caractère et à la manière de vivre des chiens de ces contrées[1].

On remarque que les chiens de ce pays sont dans une inaction presque continuelle : ils restent couchés pendant le jour, à l'ombre, près de vases remplis d'eau fraîche, préparés par les Égyptiens; ils ne courent que pendant la nuit; ils ne manifestent qu'une seule fois par an les symptômes et les effets de leurs amours, et

---

[1] Cette race tient beaucoup de celle du renard pour la forme et les mœurs. On prétend que le mâle de l'un s'accouple avec la femelle de l'autre.

pendant quelques instans seulement : on les voit rarement accouplés. S'il s'est trouvé un grand nombre de ces animaux en Égypte, à notre arrivée, c'est parce qu'ils y sont en grande vénération, comme beaucoup d'autres, et qu'on n'en tuait jamais aucun. Ils n'entrent point dans les habitations : le jour ils se tiennent sur le bord des rues; et ils errent dans les campagnes pendant la nuit, pour y chercher les cadavres des animaux qu'on a négligé d'enterrer. Leur caractère est doux et paisible, et ils se battent rarement entre eux. Il est possible que toutes ces causes mettent ces animaux à l'abri de la rage.

Les chameaux, au contraire, pendant leur rut, sont sujets à entrer dans une espèce de rage, mais qui n'est pas contagieuse : ils rendent alors une écume blanche, épaisse et abondante; ils mugissent sans cesse, ne boivent pas pendant ce temps, et paraissent avoir horreur de l'eau; ils poursuivent l'homme ou les autres animaux, pour les mordre; ils maigrissent; leur poil se hérisse, tombe; la fièvre s'allume quelquefois; et si, dans cet état, on excite encore leur colère, ils finissent, après quelques jours de souffrance, par mourir dans les convulsions. Les morsures de cet animal sont alors dangereuses : nous avons eu quelques soldats qui, par suite de ces blessures, quoique légères en apparence, ont éprouvé des accidens graves; presque tous en ont été estropiés, malgré nos soins et les moyens curatifs qui ont été employés. Les chameliers, pour prévenir ces dangers, musèlent leurs chameaux pendant la saison de leurs amours, et les gardent avec soin.

Nos soldats furent plus effrayés, dès notre entrée en Égypte, de la piqûre du scorpion, dont les voyageurs avaient exagéré les effets. A la prise d'Alexandrie, nos troupes ayant bivouaqué sur les ruines de l'ancienne cité, un assez grand nombre de militaires furent piqués par des scorpions beaucoup plus gros que ceux d'Europe. Les accidens légers qui survinrent, cédèrent facilement à l'application de l'eau marinée, des acides ou des substances alcalines concentrées.

La syphilis ou vérole existe parmi les habitans de toutes les classes; on la trouve même dans les harems. Les Égyptiens disent que de tout temps on a connu ce mal. En effet, il paraît certain qu'il existait même du temps de Moïse : nous en avons un grand nombre de preuves, que je crois inutile de citer. Parmi les femmes que j'ai vues affectées de cette maladie dans les sérails, les unes l'avaient apportée de leur lieu natal, d'autres l'avaient acquise dans le harem. Dans l'un et l'autre cas, ils sont intimement persuadés que c'est un mal envoyé du ciel, ou produit par une peur; ils en méconnaissent le caractère, et conséquemment ils en négligent le traitement : cependant ils font usage de tisanes sudorifiques et amères, et de bains de sable. Ces moyens apaisent les symptômes et dissipent même ceux qui sont légers; mais, lorsque la maladie est générale, constitutionnelle et ancienne, les accidens qui en résultent s'aggravent en changeant de face, se perpétuent et prennent un caractère effrayant.

La petite vérole est fort commune en Égypte, et elle paraît y exister depuis une longue suite de siècles. Lorsqu'elle règne épidémiquement, la peste n'a pas lieu, ou elle présente très-peu d'accidens; c'est ce que nous avons eu occasion de vérifier dans les années vii, viii et ix (1799, 1800, 1801). Les enfans et les esclaves nègres y sont les plus sujets; il en périt beaucoup : cependant l'inoculation est connue en Égypte jusqu'aux sources du Nil, et son usage remonte aux temps les plus reculés. Cette opération est désignée en arabe sous le nom de *tikhlyseh el-gidry*, ou l'achat de la petite vérole.

Des femmes matrones sont chargées de la pratique de cette opération : elles prennent une petite bandelette de coton, qu'elles appliquent sur les boutons de la petite vérole en suppuration; ensuite elles la posent sur le bras de l'enfant qu'elles veulent inoculer, après l'avoir bien lavé et essuyé. Ce procédé réussit généralement; mais il n'a certainement point l'avantage de la vaccination, en ce que la petite vérole, résultat de l'inoculation, est également contagieuse et peut prendre un mauvais caractère, selon la saison, l'insalubrité des lieux et la réunion d'un grand nombre d'individus, comme cela est arrivé plusieurs fois dans des bazars, surtout lorsque cette inoculation se fait pendant la saison morbide. C'est par ces motifs que l'on pourrait expliquer les pertes que les marchands d'esclaves ont faites plusieurs fois d'un grand nombre de ces malheureux.

Il est à regretter que, pendant notre séjour en Égypte, nous n'ayons pas eu connaissance de l'importante découverte de Jenner.

Les maladies externes qui exigent des opérations délicates, telles que l'amputation, la taille, la hernie, etc., ne sont pas connues des médecins égyptiens d'aujourd'hui. Les individus qui en sont affectés, périssent sans secours, ou traînent une existence malheureuse. Néanmoins, les *hakym* coupent le prépuce chez les enfans par la circoncision, le clitoris et les nymphes chez les jeunes filles. La première opération existe de temps immémorial chez les Orientaux et chez plusieurs peuples insulaires de l'Océan Indien; elle a été sans doute établie comme un objet de propreté, et pour procurer une plus grande virilité.

Quant à la résection des parties génitales de la fille, laquelle a pour effet d'émousser l'aiguillon de la volupté, elle n'a que des inconvéniens, et doit être regardée comme un acte de cruauté et de barbarie. Ce n'est pas le seul moyen que la jalousie des Turks ait inventé; les marchands d'esclaves font encore coudre les jeunes filles, ou les font infibuler.

Il y a quelques sages-femmes ou matrones, mais qui pratiquent sans art. Elles retardent et contrarient la nature dans le travail de l'accouchement : elles se servent encore d'une espèce de fauteuil désigné par Moïse sous le nom d'*abenym*[1] (en arabe, *koursy*), sur lequel l'accouchée appuie ses ischions, en se tenant presque droite; elle est soutenue dans cette attitude par deux femmes qui assistent la sage-femme. On conçoit facilement que, dans cette position, déjà très-fatigante pour l'accouchée, l'enfant ne peut suivre les courbures du bassin : sa tête porte sur le périnée, qui retarde sa sortie, et elle finit par le rompre, ainsi que j'ai eu occa-

[1] *Voyez* l'Exode, chap. 1ᵉʳ, v. 16.

sion de m'en convaincre, dans la visite que nous avons faite des femmes malades qui entraient à l'hôpital.

Ces matrones lient le cordon ombilical, ou, après l'avoir coupé avec une espèce de petit couteau, le nouent près du ventre de l'enfant, qu'elles lavent d'ailleurs, comme dans les temps reculés, avec l'eau marinée, ou l'eau fraîche du Nil.

Lorsque l'accouchement est contre nature, ou laborieux, elles pratiquent des opérations qui, d'après leur récit, ont du rapport avec l'opération césarienne abdominale ou vaginale, et qu'elles disent tenir de leurs ancêtres; ce qui me ferait croire que cette opération césarienne n'était point inconnue aux anciens Égyptiens : mais j'ai appris qu'elle était, dans les mains de ces matrones, presque toujours mortelle. Elles s'entendent mieux à faire avorter les femmes[1].

[1] Quelque temps avant mon départ, je commençais à exécuter le projet de former quelques élèves sages-femmes, pour les distribuer dans les principales villes de l'Égypte.

CLASSIFICATION
DES SAISONS DE L'ÉGYPTE,

ET LEUR INFLUENCE

SUR LA SANTÉ DES INDIVIDUS.

Mes observations m'ont porté à donner au climat d'Égypte quatre saisons constitutionnelles. La première est celle du débordement du Nil, qui a lieu à la mi-août, à peu près à la même époque où les anciens Égyptiens, selon Bruce, commençaient leur année; et en cela ce célèbre voyageur est d'accord avec Hérodote. D'autres historiens assurent que ce peuple commençait l'année au solstice d'été, sous le signe du Lion.

Sans avoir égard aux mesures du temps et aux usages des Égyptiens anciens et modernes, j'établirai ma division selon l'influence plus ou moins sensible que le climat exerce sur l'économie animale dans les différentes saisons que nous allons indiquer; et comme le débordement du fleuve, ou l'épanchement de ses eaux sur les terres qui bordent les rives de son lit, opère un grand changement sur le sol de l'Égypte et la situation des habitans, je commencerai mon année constitutionnelle à cette époque, et je la fixerai, dans le terme moyen, au 20 août. Depuis ce moment jusqu'à l'équinoxe d'automne, l'inondation augmente. Pendant ce laps de temps, toute l'Égypte est semblable à une mer, où les villes et villages paraissent comme autant d'îles dont les habitans communiquent entre eux, au moyen de bateaux. Vers la fin de septembre, les eaux se retirent; et à fur et mesure que la terre limoneuse déposée par le Nil sur les plaines sablonneuses de l'Égypte se met à découvert, on y sème le trèfle, les orges ou le blé, et on continue les semailles en suivant la retraite des eaux du fleuve.

J'appelle cette première saison, qui dure environ trois mois, *saison humide* : elle peut être regardée comme l'hiver du pays. Les vents d'ouest, qui soufflent alors, augmentent encore l'humidité de l'atmosphère, couverte de brume le soir, et surtout le matin. De là une fraîcheur incommode et nuisible aux excrétions animales. C'est dans cette saison que se déclarent les ophthalmies, les fièvres miliaires, les diarrhées et les affections catarrhales.

La seconde, que je nomme *saison fécondante*, commence à l'approche du solstice d'hiver ou vers le milieu de décembre, et dure jusqu'au 1er mars, époque des moissons. A l'entrée de cette saison, les vents, qui étaient à l'ouest, passent à l'est et s'y maintiennent, à quelques variations près, jusqu'au mois de mars. Quoique les nuits soient extrêmement froides, on peut considérer cette saison comme le printemps de l'Égypte, à cause de la chaleur assez forte du jour, qui est comparable à celle que l'on éprouve en Europe au mois de juin, et à cause de l'état des productions de la terre, qui sont alors dans le cours de leur végétation et de leur accroissement. Toute la plaine sillonnée par le fleuve, et qui, pendant l'été, n'offre qu'un aspect de sécheresse et d'aridité, est tapissée de la plus belle et de la plus abondante verdure, entrecoupée par des villages où les palmiers, mêlés de plusieurs arbres odoriférans en pleine floraison, n'inspirent plus une morne tristesse. Toute la nature, ranimée par la fécondité du fleuve, semble se rajeunir. Les animaux et les oiseaux se livrent à leurs amours, et s'occupent de leur propagation. Cette saison est assez salubre, si l'on sait se garantir de la fraîcheur des nuits.

La troisième, que je désignerai sous le nom de *saison morbide*, parce qu'elle est la plus pernicieuse à la santé des habitans et surtout des étrangers, est celle qui commence vers le 1er mars et se continue ordinairement jusqu'à la fin de mai. Les vents d'est, qui ont régné pendant le printemps, passent au sud quelque temps avant l'équinoxe, et ne quittent le quart du cercle méridional qu'à la fin de mai ou à l'entrée de juin. Les premiers jours de cette saison voient terminer les moissons déjà commencées à la fin du printemps. Ces vents du sud sont d'abord légers; mais ils augmentent successivement, pour décroître ensuite de même; en sorte que, pendant une cinquantaine de jours environ, ce qui les a fait appeler *khamsyn*, ils sont très-violens et très-chauds, et seraient même insupportables, s'ils ne laissaient pas d'intermission. Ils ne durent ordinairement que trois ou quatre heures de suite [1]. Ils sont

[1] Dans le courant de l'été, il se manifeste quelquefois, dans les dé-

d'autant plus brûlans, qu'ils traversent les déserts immenses qui bordent au midi toute l'Égypte. Indépendamment de cette qualité pernicieuse, ces vents se chargent des émanations putrides qui s'exhalent des substances animales ou végétales que cette chaleur décompose, dans les lacs formés par la retraite des eaux du Nil, ou dans les cimetières qui ont été atteints par l'inondation. Telle est la principale cause des maladies pestilentielles : aussi est-ce dans cette saison que nous avons vu la peste, après la grande inondation de l'an IX (1801), faire les plus grands ravages parmi les habitans du Kaire et de la haute Égypte, et qu'en l'an VIII (1800) nous avons éprouvé la fièvre jaune, qui attaqua particulièrement les blessés du siége du Kaire, tandis que la peste se fit à peine sentir, sans doute parce que les vents se trouvèrent moins humides et moins chargés de miasmes putrides, cette année, que dans les années pestilentielles. On serait tenté de croire que l'atmosphère de cette saison a présenté en l'an VIII (1800), en Égypte, un caractère analogue à celle de Saint-Domingue.

Dans cette saison morbide, les plaies se guérissent difficilement, et se compliquent de gangrène; les maladies de tous les genres prennent alors un caractère ataxique, exigent la plus grande attention de la part

serts voisins de l'Égypte, des vents particuliers de la nature du khamsyn, et même plus funestes, que les voyageurs appellent *vents de samiel*. Ceux-ci produisent souvent des trombes de sable ou de poussière qui s'élèvent verticalement à cinquante et soixante pieds (16^m 24^c — 19^m 49^c) pour retomber avec une explosion et un bruissement remarquables. Deux fois nous avons failli être enveloppés par ces trombes.

du médecin ; et généralement tous les êtres vivans sont plus ou moins incommodés.

Je désigne la quatrième saison sous le nom d'*étésienne*. Elle commence avant l'équinoxe ou à la moitié de juin, et se continue jusqu'au débordement du Nil. Les vents passent au nord, après avoir présenté quelques variations, et se soutiennent dans le cercle occidental pendant tout ce temps. Ils sont tempérés et observent une marche assez régulière ; ils se lèvent et se couchent avec le soleil, mais en augmentant de vitesse, en sorte que, vers le déclin de cet astre, ils sont assez forts. Ces vents étésiens, en passant sur la Méditerranée, entraînent ses vapeurs aqueuses vers l'Éthiopie, où elles s'accumulent et se condensent, pour se précipiter ensuite par torrens de pluie, au solstice d'été, sur les montagnes de l'Abyssinie ; ce qui produit l'accroissement gradué, constant et périodique du Nil.

Pendant cette saison, les nuits sont assez fraîches sans être humides ; cependant, il est prudent de se garantir de leur impression. La chaleur est très-forte dans le jour ; et l'on aurait de la peine à la supporter, sans l'existence de ces vents qui la tempèrent. Cette chaleur n'est point incommode comme celle qu'on éprouve quelquefois, au milieu de l'été, en Europe. Elle détermine une sueur abondante, qui entretient le corps dans la même température, celle d'un bain à peine tiède ; cette sueur conserve l'équilibre des fonctions, et prévient les phlegmasies que la chaleur sèche et brûlante produit ordinairement : aussi est-ce la saison la plus pure et la plus saine de l'année, pendant laquelle il ne se manifeste aucune maladie, et les plaies même les plus graves se guérissent d'une manière miraculeuse. C'est le temps le plus favorable aux caravanes et à la marche des troupes dans l'intérieur de l'Égypte.

DESCRIPTION

HISTORIQUE, TECHNIQUE ET LITTÉRAIRE,

DES INSTRUMENS DE MUSIQUE

DES ORIENTAUX,

Par M. VILLOTEAU.

PREMIÈRE PARTIE.

DES INSTRUMENS A CORDES CONNUS EN ÉGYPTE.

CHAPITRE PREMIER.

De l'e'oud[1].

ARTICLE PREMIER.

De l'origine et de la nature de l'e'oud; de l'importance de cet instrument chez les Orientaux.

Nous aurions un très-long chapitre à faire sur l'e'oud, s'il nous était permis de rapporter ici tout ce que les

[1] العود el e'oud.

auteurs arabes et persans nous apprennent de sa destination primitive, de son objet, des dimensions et des proportions respectives des diverses parties de son corps sonore, de la manière d'en diviser le manche pour y marquer les cases propres aux divers tons du système de sa tablature, du nombre, de la matière et de la composition de ses cordes, des proportions qu'elles doivent avoir les unes à l'égard des autres, du degré de tension de chacune d'elles, de leur division en parties aliquotes et harmoniques, des sons qu'elles rendent, du rapport qu'ont reconnu les Persans et les Arabes et du rapprochement qu'ils ont fait entre la propriété particulière de chacun de ces sons et les divers tempéramens, les divers âges, les divers sexes, les divers états des personnes dont est formé le corps social, etc., etc.; mais, outre qu'il paraît que cet instrument a subi quelques changemens qui l'ont rendu un peu différent de ce qu'il était autrefois, et que nous ne devons rendre compte ici que de nos propres recherches faites en Égypte, on ne pourrait expliquer toutes ces choses sans avoir recours à des développemens que n'admet point une simple description. Ainsi nous passerons sous silence la plupart de ces détails, étrangers à l'état actuel de la musique en Égypte, pour ne nous occuper uniquement que de ceux qui se lient nécessairement à notre objet.

Quoique l'e'oud soit du nombre des instrumens dont les Égyptiens font usage, cependant, en le comparant avec ceux dont ils se servent le plus habituellement, on lui trouve une forme si différente de celle des autres, qu'on est naturellement porté à croire qu'il doit avoir une autre origine, et qu'il n'est pas même oriental.

Quelques auteurs arabes et persans, qui ont écrit sur la musique et qui ont parlé de cet instrument, conviennent qu'il leur est venu des Grecs. Les uns veulent que ce soit Pythagore lui-même, qu'ils qualifient d'émule de Salomon, qui imagina cet instrument, après qu'il eut fait la découverte des consonnances musicales; les autres en rapportent l'invention à Platon. Selon ces derniers, l'e'oud est le plus parfait de tous les instrumens que ce philosophe inventa, et celui auquel il s'attacha davantage. Platon, disent-ils, excellait à un tel point dans l'art d'en jouer, qu'il savait émouvoir, comme il lui plaisait, le cœur de ceux qui l'écoutaient, et leur inspirer diverses affections; qu'il pouvait à son gré exciter ou calmer leurs sens, selon qu'il variait les modulations de sa mélodie. Par exemple, lorsqu'il jouait dans un certain mode, il faisait tomber ses auditeurs, malgré eux, dans le sommeil; puis, en changeant de ton, il les réveillait. Aristote, ajoutent-ils, ayant eu connaissance de ce fait, et voulant essayer de jouer de même de cet instrument, parvint bien aussi à endormir les assistans; mais il ne put les réveiller : c'est pourquoi, ayant reconnu la supériorité que Platon avait sur lui, il se rendit son disciple.

Les Orientaux ne manquent point d'anecdotes de ce genre; leurs poëtes et leurs historiens en citent très-fréquemment de semblables. Si on les en croit, les meilleurs musiciens persans ou arabes avaient tous aussi le talent d'endormir et de réveiller leur auditoire[1]. Dans

[1] Pour ne pas multiplier les exemples, nous nous bornerons à rappor-

ces climats brûlans, les sens, continuellement fatigués par l'excessive chaleur, font désirer si ardemment le repos, que le sommeil y est regardé comme un très-grand bonheur : l'état le plus heureux que l'on y con-

ter le trait d'histoire suivant, très-remarquable, qu'on lit dans la Bibliothèque orientale : « *Farabi* et *Fariabi* est le surnom d'*Abou-Nassar-Mohammed Tarkhani*, que les Arabes appellent ordinairement par excellence *al-Fariáby* (le Farabien), et nous autres *al-Farabius*, parce qu'il était natif de la ville nommée *Farab*, qui est la même qu'*Otrar*. Ce docteur était réputé le phœnix de son siècle, le coryphée des philosophes de son temps, et fut surnommé *Maallem Tsani*, c'est-à-dire *le second Maître*. C'est de lui qu'Avicenne confesse avoir puisé toute sa science. Fariab, après avoir fait le pélerinage de la Mecque, passa à son retour par la Syrie, où régnait alors *Seif-ed-Doulat*, sultan de la maison de Hamadan, sous le khalifat de Mouthi, cent vingt-troisième khalife des Abbassides. Il vint d'abord à la cour de ce prince, chez lequel il y avait toujours un grand concours de gens de lettres, et il se trouva présent et inconnu à une célèbre dispute qui se faisait devant lui. Fariabi, étant entré dans cette assemblée, se tint debout jusqu'à ce que Seif-ed-Doulat lui fit signe de s'asseoir : alors il lui demanda où il lui plaisait qu'il prît sa place. Le prince lui répondit : *Là où vous vous trouverez le plus commodément*. Le docteur inconnu, sans faire autre cérémonie, alla s'asseoir sur un coin du sofa où était assis le sultan. Ce prince, surpris de la har-diesse de cet étranger, dit en sa langue maternelle à un de ses officiers : *Puisque ce Turk est si indiscret, allez lui faire une réprimande, et faites-lui en même temps quitter la place qu'il a prise*. Fariabi, ayant entendu ce commandement, dit au sultan : *Tout beau, seigneur! celui qui commande si légèrement, est sujet à se repentir*. Le prince, surpris d'entendre ces paroles, lui dit : *Entendez-vous ma langue?* Fariabi lui repartit : *Je l'entends, et plusieurs autres*. Et entrant sur-le-champ en dispute avec les docteurs assemblés, il leur imposa bientôt silence, les réduisit à l'écouter et à apprendre de lui beaucoup de choses qu'ils ne savaient point. La dispute étant finie, Seif-ed-Doulat rendit beaucoup d'honneur à Fariabi, et le retint auprès de lui. Pendant que les musiciens qu'il avait fait venir, chantaient, Fariabi se mêla avec eux, et les accompagnant avec un luth qu'il prit en main, il se fit admirer du prince, qui lui demanda s'il n'avait point quelque pièce de sa composition. Il tira sur-le-champ de sa poche une pièce avec toutes ses parties, qu'il distribua aux musiciens ; et continuant à soutenir leurs voix de son luth, il mit toute l'assemblée en si belle humeur, qu'ils se mirent tous à rire à gorge déployée. Après quoi, faisant chanter une autre de ses pièces, il les fit tous pleurer, et en dernier lieu, changeant de mode, il endormit agréablement tous les as-

naisse, est d'être exempt de soucis et de travail, de végéter en quelque sorte sans songer à rien. Aussi les Orientaux, et surtout les Égyptiens, considèrent-ils comme un mérite fort estimable dans un musicien, celui de dissiper leur mélancolie, de les faire rire, de leur procurer un doux sommeil, et de les réveiller agréablement par les charmes de son art; mais il n'y a rien de plus capable, suivant eux, de faire ressortir avec éclat le talent du musicien, et rien qui puisse ajouter plus d'énergie à son chant, que l'harmonie de l'e'oud. Les propriétés merveilleuses des sons de cet instrument l'ont fait choisir par les musiciens arabes savans comme l'emblème de l'harmonie de toute la nature, ainsi que les anciens Égyptiens considéraient la lyre antique de Mercure.

ARTICLE II.

Du nom de l'e'oud.

Le nom d'*e'oud* n'est point un nom propre; il y en a peu, à proprement parler, dans la langue arabe. Le

---

sistans. Seif-ed-Doulat fut si charmé de la musique et de la doctrine de Fariabi, qu'il l'eût voulu toujours avoir en sa compagnie : mais ce grand philosophe, qui était entièrement détaché des choses du monde, voulut quitter la cour, et se mit en chemin pour retourner en son pays. Il prit la route de la Syrie, dans laquelle il trouva des voleurs qui l'attaquèrent : comme il savait très-bien tirer de l'arc, il se mit en défense ; mais, une flèche des assassins l'ayant blessé, il tomba roide mort.

« On rapporte encore de ce grand homme, qu'étant un jour en compagnie avec *Saheb-ben-Ebád*, il prit le luth des mains d'un des musiciens, et ayant joué de ces trois manières dont nous avons parlé, lorsque la troisième eut endormi les assistans, il écrivit, sur le manche du luth dont il s'était servi, ces paroles: *Fariab est venu, et les chagrins se sont dissipés.* Saheb, ayant lu un jour par hasard ces paroles, fut tout le reste de sa vie dans un grand déplaisir de ne l'avoir pas connu ; car il s'était retiré sans rien dire et sans se faire connaître. »

mot *e'oud*[1] signifie toute espèce de bois en général, une machine, un instrument quelconque. Comme nom d'un instrument de musique, il a passé dans plusieurs langues, et y a été plus ou moins altéré et rendu méconnaissable. Les Turks, en confondant en un seul mot l'article et le nom العود *el-e'oud* (l'e'oud), en ont corrompu l'orthographe, et l'ont écrit et prononcé لوطه *laoutah*. Les Espagnols, qui, selon toute apparence, reçurent le même mot directement des Sarrasins, en ont moins altéré la prononciation et l'orthographe dans *laoudo*. Le même nom a été écrit par les Italiens *leuto* et prononcé *léouto*; puis ils ont écrit *liuto*, qu'ils prononcent *liouto*. C'est sans doute de là, ou de la connaissance que les Français eurent de l'e'oud, en Orient, au temps des croisades, qu'est venu en France le nom de *luth* qu'on a donné à une espèce d'instrument auquel a succédé la guitare allemande.

Un Oriental très-érudit nous a assuré que le véritable e'oud était d'une dimension beaucoup plus grande que l'instrument qui porte aujourd'hui ce nom; mais que, comme son volume le rendait fort embarrassant, on lui substitua celui que nous connaissons, en le distinguant par le nom diminutif de عود كويترة *e'oud kouytarah*, qui signifie *e'oud petite guitare*.

---

[1] Du mot عود *e'oud*, s'est formé عوّاد *aououâd*, nom par lequel on désigne celui dont la profession est de jouer de l'e'oud.

ARTICLE III.

De la forme de l'e'oud en général, et de ses parties.

L'instrument dont il est ici question, et qui est gravé *É. M.*, vol. II, pl. AA, fig. 1 [1], est en effet une espèce de guitare, dont la forme ne peut mieux être comparée qu'à celle d'une moitié de poire ou de melon un peu aplatie par le bas. Pour rendre plus claire la description que nous allons en faire, nous le considérerons d'abord sous ses diverses faces et dans ses diverses parties. Ces choses une fois expliquées, nous nous dispenserons d'entrer dans les mêmes détails pour les autres instrumens à cordes, à moins qu'il n'y ait quelque nouvelle observation à faire.

La face antérieure A de l'e'oud est celle du côté de la table : elle est plate, et s'appelle en arabe وجه *ougeh*, la face. La partie postérieure B, c'est-à-dire celle qui est opposée à la précédente, est convexe, excepté au chevillier où elle est plate; on nomme en arabe toute la partie postérieure ظهر *dahar*, le dos. La portion du dos qui forme le corps sonore, c'est-à-dire celle qui se renferme dans l'espace compris depuis *b* jusqu'à *b*, s'appelle قصعة *qaça'h*, mot qui indique un objet creux et recourbé. Le manche C s'appelle رقبه *raqabeh*, cou. On nomme en arabe le sillet *s* انف *inf*, nez; le chevillier D, بجاك

---

[1] *Collection des vases, meubles et instrumens.* La planche AA répond aux sept premiers chapitres de la I.re partie de cette *description*; la planche BB, aux six derniers, et la planche CC, aux II.e, III.e et IV.e parties.

Nota. L'échelle des instrumens

bengâk; la partie creuse du cheviller E, dans laquelle entrent les chevilles, مستره *mostarah;* les chevilles *e*, عصافير *a'sâfyr*[1]; les trous des chevilles *t*, خروق *khourouq*[2]; les cordes F, اوتار *aouatâr*[3]; le tire-corde G, فرس *faras,* cheval, mot qui répond au nom de *chevalet* que nous donnons à cette petite pièce de bois que l'on pose verticalement sur nos instrumens. Le morceau de peau H, teint en vert, qui est collé sur la table au-dessous des cordes, et qui s'étend depuis le tire-corde jusqu'au-dessous de la grande ouïe, se nomme رقمه *reqmeh;* la grande ouïe O s'appelle شمشه *chemchah*[4]*;* les deux petites ouïes *o o*, qui sont au-dessous de la grande et près des angles supérieurs du *reqmeh*, sont désignées par le nom شمسيات *chemsyât*[5]*;* les côtes *i* dont est composé le *qaça'h,* s'appellent بارات *bârât*[6]*;* enfin l'on appelle le *plectrum* P زخمه *zakhmeh*[7] s'il est en écaille, ou ريشة النسر *rychet en-neser,* c'est-à-dire *plume d'aigle,* s'il est de plume d'aigle.

gravés est généralement du tiers, et les détails sont représentés de grandeur naturelle.

[1] Ce mot est le pluriel de عصفور *a'sfour,* qui signifie *oiseau.* On ne donne ce nom qu'aux chevilles dont la tête a la forme d'un petit disque surmonté d'un bouton. Les autres espèces de chevilles, telles que celles qui ont la forme d'un petit maillet, se nomment اوتاد *aouatâd,* pluriel de وتد *ouatad;* pieu; celles dont la tête est pyramidale, se nomment ملاوى *melâouy.*

[2] Pluriel de حرق *kharq,* trou. *Voyez* fig. 2.

[3] Pluriel de وتر *ouatar,* corde. On ne nomme ainsi que les cordes en boyau; celles de laiton s'appellent سلك *salka,* ou bien تل *tell:* mais les Égyptiens n'en ont point aux instrumens dont ils se servent; on n'en voit qu'à ceux dont jouent les Turks, les Grecs et les Juifs qui habitent au Kaire.

[4] Mot corrompu, dérivé de شمس *chems,* qui signifie *soleil.*

[5] Ce mot est aussi dérivé de شمس *chems,* et signifie *solaires.*

[6] Singulier, باره *bârah.*

[7] *Voyez* planche AA, fig. 3.

ARTICLE IV.

Matière, forme particulière, disposition, proportion et utilité des parties précédentes ; étui de l'instrument.

Le CHEVILLER D est en bois de noyer. Il est renversé en arrière, et forme, avec le manche C, un angle d'environ 50 degrés. Le côté E est creux dans toute son étendue ; l'épaisseur des parties latérales est de 6 millimètres : cette dimension, dans toute la longueur de ces parties latérales, est divisée en deux, dans son milieu, par un filet en bois d'érable-plane, plaqué, large d'un millimètre[1]. Les deux faces latérales x sont composées chacune de deux parties : l'une, qui est la plus large, et qui a, du côté du sillet, 16 millimètres, et vers le sommet du cheviller, 11 millimètres ; l'autre, qui forme encadrement tout autour de celle-ci dans toute la longueur du cheviller, et qui n'a que 7 millimètres en largeur : cette partie est encore partagée en deux par un filet en bois, qui s'étend dans toute sa longueur, et qui est plaqué, de même que celui que nous avons remarqué dans son épaisseur[2]. Sur la partie du milieu des faces latérales x, sont percés, à la distance de 14 millimètres les uns des autres, les quatorze trous t, au travers desquels passent les quatorze chevilles 1, 2, 3, 4, 5, 6, 7, 8, 9, 10, 11, 12, 13 et 14, qui servent à monter les cordes[3]. Une petite plaque en ivoire, dont on ne

---

[1] *Voyez* la fig. 2.
[2] *Voyez* la fig. 1, face x.
[3] *Voyez* la fig. 2, où les chevilles sont numérotées suivant l'arrangement des cordes et l'ordre des sons dans l'accord.

voit que l'épaisseur en *y*, couvre toute la largeur du bout. Cette plaque, ainsi que le bout, a 29 millimètres en largeur et 23 millimètres en hauteur. Toute l'étendue de la face du dessous du cheviller est distribuée en petites bandes; d'abord deux latérales, formées par l'encadrement des deux côtés dont nous avons parlé, et dont la largeur par conséquent a également 7 millimètres : puis, en avançant vers le centre de la face *y*, et immédiatement près des filets précédens, est, de chaque côté, une bande en bois de Sainte-Lucie, large de 6 millimètres au-dessus de D, et de 4 en approchant du bout du cheviller; près de chacune de ces deux bandes, toujours en avançant vers le centre, est un filet en ivoire qui a un peu plus d'un millimètre en largeur. A la suite de ces deux filets sont deux bandes en acajou blanc, l'une d'un côté, l'autre de l'autre, d'une largeur inégale : à l'une de ces bandes, la largeur est de 10 millimètres, et à l'autre elle est de 7; cette dimension, à l'une et à l'autre de ces deux bandes, va en diminuant insensiblement jusqu'à n'avoir plus que 2 millimètres. A ces filets succèdent encore deux petits filets en bois de citronnier, larges d'un millimètre. Enfin, tout-à-fait au centre, est un filet de bois de Sainte-Lucie, d'une largeur égale à celle des deux précédens : tous ces filets aboutissent à un petit morceau en acajou rouge, épais de 2 millimètres, lequel est immédiatement au-dessous de la plaque en ivoire.

Les CHEVILLES *e* [1] sont de bois d'azerolier, et au nombre de quatorze, comme nous l'avons déjà fait observer;

[1] *Voyez* fig. 1 et 2.

chacune d'elles est percée d'un trou dans l'épaisseur de sa queue [1] pour y passer la corde.

Le MANCHE est plat en dessus ou par-devant, et convexe en dessous ou par derrière. Le dessus est composé de diverses pièces de rapport plaquées. Le milieu [2] est une grande lame d'ivoire longue de 160 millimètres, large, par le bas, de 36 millimètres, et qui va en diminuant insensiblement par le haut, jusqu'à n'avoir plus que 28 millimètres : cette plaque est environnée d'un petit cadre en bois de Sainte-Lucie, qui, lui-même, est encadré par un filet en ivoire. Les deux bords du manche, ainsi que la partie qui est immédiatement au-dessous du sillet, sont couverts par deux bandes en bois de Sainte-Lucie. Au bas de la grande lame en ivoire est un morceau de bois d'acajou, formant un parallélogramme large de 45 millimètres sur une hauteur de 14 millimètres, autour duquel règne un filet en ivoire qui sert d'encadrement; plus bas est une petite plaque en bois d'ébène, qui occupe une étendue de 52 millimètres sur la largeur du manche, et qui a 7 millimètres en hauteur; au-dessous encore on voit une bande en bois de Sainte-Lucie, large de 3 millimètres. Toute cette face du manche est de niveau avec la table. Le dessous du manche est de bois de sandal, et partagé en treize bandes par douze filets en bois de citron, qui s'étendent dans toute la longueur de cette partie de l'instrument. Il est vraisemblable qu'il y a une portion du manche

---

[1] Nous sommes obligés de faire cette remarque, parce que dans la suite nous parlerons de quelques instrumens dont les chevilles sont faites différemment et dont les cordes sont attachées d'une autre manière.

[2] *Voyez* fig. 1.

qu'on ne voit point, parce qu'elle est entrée dans le corps de l'instrument; et cette portion, qui doit avoir au moins 54 millimètres en hauteur, forme sans doute une espèce de croupe sur laquelle sont collées les côtes par leurs extrémités.

Le SILLET *s* est d'ivoire, et entaillé de sept couples de petites hoches, destinées à recevoir les quatorze cordes qui sont accouplées, et à les empêcher de s'écarter de leur direction respective les unes et les autres.

La TABLE A est d'un seul morceau de sapin, assez fin et lisse, non vernissé. Elle se prolonge jusqu'à 18 millimètres sur le manche.

Les OUÏES O, *o*, *o*, sont rondes et découpées à jour dans l'épaisseur de la table. La grande ouïe O est d'un diamètre de 108 millimètres; les petites *o*, *o*, n'ont que 32 millimètres.

Le REQMEH[1] est la peau verte qui est collée sur la table et qui y occupe un espace de 158 millimètres en hauteur sur 104 en longueur, à partir du tire-corde. Les angles du haut du reqmeh sont coupés, et ce reqmeh est taillé tout autour en dents de loup. Près du tire-corde, vis-à-vis le milieu de l'espace qui sépare chaque couple de cordes, on voit, sur le reqmeh, un trou ou une petite ouïe percée à jour dans l'épaisseur de la table; et comme les sept couples de cordes forment six intervalles, il y a par conséquent six petites ouïes[2] en cet endroit.

Le TIRE-CORDE G est en bois de noyer, et fait à peu

---

[1] Ce reqmeh est fait de la peau qu'on enlève de dessous le ventre d'un poisson appelé en arabe بياض *bayád*.

[2] *Voyez* fig. 1.

près comme ceux de nos guitares; il est percé de sept couples de trous par lesquels on passe les cordes pour les attacher.

Les cordes F sont faites de boyau, et diffèrent peu en grosseur, relativement aux divers sons qu'elles rendent; elles s'attachent tant aux chevilles qu'au tire-corde, de même que les cordes de nos guitares.

La partie convexe du corps sonore, ou le qaça'h, se compose de vingt-une côtes en bois d'érable, séparées entre elles par vingt petites bandes ou filets en bois de Sainte-Lucie; c'est sur les deux dernières côtes, qui sont les plus petites, que porte la table[1].

Pour cacher la jonction de la table aux bords du qaça'h, c'est-à-dire de la partie convexe du corps sonore, ou peut-être pour empêcher que la table ne se décolle, on l'a recouverte tout autour par un ruban bleu en coton, large de 14 millimètres, dont une moitié est collée sur le qaça'h, et l'autre sur la table même[2].

A la partie inférieure du qaça'h, où viennent aboutir les côtes en se concentrant, est une garniture en bois de citron, qui couvre de ce côté l'extrémité des côtes et s'élève jusqu'à près de 81 millimètres sur la hauteur de la première côte, près de la table, tant de droite que de gauche. Cette garniture est recouverte en partie par une autre de bois de Sainte-Lucie, laquelle autre s'étend de 54 millimètres plus que la première dans la hauteur des mêmes côtes[3]; cette seconde garniture, venant affleurer la table, est, par conséquent, recouverte aussi par le

---

[1] *Voyez* fig. 1.
[2] *Ibid.*
[3] *Ibid.*

ruban de coton bleu. Toutes ces choses paraissent n'avoir été employées qu'à dessein de retenir les côtes et de fortifier davantage la partie sur laquelle porte l'instrument quand on le pose debout.

Si l'on tire une ligne parallèlement à la table de l'e'oud depuis l'extrémité x du cheviller jusque vis-à-vis le bas de l'instrument en Ω, on lui trouve 726 millimètres en hauteur. Si l'on mesure son étendue à partir du sillet s jusqu'au point Ω en ligne droite, l'instrument dans cette dimension n'a que 677 millimètres ; ce qui donne, pour différence entre la partie la plus élevée du cheviller et le sillet, 29 millimètres.

La longueur du manche, du côté F, est de 224 millimètres ; sa largeur près du sillet est de 49 millimètres, et sa largeur, près du corps sonore dans le prolongement de la table L, est de 65 millimètres.

Le coffre du corps sonore, dans sa plus grande profondeur, a 162 millimètres.

La table, dans l'étendue renfermée entre le point Ω et le prolongement L, a 435 millimètres. Dans sa plus grande largeur, c'est-à-dire à la distance de 135 millimètres du point Ω, elle a 350 millimètres ; à la moitié de sa hauteur, sa largeur est de 339 millimètres : aux trois quarts de sa hauteur, en avançant du côté du manche, sa largeur n'est plus que de 70 millimètres.

Le sillet s'étend dans une largeur de 47 millimètres.

Le cheviller, mesuré près du sillet, a 46 millimètres en largeur ; et à son extrémité, il n'a plus, dans la même dimension, que 28 millimètres.

L'e'oud va toujours en diminuant d'étendue dans les

deux dimensions de largeur et de profondeur, depuis la distance d'environ 135 millimètres du point Ω, jusqu'à l'extrémité la plus élevée du cheviller. Il diminue aussi dans ces deux dimensions, dans l'étendue de 135 millimètres, en avançant vers le point Ω. Cependant cette diminution, quoique plus rapide, est moins grande que vers l'autre extrémité, tant à cause du peu d'étendue qui reste, que parce que la courbe de l'instrument, en s'élargissant par degrés, finit par se convertir en une ligne presque droite.

Nous avons déjà donné les dimensions des ouïes et du reqmeh; il ne nous reste donc plus à décrire que le *plectrum* P, dont nous n'avons encore rien dit.

Le *plectrum* P, appelé en arabe *zakhmeh*[1], ou *rychet en-neser*, c'est-à-dire *plume d'aigle*, est fait, ou d'une petite lame d'écaille, ou d'une plume d'aigle. Quand on le fait d'une plume d'aigle, on coupe la partie dure qui est au-dessus du tuyau, de la longueur de 81 millimètres, on en enlève toute la substance spongieuse, on la racle bien avec un canif, on la taille et on l'arrondit par le bout; enfin on n'y laisse rien qui puisse érailler les cordes ou s'y accrocher, et nuire au jeu de celui qui les touche.

L'étui de l'e'oud est fait avec assez de soin pour mériter d'être connu[2]. Sa forme, quand il est fermé, est absolument semblable à celle de l'instrument même. Il est composé de bois de sapin, recouvert par-dessus en basane peinte en rouge, et intérieurement il est couvert en papier grossièrement peint en rouge aussi. La partie

[1] *Voyez* planche A A, fig. 3.   [2] *Voyez* fig. 4.

bombée en dehors et creuse en dedans B, destinée à recevoir le *dahar* ou le dos du corps sonore, est aussi formée d'un assemblage de côtes; et ces côtes sont si bien jointes les unes aux autres, qu'on n'en aperçoit pas la moindre trace au travers de la peau qui les couvre. Toute la partie creuse de l'étui est fixe; mais celle qui est plate et qui répond au devant de l'instrument, se divise en trois pièces, dont une seule A est fixe, et c'est celle du bas, laquelle s'élève jusqu'à 27 millimètres au-dessous des petites ouïes; les deux autres sont mobiles. L'une C est attachée à la précédente avec deux petites charnières, au moyen desquelles on peut la fermer ou l'ouvrir à volonté : elle recouvre l'instrument depuis 27 millimètres au-dessous des petites ouïes *o, o,* jusqu'à la hauteur du devant du cheviller; car, après s'être rétrécie pour prendre la forme du manche, elle s'élargit de nouveau en *d* pour recouvrir la partie de l'étui qui renferme le cheviller, laquelle doit avoir une capacité assez grande pour contenir non-seulement ce cheviller, mais encore les chevilles, qui ressortent de près de 27 millimètres en dehors, comme on peut le voir *figure 2.* Le couvercle E a un rebord saillant à angle droit en *x,* haut de 15 millimètres, lequel en se fermant recouvre la portion évidée de la partie creuse et fixe R qui contient le cheviller. Le rebord précédent cesse du côté V, au milieu duquel est un petit pêne à ressort qui entre dans la gâche G à l'extrémité de la partie *d,* quand, après avoir fermé le couvercle E, on relève la partie C et on l'appuie en *d* sur ce couvercle.

ARTICLE V.

De l'accord de l'e'oud, et de son système musical.

Il serait également difficile, long et minutieux d'expliquer la singulière disposition des cordes de l'e'oud, et l'ordonnance des sons qui composent son accord, sans le secours d'une image qui les rendît sensibles à la vue. C'est pourquoi nous avons pensé qu'il était à propos de présenter ici le cheviller avec les cordes, et les notes des sons qu'elles rendent.

Les chiffres que nous avons placés entre les chevilles et les notes qui sont vis-à-vis, de chaque côté du cheviller, indiquent tout-à-la-fois la disposition des cordes attachées aux chevilles, et le rang qu'occupent dans l'accord de l'instrument les sons produits par chacune de ces cordes. Afin qu'on puisse concevoir plus clairement le mécanisme de l'accord, nous avons prolongé par des lignes de points les lignes des cordes; au bout de ces lignes, nous avons encore répété le chiffre correspondant au rang qu'occupe dans l'accord le son exprimé par la note de l'accord qu'on voit au bas du cheviller : par ce moyen, l'œil, guidé depuis l'endroit où la corde est liée à la cheville, jusqu'au sillet où cette corde prend la place qui lui est destinée, est conduit jusqu'à la note du son qu'elle produit.

La figure suivante représente le cheviller avec ses cordes, accompagné des notes de musique qui répondent aux cordes et aux sons que rendent ces cordes, et dont se compose l'accord de l'instrument. Les chiffres qui sont entre les notes et les chevilles, indiquent l'ordre dans lequel les cordes sont placées relativement à l'accord.

(*Voyez la figure ci-jointe.*)

Ainsi l'on voit, 1°. que les sons, au nombre de sept, sont rendus chacun par deux cordes; 2°. que ces sons sont accordés par quarte, par quinte et par octave, soit en montant, soit en descendant; 3°. que le son le plus grave tient ici la place qu'occupe le son le plus aigu sur nos instrumens, c'est-à-dire celui de la chanterelle dans nos diverses espèces de violes; 4°. que les deux cordes qui rendent le son le plus grave de tous sont les plus longues, et par conséquent, qu'elles sont attachées aux chevilles les plus reculées vers l'extrémité du cheviller; 5°. ce qui est très-curieux et très-important à observer, que l'accord de l'instrument comprend tous les sons qui résultent de la division de la corde en ses principales et primitives parties aliquotes, avec une légère différence occasionée seulement par le tempérament dont les Arabes font usage dans leur système musical : en effet, on a l'octave, qui, suivant la division de la corde, forme l'intervalle qu'il y a du son produit par $\frac{1}{2}$ de la longueur de cette même corde, au son de la longueur totale; et en suivant toujours cette comparaison des parties aliquotes de la corde à sa longueur totale, dans les sons que rendent ces parties, on a la quinte donnée par $\frac{2}{3}$, la quarte donnée par $\frac{3}{4}$, la tierce majeure produite par $\frac{4}{5}$, la tierce mineure par $\frac{5}{6}$, la sixte mineure par $\frac{5}{8}$, la sixte majeure par $\frac{3}{5}$, la septième mineure par $\frac{1}{9}$ et le ton produit par $\frac{8}{9}$.

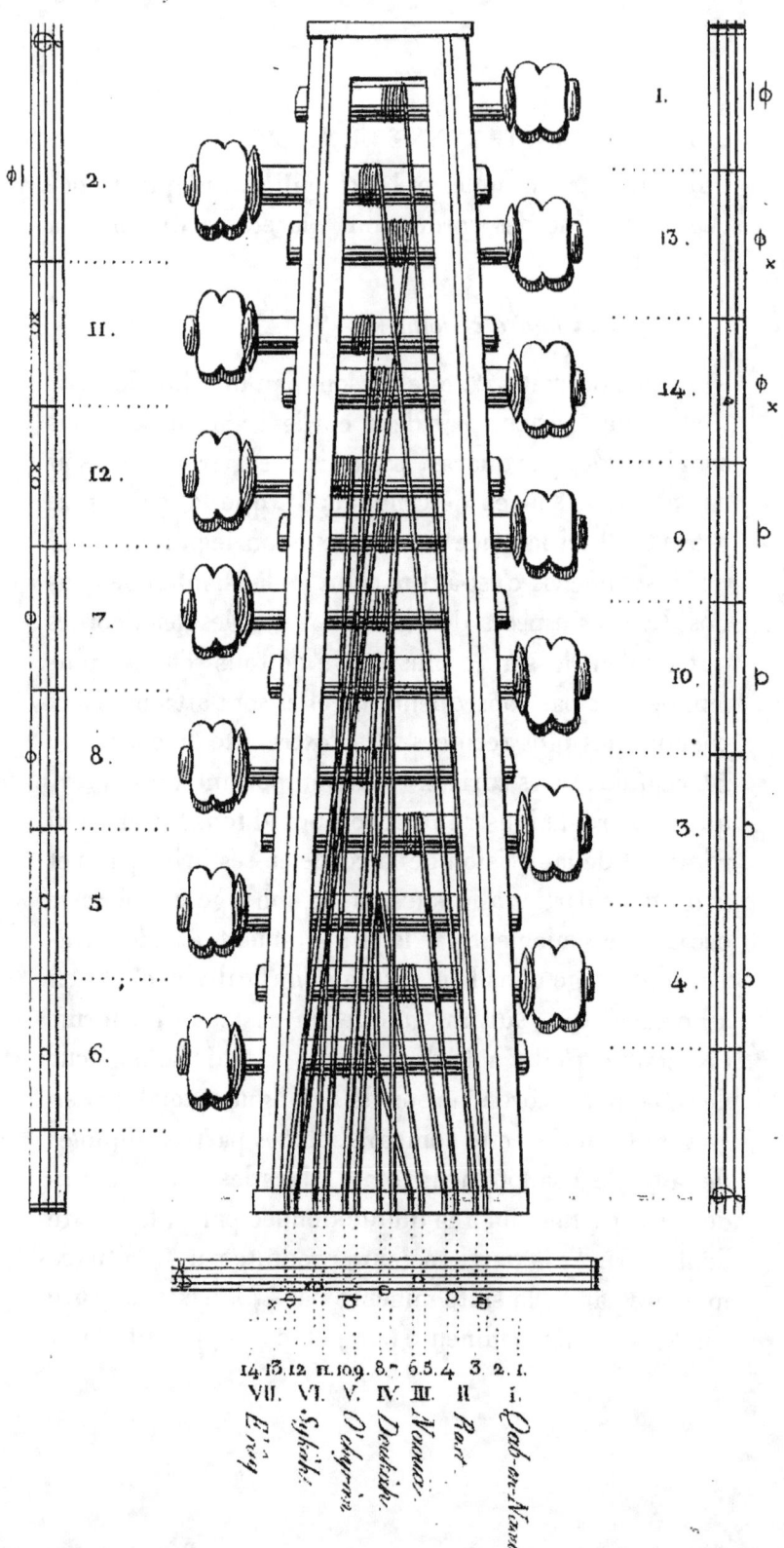

DES ORIENTAUX.

Exemples.

Ce n'est pas seulement parce que les sons de l'accord de l'e'oud, comparés entre eux, offrent tous les rapports des sons produits par les principales divisions de la corde, que nous avons dit qu'il était important d'observer les divers rapports de ces sons; mais c'est encore parce qu'en les examinant bien, on voit qu'ils indiquent une affinité telle entre le système de la musique arabe et celui qui a été établi par Gui d'Arezzo, qu'il est presque impossible de n'être pas persuadé que l'un a donné naissance à l'autre, ou au moins qu'ils sont déri-

---

[1] Plusieurs de ces tons sont altérés et trop faibles: tels sont ceux de si à ×ut, de ×ut à ré, de mi à ×fa. Il y en a d'à peu près semblables dans l'accord de nos clavecins. Nous aurions pu estimer ces tons dans le rapport de $\frac{2}{15}$, ainsi que l'intervalle que nous appelons *le ton mineur*; mais cette proportion n'eût point encore été parfaitement exacte: c'est pourquoi nous avons mieux aimé négliger cette distinction, que de la faire imparfaitement; car, pour l'établir et en prouver la justesse, il faudrait entrer dans des calculs qui seraient peu intéressans ici.

vés tous les deux d'une source commune. En effet, le système musical qui résulte des rapports des sons dans l'accord de l'e'oud, est celui-ci :

ORDRE DIATONIQUE DES SONS DE L'ACCORD DE L'E'OUD.

Cette série de sons, étant élevée d'une tierce, diffère très-peu ou ne diffère même pas absolument de la gamme formée suivant le système musical de Gui d'Arezzo, puisque cette gamme ne se composait non plus que des six sons diatoniques suivans, la note *si* n'ayant été ajoutée que plus de six cents ans après Gui d'Arezzo, c'est-à-dire, il n'y a pas deux cents ans, par un musicien appelé *Lemaire*.

GAMME SUIVANT LE SYSTÈME DE GUI D'AREZZO.

Or, comme il n'est pas probable que les Égyptiens modernes ou les Arabes aient reçu ce système musical des Européens, et comme il est très-vraisemblable, au contraire, que l'art musical, depuis la décadence de l'Empire romain, a subi en Europe le même sort que les autres arts libéraux et les sciences, c'est-à-dire y est tombé en désuétude et dans une sorte d'oubli, tandis qu'il était cultivé avec le plus grand succès par les

Arabes, chez lesquels les sciences et les arts de la Grèce semblaient s'être réfugiés, il en résulte que ceux-ci, étendant leurs conquêtes en Europe comme ils avaient fait dans l'Orient, et surtout s'étant rendus maîtres d'une grande partie de l'Italie, purent y répandre, avec les autres connaissances, celles qu'ils avaient en musique[1]. Par conséquent, il y a tout lieu de croire que cette ressemblance entre la gamme des Arabes et la nôtre vient de ce que Gui d'Arezzo, qui vécut à l'époque où les Arabes Sarrasins s'étaient depuis long-temps rendus maîtres de la plus grande partie de l'Europe orientale et méridionale, s'appropria leurs principes, et les fit adopter en Italie, à la place de ceux de l'ancien système de musique grecque, dont on avait perdu l'habitude même jusque dans les églises, où S. Ambroise et S. Grégoire avaient pris tant de soin à les rappeler. C'est-là du moins, selon nous, ce que l'on peut conjecturer de plus raisonnable sur l'établissement du système vicieux que nous suivons aujourd'hui en musique; car, si l'ancien

---

[1] Personne n'ignore que les khalifes arabes, en étendant leurs conquêtes dans l'ancien monde, y répandirent en même temps les sciences et les arts, qu'ils encourageaient et faisaient fleurir partout où ils régnaient. Avicenne, qui vivait du temps de Gui d'Arezzo, et Averroès, qui vécut dans le douzième siècle, se sont rendus immortels par les excellens ouvrages qu'ils ont produits, et qu'on a traduits dans presque toutes les langues savantes de l'Europe. On sait combien la doctrine philosophique et antireligieuse d'Averroès fit de progrès en Italie, et quelle mortification elle attira à son auteur dans le royaume de Maroc. Les personnes qui l'ignorent, peuvent consulter le Dictionnaire de Bayle au mot *Averroès*. Voyez d'ailleurs, sur le vice radical du nouveau système de musique établi par Gui d'Arezzo, et sur l'excellence de l'ancien système de musique des Grecs, ce que nous avons écrit dans nos *Recherches sur l'analogie de la musique et des arts qui ont pour objet l'imitation du langage*, IIe partie, chap. I et II.

système des Grecs n'eût pas été méconnu alors, on n'aurait pas été tenté d'en adopter un autre, puisque le premier était plus simple, plus clair, plus analogique, plus facile, et, en même temps, plus complet que tous les systèmes de musique qui sont aujourd'hui en usage, soit en Europe, soit en Asie, soit en Afrique; qu'il se composait des sept tons diatoniques SI, UT, RÉ, MI, FA, SOL, LA, sans aucune altération, lesquels pouvaient être entonnés naturellement; tandis que, dans notre gamme UT, RÉ, MI, FA, SOL, LA, SI, UT, la septième note SI nous paraît et est en effet toujours dure, d'une intonation difficile et désagréable, quelle que soit l'habitude que nous ayons contractée de cet ordre bizarre que ne donne aucune progression harmonique naturelle.

On doit sans doute tous ces changemens dans l'art musical aux savans calculs de Ptolémée, d'Euclide, de Théon de Smyrne, etc., qui, ayant plutôt égard au matériel des sons qu'à leur effet dans la mélodie, s'avisèrent de les analyser, d'en diviser et subdiviser les intervalles établis et en usage de temps immémorial, pour les multiplier et pour en composer de nouveaux que rejetait la belle mélodie prosodique et expressive des anciens : par ce moyen, ils intervertirent tout, brouillèrent tout, au point de rendre méconnaissable, inintelligible même, l'ancien système de musique, et de lui faire perdre entièrement cette affinité intime qui le liait étroitement à l'art oratoire, aux règles de la poésie, et, par conséquent, à celles de la déclamation et de la récitation poétique; enfin ils finirent par ne pouvoir plus même ni s'accorder ni s'entendre entre eux. C'est de ce chaos, il n'en faut pas douter, qu'est sorti le système actuel de la musique arabe, et c'est, selon toutes les apparences, ce dernier qui a servi de modèle à celui de Gui d'Arezzo, que nous suivons maintenant.

Il est temps que nous passions à la description et à l'explication d'un autre instrument : ainsi nous n'ajouterons plus, relativement à celui-ci, qu'un dernier exemple pour donner une idée de la tablature et du doigter, et pour faire connaître les noms en arabe des notes dont son accord se compose; ce que nous n'avons pas fait dans les exemples précédens, dans la crainte de détourner l'attention des choses qui en étaient l'objet.

244 INSTRUMENS DE MUSIQUE

TABLATURE[1] ET DOIGTER DE L'E'OÛD.

I. *Qab-en-Naouâ.* A vide. — Index. — Doigt du milieu. — Annulaire.

V. *O'chyrân.* A vide. — Index. — Doigt du milieu. — Annulaire.

VII. *E'râq.* A vide. — Index. — Doigt du milieu. — Annulaire.

[1] On appelle en arabe la tablature d'un instrument et la gamme d'un mode طبقة *tabaqah*.

[2] Les chiffres romains indiquent ici l'ordre des sons dans l'accord.

DES ORIENTAUX.

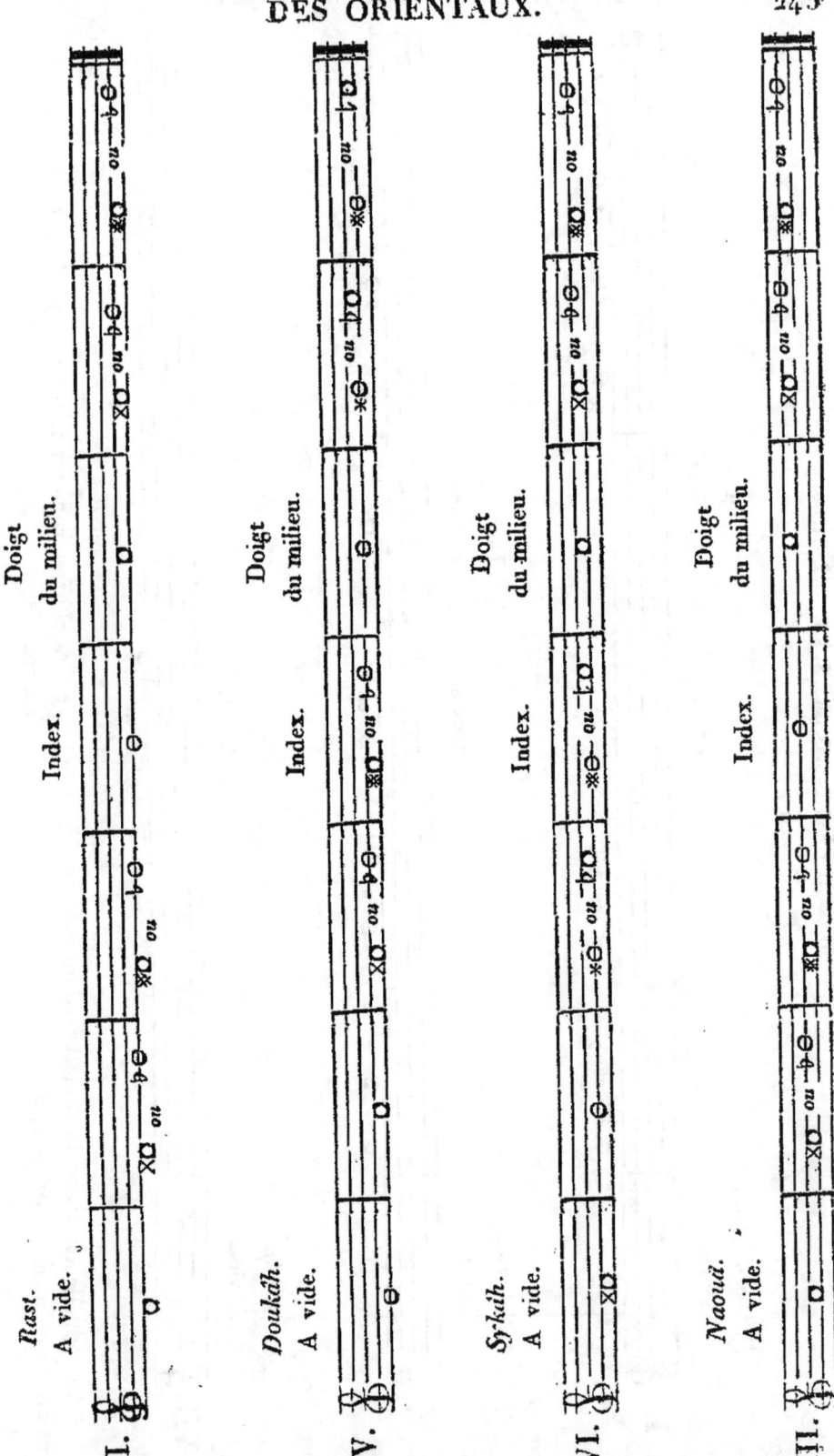

246 INSTRUMENS DE MUSIQUE

L'étendue des sons qu'on peut obtenir de cet instrument, est la même que celle des sons de la guitare allemande; mais la variété en est beaucoup plus grande, en ce qu'elle n'y est point bornée, comme dans les autres instrumens à touche de cette espèce, par des ligatures.

CHAPITRE II.

Du tanbour kebyr tourky[1].

ARTICLE PREMIER.

Des tanbour *en général*.

On appelle en général *tanbour* en Orient, une sorte d'instrument qui a quelque rapport avec nos mandolines, sinon toujours par la forme, au moins par la

[1] طنبور كبير تركى *tanbour kebyr tourky*. On ne doit pas confondre ici le mot *tanbour* avec notre mot français *tambour*. Nous ignorons sur quel fondement s'est appuyé Castell pour donner au mot arabe طنبور *tanbour* la même signification qu'au mot français *tambour*, et pour orthographier طنبور *tonbour* le nom des instrumens que nous désignons ici sous celui de *tanbour*. Ce qu'il y a de très-certain pour nous, c'est que l'orthographe de Castell n'est point d'accord avec l'usage reçu en Égypte et même en Perse; et Castell le savait bien sans doute, puisque dans son Dictionnaire heptaglotte, à la racine طَنَبَ *tanaba*, n°. 18, on lit طُنْبُورُ *tanbouron*; puis, n°. 19, طُنْبُورُ *tonbouron*, طِنْبَارُ *tenbáron*, pluriel طَنَابِيرُ *i. q.* pers. طُنْبُور; ce qui signifie : « *Tanbáron*, pluriel *tanábyr*, est la même chose que *tanbour* en persan. » Et ensuite plus bas, à l'endroit où il donne l'interprétation de ce mot, on lit encore : « *Cithara*, pl. Gen. 31, 27, pro hebr. בנור,

manière dont ces *tanbour*[1] sont montés et par celle dont on en joue. Les cordes des instrumens de cette espèce sont de métal, de même que celles de nos mandolines. Ainsi que ces dernières, ils ont des touches fixes, formées de plusieurs tours d'une petite corde de boyau, lesquels sont fortement serrés les uns contre les autres autour du manche, pour que ces touches ne puissent ni se lâcher, ni glisser, ni se déranger d'aucune manière. Enfin ces instrumens se frappent aussi, de même que nos mandolines, avec un *plectrum* en écaille, ou formé de la partie dure d'une plume d'aigle.

Ce qui distingue surtout les *tanbour* des autres instrumens, c'est que, 1°. le manche et le cheviller ne forment qu'une seule tige verticale; 2°. le cheviller, au lieu d'être creux, est plein, plat sur le devant, et arrondi par derrière; 3°. les chevilles ont la forme de petits mail-

---

quæ oblongiore collo, rotundo ventre, fidibus æneis, plectro pulsetur. (FIDES: instrumentum musicum. genus monochordi tribus fidibus constans.) » Ce qui signifie : « *Cithare*, qui répond à l'hébreu *kinnor* du 27ᵉ verset du 31ᵉ chapitre de la Genèse, instrument qui a un long manche, le ventre rond, des cordes de métal, et qui se frappe avec le plectre. (INSTRUMENT A CORDES : *instrument de musique, genre de monochorde, monte de trois cordes.*) » Il y a dans tout cela des choses qui nous semblent inexactes, d'autres qui s'accordent à merveille avec ce que nous avons appris. Nous n'avons point connu d'instrumens de ce genre désignés sous le seul nom de *tanbour*; tous sont accompagnés d'une épithète qui les distingue les uns des autres; et ils diffèrent entre eux par la forme du corps sonore, et par le nombre, la matière ou l'accord des cordes. Ainsi la définition d'un des divers *tanbour* ne peut être applicable aux autres, et c'est pourquoi il n'y a d'exact que la première définition de Castell, celle où il dit, *quæ oblongiore collo, rotundo ventre, fidibus æneis, plectro pulsatur*; la seconde qui commence par le mot *fides*, est trop particulière.

[1] Il faudrait au pluriel *tanâbyr*; mais nous avons craint, en écrivant ainsi ce mot, que les personnes auxquelles la langue arabe est étrangère, ne crussent que nous voulions parler d'un autre instrument. La même raison nous a déterminés à en agir de même à l'égard de plusieurs autres mots.

lets arrondis par les deux bouts de leur tête; 4°. elles sont placées, moitié de leur nombre sur le devant, l'autre moitié sur le côté droit, et ne le sont jamais sur le côté gauche ni en dessous; 5°. ces chevilles n'ont point de trou dans la queue pour y passer les cordes et les attacher; 6°. on attache les cordes en dehors du cheviller, non pas d'abord sur la queue, mais sur la tête des chevilles, en les passant alternativement sur un bout et sur l'autre de la tête, en formant une croix de S. André (×); puis on les tourne autour de la queue, où l'on achève de les rouler en les montant.

C'est donc à tort, et pour n'avoir pas examiné avec assez d'attention les instrumens orientaux, que les lexicographes et les voyageurs ont confondu le tanbour avec le luth, la cithare, la guitare, la lyre, etc., puisque ces derniers instrumens, en Orient, sont montés en cordes, non de métal, mais de boyau; qu'ils n'ont point de touches fixes; en un mot, qu'ils n'ont rien des choses remarquables qui distinguent les *tanbour*. On était encore moins fondé à croire que ce *tanbour* fût de l'espèce de nos tambours.

Nous ajouterons qu'en Égypte on ne voit ces sortes de *tanbour* qu'entre les mains des Turks, des Juifs, des Grecs, et quelquefois des Arméniens, mais jamais entre celles des Égyptiens.

Ces observations étant applicables à tous les instrumens de ce genre, nous n'aurons donc plus à expliquer dans la suite que ce qui est exclusivement propre à chacun d'eux; et comme d'ailleurs ils se ressemblent encore en bien d'autres points, nous ne répéterons pas, dans

DES ORIENTAUX.

la description des derniers, ce qui déjà aura été expliqué en parlant des premiers.

ARTICLE II.

Du tanbour kebyr tourky; de ses parties; de leur forme, de leurs dimensions ou proportions, de leur utilité, et de l'accord de cet instrument.

Le TANBOUR KEBYR TOURKY, ou *la grande mandoline turque*, est un instrument haut de 1^m340, dont le manche et le cheviller comprennent à eux seuls 1^m015 : la caisse de l'instrument et le tire-corde font le reste, qui est par conséquent de 325 millimètres[1].

On peut considérer la CAISSE de l'instrument sous deux faces différentes : l'une qui est bombée et plus qu'hémisphérique, c'est la face postérieure ou le dos, qu'en arabe on nomme *dahar*[2]; l'autre qui est plate, c'est la face antérieure ou le devant, nommé en arabe *ougeh*[3].

Le QAÇA'H[4], ou la partie courbe et plus qu'hémisphérique dans le *tanbour tourky*, est d'un très-beau bois roussâtre, satiné et roncé, dont les veines fort multipliées et très-agréablement distribuées sont d'un brun foncé, tirant sur le brûlé. Cette partie est composée d'abord de neuf grandes côtes[5] qui partent de dessous

---
[1] *Voyez* planche AA, fig. 5.
[2] ظهر. Cette partie ne peut se voir sans la gravure.
[3] وجه. C'est cette partie-là qu'on voit dans la gravure.
[4] *Voyez* fig. 6.
[5] On nomme ces côtes en arabe, بارات *bárát*; *voyez ibid.*

l'emboîture du manche dans le corps de l'instrument, se prolongent jusqu'à l'autre extrémité diamétralement opposée de la caisse Ω, et se réunissent en se concentrant en un seul point, qui est caché par la pointe de la queue du TIRE-CORDE T[1]. Leur longueur comprend donc toute l'étendue de la courbure de la caisse dans sa hauteur, depuis A jusqu'à Ω : chacune d'elles a 54 millimètres de large au sommet de la courbe qu'elle forme, et se rétrécit de plus en plus vers les extrémités supérieures et inférieures. Immédiatement à la suite des neuf côtes précédentes, et près de la table, il y en a deux autres, dont une de chaque côté : elles sont du même bois que les premières; mais, au contraire de celles-ci, elles ont moins de largeur au sommet de leur courbure qu'elles n'en ont aux extrémités, où elles vont en s'élargissant pour atteindre le niveau de la table. Ces dernières ont environ 41 millimètres dans leur plus grande largeur, et à peu près 27 millimètres dans l'étendue la plus resserrée. Comme les premières, elles ont aussi leur naissance au-dessous de l'emboîture du manche, et se prolongent sous la partie la plus large du tire-corde, laquelle s'étend par-dessous la caisse, où elles aboutissent en se concentrant.

La face antérieure, appelée *ougeh*, et que nous nommons *la table*, est parfaitement ronde dans ce qui forme le dessus de la caisse. Son diamètre est de 318 millimètres : elle est pleine, sans ouïes, et un peu convexe; ce qui donne lieu de penser qu'elle est soutenue intérieurement, au centre, par un petit étai que nous nom-

[1] *Voyez* fig. 6.

mons *l'âme* et qui la fait bomber. Cette face est composée de quatre planches de sapin qui en occupent toute l'étendue en hauteur, et qui, toutes les quatre, n'ont pas, dans leur plus grande largeur, au-delà de 253 millimètres; le reste, de chaque côté, est rempli par deux petits morceaux de bois d'acajou, ornés, dans leur partie la plus longue, c'est-à-dire celle qui est la plus éloignée de la circonférence, par deux bandes longitudinales en nacre de perle plaquée, larges chacune de 6 millimètres sur une hauteur de 180 millimètres. Les deux planches de sapin du milieu sont terminées par une queue qui s'étend sur le bas du manche au-dessus de A jusqu'à la distance de 86 millimètres. Dans cette partie, il y a un ornement en nacre, plaqué dans l'épaisseur du bois, sur un enduit de cire d'Espagne, dont sont aussi remplis les intervalles vides de cet ornement. A l'extrémité opposée de la table, immédiatement au-dessus du tire-corde, est encore un ornement qui présente la forme d'une moitié d'ellipse divisée par son petit diamètre et ayant le sommet de sa courbure terminé par un angle : il est fait d'un seul morceau de nacre, large de 43 millimètres, percé de huit trous polygones, remplis aussi de cire d'Espagne fondue.

Au-dessous de l'ornement précédent et sur la jonction de la table aux dernières côtes de la partie hémisphérique, est collé le tire-corde T, appelé en arabe كرسي *koursy*, siége; il est composé de deux pièces : l'une qui se termine en pointe, et que nous nommons *queue* du tire-corde; celle-ci est en bois d'acajou peint en noir, et large, à sa base, de 65 millimètres : l'autre qui forme, au bas de l'instrument en Ω, une saillie recouverte d'une petite plaque d'ébène, dans l'épaisseur de laquelle sont percées quatre couples de trous, pour y passer et attacher les cordes; le reste de cette pièce est plat, découpé sur les bords, et s'étend au-dessus de la partie hémisphérique de la caisse, et se termine en pointe précisément sur l'endroit même où les neuf grandes côtes viennent aboutir. Il est probable que cette portion du tire-corde sert à soutenir les côtes, et à maintenir la jonction des unes aux autres; la saillie du tire-corde, qui est percé de quatre couples de trous, est couverte d'une petite lame d'écaille également percée d'un même nombre de trous au travers desquels on passe les cordes.

A partir du tire-corde jusqu'à la base du manche, de chaque côté de la table et dans toute la longueur de sa jonction aux côtes, est collée une bande de roseau qui couvre cette jonction, la maintient, et empêche la table de se décoller [1].

Le MANCHE M [2] est plat en dessus, c'est-à-dire du côté des cordes, et arrondi en dessous. Il a en largeur 41 millimètres près de la table, et 25 millimètres près du sillet. Dans toute sa longueur et dans une partie de celle du cheviller, sur le côté droit, à 11 millimètres de la surface plate, règne une petite rainure, chose qu'on remarque de même sur toutes les autres espèces de *tanbour*. Le manche est composé principalement de trois pièces : l'une B, qui est de bois de hêtre; celle-là forme la base, qui doit se prolonger dans le corps de l'instru-

---

[1] Cette bande se trouve également à tous les autres *tânbour* orientaux.
[2] *Voyez* planche AA, fig. 6.

ment; elle est haute de 90 millimètres dans sa partie visible; c'est sur sa surface antérieure que sont collées les deux queues des deux planches de sapin du milieu de la table, et c'est sur ces deux queues qu'est appliqué l'ornement en nacre dont nous avons déjà parlé, lequel marque la limite où se borne la hauteur de cette base du manche. L'autre pièce comprend toute la portion arrondie du manche avec le cheviller C en entier; cette portion est d'un seul morceau de bois de Sainte-Lucie, enté dans la base B, et a 917 millimètres de haut. Le côté de la surface plate est évidé de la profondeur de 9 millimètres, dans toute la longueur du manche comprise depuis *s* jusqu'en B, et ce vide est rempli par la troisième pièce, également de bois de Sainte-Lucie, laquelle pièce est plate et n'a de longueur que l'étendue de la portion évidée dont nous venons de parler; elle remplit toute la profondeur du vide jusqu'au niveau de l'épaisseur du cheviller et de la surface de la base B. Entre cette troisième pièce et la seconde, est, de chaque côté, une petite bande en sapin; peut-être même cette bande occupe-t-elle toute la largeur du manche, dans l'étendue que couvre la troisième pièce : c'est ce qu'on n'aurait pu savoir qu'en décollant celle-ci, et ce que nous n'avons pas jugé à propos de faire.

Dans tout l'espace depuis le sillet jusqu'à la table, le manche est divisé inégalement par des cases appelées en arabe مواضع الدساتين *maouâda' ed-desâtyn*[1]. Ces cases

---

[1] Le mot *maouâda'* est le pluriel de موضع *mouda'*, qui signifie lieu, place; *desâtyn* est le pluriel de دستان *destân*, touche : ainsi les mots *maouâda' ed-desâtyn* signifient *les places des touches*. Le mot دستان est originairement persan.

sont formées par des ligatures composées de cinq tours d'une corde fine de boyau, très-serrés les uns contre les autres autour du manche : ces ligatures sont au nombre de trente-six. Outre cela, il y a encore une autre case formée par un petit bout de la partie dure et amincie d'une plume d'aigle, lequel est collé sur la table à la distance de 29 millimètres de la dernière ligature en corde de boyau; ce qui fait en tout trente-sept touches.

Un petit morceau de bois d'acajou forme le SILLET; il est placé et serré entre la troisième pièce du manche et le cheviller. Sur ce sillet sont quatre couples de petites hoches très-peu profondes, destinées à recevoir les cordes.

Nous avons déjà remarqué que le CHEVILLER, qu'on nomme en arabe بنكاك *bengâk*, n'était que le prolongement de la pièce arrondie du dessous du manche; mais, si l'on considère ce cheviller séparément, on trouvera qu'il a 207 millimètres en hauteur, y compris le bout en ivoire qui le termine, et au-dessous duquel il y a, à 5 millimètres, un petit cercle formé aussi en ivoire, et incrusté dans le bois. Dans une étendue de 29 millimètres qui se termine au sillet, il y a, sur le cheviller, huit petites hoches longitudinales, destinées à recevoir les cordes, et à leur faciliter le passage par-dessous un anneau que nous nommons *serre-corde*, composé de treize tours d'une corde très-fine en laiton. L'utilité de cet anneau est de serrer les cordes sur le cheviller, ou plutôt de les maintenir dans les petites hoches dans lesquelles on les fait entrer, pour les abaisser et les faire, par ce moyen, porter sur le sillet; car, autrement, les cordes, étant attachées au-dehors du cheviller, resteraient trop éloignées du manche et ne pourraient porter sur le sillet; ce qui rendrait fort difficile de les toucher.

Les CHEVILLES sont au nombre de huit; elles sont de bois d'acajou : on les nomme en arabe اوتاد *aouatâd*[1], pieux. Nous avons expliqué, au commencement de ce chapitre, leur forme, la place qu'elles occupent, il ne nous reste donc plus rien à ajouter sur ce point.

Le *plectrum* de cet instrument est, pour l'ordinaire, fait d'un morceau d'écaille, et se nomme *zakhmeh*[2]; il est très-mince : sa longueur est communément de 95 millimètres, et sa largeur de 11 millimètres; le bout par lequel on touche les cordes, est arrondi à sa surface, de manière que les angles ne puissent se faire sentir.

L'accord[3] des cordes du tanbour kebyr tourqy n'est composé que de quatre sons différens, ou même que de trois; car nous ne regardons pas comme des sons différens ceux qui sont à l'unisson ou à l'octave des premiers. A cet instrument, de même qu'à l'e'oud, le son le plus grave occupe la place que nous donnons à la chanterelle dans les nôtres; les plus aigus viennent ensuite par degrés, en avançant du côté où nous plaçons le bourdon; et à la place qu'occuperait celui-ci, est un son double à l'octave grave du son aigu qui précède. Par l'ordonnance des sons dans cet accord, le second son est à la tierce mineure au-dessus du premier, le troisième à un ton au-dessus du second, et le quatrième à l'unisson de l'octave grave du troisième.

---

[1] Sing. وتد *ouatad*, pieu.
[2] *Voyez* planche AA, fig. 3.
[3] On appelle en arabe l'accord des sons نسب *nasb*, et les sons accordés متناسبات *motanâsebât*, sing. متناسب *motanâseb*.

256 INSTRUMENS DE MUSIQUE

Exemple.

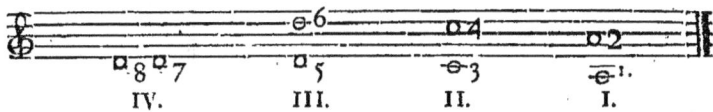

Les trois sons différens de cet accord ayant chacun un autre son accordé à l'octave, et chaque corde, par le moyen des trente-sept touches fixes de l'instrument, pouvant produire trente-huit sons, en y comprenant le son à vide, il en résulte donc six séries ou six échelles de trente-huit sons chacune. Cependant, comme ces séries de sons ne sont formées que d'intervalles chromatiques ou enharmoniques [1], elles se renferment dans l'étendue d'une seizième, c'est-à-dire de deux octaves et un ton.

[1] Nous avons été obligés d'imaginer encore ce nouveau signe ⩩ pour désigner un son intermédiaire au de- mi-dièse ╳ et au dièse ✸, dans l'exemple de ces séries de sons.

DES ORIENTAUX.

Exemple de six séries de sons produites par les huit cordes du tanbour kebyr tourky, ou étendue des sons qu'on peut obtenir sur chaque corde en suivant les touches de cet instrument, et intervalles qui séparent ces sons les uns des autres.

4ᵉ corde double.
A vide.

3ᵉ corde double.
8ᵉ........
A vide.

2ᵉ corde double.
8ᵉ........
A vide.

4ᵉ corde double.
8ᵉ........
A vide.

258 INSTRUMENS DE MUSIQUE

Tout ici nous porte à croire que cet instrument est de l'espèce des *magadis*. Nous regrettons de ne pouvoir exposer, en ce moment, toutes les preuves sur lesquelles nous établissons cette opinion; car elle mérite d'autant plus d'être démontrée, que plusieurs auteurs, tant anciens que modernes, ne paraissent pas s'être fait une idée juste de ce que dans la haute antiquité on appelait *magadis :* au contraire, les fausses explications que ces auteurs en ont données, nous ont plutôt éloignés de la vérité qu'ils ne nous l'ont fait entrevoir.

La plupart, trompés par l'application équivoque qui avait été faite du mot *magadis* dans les poëtes grecs, ont pensé que c'était le nom propre d'un instrument : ils ont cité[1], à l'appui de leur sentiment, le témoignage d'Alcman, qui a dit, *laissez là le magadis;* celui de Sophocle, qui dans son *Thamyras,* a dit aussi que le pectis, les lyres, les magadis et les instrumens qui se touchent chez les Grecs, sont ceux dont la mélodie est la plus douce; et celui d'Anacréon, dont ils rapportent en preuve le vers dans lequel ce poëte s'exprime ainsi : « O Leucaspe, je chante sur le magadis à vingt cordes, etc. » D'autres ont cru que le magadis était la même chose que le pectis, parce que Ménechme, dans son livre *des Artisans,* nous apprend que Sapho, qui vivait avant Anacréon, inventa tout-à-la-fois le pectis et le magadis, et parce qu'Aristoxène a écrit que l'on accompagnait les chants avec le pectis et le magadis sans se servir du plectre. D'autres ont pensé que cet instrument

---

[1] Presque tout ce que nous rapportons ici, est tiré d'Athénée, *Deipn.* lib. xiv, cap. ix, p. 634, 635, 636, 637 et 638; *Lugduni*, 1612.

était le psaltérion, en se fondant sur un passage de la *Réponse d'Apollodore à la lettre d'Aristoclès*, où il est dit : « Ce que nous nommons maintenant *psaltérion*, est *magadis*. » On eût pu dire avec autant de raison que le magadis était une lyre, puisqu'Artemon, dans son *Traité de l'étude et de l'intelligence des mystères bachiques*, livre premier, a écrit que Timothée de Millet, ayant augmenté le nombre des cordes de la lyre pour faire le magadis, fut accusé chez les Lacédémoniens, et qu'on aurait coupé les cordes qu'il avait ajoutées à cet instrument, si quelqu'un, dans le moment même où l'on allait le faire, n'eût montré une image d'Apollon tenant en main une lyre montée d'un même nombre de cordes.

D'autres ont prétendu que le magadis était une flûte, parce que le poëte Ion de Chios, en parlant de la flûte lydienne *magadis*, dit que *la flûte lydienne* MAGADIS *précède la voix*. Aristarque, que Panétius le Rhodien a qualifié de prophète divin, parce qu'il pénétrait facilement le sens des poëtes; Aristarque lui-même, en interprétant ce vers, a dit que le magadis était une espèce de flûte : ce qui est, 1°. contre le sentiment d'Aristoxène, dans ses livres *des Flûteurs* et dans ceux qu'il a écrits *sur les flûtes et autres instrumens de musique;* 2°. contre le sentiment d'Archestrate, qui a composé aussi deux livres *sur les flûteurs;* 3°. contre celui de Phyllis, qui a composé également encore deux livres *sur les flûteurs;* 4°. enfin, contre celui d'Euphorion, qui, dans son *Traité des jeux isthmiques*, nous apprend que le magadis était un ancien instrument à cordes; que ce ne fut que fort tard qu'on en changea la forme et le nom, en l'appelant *sambyce*.

Rien n'est moins clair au premier abord, sans doute, que ce conflit d'opinions; et si nous n'avions pas d'autres secours pour nous aider à dissiper l'incertitude où ces auteurs nous laissent, nous serions réduits à hasarder des conjectures, ou bien il nous faudrait garder le silence, comme on l'a fait jusqu'à ce jour. Mais nos doutes s'évanouissent, et la vérité paraît dans tout son jour, quand on rapproche de ces témoignages ceux de quelques autres auteurs anciens qui se sont expliqués plus positivement que les précédens.

Diogène le tragique, dans sa *Sémélé*, n'a point assurément confondu le magadis avec le pectis, quand il a dit que « des Lydiennes et des Bactriennes, sorties du Tmole où elles habitaient, près du fleuve qui coule au pied de cette montagne, allaient dans un bois sombre célébrer Diane au son des pectis et des trigones qu'elles touchaient au-delà du manche en faisant résonner le magadis. »

Phyllis de Délos, dans son livre *sur la Musique*, nous apprend aussi que le magadis était différent du pectis, lorsqu'après avoir fait l'énumération suivante, *les phénices, les pectides, les magadis, les sambyces, les ïambes, les clepsiambes, les scindapses et les ennéacordes*, il ajoute que « les instrumens sur lesquels on ne chantait que des ïambes, furent appelés *ïambiques;* que ceux sur lesquels les ïambes n'étaient pas purs et dont la mesure rhythmique était altérée, s'appelaient *clepsiambes;* et que l'on nommait *magadis* ceux qui formaient des accords d'octave en répétant la mélodie des chanteurs. »

Tryphon, dans son livre *des Dénominations*, dit que « ce qu'on appelle *magodes* et *magadis* consiste à faire entendre à-la-fois deux sons, l'un aigu, et l'autre grave »; et c'est encore dans ce sens qu'Alexandride, dans son *Guerrier armé*, a dit : « Je vous ferai entendre le gros et le petit son du *magadis* »; ce qu'on doit entendre du grave et de l'aigu.

Pindare, dans sa *Scolie pour Hiéron*, dit qu'on avait appelé *magadis* un chant antiphone, parce que ce chant faisait entendre un accord de deux sons opposés, semblables à ceux des voix d'hommes et des voix d'enfans.

Phrynicus aussi, dans ses *Phéniciennes*, appelait les chants de cette espèce, des chants formés de sons *antiphones*, c'est-à-dire opposés.

Sophocle, dans ses *Mysiens*, a dit que la plupart des Phrygiens modulaient avec la voix des chants formés de sons antiphones, qu'ils exécutaient sur le pectis trigone.

Enfin Aristote, dans ses *Problèmes* (section XIX, quest. 18), dit : « Pourquoi n'emploie-t-on dans le chant que la seule consonnance de l'octave? car c'est-là *magadiser*, et l'on n'a, jusqu'à présent, jamais employé d'autre consonnance. » Nous ne suivrons pas ici les développemens très-intéressans qu'Aristote donne à cette solution; ce que nous venons d'en rapporter suffit pour confirmer le témoignage des derniers auteurs que nous avons cités, et nous rendre très-clair ce qui a dû nous paraître équivoque.

Le magadis n'étant autre chose qu'un chant exécuté

à l'octave, soit avec la voix, soit avec les instrumens, il est plus que probable qu'on aura désigné aussi sous le nom de *magadis* toute espèce d'instrumens accordés de manière à rendre à-la-fois un son grave et un son aigu. Ainsi l'on aura appelé de ce nom tous les instrumens à doubles cordes, accordées à l'octave l'une de l'autre, pour les distinguer de ceux qui n'avaient que des cordes simples et ne rendaient que des sons simples, ces derniers conservant toujours leur premier nom. Il en aura été de même des flûtes doubles dont un tuyau rend un son grave, tandis que l'autre en rend un aigu; et telle était sans doute la flûte magadis dont parlait Ion de Chios. On aura donc appelé *magadis*, tantôt la lyre, tantôt le pectis, tantôt le barbiton, tantôt le psaltérion, tantôt la flûte, selon que ces instrumens auront été disposés de manière à rendre à-la-fois deux sons différens et opposés, tels que ceux qui forment l'accord d'octave.

Qu'on relise maintenant les premiers passages qu'on a cités pour prouver que le magadis était un instrument particulier, différent des autres, ou semblable à tel ou tel d'entre eux, et l'on verra clairement que cette opinion n'est fondée que sur la manière équivoque dont le mot *magadis* a été employé par quelques auteurs, équivoque qui, comme on doit le concevoir maintenant, disparaît quand on l'examine de près.

Peut-être aurait-il été nécessaire que nous fussions entrés dans une discussion plus longue, pour prouver plus positivement que le *tanbour kebyr tourky* est réellement aussi de l'espèce des instrumens que l'on appelait *magadis* dans la haute antiquité; pour cela, il aurait fallu examiner quel fut dans tous les temps l'usage des magadis, nous assurer si cet usage n'a point changé, remonter à son origine, suivre ses progrès chez les divers peuples, tâcher de découvrir les diverses formes qu'il a prises chez eux, chercher l'époque à laquelle il a pu s'introduire en Égypte, etc. : mais cela nous eût conduits trop loin et nous eût forcés à sortir de notre sujet. Au reste, il nous importe peu, en ce moment, de savoir si le nom du magadis dérive, ou non, de celui de son inventeur, *Magade;* si celui-ci était Thrace d'origine, ou non; si ce fut Épigone, ou un autre, qui remit en vigueur l'usage antique du magadis; si le premier magadis fut de l'espèce des trigones ou des pectis[1], ou de celle des flûtes. Ce que nous ne pouvions nous dispenser de faire, c'était d'expliquer tout ce qui était nécessaire pour donner une connaissance parfaite du *tanbour kebyr tourky* et appuyer l'opinion que nous nous sommes faite de l'espèce d'instrumens anciens à laquelle il nous semble appartenir.

---

[1] L'espèce des trigones comprenait les harpes, les lyres, et tous les autres instrumens de ce genre : l'espèce des pectis comprenait tous les instrumens qui se jouent avec l'archet ou se touchent avec le *plectrum*.

CHAPITRE III.

Du tanbour charqy[1]. *Forme de cet instrument; dimensions et proportions de ses parties.*

L'épithète de *charqy* (oriental) donnée à cette espèce de tanbour semble indiquer que cet instrument a été inventé dans l'Orient, ou qu'il a été particulièrement adopté par les Orientaux, et qu'il a passé de l'Asie en Égypte; et comme les Persans sont à l'orient de l'Égypte, il se pourrait que cet instrument eût été apporté de la Perse en ce pays, et que là on lui eût donné l'épithète de *charqy,* oriental.

Quant à sa forme, elle ressemble assez à celle de la moitié d'une longue poire un peu aplatie; sa hauteur totale est de $1^m 126$. Excepté la table, tout le reste de cet instrument est peint en noir. Le *qaça'h,* ou la partie convexe du corps sonore, est faite d'un seul morceau d'ormeau creusé dans toute sa longueur, de manière à ne lui laisser qu'une épaisseur convenable et égale partout, laquelle paraît être de 5 millimètres. Ce qaça'h est cependant plutôt en dos d'âne que convexe, c'est-à-dire qu'il est plus angulaire qu'arrondi. Il se rétrécit en se prolongeant sur la base du manche, avec laquelle il se confond en quelque sorte par une espèce d'enfourchure qui le termine et dans laquelle la base du manche est,

---

[1] طنبور شرقى *tanbour charqy.* Voyez planche A A, fig. 7.

pour ainsi dire, entée[1]. A partir du sommet des angles de cette enfourchure, qui termine le qaça'h par le haut, le corps sonore a, jusqu'en bas, 422 millimètres d'étendue en longueur. Au côté droit du qaça'h, à 11 millimètres près de la table, et à la distance de 185 millimètres au-dessous de l'angle de l'enfourchure précédente, est un petit trou rond, du diamètre de 6 millimètres : il est creusé obliquement dans l'épaisseur du bois, et paraît l'être à dessein; car on en trouve un semblable dans les autres *tanbour* du même genre, c'est-à-dire dans tous, excepté dans ceux de la forme du tanbour kebyr tourky : les uns ont ce trou bouché par une petite plaque ronde en écaille ou en nacre de perle; les autres l'ont, comme celui-ci, débouché. Nous ne pouvons concevoir quelle peut être l'utilité de ce trou, à moins qu'il ne serve d'ouïe.

La TABLE est fort allongée et un peu bombée; elle est, comme celle de tous les autres *tanbour*, pleine et sans ouïes[2] : le bois en est de sapin, en trois morceaux. Le plus grand de ces morceaux est celui du milieu; il se termine par une queue qui se prolonge sur le manche jusqu'à 27 millimètres au-dessus des angles de l'enfourchure du qaça'h, c'est-à-dire sur le manche. Dans tout son pourtour et tout près des bords, la table est environnée de gros points noirs faits avec une pointe de fer

---

[1] On peut prendre une idée de cette enfourchure du haut du qaça'h, et de la manière dont le manche y est ajusté ou enté, en regardant la *figure* 9, qui, quoiqu'elle appartienne à l'instrument représenté *figure* 8, est cependant composée de parties semblables et semblablement ajustées, mais dans des dimensions plus petites.

[2] Cela nous fait penser que le petit trou du qaça'h pourrait bien être en effet une ouïe.

rougie au feu, et appliquée un peu obliquement sur le bois. Ces points sont distans les uns des autres d'environ 27 millimètres, un peu plus ou un peu moins.

A la distance de 224 millimètres du bas de la table, c'est-à-dire vers le milieu de la table, est un ornement grossièrement fait en points semblables aux précédens. A 81 millimètres au-dessous de celui-ci, on en trouve un autre formé de quatre points faits de même que les premiers, et distribués en losange. En descendant encore de 41 millimètres vers le bas est le chevalet; il n'a pas plus de 9 millimètres en hauteur, et s'étend sur la table dans une largeur de 54 millimètres : il est en sapin et fait sans beaucoup d'art; seulement, on a évidé un peu le dessous vers le milieu, et échancré un peu les bouts dans leur épaisseur, pour former les pieds.

Le MANCHE et le CHEVILLER sont d'une seule pièce, également de bois de sapin; ils sont arrondis par-dessous, sans angles, et plats par-dessus : leur longueur, depuis la partie anguleuse, qui est entée dans l'enfourchure de la table, jusqu'au bout du cheviller, est de 704 millimètres. La surface plate en est ornée de vingt petits ronds de nacre de perle, dont dix-huit sur une même ligne qui se prolonge dans le milieu de cette surface, depuis la distance de 16 millimètres au-dessus du sillet jusqu'à 11 millimètres au-dessus de la queue qui termine le morceau du milieu de la table, et deux à côté l'un de l'autre, au-dessous des précédens. Les dix-huit petits ronds en nacre de perle vont en se rapprochant graduellement davantage les uns des autres, de haut en bas; en sorte que les deux premiers du haut sont distans entre eux de 29 millimètres, et les deux derniers du bas ne le sont que d'environ 2 millimètres.

Les TOUCHES sont au nombre de vingt-une, à des distances inégales, mais cependant calculées suivant le système sur lequel est établie l'échelle des sons de cet instrument. Les seize premières touches sont formées de ligatures en cordes de boyau très-serrées autour du manche, dont elles font quatre fois le tour; les cinq autres sont collées sur la table. Celles-ci sont faites d'une espèce de roseau qu'on appelle en arabe قلم *qalam*[1]; c'est la même espèce de roseau dont les Orientaux se servent pour écrire, et qu'ils taillent à peu près comme nous taillons nos plumes : le diamètre du tube de ce roseau n'a pas plus de 7 millimètres; on le divise en quatre parties que l'on amincit et que l'on colle ensuite sur la table.

Le TIRE-CORDE est à peu près de la même forme, mais plus petit que celui du tanbour kebyr tourky. Il est d'un seul morceau de bois de cornouiller. Au lieu de trous pour passer et attacher les cordes, ici ce sont trois petites entailles, profondes chacune de 5 millimètres, qui divisent ce tire-corde en quatre parties semblables à quatre dents, à chacune desquelles on attache les cordes par une boucle que l'on fait au bout de ces mêmes cordes.

---

[1] Le même mot, en éthiopien, signifie la même chose : on reconnaît encore ce mot dans le grec καλάμος, *kalamos*, qui a la même signification, ainsi que dans le mot latin *calamus* qui rend aussi la même idée. Il est moins reconnaissable dans notre mot français *chalumeau*, qui cependant en est dérivé par le mot latin *calamus* dont il s'est formé; mais, en français, l'acception de ce mot est restreinte à la signification primitive qu'elle a eue dans les premières langues.

Le SILLET est fait d'une petite lame en bois de citronnier, qui a été introduite par force dans une hoche étroite faite à 68 millimètres au-dessus de la première touche en ligature de cordes de boyau.

L'anneau, qui est à 5 millimètres du sillet (nous le nommerons dorénavant *abaisse-corde*), au lieu d'être composé de treize tours d'une corde de laiton, est formé par cinq tours d'une corde fine de boyau : mais, comme l'instrument que nous avons n'est pas neuf, et que le luthier qui nous l'a vendu l'a réparé avant de nous le livrer, il est probable qu'il aura substitué cet abaisse-corde en boyau à celui de métal qui manquait; car, sur les instrumens de ce genre qui ne paraissent pas nouvellement réparés, cette partie est en fil de laiton. Nous ne parlons pas des hoches longitudinales qui sont sur le bas du cheviller et par lesquelles les cordes passent sous l'abaisse-corde; elles doivent être et sont en effet dans les autres *tanbour* comme nous avons remarqué qu'elles étaient sur le tanbour kebyr tourky. Elles sont aussi utiles que l'abaisse-corde est indispensable pour rapprocher du sillet les cordes qui, étant attachées en dehors du cheviller, en resteraient trop éloignées et ne porteraient point sur le sillet.

Les CHEVILLES sont au nombre de cinq, dont quatre en châtaignier, et une, la plus basse, en citronnier. Toutes les cinq ont, sur le sommet de leur tête, un petit bouton en ivoire.

Le tanbour charqy est monté de cinq cordes : trois sont en laiton, ce sont celles du côté gauche; les deux autres, sur la droite, sont en acier. On touche les cordes de cet instrument avec un *plectrum* d'écaille ou de plume d'aigle. Ces cinq cordes ne rendent cependant que trois sons différens : le son grave est produit par la seule corde du milieu, laquelle est en laiton; les deux cordes de la gauche sonnent la quinte avec celle du milieu, et les deux cordes de droite sonnent la quarte avec la même. Il y a donc deux cordes montées à l'unisson à droite, et autant à gauche. On appelle en arabe les cordes montées ainsi à l'unisson منساوي *motasáouy*, et deux cordes montées de cette manière نغمتان منساويتان *naghmetán motasáouyatán*.

EXEMPLE DE CET ACCORD.

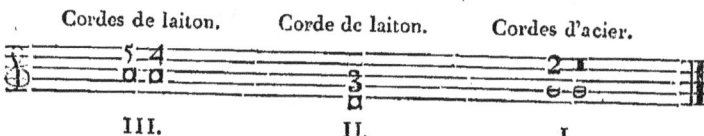

Quelque bizarres que doivent paraître en France la construction et l'accord du tanbour charqy, l'un et l'autre cependant existent encore de nos jours en Europe. On voit un instrument de ce genre à Venise; il y est même d'un usage vulgaire. Il ne serait donc point étonnant que cet instrument et son accord eussent encore été apportés en ce pays par les Sarrasins, dans le temps qu'ils étaient maîtres de la plupart des îles de la Méditerranée, et de la partie méridionale de l'Italie; au moins, cela indique qu'il a été un temps où leur système de musique était connu et en usage dans ce pays, et confirme par conséquent ce que nous avons dit de l'origine de notre nouveau système de musique, établi par Gui d'Arezzo.

Voici un fait qui atteste d'une manière incontestable ce que nous disons en ce moment. Quelques jours après que nous fûmes débarqués en Égypte, ayant été rendre visite au général Menou, qui demeurait chez le consul de Venise à Alexandrie, nous entendîmes dans la maison le son d'un instrument qui nous était inconnu : aussitôt nous témoignâmes le désir de connaître cet instrument et de voir celui qui en jouait. Le consul nous apprit que c'était son domestique, et, à notre invitation, le fit venir avec son instrument. Après que celui-ci eut joué devant nous quelques airs de son pays, nous examinâmes la matière, la forme et la construction de cet instrument. Tout le corps et le manche en étaient faits d'un bout de branche de palmier, coupé de la longueur de 487 millimètres, à partir de sa jonction au tronc de l'arbre; la partie la plus large, c'est-à-dire la base, creusée dans son épaisseur, formait le corps ou le *qaça'h* de l'instrument; le reste servait de manche. Sur le qaça'h était collée une petite planche de sapin pour faire la table. Au haut et à la partie la plus étroite du manche étaient les chevilles; les cordes qui y étaient attachées, après avoir passé sur un chevalet grossièrement fait, allaient se réunir en un seul nœud au bas du qaça'h, sur le devant.

Ainsi cet instrument ressemblait beaucoup au tanbour charqy, tant par sa construction que par sa forme. Le corps en était de même d'un seul morceau, creusé dans son épaisseur, pour faire le qaça'h. Sa forme présentait un ovale un peu aplati par le bas, et s'allongeait en se rétrécissant par le haut. Il ne ressemblait pas moins encore au tanbour charqy par la disposition de ses cordes et par son accord, puisque la corde du milieu était aussi celle qui rendait le son le plus grave, que celle qui était à gauche sonnait la quinte avec la précédente, et que celle qui était à droite sonnait la quarte du même son grave.

La seule différence que nous ayons remarquée entre ces deux instrumens, c'est que celui-ci se jouait avec l'archet, tandis que le tanbour charqy se frappe avec le *plectrum*[1].

Comme nous n'avions point encore vu d'instrumens accordés de cette manière lorsque nous arrivâmes à Alexandrie, et comme cet accord nous paraissait étrange et bizarre; pour nous assurer si c'était par ignorance, par hasard ou à dessein, que ce Vénitien avait ainsi monté son instrument, nous en lâchâmes les cordes, et puis nous l'engageâmes à les remonter et à les mettre d'accord; ce qu'il fit sur-le-champ et sans tâtonner : nous fûmes donc convaincus que cet accord, tout singulier qu'il nous paraissait, était cependant le fruit de la réflexion. Alors nous reconnûmes qu'il tenait nécessairement à un système de musique régulier et semblable à celui dont Rameau a découvert le principe fondamental, que ces sons eux-mêmes étaient fondamentaux, qu'ils appartenaient au mode dorien, ou de RÉ mineur, et qu'ils se trouvaient disposés dans l'ordre le plus conforme aux principes harmoniques. Ayant de-

---

[1] *Voyez* planche AA, fig. 10.

mandé à ce Vénitien ce qui lui avait fait concevoir l'idée d'un pareil instrument, il nous dit que dans son pays il y en avait de semblables, mais mieux faits; que, pour se récréer, il s'était occupé à former celui-ci, qui devait lui tenir lieu de celui qu'il avait laissé à Venise.

Il faut donc maintenant convenir avec nous que notre système musical est évidemment émané du vaste système de musique des Arabes, ou bien il faut expliquer comment et en quel temps notre principe harmonique leur a été communiqué.

En attendant que l'occasion se présente de traiter plus amplement cette question, pour prévenir les objections qu'on pourrait nous faire, ou pour répondre à toutes celles qu'on ne manquera pas de nous opposer d'ici à ce temps, nous aurons soin de faire remarquer tout ce qui peut ici confirmer notre opinion.

Étendue des sons qu'on peut obtenir sur le tanbour charqy en suivant les touches fixes, tant celles qui sont sur le manche que celles qui sont sur la table de l'instrument.

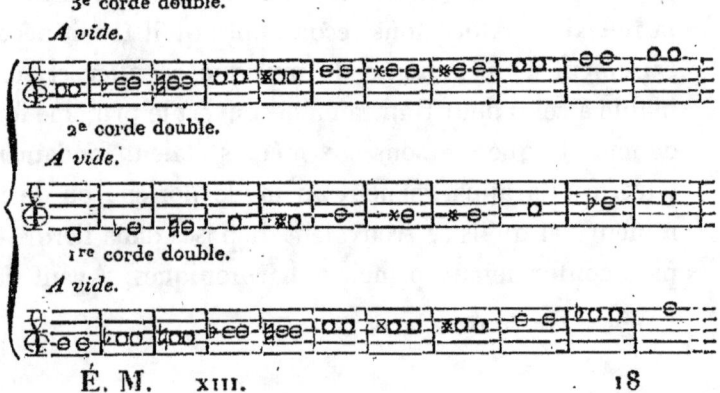

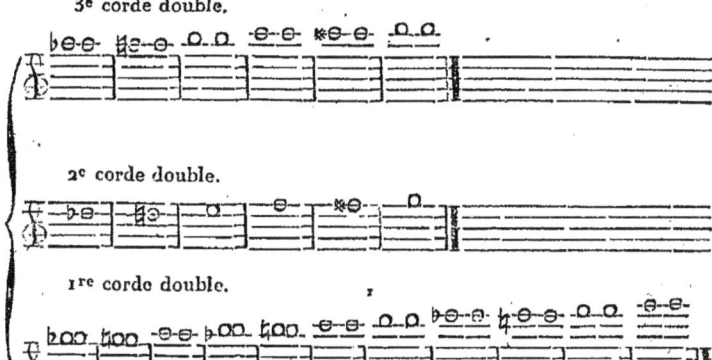

On remarquera que cet instrument, de même que les autres *tanbour*, a son accord particulier et une échelle de sons différente de celle des autres; conséquemment, que, de même que chacun de ces *tanbour*, il a aussi sa mélodie propre, qu'il n'admet que certains modes et qu'il exclut les autres. On sentira aussi, sans doute, que ces distinctions n'ont point été établies par caprice ou par hasard, mais plutôt en raison de l'usage qu'on devait faire de cet instrument, et de l'effet qu'on voulait qu'il produisît. On sait que jadis, chez les anciens peuples de l'Égypte et de la Grèce, on avait déterminé les chants et les instrumens les plus convenables suivant l'âge, l'état et les circonstances où ils devaient être employés : nous savons, d'après ce que nous avons lu dans les divers traités de musique arabe, que les Orientaux ont aussi prescrit toutes ces choses; qu'ils ont reconnu, par exemple, que tel mode convient aux gens de guerre,

---

[1] Ces cinq dernières notes sont celles des sons que l'on obtient par le moyen des touches de roseau qui sont collées sur la table, lesquelles ne s'étendent pas sous les trois autres cordes et ne peuvent leur servir.

tel autre aux gens de loi ou aux savans, tel autre aux gens de plaisir, tel autre aux femmes, tel autre aux esclaves, tel autre aux enfans, etc., etc.; que tel mode doit être exécuté en tel temps, comme, par exemple, au lever du soleil, à midi, le soir, à minuit, tel jour de la semaine, etc.; tel autre en tel autre temps, comme, par exemple, au point du jour, à neuf heures du matin, à trois heures du soir, à l'heure de la prière du matin, ou à l'heure de la prière du soir; tel jour aussi de la semaine, etc.; enfin, que chacun d'eux doit produire un effet analogue à la disposition dans laquelle il est utile que chacun se trouve en telle ou telle circonstance. Ce sont donc là aussi les principales raisons qui ont réglé le choix des sons et l'ordre de leur succession sur chaque instrument différent chez les Orientaux.

CHAPITRE IV.

Du tanbour boulghâry[1].

Le nom de cet instrument nous apprend que c'est une mandoline *bulgare*[2]. Les ornemens multipliés dont il est chargé, décèlent son origine; on y reconnaît le goût excessif des Asiatiques pour le luxe et les ornemens, jusque dans les choses qui paraissent en exiger le moins. Nous ne nous attacherons pas à expliquer en détail tous

---

[1] طنبور بلغاری *tanbour boulghâry*.
[2] *Voyez* planche A A, fig. 8.

les ornemens dont cet instrument est chargé : on les reconnaîtra facilement dans la gravure, étant une fois prévenu que tout ce qui est blanc est en nacre de perle; que tous les ornemens en points sont faits avec la pointe d'un fer rouge; que les dents de loup qui paraissent en noir autour de la table, sont en bois de Sainte-Lucie; que le bout du cheviller est en ivoire, ainsi que le sommet des têtes des chevilles.

Le tanbour boulghâry est le plus petit des *tanbour* que nous connaissions; il n'a que 578 millimètres en hauteur dans la totalité de son étendue. La partie creuse de la caisse n'a que 189 millimètres de longueur sur 115 millimètres dans sa plus grande largeur, 34 millimètres dans sa plus petite largeur, et 62 millimètres en profondeur.

Le QAÇA'H, de même que celui du tanbour charqy, est fait, à ce qu'il nous semble, d'un seul morceau d'ormeau, mais plus veiné. Cependant quelques personnes qui doivent s'y connaître mieux que nous, ont trouvé que ce bois ressemblait à celui qu'on nomme *azédarac*, lequel est un peu rougeâtre, léger, et a des couches concentriques très-prononcées, telles qu'on les voit dans celui-ci.

La TABLE est formée aussi de trois planches de sapin, dont une, qui est celle du milieu, occupe une très-grande partie de la surface de cette table, et se prolonge jusqu'à l'emboîture du bas de la tige du manche I dans l'enfourchure [1] que forme le haut de la partie allongée du qaça'h [2], comme au tanbour charqy, à la description

[1] *Voyez* planche AA, fig. 9.   [2] *Ibid.*

duquel nous renvoyons pour les détails de cet emmanchement. Les autres petites planches de la table remplissent le reste de la surface de cette table; ce qui se borne à l'espace compris entre la corde de l'arc et la circonférence de la courbe qui s'étend depuis la moitié de la hauteur de cette même table jusqu'au bas.

Nous ne pouvons donner une idée plus juste de la forme du corps de cet instrument qu'en disant qu'il ressemble à une pyramide triangulaire allongée, et à laquelle on n'aurait laissé qu'une de ses surfaces plates, tandis qu'on aurait arrondi un peu les autres, et surtout celle de la base, ainsi que l'angle de l'arête opposée à la surface plate, c'est-à-dire à la table, laquelle est encore un peu bombée. Les autres surfaces, les angles arrondis de la base et l'arête opposée à la surface de la table forment la partie convexe ou le qaça'h du tanbour boulghâry.

Le MANCHE et le CHEVILLER de cet instrument sont d'une seule pièce, en bois d'érable incrusté en nacre de perle; le tire-corde est aussi du même bois. Le sillet est en bois d'acajou. L'abaisse-corde est formé de sept tours d'une corde de laiton très-serrés autour du cheviller, à 7 millimètres au-dessus du sillet. Le chevalet est à peu près semblable à celui du tanbour charqy, toutes proportions gardées. Les chevilles sont de citronnier; elles ressemblent par leur forme aux chevilles des autres instrumens de cette espèce.

Le tanbour boulghâry n'a que treize touches, qui sont faites en ligatures de cordes de boyau, les six premières serrées par quatre tours, et les sept autres par trois tours, autour du manche. Ces cordes ne sont qu'au nombre de quatre; la première est en laiton, les autres sont en acier. Ces quatre cordes ne rendent que deux sons différens. Trois d'entre elles sont *motasáouy*, c'est-à-dire montées à l'unisson; une seule sonne la quarte : on les bat avec le *plectrum*[1].

EXEMPLE DE L'ACCORD DU TANBOUR BOULGHÁRY.

Les cordes de cet instrument ne peuvent donc donner que deux échelles de sons différens, chacune composée de quatorze, en y comprenant le son de chaque corde à vide.

Étendue des sons qu'on peut obtenir sur chacune des cordes du tanbour boulgháry.

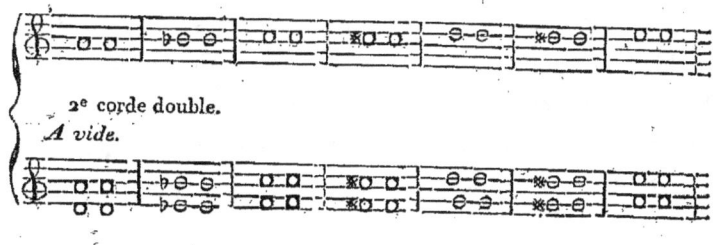

[1] *Voyez* fig. 10.

CHAPITRE V.

Du tanbour bouzourk[1].

ARTICLE PREMIER.

Du tanbour bouzourk; de sa forme; de ses parties et de ses ornemens.

Bouzourk en persan signifie *grand* : le *tanbour bouzourk* est donc une *grande mandoline*, et probablement, la grande mandoline persane, de même que le tanbour kebyr tourky est la grande mandoline turque.

Cet instrument[2] tient en quelque sorte le milieu entre les *tanbour* précédens. Il est moins simple que le *tanbour charqy* (mandoline orientale), mais moins composé que le tanbour kebyr tourky et moins orné que le tanbour boulghâry. Ce dernier n'a que quatre chevilles, quatre cordes et treize touches; le tanbour charqy a cinq che-

---

[1] طنبور بُوزُورك *tanbour bouzourk*. On devrait écrire بُزرك pour se conformer à l'orthographe persane.

[2] *Voyez* planche A A, fig. 11.

villes, cinq cordes et vingt-une touches; le tanbour bouzourk a six chevilles, six cordes et vingt-cinq touches, et le tanbour kebyr tourky a huit chevilles, huit cordes et trente-sept touches. La forme du tanbour bouzourk est plus régulière et plus arrondie que celle du tanbour charqy; mais elle n'est pas hémisphérique, comme celle du tanbour kebyr tourky; elle ressemble à une moitié de poire.

Le QAÇA'H, ou la partie convexe du corps sonore, est composée de côtes collées sous la base du manche, comme celles du tanbour kebyr tourky. Ses côtes sont plus étroites à leurs bouts, et plus larges vers le quart de leur hauteur. Elles diffèrent en cela de celles du tanbour kebyr tourky, dont la plus grande largeur est au centre de leur courbure [1]. Elles en diffèrent aussi par le nombre; car, au lieu de onze qu'a celui-ci, il n'y en a que dix au tanbour bouzourk. Huit d'entre elles se concentrent également par leur extrémité inférieure et se réunissent aussi au-dessous du qaça'h, au point où passerait une ligne qui descendrait d'aplomb en suivant la direction de la tige du manche, prolongée par derrière jusqu'en bas; mais leur union n'est point couverte par la queue du tire-corde, ainsi que l'est celle des neuf côtes du tanbour kebyr tourky. Les deux autres côtes, sur lesquelles, de chaque côté, porte la table, vont en s'élargissant par leurs bouts; celles d'en bas se rejoignent l'une à l'autre au-dessous du centre de la jonction des huit premières, et sont couvertes en cet endroit par la queue du tire-corde, qui est fort courte.

[1] *Voyez* planche AA, fig. 6.

Le MANCHE se compose de deux parties, la tige M et la base B. La tige ne fait qu'une seule pièce avec le cheviller, et est en bois de châtaignier ; elle est terminée en angle par le bas, en a, où elle entre dans l'enfourchure que forme la base depuis c où elle a son ouverture, jusqu'en B où est son sommet. La base, par conséquent, s'étend depuis a jusqu'en c, au moins extérieurement ; car il est vraisemblable qu'elle se prolonge encore dans l'intérieur du corps sonore, et que c'est sur ce prolongement qui se termine en croupe, que sont collés les bouts des côtes.

Le CORPS SONORE et le CHEVALET sont en sapin ; le TIRE-CORDE est en cyprès, ainsi que la base du manche. Quatre des chevilles sont en bois de citronnier ; les deux autres, qui sont les deux plus basses par-devant, sont en bois de Sainte-Lucie : toutes ont les bouts de leur tête terminés par un petit bouton en ivoire. Les cordes sont de métal : trois, sur la droite, sont en acier ; les trois autres, sur la gauche, sont en laiton.

La TABLE du tanbour bouzourk, de même que celle du tanbour charqy, est composée de trois petites planches de sapin. La plus grande est aussi celle du milieu ; elle occupe toute la longueur du milieu, et s'étend jusqu'au-delà de l'enfourchement et de la réunion de la tige du manche à sa base. Dans les entre-deux de cette planche avec les deux petites qui terminent de chaque côté la largeur de la table, on voit un filet noir en ébène, près duquel, de droite et de gauche, il y a des points noirs faits avec une pointe de fer rougie au feu, posée presque à plat. Il y a des points semblables autour de la table près des bords, distans les uns des autres d'environ 20 millimètres. Il y a aussi des ornemens sur la table, composés également de points noirs, au milieu desquels sont de petites plaques rondes en nacre de perle : à chacune des extrémités de la planche du milieu de la table est une plaque triangulaire, également en nacre de perle. Sur cette table, il y a, de même que sur celle du tanbour charqy, de petits morceaux de *qalam* collés, qui sont des touches ajoutées : toute la différence est que, sur celui-ci, il y en a six, tandis qu'au tanbour charqy il n'y en a que cinq.

Nous ne regardons pas comme une chose nécessaire, de faire observer que les ornemens en nacre ne se trouvent ici que sur la table, de même qu'au tanbour kebyr tourky, tandis qu'au tanbour charqy on n'en voit que sur le manche : car, quoique les Orientaux soient très-scrupuleusement attachés à leurs usages même les plus minutieux, nous ne croyons pas qu'ils mettent beaucoup d'importance à ces sortes d'ornemens; cependant il n'est peut-être pas inutile d'en faire la remarque.

Il y a encore, entre le tanbour bouzourk et le tanbour charqy, un autre rapport de ressemblance que nous ne croyons pas plus essentiel que le précédent; c'est que dans l'un et dans l'autre instrument l'abaisse-corde est en corde de boyau, avec cette différence qu'au tanbour charqy il ne se compose que de cinq tours, au lieu qu'au tanbour bouzourk il y en a sept.

Tous ces rapprochemens pouvant donner une idée assez exacte de la forme de cet instrument, nous n'avons plus qu'à décrire ses dimensions et les proportions de ses parties.

ARTICLE II.

Des dimensions du tanbour bouzourk, et des proportions de ses parties.

Cet instrument a dans sa hauteur totale une étendue de 1^m049 : le manche seul comprend une étendue de 724 millimètres; le corps sonore fait le reste, qui est de 525 millimètres.

La table, mesurée depuis le tire-corde jusqu'à l'endroit où se termine l'ornement triangulaire en nacre de perle qui est sur le manche, a 442 millimètres de longueur : dans sa plus grande largeur, qui est un peu au-dessous du chevalet, elle a 182 millimètres. La profondeur de la caisse est à peu près de 108 millimètres. Les côtes du qaça'h ont dans leur plus grande largeur 34 millimètres.

Nous négligeons les autres détails, pour éviter aux lecteurs l'ennui de leur aridité : si nous les avons minutieusement décrits à l'égard des instrumens précédens, c'était afin de ne laisser ignorer rien de ce qui concerne l'art et le goût avec lesquels les instrumens orientaux sont fabriqués; mais, quand il n'y a plus rien de nouveau à remarquer sous ces divers rapports, nous croyons devoir abréger de plus en plus notre description.

ARTICLE III.

De l'accord de l'instrument, et de l'étendue de ses sons.

L'accord du tanbour bouzourk est établi sur le même principe que celui du tanbour charqy. Quoique cet instrument soit monté de six cordes, il ne rend cependant que trois sons différens; mais ces sons ne sont pas disposés de même que ceux du tanbour charqy. Le son le plus grave est à droite, c'est-à-dire à la place qu'occupe la chanterelle de nos violons : il est rendu par une seule corde d'acier. Le second son, ou le son du milieu, est à la quinte au-dessus du premier, et est rendu par deux cordes d'acier à l'unisson, placées à la gauche de la précédente. Le troisième son est à la quarte du son grave, ou à un ton au-dessous du second : il est rendu par trois cordes de laiton à l'unisson, placées à la gauche des deux précédentes, ainsi qu'on peut le voir dans l'exemple suivant :

Exemple.

Cordes de laiton.   Cordes d'acier.   Corde d'acier.

Par le moyen des touches qui divisent le manche, et de celles qui sont collées sur la table, chaque corde qui rend un des sons de cet accord peut fournir une série de sons en montant.

Les touches qui sont sur la table ne s'étendant pas sur

les trois premières cordes de laiton de la gauche, qui sont montées à l'unisson, et celles-ci ne pouvant porter que sur les dix-neuf touches en cordes de boyau qui divisent le manche, il n'en peut résulter qu'une série de vingt sons, en y comprenant le son à vide; mais pour les trois cordes en acier dont l'une est accordée à la quinte au-dessous des deux autres, et à la quarte au-dessous des trois premières, outre qu'elles peuvent, comme les précédentes, porter sur les touches du manche, elles s'étendent encore au-dessus des six touches ajoutées à la table, et produisent par conséquent deux séries plus grandes de cinq sons chacune que la première, c'est-à-dire deux séries de vingt-cinq sons.

Étendue et variété des sons que produit le tanbour bouzourk.

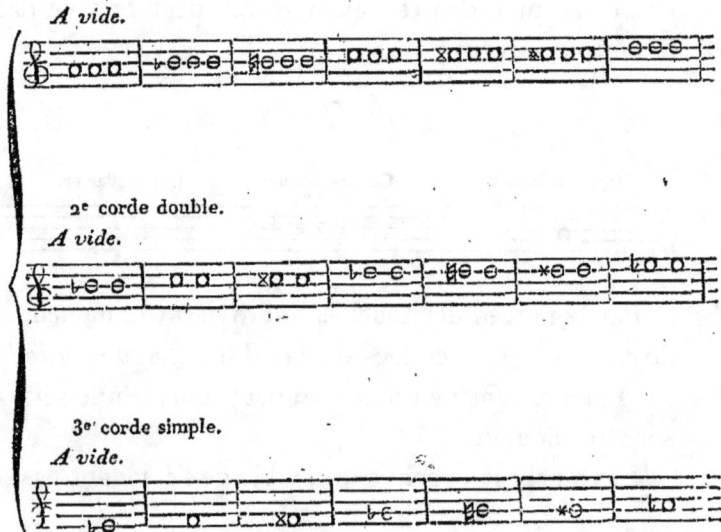

286 INSTRUMENS DE MUSIQUE

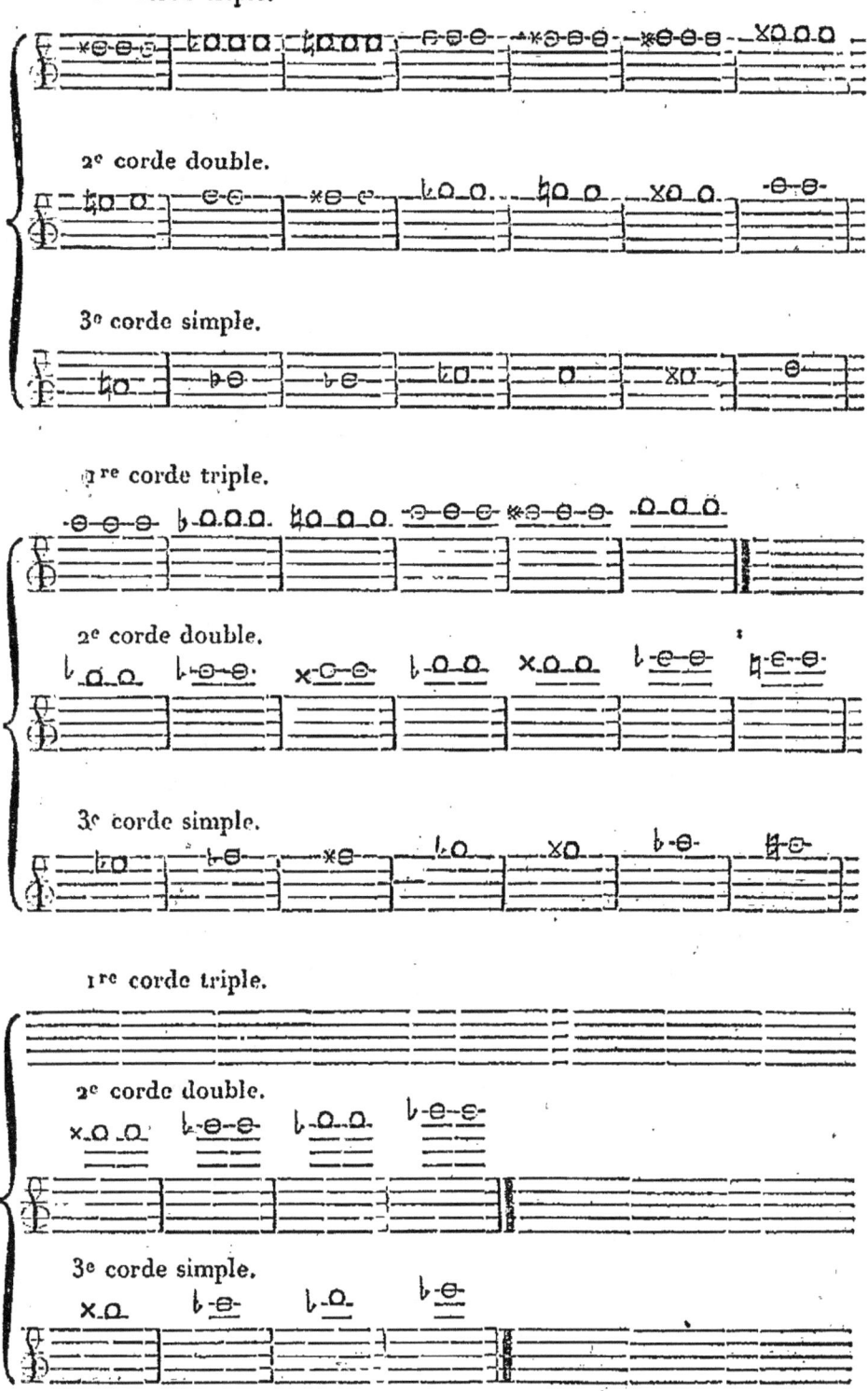

[1] Ces cinq derniers sons de la 2ᵉ corde double et de la 3ᵉ corde simple

CHAPITRE VI.

Du tanbour baghlamah[1].

Cette mandoline paraît être un diminutif du tanbour bouzourk, et c'est vraisemblablement aussi pour cela qu'on lui a donné le nom de *tanbour baghlamah*, qui signifie *mandoline d'enfant*, ou *petite mandoline*, par opposition au nom de la précédente, qu'on a appelée *tanbour bouzourk*, ou *grande mandoline*.

En effet, au premier coup d'œil, le tanbour baghlamah ne semble différer du tanbour bouzourk que par la petitesse de ses dimensions, lesquelles n'ont guère que le tiers des proportions de celui-ci; à cela près, l'un ressemble beaucoup à l'autre par sa forme et par ses ornemens : le *qaça'h*, la *table*, le *manche*, les *chevilles*, le *tire-corde*, sont faits absolument de même, conséquemment nous renvoyons à la description que nous avons faite de ces parties en parlant du tanbour bouzourk, et nous ne parlerons ici que de ce qui distingue l'instrument dont il s'agit.

Le qaça'h du tanbour baghlamah[2] n'est composé que de sept côtes, dont cinq vont en se rétrécissant par le bout, et sont faites du bois d'une espèce de laurier d'un grain assez fin et satiné; les deux autres, au contraire des

---

s'obtiennent au moyen des touches de *qalam* qui sont ajoutées sur la table de l'instrument.

[1] طنبور بغلمه *tanbour baghlamah*, planche A A, fig. 12.
[2] *Voyez* planche A A, fig. 13.

cinq précédentes, vont en s'élargissant par les bouts, et aboutissent l'une à l'autre par le bas ; la dernière enfin de chaque côté, c'est-à-dire celles sur lesquelles porte la table, sont en bois de hêtre. La base du manche est de châtaignier; la tige est de sapin : l'étendue de ces deux parties est divisée par quatorze touches composées de ligatures en cordes de boyau, de même que le sont celles de toutes les autres mandolines orientales. Les chevilles sont de bois de cornouiller, et façonnées non au tour, mais avec une lime; le tire-corde, le sillet, le bout du cheviller et le sommet des têtes des chevilles sont en ivoire. L'abaisse-corde est un anneau composé de dix tours très-serrés d'une corde de laiton fort fine. Les trois petites planches qui, comme au tanbour bouzourk, forment la table, n'en remplissent pas entièrement l'étendue dans la largeur; mais, de chaque côté, en descendant depuis l'endroit où la courbe de l'ovale commence à retourner et à devenir plus sensiblement arrondie jusqu'au bas, le reste de la table est terminé par un petit morceau d'écaille. Le chevalet est très-bas et en sapin. Les cordes sont au nombre de quatre; la première sur la gauche est en laiton, et les trois autres sont en acier[1].

[1] Laborde compare cet instrument au *sewuri;* nous n'avons jamais entendu parler en Égypte d'aucun instrument de ce nom ; mais, suivant ce qu'en dit cet auteur dans son *Essai sur la musique*, il est vraisemblable que le sewuri est le même instrument que nous avons décrit sous le nom de *tanbour bouzourk*, excepté que celui-ci est monté de cinq cordes en acier et d'une en laiton, tandis que, suivant Laborde, le sewuri n'a que cinq cordes en tout, dont une en laiton. Cependant celui que Laborde appelle *baglamah* ou *tambura*, ressemble peu au nôtre, dans la gravure qu'il en a présentée dans son *Essai*, etc., et la description qu'il en a faite est très-différente de celle que nous en donnons ici : « Le *baglamah* ou *tambura*, dit-il, a presque la même forme que

L'accord de cet instrument est en sens inverse de celui du bouzourk. Dans celui-ci, les sons sont ordonnés de manière qu'en les regardant comme étant les sons fondamentaux d'un mode, la tonique est au grave, la dominante et la sous-dominante à l'aigu; tandis que, dans l'accord du tanbour baghlamah, au contraire, la tonique est à l'aigu, la dominante et la sous-dominante sont au grave.

EXEMPLE DE L'ACCORD DU TANBOUR BAGHLAMAH.

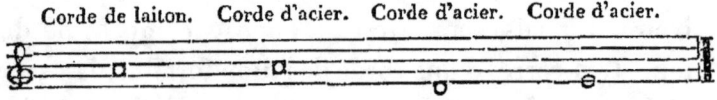

Corde de laiton.   Corde d'acier.   Corde d'acier.   Corde d'acier.

Chaque corde étant divisée par les quatorze touches du manche, peut donner quinze sons différens, en y comprenant le son à vide; ce qui donne les trois séries de sons suivantes :

Étendue et variété des sons que peut produire le tanbour baghlamah.

le sewuri; mais il est beaucoup plus petit, et n'a que trois cordes, dont deux en acier et une de laiton. Autour du manche on attache des cor-

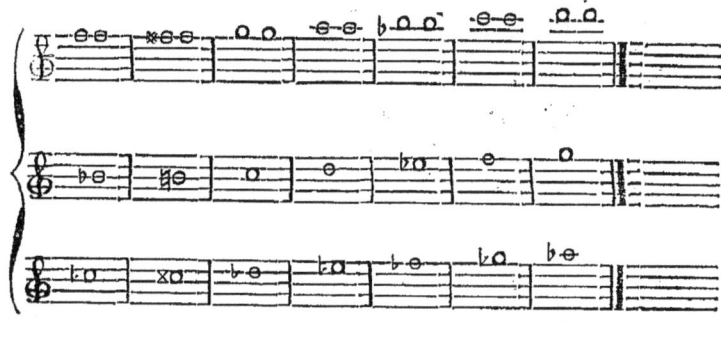

CHAPITRE VII.

De la kemángeh roumy[1]*, ou de la viole grecque.*

ARTICLE PREMIER.

Du nom de cet instrument.

Les Arabes ont emprunté des Persans le nom de كمانجه *kemángeh.* Ce nom en persan est composé de deux mots, de كمان *kemán*, arc ou archet, et de كاه *káh*, qu'il faut prononcer *guiáh* et qui signifie *lieu*; ce qui, pour eux, est la même chose qu'*instrument à archet*, c'est-à-dire une viole; car les Persans désignent souvent un objet en exprimant seulement l'usage qu'on en fait : ainsi, par exemple, pour dire un chandelier, ils disent

des de boyau : pour pouvoir rendre les sons plus aigus, on les touche avec une plume, et ordinairement on chante en jouant. Le corps est d'un bois mince, la table n'est presque point du tout courbée, et les chevilles ne sont pas toutes au côté du manche, mais quelques-unes sont dessus. »

[1] كمانجه رومي *kemángeh roumy*, c'est-à-dire *viole grecque.* Voyez pl. AA, fig. 14.

le lieu de la chandelle; pour dire un lit, ils disent *le lieu du sommeil, etc.* Le nom de *kemângeh* suivi du mot روبي *roumy*, qui signifie *grec*, a donc en arabe le même sens que celui de *viole grecque* en français.

Les Arabes auraient mal prononcé le mot كمانكاه *ke-mânguiâh*, s'ils lui eussent conservé son orthographe originelle, parce que le ك, qui, en persan, rend à peu près le même son que notre *g* dur[1], se prononce en arabe comme notre *k* : mais, pour conserver la prononciation du mot persan, ils ont substitué au ك le ج[2], qui, en arabe, répond dans certaines contrées au *g* des Italiens, et en d'autres à notre *g* dur; ce qui fait qu'ils écrivent كمانجه *kemângeh,* et non pas كمانكاه *kemânkâh,* ou bien كمانكه *kemânkeh.*

ARTICLE II.

De la forme de la kemângeh roumy ou viole grecque.

Cette viole ressemble beaucoup à l'instrument qu'on connaissait, il n'y a pas très-long-temps, en France et en Italie, sous le nom de *viole d'amour.* Peut-être cette viole nous était-elle venue des Grecs.

Nous avons vu des *kemângeh roumy* de plusieurs dimensions; les unes plus grandes ou plus grosses, les autres moins; celles-ci d'une forme qui nous paraissait fort ancienne, et celles-là d'une forme plus moderne :

---

[1] Il y a une légère différence : le ك en persan se prononce comme notre *g* dur, mais mouillé, c'est-à-dire *guia* ou *gnia*.

[2] Dans l'Yémen et dans la Syrie, le ج se prononce *djé*; mais, au Kaire et dans presque toute l'Égypte, il se prononce *gué* ou *guié*.

mais nous n'avons pas remarqué qu'on les distinguât les unes des autres par un nom particulier, ni qu'elles fussent accordées différemment, lorsqu'elles n'étaient pas dans les mêmes proportions; seulement nous avons cru reconnaître que le diapason en était différent; ce qui est à peu près la même chose dans le système musical des Arabes, où un mode n'est pas censé avoir changé de nature tant que l'ordonnance des sons est restée la même.

La kemângeh roumy qui est gravée dans la planche A A[1], tient le milieu entre le violon et la quinte ou l'alto, et ne diffère essentiellement de cet instrument que par la manière dont elle est accordée.

ARTICLE III.

De l'accord de la kemângeh roumy.

Cet instrument est monté de douze cordes, six mobiles et six stables. Les cordes mobiles sont faites de boyau; elles sont tendues en dehors sur le manche, passent sur le chevalet et vont s'attacher au tire-corde, de même que les cordes de nos violons. Les cordes stables sont faites de laiton; mais, au lieu d'être tendues sur le sillet et sur la touche du manche comme les autres, elles passent en dessous, au moyen du vide que l'on a conservé entre ces parties et la tige du manche, afin que ces cordes puissent y être introduites et y vibrer librement sans heurter le bois d'aucun côté; ensuite elles traversent

[1] *Voyez* fig. 14.

le chevalet par de petits trous pratiqués dans son épaisseur vers la moitié de sa hauteur, et vont s'attacher pardessous le tire-corde à l'extrémité opposée à celle où sont attachées les cordes mobiles de boyau.

On ne joue que sur les cordes de boyau, et jamais sur les cordes de laiton : on le voudrait qu'on ne le pourrait pas; leur position en dessous du manche ou sous les autres cordes, rendrait ce dessein impraticable. L'utilité des cordes de laiton, quand on joue de cet instrument, paraît être de répéter les vibrations et les sons des autres cordes. Voici l'accord des unes et des autres.

ACCORD DE LA KEMANGEH ROUMY.

Accord des cordes de boyau[1].

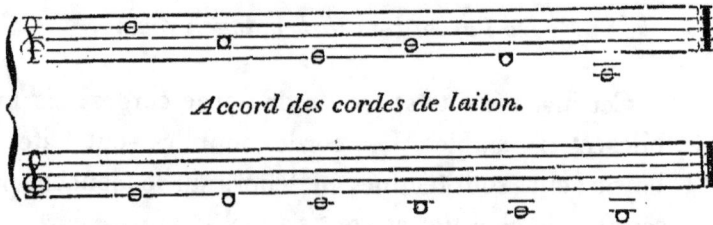

Accord des cordes de laiton.

[1] Cet accord fut connu en Europe dans le seizième siècle; c'est à peu près le même que celui d'une basse ou violoncelle de Gaspar Duiffoprugcar, luthier tyrolien, né dans le Tyrol italien vers la fin du quinzième siècle. La seule différence qu'il y ait entre l'accord de la basse de Duiffoprugcar et celui de la kemàngeh roumy, est que le premier instrument contient un son de plus, et que les sons du second sont ordonnés à la manière arabe, de droite à gauche. Voici l'accord de la basse de Duiffoprugcar :

En le lisant de droite à gauche, il devient, à peu de chose près, le même que l'accord de la kemàngeh roumy.

Voyez sur Duiffoprugcar le *Diction. historique des musiciens*, etc., par MM. Al. Choron et F. Fayole.

La kemângeh roumy, n'ayant point de touches fixes, n'a point non plus de tablature particulière. On peut, par conséquent, obtenir librement et sans aucun obstacle, sur chacune de ses cordes, ainsi que sur celles de nos violons, tous les sons dont ces cordes sont susceptibles, sur tous les points de leur étendue.

CHAPITRE VIII.

Du qânon[1].

ARTICLE PREMIER.

Du véritable sens du nom de QANON *appliqué à un instrument de musique. Destination primitive des instrumens désignés par ce nom. Usage que Ptolémée a fait de cette espèce d'instrument en composant son Traité des harmoniques.*

Le mot *qânon* قانون dans la langue arabe n'a vraisemblablement pas eu une origine différente de celle du mot κανών, *kanôn*, en grec. Dans l'une et dans l'autre langue, ce mot a la même acception : il signifie, en général, *type*, *modèle*, *règle*, *mesure;* quelquefois aussi il se prend dans le sens de *loi*, de *tarif*, de *prix fixé* et *déterminé*, de *taux* des diverses marchandises qui se vendent au marché; mais on ne peut supposer qu'il ait

---

[1] قانون *qânon.* Voyez pl. BB, fig. 1.

pu être employé dans ce dernier sens pour désigner un instrument de musique. La forme trapézoïde du qânon égyptien, le nombre infini de lignes proportionnelles dont se compose sa surface comprise entre les deux côtés parallèles et sur laquelle sont tendues les cordes, semblent, au contraire, indiquer que cet instrument fut originairement destiné à servir de *règle* ou plutôt d'échelle proportionnelle, pour comparer entre elles les différentes longueurs des cordes, pour établir et déterminer les divers rapports des sons, et enfin pour servir de *type* et de *modèle* à tous les instrumens à cordes. En effet, il fut jadis employé à cet usage en Égypte et par les Égyptiens.

Ptolémée, mathématicien et musicien, natif de Naucratis dans le Delta, et qui florissait à Péluse dans le second siècle de l'ère chrétienne, s'est servi d'un instrument de ce genre pour démontrer les rapports harmoniques des sons par la longueur des cordes. On en voit un dessin dans son *Traité des harmoniques*, page 523 du manuscrit grec de la Bibliothèque du roi, coté n°. 2457; et sur le côté de ce dessin où les cordes sont censées devoir être attachées, on lit ces mots, βάσις κάνονος, *basis kanonos*, base du canon. Ce qui prouve évidemment que le nom de قانون *qânon*, en arabe, ainsi que celui de κανὼν, *kanôn*, en grec, dont l'acception est la même, n'ont été originairement appliqués à l'instrument dont il s'agit que dans le sens de *règle*, de *mesure*, de *type*, de *modèle*, et que le premier usage de cet instrument a été de comparer entre elles les longueurs et les proportions des cordes, ainsi que de déterminer les divers rapports des sons, c'est que les Arabes le regardent encore comme le *type* de leur système musical; et l'on doit se rappeler que, d'après l'aveu de leurs auteurs que nous avons cités dans notre Mémoire sur l'état actuel de l'art musical en Égypte, le système de la musique arabe a été composé à l'imitation du système musical des Grecs.

ARTICLE II.

Quel fut le principal qânon, ou le qânon prototype des autres. Ressemblance qu'il y a entre la forme d'un instrument sculpté sur les antiques monumens de l'Égypte et le canon monochorde *de Ptolémée. Nouvelle opinion sur l'origine du monochorde.*

Outre le qânon dont il s'agit, il était cependant nécessaire qu'il y eût encore une autre mesure qui tînt lieu en quelque sorte d'étalon, ou, pour parler musicalement, qui servît de *canon* primitif; et en effet il y avait le monochorde, instrument *canon* aussi, qui était spécialement destiné à diviser et à mesurer la corde en chacune de ses parties résonnantes, autant que le son pouvait en être apprécié et distingué de celui des autres parties, et à exprimer par la longueur de la partie résonnante le rapport du son qu'elle rendait, à celui de la corde entière.

Aussi le monochorde qui fut connu dès la plus haute antiquité comme le prototype du système musical, a toujours été employé pour démontrer la division harmonique de la corde; et c'est pourquoi Ptolémée l'appelle μονόχορδος κανών, *monochordos kanôn*, canon monochorde. On trouve le dessin de cet instrument près de celui du *canon* précédent qui a la forme d'un trapèze, dans le même manuscrit grec du *Traité des harmoniques*, que nous avons cité dans l'article Ier.

Une remarque fort curieuse et qu'il est intéressant de faire ici, c'est que le canon monochorde de Ptolémée ressemble parfaitement à une figure que l'on voit sculptée parmi les emblèmes et les caractères allégoriques qui décorent les monumens antiques de l'Égypte, laquelle paraît avoir tantôt une, tantôt deux chevilles. Laborde, dans son *Essai sur la musique*, tome Ier, pages 291 et 292, parle d'un instrument semblable qui a été observé parmi les hiéroglyphes dont est chargé un des obélisques qui, sous le règne d'Auguste, furent apportés d'Héliopolis en Égypte à Rome, et que l'on croit avoir été érigés primitivement par Sésostris, environ quatre cents ans avant la guerre de Troie. Cet instrument, tel qu'il est gravé dans l'*Essai sur la musique* déjà cité, a deux cordes; mais parmi ceux que nous avons attentivement examinés, soit dans les sculptures des obélisques de Louqsor, de Karnak et d'Héliopolis même, soit dans les sculptures de plusieurs autres espèces de monumens, tels que temples, tombeaux, sarcophages, etc., nous n'en avons pas rencontré un seul où l'on aperçût des traces bien sensibles des cordes dont ils devaient être montés; la fidélité que nous nous sommes fait un devoir d'observer dans tout ce que nous rapportons, nous oblige de faire cet aveu.

Toutefois, si, ce qui est très-probable, cette figure

est celle d'un instrument de musique qui fut en usage dans l'antique Égypte; si ce que nous avons cru être des chevilles en étaient réellement; si, par conséquent, il y avait de ces sortes d'instrumens *monochordes*, c'est-à-dire à une seule corde, et des instrumens *dichordes*, c'est-à-dire à deux cordes, il est tout naturel de penser que, dans un pays où les mœurs et les usages n'éprouvent d'altération que très-rarement et très-difficilement, on a pu conserver au monochorde, jusqu'au temps de Ptolémée, la même forme qu'on lui avait donnée dans les siècles les plus reculés, surtout si, comme tout semble l'annoncer, les instrumens *canons* furent consacrés par les Égyptiens d'une manière religieuse, et placés au nombre des symboles, des emblèmes sacrés, dont se composent en grande partie leurs hiéroglyphes : or, il est difficile de ne pas en être persuadé, en considérant ces sortes d'instrumens sculptés comme ils le sont sur les temples et sur tous les monumens religieux des anciens Égyptiens, où souvent on les voit accompagner des scènes qui représentent des mystères de la religion de ces peuples. D'ailleurs, suivant le rapport du prêtre égyptien dont Platon, dans son *Timée*, nous a transmis l'entretien avec Solon, et suivant ce que nous avons nous-mêmes remarqué, on ne négligeait point en Égypte de graver sur les monumens tout ce qui avait une utilité réelle quelconque, et méritait par conséquent qu'on en perpétuât le souvenir; nous y avons vu sculptés les diverses cérémonies du culte religieux, les allégories sacrées, les travaux de l'agriculture, les exercices de plusieurs arts, des traits d'histoire, des combats, des jeux, etc.

ARTICLE III.

Sens allégorique et emblématique que les anciens Égyptiens attachèrent à la représentation des diverses formes du canon. Application que ces peuples, et plusieurs anciens philosophes grecs après eux, firent de ces sortes d'instrumens dans la démonstration de l'harmonie céleste. Motifs du sens allégorique qu'on attacha à la représentation du canon.

De même que le canon *trichorde*, ou la lyre antique à trois cordes de Mercure, fut vénéré comme un emblème des trois saisons[1] qui partagent l'Égypte, le canon *dichorde* put être aussi l'emblème du jour et de la nuit, ou des deux moitiés de l'année, pendant la durée de chacune desquelles le soleil passe d'un tropique à l'autre; ce que les anciens exprimaient aussi par la fable allégorique de Proserpine qui passait six mois dans les enfers avec Pluton (ce temps était celui que le soleil ou plutôt que la terre met à passer de l'équateur au tropique du Capricorne, et à revenir de là à l'équateur), et six mois sur la terre avec sa mère Cérès (c'est le temps qu'emploie le soleil à passer de l'équateur au tropique du Cancer, et à revenir de ce tropique à l'équateur). Or, quand on réfléchit que les anciens Égyptiens (au rapport de Platon et de Plutarque), dans la vue d'unir par un lieu commun toutes les connaissances humaines, et d'en former un seul système où chacune d'elles pût

---

[1] Orphei hymn. *Apollinis suffimentum mannam.* Diod. Sic. *Bibl. histor.* lib. 1, cap. xvi, pag. 48; Bimponti, 1793, gr. et lat.

acquérir une plus grande évidence, étant éclairée par l'éclat des autres; quand on se rappelle le soin scrupuleux qu'ils prenaient à rattacher tout à un seul et même principe, et à ne laisser échapper aucun des rapports communs que les sciences et les arts ont ou peuvent avoir entre eux, soit qu'ils considérassent leurs rapports directs et naturels, soit qu'ils envisageassent ceux que leur prêtait le génie allégorique de ces temps reculés, on doit bien présumer que le monochorde, comme étant le prototype de tout le système de l'harmonie musicale, put devenir, par analogie, l'emblème de tout le système de l'harmonie universelle et astronomique. Cela paraît même d'autant plus certain, que Pythagore et Platon, qui puisèrent à l'école des prêtres de l'antique Égypte leur philosophie, et qui y étendirent et perfectionnèrent toutes leurs connaissances, étaient persuadés aussi que les principes fondamentaux de la musique avaient une très-grande affinité avec ceux de l'astronomie; qu'ils pensaient même qu'on était plus capable de se livrer avec succès à l'étude de cette dernière science, quand on possédait bien la première. Mais, afin qu'on ne nous attribue pas une semblable idée, qui, sans doute, doit paraître absurde et chimérique à bien des gens, et surtout à ceux qui renferment la science musicale dans les étroites limites où l'ignorance et la routine l'ont resserrée parmi nous aujourd'hui, nous rapporterons littéralement un passage fort curieux du viie livre de la *République* de Platon, où il s'agit des rapports qu'ont entre elles la musique et l'astronomie, et des secours qu'on peut obtenir des principes de la première de ces deux sciences pour démontrer la seconde. L'entretien roule entre Socrate et Glaucus sur les sciences qu'il convient d'admettre dans une république, et Socrate range la musique au nombre de ces sciences. Le peu que nous allons en extraire fera aisément juger du reste.

« *Socrate*. Mais quelle est, parmi les sciences qui doivent nous convenir, celle que vous pourriez citer?

« *Glaucus*. Ma mémoire ne m'en présente point en ce moment.

« *Socrate*. Cependant le mouvement nous en offre, non une seule, mais de plusieurs espèces.

« *Glaucus*. Quelles sont-elles?

« *Socrate*. D'abord il y en a une analogue à l'astronomie et également importante.

« *Glaucus*. Quelle est-elle enfin?

« *Socrate*. De même que les yeux sont faits pour observer l'astronomie, les oreilles paraissent constituées de manière à saisir aussi les mouvemens harmoniques : c'est pourquoi les Pythagoriciens pensent que ces sciences (la musique et l'astronomie) sont sœurs, et nous le reconnaissons comme eux. »

La certitude que nous avons qu'on a comparé de temps immémorial l'harmonie céleste à l'harmonie musicale, qu'on a fait correspondre les sept planètes aux sept sons de la musique[1], qu'on a représenté les saisons par les cordes de la lyre, et ce que nous apprend ici

---

[1] L'usage de faire correspondre les consonnances et les sons du système musical à l'harmonie céleste et aux planètes, s'est perpétué chez les musiciens grecs et chez les musiciens latins; on en retrouve encore des traces jusque vers le huitième siècle de l'ère chrétienne.

Platon, qui tenait des Égyptiens ses opinions philosophiques, nous autorisent donc à croire que le monochorde que nous avons vu parmi les emblèmes sacrés sculptés sur les temples antiques de la haute Égypte, était employé là non-seulement comme instrument de musique, mais encore comme un emblème de l'harmonie des mouvemens du ciel, des révolutions périodiques des saisons, et des distances respectives des astres entre eux, puisque tous les mystères et toutes les allégories avaient pour unique objet d'étendre et de perpétuer la connaissance des lois de la nature par une étude constante et réfléchie et par des observations continuelles. C'est, on n'en peut douter, sous ce double rapport que Pythagore recommandait expressément à ses disciples d'avoir sans cesse recours au monochorde : car, selon l'opinion de ce disciple des prêtres de l'Égypte, les mouvemens célestes formaient une harmonie sensible qui était du ressort de la musique; et c'est encore sur ce même principe que *Panacme*, philosophe pythagoricien, a dit depuis[1], que le devoir d'un musicien était, non-seulement d'ordonner des sons entre eux, mais en-

---

[1] Voici ce que nous rapporte à ce sujet Aristide-Quintilien, dans son Traité de la musique, liv. 1, pag. 2 et 3, édition de Meibomius, in-4°, *Amstelodami*, 1652, où on lit ce passage remarquable :

Sola autem ars prædicta (musica scilicet) *per omnem, ut breviter dicamus, materiem est extensa, ac per omne vagatur tempus, tum animam harmoniæ ornamentis condecorando, tum corpus decoris rhythmis conformando; cùm et pueris apta sit, ob ea quæ ex cantu habentur commoda; et ætate proficientibus, tum modulatæ dictionis, tum summatim orationis omnis tradat ornamenta; provectis deinde, et numerorum exponat naturam, proportionumque varietatem; harmonias verò quæ per istas in omnibus corporibus existunt, commonstret; ac, quod maximum est et perfectissimum, quæ de anima, quam nulli non homines difficulter percipiunt, tum singulorum, tum quoque uni-*

core d'étudier et de suivre les lois de l'harmonie dans tout ce qu'embrasse la nature.

ARTICLE IV.

Des diverses espèces d'instrumens qui ont été imaginés à l'imitation des premiers.

L'analogie frappante qu'offrent la forme, soit du canon monochorde de Ptolémée, soit de celui qui est sculpté sur les monumens antiques de l'Égypte, et celle des instrumens de musique orientaux connus aujourd'hui sous les noms de *kemângeh* et de *kytarah*, nous a encore fait naître d'autres réflexions, qui, si elles sont justes, nous découvrent la marche progressive des inventions qui ont produit la plupart des instrumens à cordes. Regardant cette analogie comme un témoignage non douteux de l'origine commune de ces diverses espèces d'instrumens, tout nous a convaincus de plus en plus que les derniers avaient été inventés à l'imitation du monochorde, et que, par une extension et un abus de l'usage de celui-ci, ceux-là avaient acquis une perfection qui, en faisant négliger le premier instrument et les spéculations philosophiques auxquelles il avait été consacré, était devenue la source de cet art futile et fan-

versi, rationes suppeditare habeat. Cujus rei mihi testis est divina sapientis viri Panacmæ, Pythagorei, oratio, qui, NEGOTIUM, *inquit,* MUSICES EST, NON TANTUM VOCIS PARTES INTER SE COMPONERE, SED QUÆCUMQUE NATURA SUO AMBITU INCLUDIT,
COGERE ET CONCINNARE. *Verùm de his in sequentibus demonstrabitur, oratione eò provectâ.*

C'est en effet ce que, dans la suite de son Traité sur la musique, Aristide-Quintilien démontre par les preuves et les faits qu'il allègue.

tasque auquel on donna depuis, mal-à-propos, le nom de *musique*, quelque peu de rapport qu'il eût avec cette science. Dès que l'on eut commencé à ajouter plusieurs cordes à l'instrument *canon*, cet instrument, au lieu de servir uniquement à mesurer les longueurs des cordes, à déterminer les rapports harmoniques des sons et à en fixer le choix, fut bientôt employé dans la mélodie, qui, jusqu'alors, avait paru ne devoir appartenir qu'à la voix, seul instrument naturel capable de rendre des sons réellement expressifs, dignes de fixer notre attention et de nous toucher, par conséquent le seul propre au chant. Ce fut sans doute pour empêcher une semblable dépravation, que les anciens Grecs, et surtout les Lacédémoniens, punissaient avec tant de sévérité ceux dont les innovations en musique tendaient à détourner de leur véritable et utile destination les lyres-canons, en les faisant servir à un usage qui, dans ces siècles reculés, autant par la défaveur que lui donnait la nouveauté que par la frivolité ridicule de son objet, devait paraître répugner au bon sens, à la raison et au bon goût; peut-être aussi, à cette époque, l'imperfection des premiers essais ne permettait pas d'y trouver les mêmes charmes qui nous séduisent aujourd'hui : ces motifs et plusieurs autres, sans doute, que nous ignorons, durent avoir alors assez de force pour faire condamner à l'amende, ou à une peine infamante, ceux qui osaient ajouter de nouvelles cordes à la lyre. Ce qu'il y a de très-certain, c'est que les principaux griefs qu'on reprochait aux coupables en ce cas, c'était de violer les lois et de dépraver les mœurs en corrompant la musique.

Le canon polychorde en forme de trapèze donna probablement aussi l'idée des espèces d'instrumens qui lui sont analogues, tels que le santir des Orientaux modernes, notre psaltérion, notre tympanon, les harpes antiques, d'où sont venus par la suite nos harpes modernes, nos épinettes, nos clavecins et nos pianos. C'est ainsi que souvent une découverte utile, dont l'emploi a d'abord été tout naturel et fort simple, donne naissance à des inventions plus recherchées et plus composées, et que celles-ci en engendrent à leur tour de plus compliquées encore, qui, au lieu de contribuer à la perfection de l'art, ne font que le corrompre et l'embarrasser par mille difficultés aussi vaines que puériles. On peut en dire autant des autres espèces d'instrumens de musique. La forme en a d'abord été fort simple et l'usage très-naturel, ainsi que nous l'avons dit dans notre Dissertation sur les diverses espèces et les noms des instrumens de musique que l'on remarque parmi les sculptures qui décorent les antiques monumens de l'Égypte, *A. M.*, tom. VI, pag. 413.

ARTICLE V.

De la forme générale et des dimensions principales du qânon des Égyptiens modernes.

Nous avons déjà dit que la forme du qânon des Égyptiens est un trapèze [1]; il ne nous reste plus rien à ajouter ici sur ce point, sinon que ce trapèze est terminé, à

---

[1] *Voyez* pl. BB, fig. 1.

droite, par un côté D qui aboutit à angle droit, par l'une de ses extrémités, à la base E*t*, et par l'autre, au sommet *st*; à gauche, le trapèze est terminé par un angle aigu : c'est-à-dire que la ligne du côté droit D s'élève perpendiculairement de la base au sommet, tandis que la ligne du côté gauche G s'y élève obliquement. Les dimensions de ces lignes, que nous allons décrire, achèveront de donner une idée exacte de la forme de cet instrument.

La ligne du sommet, en supposant qu'on la prenne à partir de l'extrémité supérieure du cheviller *c*, et qu'on la prolonge parallèlement au sommet de la table, jusqu'à l'extrémité de cette partie de l'instrument *t* du côté droit, a 325 millimètres; mais, en déduisant de cette dimension l'étendue de 61 millimètres qui appartient au cheviller, lequel forme dans toute son étendue une saillie hors du corps de l'instrument, ce qu'il est facile d'apercevoir dans la partie G de la figure 2, laquelle représente le profil du qânon, et en ne mesurant la ligne du sommet que sur la table, cette ligne n'est plus que de 264 millimètres : mais, comme la table dépasse encore le corps de l'instrument de 19 millimètres dans toute son étendue du côté droit D, ce que l'on n'a pu rendre sensible que dans le profil[1] de cet instrument, on pourrait retrancher cet excédant et réduire la ligne du sommet à 245 millimètres.

La ligne de la base B, en y comprenant la largeur de la ligne du cheviller E*c*, a 953 millimètres; et en retranchant la partie E*c* de cette dimension qui appar-

[1] Voyez *t*, D, pl. BB, fig. 2.

tient au cheviller[1], dont la saillie en cet endroit est de 92 millimètres, cette ligne se réduira à 861 millimètres; et en retranchant encore la partie C de cette dimension ou 19 millimètres dont la table dépasse le corps de l'instrument, comme nous l'avons déjà remarqué, il ne restera plus à la ligne de la base que 842 millimètres.

Quant à la ligne qui termine la surface de l'instrument du côté droit, soit qu'on la mesure sur la table, ou sur la partie opposée qui est le dessous du qânon, la dimension en est toujours la même, elle a 377 millimètres. La ligne oblique qui termine la surface du côté gauche G, mesurée sur le cheviller, a 757 millimètres; mais, mesurée sur le corps du qânon, dont le cheviller E*c* ne fait pas partie, elle n'a que 688 millimètres.

Ces diverses proportions étant connues, il ne s'agit donc plus, pour avoir le périmètre du coffre du corps sonore, que de rapprocher les dernières dimensions que nous avons données, lesquelles sont, pour la ligne du sommet, 245 millimètres; pour la ligne de la base, 842 millimètres; pour la ligne qui termine du côté droit la surface, 377 millimètres; pour la ligne oblique qui termine du côté gauche la même surface, 688 millimètres. Quant à l'épaisseur de l'instrument, elle est égale dans toute l'étendue du coffre, et elle a 47 millimètres.

[1] *Voyez* pl. BB, fig. 2.

ARTICLE VI.

Des parties du qânon. Nom en arabe de chacune d'elles[1].

Les parties dont se compose le qânon, sont la table A; les éclisses E, c'est-à-dire les surfaces qui couvrent la profondeur de l'instrument sur ses quatre côtés; le dessous du corps sonore; le cheviller E c; les chevilles h; les cordes r; le sillet l; le chevalet v; les ouïes o; le tire-corde t; la clef[2]; les doigtiers[3], et le *plectrum*[4].

On nomme en arabe la table A وجه *ougeh*, face; l'éclisse du sommet de l'instrument, القبله *el-qobleh*, c'est-à-dire le devant; celle du côté droit, القب *el-qab*, c'est-à-dire le chef, la tête de l'instrument[5]. On appelle le côté opposé à la table, c'est-à-dire le dessous du corps sonore, الظهر *ed-dahar*[6], ce qui signifie *le dos*. Le cheviller E c se nomme بيت الملاوي *beyt el-melâouy*, ou bien المسطره *el-moustarah*. On désigne les chevilles h sous le nom de ملويه *melaouyeh*; les cordes sous celui de اوتار *aouatâr*[7]. La partie de la corde la plus proche du chevalet se nomme جانب الحاد *gâneb el-hâd*[8], c'est-à-dire le côté de l'aigu; et la partie de la corde la plus éloignée du chevalet, et conséquemment la plus proche du cheviller, s'appelle جانب الثقيل *gâneb et-taqyl*[9], c'est-à-dire

---

[1] *Voyez* pl. BB, fig. 1, 2, 3 et 4.
[2] *Voyez* pl. BB, fig. 3.
[3] Cette partie n'a point été gravée.
[4] Cette autre partie n'a point été gravée non plus.
[5] C'est le côté du tire-corde t. *Voyez* fig. 1 et 2.
[6] Les Arabes prononcent *ez-zahar*.
[7] Singulier وتر *ouatar*.
[8] Les Arabes prononcent *djâneb el-hâd*.
[9] Les Arabes prononcent *djâneb es-saqyl*.

le côté du grave. On nomme le sillet *l* انف *inf,* c'est-à-dire nez, ou كرسي *koursy,* siége. Le chevalet *v* se nomme فرس *faras,* cheval; l'ouïe *o* du milieu de la table, شمس الوسطاني *chems el-ouestâny,* soleil du milieu; et شمس التحتاني *chems el-tahtâny,* soleil inférieur, l'ouïe *o* qui est aussi sur la table vers l'angle aigu du trapèze, ou à peu près à égale distance de la ligne de la base et de la ligne oblique. On nomme le tire-corde *t* المحال *el-mahâl;* la clef[1] se nomme مفتاح *meftâh;* on appelle les doigtiers كشتوان *kachatouân,* et le *plectrum* زخمة *zakhmeh.*

ARTICLE VII.

Matière dont est formée, composée ou ornée chacune des parties précédentes.

La TABLE A est composée de plusieurs pièces différentes, qu'il est à propos de faire connaître. Depuis le chevillier E c jusqu'à environ 68 millimètres de distance du chevalet, elle est d'un morceau de bois satiné qui porte un grain de chêne. Elle est encastrée et collée de trois côtés dans une entaille qui occupe une grande partie de l'épaisseur des éclisses; elle affleure en dessus ce qui reste de la surface extérieure et supérieure de ces mêmes éclisses, et dont se forme autour d'elle une espèce d'encadrement de 7 millimètres. L'autre partie de la table, sur laquelle porte le chevalet, est un châssis à claire voie, divisé en cinq carrés longs, et composé de huit morceaux, dont sept en bois blanc, qui sont, le

[1] *Voyez* fig. 3.

grand morceau du châssis qui affleure la table, deux qui terminent les petits côtés ou les bouts du châssis, et quatre autres qui divisent ce châssis en claire voie : le huitième morceau, qui forme l'autre grand côté du châssis et qui termine l'étendue de la table, est en acajou blanc sauvage. Ce châssis est recouvert, dans toute son étendue, d'une peau de bayâd appelée رقمة, *reqmeh*[1]; il est aussi encastré et collé de trois côtés sur les éclisses, où l'on a fait, à ce dessein, une entaille dans laquelle il entre de toute son épaisseur, en sorte qu'il est au niveau du reste de la table. Il y a apparence aussi que ce châssis et l'autre partie de la table qui est en bois sont appuyés et collés sur une traverse qui est en dessous, laquelle doit porter par ses deux bouts sur une portion entaillée dans l'épaisseur des éclisses sur les deux côtés parallèles, et qui s'étend le long de la jonction de ces deux pièces de la table. Les éclisses et le dessous du corps sonore qui est composé de deux planches, le cheviller et le sillet *l*, sont également en acajou blanc sauvage. Dans l'éclisse de la base[2], on aperçoit, au milieu de sa largeur, vers les deux cinquièmes de sa longueur à partir du côté du tire-corde, un trou parfaitement rond, d'un diamètre de 9 millimètres, qui a été bouché avec de la cire, et dont nous ne voyons pas l'utilité : cependant il paraît avoir été fait avec intention. L'éclisse du sommet est ornée d'un dessin plaqué en ivoire; les autres éclisses sont sans ornemens. Les chevilles *h* et le

---

[1] Nous avons expliqué ce que c'est que cette peau, au chapitre de l'e'oud, *page* 232.

[2] *Voyez* fig. 2.

chevalet *v* sont en bois blanc tendre. Les ouïes *o* sont en bois d'acajou blanc sauvage et en bois de citron. Le tire-corde *t* est la partie du grand morceau en bois d'acajou blanc sauvage qui termine le châssis à claire voie, et qui dépasse le coffre du qânon [1]. Les cordes *r* sont en boyau, et ne diminuent pas de calibre dans une proportion très-sensible de la base au sommet de l'instrument, c'est-à-dire du grave à l'aigu. La clef est en cuivre [2]; les doigtiers sont aussi en cuivre, et quelquefois en argent; les *plectrum* sont formés d'une petite lame d'écaille.

ARTICLE VIII.

De la forme, des dimensions et de l'usage des parties précédentes.

La portion de la TABLE A qui est en bois, a la forme d'un trapèze. La ligne du sommet, parallèle à la base, a 99 millimètres, en y comprenant ce qui est sous le sillet *l*; mais, en ne tenant compte que de ce qui est visible, cette ligne n'a que 90 millimètres. La ligne de la base B, en y comprenant ce qui se trouve sous le sillet, a 677 millimètres; et en ne tenant compte que de ce qui est visible, elle n'a que 655 millimètres. La ligne qui s'élève obliquement et qui est couverte par le sillet, a 682 millimètres; mais, en dehors du sillet, la ligne oblique n'a plus que 677 millimètres. La ligne D, du côté opposé à la précédente et qui s'élève perpendicu-

---

[1] *Voyez* fig. 2.
[2] *Voyez* le dernier alinéa de l'article VI, et la figure 3.

lairement de la base au sommet, a 377 millimètres. L'autre portion de la table, formée d'un châssis à claire voie sur lequel est collé le *reqmeh* ou peau de bayâd, et qui s'étend de *x* en *t*, mesurée parallèlement au chevalet, a aussi 377 millimètres; et dans l'autre sens, c'est-à-dire perpendiculairement au chevalet, elle n'en a que 165. Quant au *reqmeh* qui est collé sur le châssis, il s'étend à peu près de 9 millimètres au-delà du châssis sur la table : du reste, ce *reqmeh* recouvre les bords extérieurs de la portion de la table sur laquelle il est collé. Des huit morceaux de bois qui, comme nous l'avons dit plus haut, composent le châssis, les sept qui sont en bois blanc n'ont que 15 millimètres de surface en largeur, et 5 d'épaisseur : le huitième, qui est en acajou blanc sauvage, a 38 millimètres de surface en largeur, et en épaisseur il en a 9. Chacun des cinq carrés longs formés par les espaces compris entre les divisions de la claire voie, a, dans sa plus grande étendue, 113 millimètres, et dans sa plus petite étendue, 57. C'est sur la peau qui couvre cet espace vide que portent les talonnets ou pieds du chevalet, lesquels sont au nombre de cinq, ainsi que les carrés vides du châssis : aussi la peau qui couvre ces carrés a-t-elle cédé sensiblement à la pression des talonnets; ce qui a produit une cavité sous chacun d'eux.

Les éclisses ou les côtés du qânon ont en hauteur l'épaisseur même du corps de cet instrument, que nous avons trouvé être de 47 millimètres[1]. Leur longueur est égale à l'étendue du côté du corps sonore auquel ils

[1] *Voyez* fig. 2.

appartiennent. Ainsi nous renvoyons aux deux derniers *alinéa* de l'article V, où nous avons détaillé ces dimensions, en parlant du périmètre du qânon : nous ajouterons seulement ici qu'à chacun de leurs bouts, ces éclisses sont engrenées les unes dans les autres par des entailles et des parties saillantes qu'elles ont à ces extrémités ; que leur épaisseur, qui ne paraît qu'à l'endroit où elles s'engrènent, est un peu plus grande aux unes qu'aux autres : cependant, à en juger par ce qu'on en voit, on peut présumer qu'elle est au moins de 18 à 20 millimètres, ou même plus forte encore.

Le dessous du corps sonore, qui ne valait pas la peine d'être représenté, et qu'on ne voit pas dans la gravure, a aussi la forme d'un trapèze ; nous en avons déjà donné les dimensions à l'avant-dernier *alinéa* de l'article V, auquel, par cette raison, nous renvoyons pour ces détails. Les deux planches qui composent la surface de dessous, ont été polies avec soin ; elles sont collées l'une à l'autre, dans toute l'étendue de leur jonction, sur une barre de bois où elles sont attachées avec des chevilles rondes faites aussi d'acajou blanc sauvage, coupées et polies au niveau de cette surface. Les planches, ainsi que la barre de bois qui les soutient à leur jonction intérieurement, sont encastrées dans une entaille qui a été faite sur les éclisses pour les recevoir dans toute leur épaisseur ; elles sont attachées aussi par des chevilles semblables aux précédentes, et fichées dans l'épaisseur des éclisses, en sorte qu'il ne reste plus de visible de ces éclisses, sur cette surface, que la portion qui n'a point été entaillée, et qui forme, tout autour et à fleur de cette même surface, une espèce d'encadrement de 5 à 6 millimètres, semblable à celui qu'on voit autour de la table.

Le CHEVILLER est entièrement saillant dans toute son étendue, comme on a dû le voir *figure* 2. Cette partie de l'instrument est inclinée et forme un angle aigu avec l'éclisse du côté oblique auquel elle est collée; elle est, outre cela, soutenue en dessous par trois petits goussets en bois blanc, cloués chacun dans l'épaisseur des éclisses. Ces goussets sont à une distance de 244 millimètres les uns des autres, et le premier est à 54 millimètres de l'extrémité supérieure du cheviller : ils ont 59 millimètres de longueur sur une épaisseur de 10 millimètres. L'étendue en longueur du cheviller est de 757 millimètres, comme nous l'avons déjà vu à l'article V; sa largeur par le haut, c'est-à-dire du côté du sommet de l'instrument, est de 63 millimètres, et par le bas elle est de 70 millimètres : son épaisseur est de 14 millimètres. Il est percé de soixante-quinze trous, rangés trois par trois sur une même ligne qui s'étend dans la direction de la largeur de sa surface : ainsi il y a vingt-cinq rangs de trois trous chacun. Ces trous sont distans les uns des autres de 23 millimètres, et chaque rang est éloigné de 27 millimètres de celui qui le suit comme de celui qui le précède.

Les CHEVILLES h [1] sont, comme de raison, en nombre égal aux trous précédens, lesquels sont destinés à recevoir ces chevilles. La tête de chaque cheville a la forme d'une petite pyramide triangulaire allongée, haute de

[1] *Voyez* la fig. 4, qui représente une cheville de grandeur naturelle.

27 millimètres, dont chaque côté est, à sa base, de 9 millimètres en largeur, et à son sommet, de 2 millimètres. Cette forme a probablement été choisie, comme étant plus convenable pour saisir exactement les chevilles avec la clef, qui, pour cet effet, est percée d'un trou dont la capacité est égale à la grosseur de cette tête[1]. Au-dessous de la tête de la cheville est une gorge en forme de cône droit tronqué, haute de 6 millimètres. C'est dans cette gorge et immédiatement au-dessous de la base pyramidale de la tête, qu'on a percé d'outre en outre un trou au travers duquel on fait passer la corde pour l'attacher et la monter. La queue de la cheville est ronde et d'un diamètre plus petit que la gorge; elle a 32 millimètres de long : conséquemment la longueur totale de la cheville est de 63 millimètres.

Les CORDES *r* sont de boyau, au nombre de soixante-quinze, attachées aux chevilles, comme nous venons de l'expliquer; par conséquent, elles sont rangées aussi trois par trois sur vingt-cinq rangs. Elles traversent de profondes entailles qui leur correspondent dans le sillet, et elles y entrent obliquement en descendant des chevilles, pour s'étendre ensuite sur toute la longueur de la surface de la table et parallèlement à sa base, depuis leur sortie du sillet jusqu'au tire-corde, après avoir passé sur le chevalet dans de petites hoches qui y sont pratiquées pour les recevoir. Arrivées au tire-corde *t*, qui est à l'extrémité du côté droit D du qânón, elles passent chacune dans un des soixante-quinze trous dont il est percé, lesquels sont disposés trois par trois trian-

[1] *Voyez* la fig. 3, représentant la cheville dans la clef.

gulairement, et elles s'attachent à peu près de même que celles de nos guitares; seulement on cordonne le bout excédant, au lieu d'en former simplement une boucle. Les douze premières cordes sont de trois fils et de la grosseur d'un *la* de basse; les vingt-une suivantes sont de moitié plus fines; les douze suivantes sont encore plus fines; les autres sont des chanterelles, et vont en diminuant insensiblement de grosseur, en raison de ce qu'elles se rapprochent davantage du sommet de l'instrument.

Le SILLET *l* est parallèle au chevillier. Sa forme est celle d'un prisme oblique pentagone irrégulier, long de 695 millimètres, dont la face, qui est collée sur la table et qui termine la base de ce sillet, a 16 millimètres en largeur, forme un angle droit avec la face qui est tournée du côté de la table, et s'élève perpendiculairement dans toute son étendue à la hauteur de 18 millimètres. La face qui termine le sommet du sillet, a 8 millimètres en largeur. Sur cette face sont soixante-quinze entailles ou hoches profondes chacune de 7 millimètres, destinées à recevoir les cordes. La face qui est contiguë à la précédente, et qui est tournée du côté des chevilles, est inclinée obliquement et large de 16 millimètres. La cinquième face, qui est perpendiculaire à la base du sillet, est large de 8 millimètres. Les soixante-quinze entailles ou hoches sont distribuées trois par trois, et forment une ligne un peu oblique chacune par rapport à la direction du sillet, et davantage relativement à celle de la table, en sorte que les cordes, en entrant obliquement dans ces entailles ou hoches, décrivent un angle obtus avec la portion de leur longueur qui s'étend des chevilles au sillet, et éprouvent, en entrant dans les entailles et lorsqu'elles en sortent, une pression par le sillet, qui doit contribuer à les empêcher de glisser et de se détendre. Chacune des trois entailles est distante des deux autres de 3 millimètres, et chaque division de trois de ces entailles est séparée des autres par un espace de 15 millimètres.

Le CHEVALET *h* est un prisme triangulaire irrégulier, porté sur cinq pieds dans sa longueur, laquelle est parallèle à la largeur de la table et s'étend dans une très-grande partie de cette dimension. Chaque pied a la forme d'un tronc de pyramide quadrangulaire à bases parallèles et à pans coupés à plat dans la hauteur du tronc pyramidal. La partie supérieure de ce chevalet, ou le prisme mesuré dans sa longueur, a 370 millimètres. La surface de la base du prisme est un peu arrondie, et a 11 millimètres en largeur près de la base. Le côté du prisme qui regarde le tire-corde, est presque perpendiculaire à celui de la base, et a 13 millimètres en largeur, etc.; le côté opposé à celui-ci, et qui est tourné vers le cheviller, est incliné obliquement au plan de la base, et a 14 millimètres en largeur[1]. Les pieds du chevalet ont à leur sommet une épaisseur relative au plan de la base du prisme, et n'en sont en quelque sorte qu'un prolongement en profondeur : aussi la direction de la face de leurs côtés antérieur et postérieur est à peu près la même que celle des côtés du prisme, excepté qu'ils sont un peu évidés vers le sommet[2]. Les surfaces des côtés des

[1] *Voyez* fig. 2.   [2] *Ibid.*

pieds pyramidaux qui sont parallèles à la base et au sommet du qânon, ont 20 millimètres d'étendue; celles qui sont dans la direction du prisme, n'en ont que 15. Chacun des pieds est distant des autres de 47 millimètres, ou à peu de chose près, soit en plus, soit en moins; car il y a une légère différence entre l'espace qui sépare les uns et celui qui sépare les autres, et cette différence ne va pas au-delà d'un millimètre. Le pied le plus près du sommet de l'instrument en est éloigné de 47 millimètres; celui qui est le plus près de la base, n'en est qu'à 36 millimètres.

Les ouïes *o* sont des ouvertures pratiquées sur la table du corps sonore, à dessein d'établir une communication entre l'air extérieur mis en vibration par la résonnance des cordes et celui qui est contenu dans la capacité de l'instrument, afin que, la vibration de l'air mettant en mouvement toutes les parties élastiques du corps sonore et les faisant résonner, le son des cordes acquière plus de volume et de force. Ces ouïes sont au nombre de deux. La plus grande est ronde; l'autre est un quadrilatère irrégulier, qui ressemble assez à un fer de lance, c'est-à-dire que les deux angles aigus des deux extrémités supérieure et inférieure sont diamétralement opposés et inégaux, tandis que les deux angles obtus des côtés de ce quadrilatère sont obtus et égaux. L'ouïe ronde qui est vers le milieu de la table, est d'un seul morceau de bois de citron découpé à jour; elle est encadrée dans un cercle qui paraît être d'un seul morceau de bois d'acajou. Ce cercle, qui vient affleurer la surface de la table, est collé dans l'épaisseur de la planche de cette table; il n'a pas dans sa circonférence plus de 3 millimètres de large, et son diamètre est de 74 millimètres : c'est à ce cercle qu'est collée la rosace qui forme l'ouïe. Cette rosace en bois de citron est composée d'abord d'un cercle dont les bords ont 4 millimètres en largeur, et dont le diamètre est de 71 millimètres; puis de deux triangles inscrits opposés entre eux, dont la réunion forme un hexagone d'angles saillans et d'autant d'angles rentrans, lesquels sont divisés par des rayons qui partent de la circonférence du cercle : au centre de ce même cercle, est une figure hexagone semblable pour la forme à la première, mais entièrement à jour. Nous n'entrerons pas dans les détails minutieux des autres petits compartimens de cette rosace; on peut les voir dans la gravure, où ils sont tous très-exactement rendus. La petite ouïe en forme de fer de lance est aussi d'un seul morceau de bois de citron taillé à jour; elle est éloignée de la précédente sur la gauche, vers l'angle aigu de la table, de 189 millimètres, et se trouve être à peu-près à égale distance de la table et du cheviller. L'angle le plus aigu de cette ouïe est celui dont le sommet est dirigé du côté de l'angle de la table; chacun de ses côtés, jusqu'au sommet de l'angle obtus auquel il vient aboutir, a 99 millimètres. L'angle aigu opposé, dont le sommet est dirigé du côté de la grande ouïe, est moins aigu que le précédent : chacun de ses côtés, jusqu'au sommet de l'angle obtus auquel il vient également aboutir, a 55 millimètres. Cette ouïe, mesurée par une ligne tirée du sommet de l'angle le plus aigu au sommet de l'autre angle opposé qui est moins aigu, a 135 millimètres. Le diamètre compris entre les deux angles obtus opposés est de 44 millimètres; ce diamètre est aussi celui du cercle d'une petite rosace semblable à celle qui compose la grande ouïe; le reste de cette ouïe est divisé symétriquement en plusieurs divers petits compartimens à jour que l'on peut voir dans la gravure.

La CLEF [1] est formée d'une tige pyramidale quadrangulaire; elle est creuse depuis sa base jusqu'aux deux cinquièmes de sa hauteur. Le vide étant destiné à recevoir la tête des chevilles, ainsi que nous l'avons observé, en a aussi la forme et les dimensions. La partie supérieure de la clef est surmontée ou plutôt terminée par un arc de 144 degrés environ, dont un bout est plus incliné que l'autre sur la tige. La hauteur totale de la clef est de 68 millimètres. Chaque côté de la base de la tige a 11 millimètres; et, comme cette tige diminue insensiblement en s'étendant en hauteur, elle n'a plus que 6 millimètres sur chacune de ses faces près de la partie qui forme l'arc, et l'arc est encore dans une proportion plus petite, en grosseur, d'environ un millimètre. Au reste, cette clef a été représentée très-exactement et de grandeur naturelle dans la gravure.

Les DOIGTIERS ont la forme d'un large anneau semblable à ces espèces de dés à coudre qui n'ont point de fond et qu'on nomme communément *verges*. Il y a cependant cette différence, 1°. qu'ils sont d'une capacité assez grande pour pouvoir contenir le bout de l'index jusqu'à la première phalange au-dessous de l'ongle; 2°. que la partie qui porte sous le doigt, au lieu d'être

[1] *Voyez* fig. 3.

semblable à celle du dessus, s'allonge un peu et se termine par un angle sous lequel on introduit entre l'anneau et le doigt la petite lame d'écaille qui sert de *plectrum*. Le diamètre du doigtier est au moins de 20 millimètres : sa hauteur, mesurée depuis le sommet de la partie angulaire jusqu'au bas de la largeur de l'anneau, est de 23 millimètres : ailleurs, la hauteur du doigtier n'est que de 14 millimètres, et quelquefois moins. On pense bien que les dimensions de ces doigtiers ne sont point de rigueur, et que chacun peut en faire varier à son gré les proportions par l'ouvrier, selon que cela lui devient utile, commode ou agréable. Nous donnons seulement ici les proportions de celui que nous avons mesuré.

Le *plectrum* est, en général, tout instrument qui sert à toucher, à frapper ou à pincer les cordes : ce mot vient de πλῆκτρον, *pléctron*, lequel dérive du verbe πλήτ͡ειν, *pléttein*, qui signifie *frapper;* c'est pourquoi le nom de *plectrum* a quelquefois été donné à l'archet[1]. Ce que nous nommons *plectrum* en ce moment, est une petite lame d'écaille fort mince, longue de 88 millimètres et large de 9. On l'introduit, comme nous l'avons dit, entre l'anneau et le doigt, et l'on n'en laisse passer qu'environ 18 millimètres : c'est avec cette partie du *plectrum* qu'on touche les cordes du qânon.

[1] L'action de toucher ou de frapper les cordes d'un instrument se dit en arabe النَقْر *el-naqr*, mot qui dérive du verbe نَقَرَ *naqara*, il a frappé, يَنْقُرْ *yanqor*, il frappe.

On se sert aussi de cette expression pour exprimer le son ou le bruit que rend tout autre instrument mélodieux ou bruyant.

ARTICLE IX.

Accord et partition du qânon.

Les cordes du qânon sont accordées trois par trois à l'unisson, et c'est évidemment là la raison qui a déterminé à les distribuer aussi trois par trois. La méthode que suivent les musiciens égyptiens pour accorder cet instrument et en faire la partition, est conforme à la progression harmonique des circulations musicales des Arabes, dont nous avons présenté un exemple sur les douze modes principaux, dans notre Mémoire sur l'état actuel de l'art musical en Égypte, *chapitre I, article* IX. Les musiciens arabes se rapprochent beaucoup de nous en cela : ils prennent pour point de départ le son du *rast* qui répond à notre *ré;* puis ils le font sonner [1] avec sa quarte en dessous; ensuite ils font sonner l'octave aiguë de ce dernier son; de là ils redescendent à la quarte au-dessous de cette octave; puis ils redescendent encore à la quarte au-dessus du son précédent, dont ils font ensuite sonner l'octave, et toujours de même jusqu'à ce qu'ils aient atteint le son de la dernière corde en montant. Après cela, ils reviennent accorder par octave les sons graves. La partition étant exactement faite de cette manière, tous les sons du qânon se trouvent accordés de la manière suivante :

---

[1] On appelle en arabe l'action de faire tinter les cordes جَسّ *gess*. Ce mot vient du verbe جَسَّ *gassa*, il a cherché, il a consulté par le tact.

DES ORIENTAUX.

Sons des soixante-quinze cordes du qânon, et noms des modes dont ces sons sont les toniques naturelles.

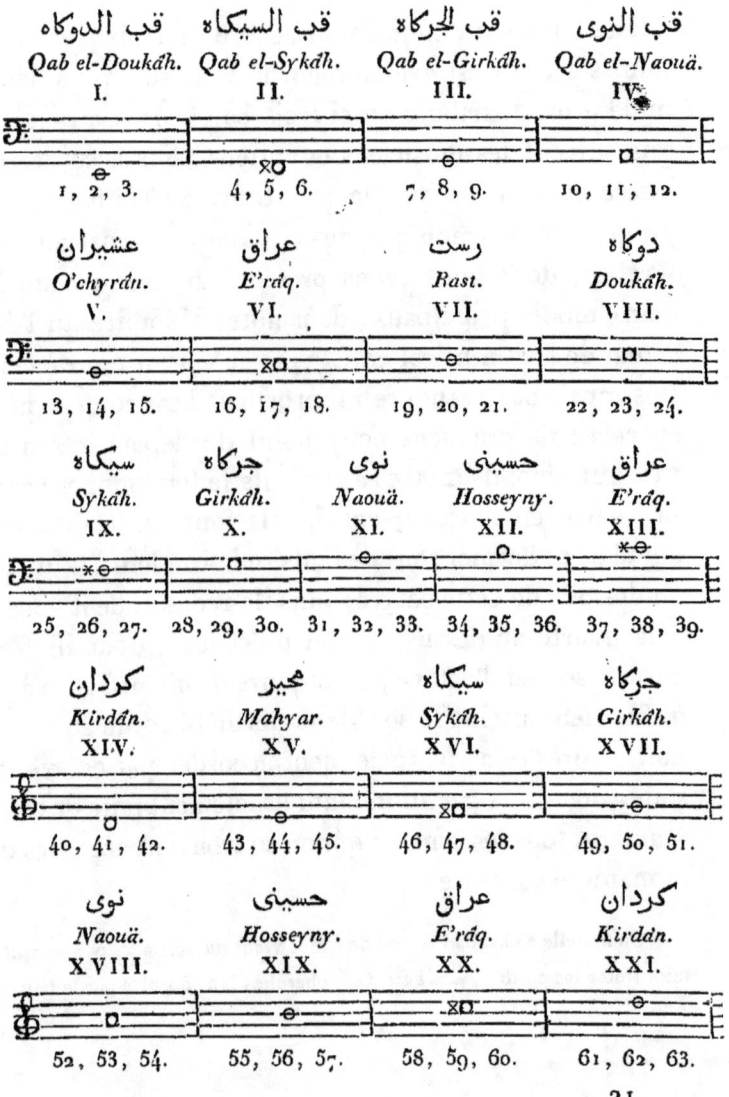

324 INSTRUMENS DE MUSIQUE

محير	سيكاه	جركاه	نوى
Mahyar.	*Sykáh.*	*Girkáh.*	*Naouä.*
XXII.	XXIII.	XXIV.	XXV.
64, 65, 66.	67, 68, 69.	70, 71, 72.	73, 74, 75.

CHAPITRE IX.

De l'instrument appelé en arabe santir[1].

On a écrit diversement le nom de *santir* en arabe, parce que ce nom est évidemment étranger à la langue arabe[2]. Les uns l'ont orthographié سنطير; d'autres, سنتير; ceux-ci, سنتير; ceux-là, صنتر : ainsi nous avons lieu de douter que l'orthographe de ce mot puisse être déterminée avec précision en arabe.

Nous aurons peu de chose à dire sur cet instrument, que nous n'avons pu nous procurer, et que nous n'avons vu que par hasard, et pour ainsi dire en passant, entre les mains de ceux qui en jouaient dans les rues. Nous n'avons pu conséquemment l'examiner autant en détail que les autres; nous n'en parlons même ici que parce que sa forme lui donne quelque ressemblance avec le qânon dont il vient d'être question.

Le santir ne fait point partie des instrumens de mu-

---

[1] سنتر *santir.*
[2] Nous avons déjà parlé du nom de *santir* donné très-anciennement à un instrument de musique qui se voit parmi les sculptures dans plusieurs temples antiques de la haute Égypte. *Voyez* notre Dissertation sur les instrumens de musique que l'on remarque parmi les sculptures qui décorent les antiques monumens de l'Égypte, *section I*ʳᵉ, article IV, *A. M.*, tom. VI, pag. 426 et 427.

sique dont les Égyptiens font usage. Ceux-ci au contraire le dédaignent, soit parce qu'ils regardent leur qânon comme lui étant fort supérieur, ou, ce qui nous paraît plus vraisemblable, parce que les chrétiens, qu'ils méprisent, et les Juifs, qu'ils ont en horreur, jouent de cet instrument.

Meninski, dans son *Thesaurus linguarum orientalium*[1], a défini le santir à peu près comme tous les autres instrumens orientaux, c'est-à-dire d'une manière fort inexacte : il lui donne le nom de *cymbale*, parce qu'il aura probablement lu quelque part que cet instrument se frappe; car c'est une chose fort remarquable, que la négligence avec laquelle on a défini tout ce qui a rapport à la musique, soit dans les relations des voyages, soit dans les traductions ou dans les commentaires des ouvrages anciens ou étrangers. Nous avons déjà rappelé, dans notre Dissertation sur les instrumens des anciens Égyptiens[2], les opinions hasardées de quelques commentateurs qui ont pris le sistre, les uns pour une *trompette*, les autres pour une *cymbale*, ceux-ci pour une *flûte*, ceux-là pour un *cor*, quelques autres pour un *tambour*, etc., etc., tandis que la moindre attention, en lisant les poëtes latins ou grecs, leur aurait fait sentir combien ils étaient loin de la vérité. On ferait un ouvrage fort étendu et très-singulier, si l'on voulait examiner toutes les erreurs de ce genre que des gens d'ailleurs d'un mérite distingué ont commises en parlant de la musique et des instrumens musicaux. La malignité

[1] *Viennæ Austr.* 1680, col. 2991, voc. صنتور.

[2] *Antiquités-Mémoires*, tom. VI, pag. 440.

pourrait prendre plaisir à voir jusqu'à quel point quelques écrivains ont abusé de leur érudition et compromis leur sagacité en cherchant à expliquer des choses sur lesquelles ils n'avaient réellement aucune idée bien nette et bien distincte.

Loin de ressembler aux cymbales, qui sont composées de deux parties jumelles entièrement de métal, le santir se compose d'une seule caisse plate, en bois, de forme trapézoïde de même que le qânon arabe : mais, au lieu de n'avoir qu'un côté oblique comme celui-ci, le santir en a deux et présente la forme d'un triangle tronqué à son sommet; au lieu d'avoir des cordes de boyau qui se frappent avec un *plectrum* d'écaille ou de plume d'aigle, il a des cordes en métal qui se battent avec de petites baguettes de bois terminées par une espèce de talon, lequel est quelquefois en ivoire, quelquefois en corne, et dont la partie convexe est la seule qu'on fasse porter sur les cordes.

Les cordes sont attachées à des chevilles fichées sur le côté gauche de l'instrument, et non dans un cheviller saillant au-delà du coffre de l'instrument, ainsi qu'elles le sont au qânon; mais elles sont tendues de même de gauche à droite, depuis le cheviller jusqu'au tire-corde, et sont également portées sur un chevalet qui précède le tire-corde.

Autant que nous pouvons nous le rappeler, les cordes sont doubles, et non triples comme celles du qânon. Quant à leur nombre et à l'échelle des sons qu'elles rendent, c'est ce que nous n'avons pas eu l'occasion d'examiner.

Il y a, sur la table, des ouïes; mais nous n'assurerons pas qu'il y en ait plus ou moins de deux, qu'elles soient rondes, ou autrement, parce que nous n'en avons pas conservé un souvenir parfaitement exact.

Nous ne pouvons rien dire de plus sur cet instrument; mais, quelqu'abrégée que soit cette description, elle paraîtra encore fort étendue, si on la compare avec ce qui a été dit jusqu'à ce jour du santir des Orientaux modernes.

CHAPITRE X.

De la kemângeh a'gouz[1].

ARTICLE PREMIER.

Nom de cet instrument. Style et caractère de la forme et des ornemens qui distinguent la kemângeh a'gouz des autres instrumens orientaux, tant dans son ensemble que dans les diverses parties qui la composent.

On doit se rappeler l'explication que nous avons donnée du nom de la *kemângeh*, en parlant de la *kemângeh roumy;* or, il ne nous restait ici qu'à expliquer le mot *a'gouz*, qui signifie *vieille*, ainsi que nous l'avons traduit : tout ce qui est relatif au nom de cet instrument, est donc maintenant connu.

[1] كمانجه عجوز *kemângeh a'gouz*, c'est-à-dire vieille viole.

Il n'y a peut-être pas d'instrument qui soit d'une originalité plus piquante que ne l'est celui-ci par sa forme, par ses proportions, par le style et le grand nombre des ornemens dont il est décoré[1]. Il a un caractère particulier, vraiment arabe, et entièrement différent de celui des autres instrumens orientaux. On y reconnaît le goût asiatique associé à ce style arabe que l'on remarque dans l'architecture des monumens construits au temps des khalifes sarrasins, à laquelle on a quelquefois donné le nom d'*architecture mauresque* : c'est le même goût qui se manifeste dans l'architecture des plus anciennes mosquées, et surtout dans celle des monumens très-curieux et très-élégans qui ont été construits dans la ville des Tombeaux près du Kaire, en l'honneur des plus célèbres musulmans des beaux siècles de l'islamisme ; car ces monumens ont été exécutés avec une magnificence qui frappe d'étonnement tous les voyageurs étrangers.

Cependant ce n'est pas seulement par le style, par la forme, par les proportions et les ornemens que la *kemângeh a'gouz* peut être regardée comme un instrument fort original ; c'est encore par la manière dont elle est construite.

Au contraire de tous les autres instrumens qui ont le manche plat en dessus, c'est-à-dire du côté où sont tendues les cordes, arrondi en dessous, plus large près du corps sonore, moins large à mesure qu'il s'élève vers le sillet, et qui vont quelquefois en diminuant de proportion jusqu'à l'extrémité du cheviller, la kemângeh a'gouz a un manche en partie polygone et en partie

[1] *Voyez* pl. BB, fig. 5 et 6.

cylindrique, dont le diamètre s'agrandit d'autant plus qu'il s'éloigne du corps sonore A : son cheviller est même d'un diamètre plus grand encore que le haut du manche. Tandis qu'aux autres instrumens orientaux le cheviller est plein, que les chevilles ont une tête cylindrique en forme de maillet, et sont fichées sur le devant et sur le côté gauche du cheviller, mais jamais sur le côté droit, et enfin, que les cordes sont attachées à ceux-ci en dehors du cheviller et à la tête des chevilles, la kemângeh a'gouz a un cheviller creux, des chevilles qui ont leur tête plate et ronde en forme de disque, ou sphérique et divisée par zones, et ces chevilles sont fichées à droite et à gauche du cheviller, non sur le devant; ses cordes s'attachent en dedans du cheviller, autour de la queue des chevilles, après avoir passé au travers du trou qui est destiné à cet usage dans cette partie des chevilles.

La table des autres instrumens est entièrement, ou en grande partie, de bois : ici elle consiste uniquement dans une peau de *bayâd*. Dans les autres instrumens où l'on a pratiqué des ouvertures qu'on nomme *ouïes*, pour établir une communication entre l'air extérieur et celui que contient le corps sonore, ces ouvertures sont faites sur la table : à la kemângeh a'gouz, on n'en voit que sur le dos du corps sonore A[1]. Les cordes des autres instrumens sont faites de boyau ou de métal : celles de la kemângeh a'gouz sont faites de longues mèches de crin de cheval, à peu près comme le sont les mèches de nos archets. Au lieu d'avoir son abaisse-corde sur le che-

[1] *Voyez* pl. BB, fig. 6.

viller comme les autres instrumens orientaux, elle ne l'a que sur la touche du manche.

Il y aurait encore bien d'autres remarques à faire, si l'on voulait s'arrêter à beaucoup de petits détails; mais un examen aussi minutieux ne mérite pas de trouver place ici.

ARTICLE II.

Parties dont se compose la kemângeh a'gouz.

Pour mieux faire concevoir l'ensemble de cet instrument, et pour rendre plus claire l'explication que nous allons donner de la forme, de la matière, des ornemens et des dimensions qui le caractérisent, il est à propos de distinguer d'abord chacune des parties dont il se compose.

Les principales parties de la kemângeh a'gouz[1] sont le *corps sonore* A, lequel est formé de deux parties, la *table* et le *coffre;* le *manche* M, qu'on peut diviser en trois parties, la *touche* T, le *bas du manche* b et le *pied* Q; le *cheviller* C, que nous divisons en deux parties, l'une que nous nommons le *corps* C, l'autre que nous appelons la *tête du cheviller;* les *chevilles* I, dont la partie I s'appelle la *tête* et dont la partie i se nomme la *queue;* les *cordes* r[2]; les *attaches;* l'*abaisse-corde* F; le *tire-corde* x; le *chevalet* H; l'*archet* P[3], qui se compose du *bâton* L, de la *mèche* j, et de la *courroie* k. Il y a tant de choses à remarquer dans cet instrument qui ne se

[1] *Voyez* fig. 5 et 6.   [3] *Voyez* fig. 7.
[2] *Voyez* fig. 6.

trouvent point dans les autres, qu'il faudrait, pour ne rien négliger, désigner non-seulement toutes ses parties, mais encore tout ce qui, dans la composition de ses parties, a quelque chose de singulier soit par sa forme, soit par sa matière, soit par son utilité; car il y a des objets que le dessin et la gravure ne peuvent pas toujours faire concevoir bien clairement sans le secours de la description, comme il y en a qu'on ne peut expliquer parfaitement sans le secours du dessin et de la gravure.

ARTICLE III.

Forme, matière et disposition de chacune des parties précédentes, et de leurs ornemens.

Le CORPS SONORE A de la kemâugeh a'gouz a la forme d'une sphère dont on aurait retranché à peu près le tiers[1]. Le coffre est composé d'une noix de coco, coupée un peu au-dessus de la moitié de sa profondeur, et dont on a pris la plus grande portion, après l'avoir vidée et nettoyée. Sur sa surface, on a percé des trous à jour de différentes grandeurs; on les a rangés symétriquement en forme de double croix entourée d'une ligne courbe ondoyante, semblable à plusieurs guirlandes attachées les unes aux autres.

La TABLE n'est autre chose qu'une peau de bayâd fortement tendue sur l'orifice de la noix de coco. Cette peau est collée sur les bords de la noix en dehors, jusqu'à la distance de 7 millimètres tout autour.

[1] *Voyez* pl. BB, fig. 6.

Le MANCHE M[1] s'appelle en arabe عمود *a'moud*, colonne : il a une partie qu'on ne voit pas, c'est celle qui est collée dans un trou fait au centre de la base du cheviller; cette partie est beaucoup moins grosse que le reste visible du manche. Il est, dans sa plus grande étendue, en bois d'acajou, revêtu en marqueterie de bois de Sainte-Lucie, d'ivoire, de nacre de perle et de cuivre; le reste est simplement en ivoire ou en fer. La *touche* T, ou la partie qui s'étend depuis l'abaisse-corde jusqu'au bas du manche *b*, à la distance de 68 millimètres du corps sonore, est une tige dodécagone : la marqueterie dont elle est ornée, est disposée symétriquement sur ses douze faces, lesquelles sont alternativement plaquées en nacre de perle, en ivoire, en bois de palissandre et en bois de Sainte-Lucie. La nacre de perle est taillée en hexagones allongés, dont sept sont au-dessus les uns des autres dans toute la hauteur de six des douze faces du dodécagone; chaque hexagone de nacre de perle est encadré par un petit filet de bois de Sainte-Lucie, autour duquel est incrusté un petit filet en cuivre; de petits triangles en ivoire remplissent les espaces vides que laisseraient entre eux les hexagones dans la hauteur de chacune des faces qu'ils occupent. Les six autres faces du dodécagone sont remplies par un petit filet en bois de palissandre entre deux filets en bois de Sainte-Lucie.

Le *bas du manche b* est composé de deux parties : l'une qui est en acajou plein, c'est celle qui est contiguë à la touche T; l'autre qui est en ivoire, c'est celle qui

[1] *Voyez* fig. 5 et 6.

suit immédiatement la précédente et qui est contiguë au corps sonore.

Le PIED Q est une tige de fer carrée, fichée dans le bas du manche, laquelle traverse la noix de coco d'outre en outre, se prolonge de 207 millimètres au-delà, et est terminée par un bouton en forme de petite pyramide quadrangulaire renversée. Un peu au-dessous de la noix de coco, la tige du pied se trouve aplatie dans une étendue de 23 millimètres; et dans cet aplatissement[1] on a percé un trou, au travers duquel on a fait passer par derrière un clou à tête, dont on a recourbé la queue pour former le crochet *n* par devant, destiné à accrocher la boucle *e* du tire-corde.

Le CHEVILLER C est composé, partie en ivoire plein, partie en placage, partie en cuivre, en bois de Sainte-Lucie et en thuya du Canada.

Le corps du cheviller est d'un seul morceau d'ivoire; il est cylindrique, et orné d'une moulure à l'un et à l'autre de ses deux bouts. Dans le devant, il y a une ouverture étroite et profonde. Tout autour des bords de cette ouverture, ainsi qu'aux deux bouts du cylindre, en-deçà et au-delà de la moulure, sont de petits ronds composés chacun de deux petits cercles concentriques, qui forment une bordure dans ces endroits. Le reste de la surface du cheviller est orné de petites rosaces diversement composées, en cuivre et en bois de Sainte-Lucie, mais toutes également environnées de petits ronds semblables aux précédens. Les trous des chevilles, au nombre de trois de chaque côté, quoiqu'il n'y ait à cet ins-

[1] *Voyez* fig. 5 et 6.

trument que deux chevilles et deux cordes, sont aussi environnés de petits ronds pareils à ceux des bordures; mais les rosaces qu'ils forment, sont d'un diamètre plus grand que celui des autres.

La tête du cheviller ne ressemble pas mal à un vase égyptien qu'on nomme *bardaque*, surmonté de son couvercle : il ne faudrait pas, à la vérité, y regarder de trop près, et vouloir y trouver les mêmes proportions; mais cette tête a cependant assez de rapport à la forme de ce vase, pour pouvoir facilement et sur-le-champ en rappeler l'idée à ceux qui la connaissent, ou pour la faire concevoir à ceux qui ne l'ont jamais vue. Cette partie du cheviller est d'un bois semblable à celui du thuya de Canada; elle est ornée de petites bandes d'ivoire en forme de côtes de melon, plaquées à des distances égales les unes des autres dans toute l'étendue de son contour, depuis l'extrémité inférieure jusqu'à la hauteur de ce que l'on pourrait regarder comme la naissance du cou de la bardaque; et là il y a un ornement plaqué aussi en ivoire, formant une ligne circulaire en zigzag, dont les angles aboutissent au sommet des côtes précédentes. Sur le bois qui paraît dans les espaces qui séparent les côtes d'ivoire, sont de petits ronds de la même matière. La portion la plus effilée de cette tête, c'est-à-dire ce que nous pourrions appeler le cou de la bardaque, est divisée aussi dans toute sa hauteur par huit petites bandes longitudinales en ivoire qui partent du sommet des angles alternes internes opposés aux précédens que forme la ligne circulaire en zigzag. Quatre petits ronds en ivoire sont plaqués à des distances égales sur le bourlet de l'orifice du vase, ainsi que sur le bouton qui nous représente le couvercle de ce vase. Mais comme le bourlet fait une saillie, et que la partie inférieure du bouton est sphérique et présente une surface rentrante, chacun des petits ronds en ivoire se trouve coupé en deux par cette partie rentrante par laquelle le couvercle se détache de l'orifice du vase. Ce bouton, qui paraît être en bois de palissandre, a la forme d'une sphère allongée dans sa partie supérieure. Sa surface est aussi divisée par quatre petites bandes en ivoire, qui prennent à la moitié de la hauteur de la sphère, et s'étendent jusqu'au sommet; sur les autres parties intermédiaires qui laissent le bois à découvert, il y a de petits ronds en ivoire.

Les CHEVILLES I, dont nous avons déjà décrit la forme, sont en bois d'érable; elles traversent d'outre en outre le cheviller, de même que les chevilles de nos violons. La portion de la queue de chaque cheville introduite dans la partie creuse du cheviller, est percée aussi d'un trou qui sert à passer les attaches de la corde; car, sans cela, la corde, étant formée d'environ soixante à quatre-vingts brins de crin, ne serait pas facile à introduire dans un aussi petit trou que celui-ci.

Nous n'avons rien à ajouter à ce que nous avons dit de la tête de la cheville. Quant à la queue, c'est une tige ronde qui va en diminuant jusqu'au bout opposé à la tête.

Les CORDES sont, comme nous venons de le remarquer, formées de mèches de crin de cheval, composées d'environ soixante à quatre-vingts brins de crin. Le bout de chaque corde est noué par un nœud carré à l'attache. Cette attache est une grande boucle en corde de boyau de la grosseur d'un *la* de contre-basse, dont un bout, après avoir passé au travers du trou de la cheville, est noué à l'autre.

L'ABAISSE-CORDE F est une petite bande de cuir qui fait deux fois le tour du manche sur la touche, et qui est nouée d'un seul nœud par derrière, à 27 millimètres de distance du cheviller. Comme il n'y a point de sillet à la kemângeh a'gouz, et que les cordes, en sortant du cheviller après avoir passé par-dessus la moulure qui en orne le bout inférieur, se trouveraient trop écartées de la touche, on les en rapproche en les serrant fortement avec la bande de cuir F, qui est l'abaisse-corde.

Au TIRE-CORDE x est une boucle ronde en fer e, à laquelle les cordes de crin sont nouées. Cette boucle s'accroche au crochet de fer n qui tient au pied de l'instrument.

Le CHEVALET H est en bois de sapin; à son sommet il y a deux entailles assez larges pour contenir chacune une des deux cordes. Les pieds de ce chevalet sont terminés par une petite saillie en dehors, sur laquelle ils posent; ce qui leur donne plus d'assiette et fait que ce chevalet peut aisément se tenir debout sur la table, indépendamment de la pression des cordes qui le retiennent en cette position, lorsqu'elles sont tendues.

L'ARCHET P est construit autrement que les nôtres. Le bâton est tout simplement un rameau de frêne, dont on ne s'est pas donné la peine d'enlever l'écorce. Ce bâton, par le bout qui répond à ce que nous nommons *la tête de l'archet,* est creux d'environ 14 millimètres de profondeur. A ce même bout et du côté opposé à celui où la mèche de crin est tendue, le bâton est fendu dans toute la profondeur de ce qui est creusé, et la fente est terminée par un trou σ qui traverse en dehors de ce même côté. A l'autre bout et à l'endroit où serait le talon de nos archets, du côté de la mèche de crin, est une boucle de fer Ω, dont les deux bouts fichés dans l'épaisseur du bâton passent au travers et sont rivés de l'autre côté. La mèche de crin est liée avec du gros fil à ses deux bouts. On a fait entrer l'un d'eux dans la partie creusée de la tête p ou du bout supérieur de l'archet, et on l'a fait sortir par le trou σ, près duquel on l'a noué pour l'arrêter en cet endroit. L'autre bout de la mèche est attaché par un nœud au premier anneau en fer d de la courroie k. On fait passer deux fois cette courroie dans le premier et dans le second anneau, en tirant fortement les deux bouts, pour tendre la mèche de crin; puis on les noue sur le dernier anneau, qui est retenu par la boucle de fer Ω, dans laquelle on avait eu la précaution d'introduire cet anneau, avant de la ficher dans le bâton et d'en river les bouts.

ARTICLE IV.

Dimensions de la kemângeh a'gouz et de ses parties.

La hauteur totale de la kemângeh a'gouz est de 910 millimètres, depuis le sommet de la tête du cheviller jusqu'au sommet du bouton en pyramide renversée qui termine le bout du pied de cet instrument.

Le coffre a 74 millimètres en profondeur. Le diamètre de sa largeur mesurée parallèlement à la table, mais à 23 millimètres au-dessous, est de 90 millimètres; tandis que, si on le mesure d'un bord à l'autre de l'orifice de la noix de coco, il n'est plus que de 86 millimètres, ce qui est aussi le diamètre de la table.

Le manche M, à partir du bas du cheviller en *s* jusqu'au corps sonore, a 379 millimètres. La touche T, qui s'étend depuis l'abaisse-corde F jusqu'au bas du manche *b*, a 311 millimètres : le diamètre de son épaisseur près de l'abaisse-corde est de 36 millimètres; et près de l'extrémité *b* du bas du manche, il n'est plus que de 30 millimètres. Le bas du manche, de *b* en *b*, a 68 millimètres de hauteur, dont une étendue de 19 millimètres est occupée par la portion en acajou qui est contiguë à la touche T, et dont l'autre est remplie par la portion en ivoire qui précède immédiatement le corps sonore. C'est aussi sur cette portion du manche, de *b* en *b*, que l'on racle les cordes avec l'archet, et non au-dessus de la table, comme cela se pratique sur nos instrumens à archet; ce qui est encore une particularité remarquable dans celui-ci.

Le pied de l'instrument, c'est-à-dire la tige en fer Q, en ne comprenant que ce qui paraît en dehors, et non la portion qui passe dans l'intérieur du corps sonore, ni celle qui est fichée dans la dernière portion du bas du manche, enfin la seule portion visible du pied du manche est longue de 205 millimètres; le reste de cette tige est facile à apprécier, puisque nous avons donné les dimensions des parties dans lesquelles elle est introduite.

Le cheviller C a de hauteur 119 millimètres; le diamètre de sa grosseur est de 45 millimètres. La tête de ce cheviller a 116 millimètres d'élévation; le plus grand diamètre de sa portion renflée est de 47 millimètres.

Le chevalet H est haut de 15 millimètres; ses échancrures, pour recevoir les cordes, sont larges de 5 millimètres, et profondes de 3.

Les autres parties de cet instrument ne nous paraissant pas de nature à être assujetties à des proportions rigoureuses, nous croyons devoir nous dispenser d'en présenter les détails au lecteur.

ARTICLE V.

De l'accord de la kemângeh a'gouz; de la quantité, de l'étendue et de la variété des sons qu'on peut obtenir sur cet instrument.

Dans l'accord de la kemângeh a'gouz, de même que dans celui de la plupart des instrumens de musique orientaux, on reconnaît le principe harmonique des anciens, chez lesquels la quarte était regardée comme la plus parfaite des consonnances après l'octave, et comme le type de tout le système musical et la limite naturelle des divisions de ce système. Ce principe était fondé sur ce que les sons, dans l'ordre diatonique naturel[1], se présentent toujours respectivement de quarte en quarte

---

[1] Nous appelons *ordre diatonique naturel* celui qui résulte d'une génération de sons naturels, tels que ceux du système des Grecs, qui étaient produits par cette génération harmonique *si, mi, la, ré, sol, ut, fa*, dont ils avaient formé leur heptacorde *si, ut, ré, mi, fa, sol, la*.

dans les mêmes rapports entre eux. La quinte ne leur paraissait pas être une consonnance aussi naturelle, parce qu'elle ne résultait pas aussi directement de ce qu'ils appelaient *l'harmonie*, et qu'ils ne la regardaient que comme un renversement de la quarte ou un complément de l'octave. Elle était pour eux le renversement de la quarte, quand du son grave de cette consonnance on descendait à l'octave du son aigu, comme lorsque de la quarte descendante *fa*, *ut*, nous descendons à l'octave du premier *fa* de cette manière, *fa*, *ut*, *fa*; elle était le complément de l'octave, quand on voulait passer du son aigu de la quarte à l'octave aiguë du son grave de cette même quarte, comme lorsque de la quarte ascendante *ut*, *fa*, nous montons à l'octave aiguë du son *ut*, et que nous entonnons en montant *ut*, *fa*, *ut* : mais ils ne se servaient jamais de la quinte pour composer, ordonner ou diviser l'étendue de leur système musical. Par la même raison, ils ne l'employaient pas non plus dans l'accord de leurs instrumens de musique.

C'est pourquoi dans l'Orient, où l'on ne connaît pas les nouveaux principes d'harmonie auxquels a donné lieu la réforme du système musical par Gui d'Arezzo, et enfin où l'on ignore absolument l'invention du contrepoint et l'usage de notre harmonie moderne, les instrumens sont plus ordinairement accordés à la quarte qu'ils ne le sont à la quinte; et s'il se trouve une quinte dans l'accord de ces instrumens, elle n'a été obtenue que d'une manière indirecte, comme nous venons de l'expliquer : autrement il serait probable que ceux-là dans l'accord desquels il se rencontrerait une quinte, appartiendraient autant à l'Europe moderne qu'à l'Asie ou à l'Afrique, et c'est ce que décèle aisément leur forme, ainsi qu'on pourra en juger en comparant entre eux les instrumens qui ont été gravés ici, et parmi lesquels il y en a qui contrastent singulièrement avec ceux que nous avons réunis dans la planche BB, lesquels sont incontestablement orientaux.

La kemângeh a'gouz n'ayant absolument rien d'européen dans sa forme, l'accord devait donc aussi en être entièrement oriental, et être formé d'une quarte, comme il l'est en effet, et comme nous nous en sommes convaincus, non-seulement en faisant sonner ses cordes à vide, mais encore en demandant aux musiciens arabes le nom du son que ces cordes doivent rendre; car, en supposant que nos oreilles eussent pu nous tromper, ou que celles du musicien arabe l'eussent mal servi en accordant cet instrument, il n'est guère probable qu'à tant de méprises se fût encore jointe une méprise sur le nom de ces cordes ou des sons qu'elles doivent rendre : mais nous entendîmes alors et nous avons constamment entendu depuis, pendant plus de trois ans, les cordes de la kemângeh a'gouz sonner la quarte; et les musiciens de l'Égypte, pendant tout ce temps, n'ont pas cessé de nous dire que le son grave se nommait *doukâh*, et le son aigu *naouâ*, dont l'un, dans le système musical des Arabes, est éloigné de l'autre d'un intervalle de quarte : or, de tels témoignages ont tous les caractères de la certitude; et après cette réunion de preuves, il ne peut y avoir pour nous l'ombre du doute à l'égard de l'accord de la kemângeh a'gouz, que nous donnons ici.

ACCORD DE LA KEMANGEH A'GOUZ.

Soit que des cordes composées de soixante à quatre-vingts brins de crin ne puissent rendre un son aussi uniforme, aussi doux et aussi plein que celui d'une corde de boyau bien filée, ni aussi net que celui d'une corde de métal, ce que nous sommes très-disposés à croire; soit que la construction de la kemângeh a'gouz soit peu propre à produire des sons aussi purs et aussi pleins que ceux que nous aimons à entendre dans nos instrumens de musique; il est certain que les sons de cet instrument nous parurent avoir quelque chose de si maigre, de si confus, de si nasal, de si rauque, que nous crûmes d'abord qu'il nous serait impossible de nous habituer à les entendre sans déplaisir. Cependant, nous l'avouerons, nous nous aperçûmes, par la suite, que ce qui nous avait le plus choqués dans le commencement, était précisément ce qui nous inspira le plus d'intérêt et ce qui nous parut le plus expressif et le plus touchant. Réfléchissant sur le changement inopiné qui s'était opéré en nous, et cherchant à en découvrir la cause pour pouvoir nous en rendre raison, nous fûmes bientôt convaincus que notre première impression tenait autant et peut-être plus encore à nos préjugés qu'à la nature de ces sons. Nous reconnûmes que ce qui en altérait la pureté, était ce qui les rapprochait davantage de la voix humaine, qui est rarement exempte de défauts, qui en contracte même dans certaines expressions[1], qui enfin éprouve toujours quelque altération plus ou moins grande par l'émotion du sentiment qui la provoque, et par la modification qu'en reçoivent les diverses parties de l'organe qui la produit, surtout lorsque ce sentiment est très-passionné. De cette première observation, nous avons vu découler de nombreuses conséquences, que les faits et l'expérience ont de plus en plus confirmées en détruisant successivement la plupart des préjugés de notre éducation musicale; d'où sont résultés ces principes, que nous regardons comme incontestables : 1°. que les sons qui ont le plus d'éclat et de pureté, agissent plutôt sur nos sens par la forte et vive commotion qu'ils causent à nos fibres nerveuses, que par l'impression qu'ils font sur notre âme; 2°. que les voix qui nous flattent le plus par la pureté et l'éclat de leur timbre, sont rarement celles qui touchent et émeuvent davantage notre cœur; 3°. que souvent un excellent comédien ou un excellent tragédien, qui n'a pas un organe bien flatteur, mais qui sait passionner les accens de sa voix, fait pénétrer avec énergie jusqu'au fond de notre âme les senti-

---

[1] Assez ordinairement la voix prend un ton nasal dans l'expression des affections sombres et tristes; elle a ce ton très-prononcé dans l'expression du dédain, surtout quand il est occasioné par une extrême répugnance; elle l'a encore dans l'expression de l'indignation; elle l'a aussi un peu dans l'expression de l'envie qui murmure sourdement et en secret; elle l'a moins dans l'expression du mépris; elle l'a aussi quelquefois dans l'expression de la tristesse, du chagrin et des pleurs, et particulièrement lorsque c'est quelque injustice ou quelque violence contre laquelle on voudrait et l'on n'ose se révolter, qui les cause; elle l'a encore en beaucoup d'autres cas.

mens qu'il exprime, tandis que le meilleur chanteur, par la pureté de ses sons et de sa méthode, ne laisse apercevoir que l'art et la réflexion qui dirigent sa voix, et que, lorsque nos oreilles et notre esprit jouissent de ce genre de perfection, notre cœur reste froid, notre âme demeure calme; 4°. enfin, qu'il est impossible que la musique fasse jamais de véritables progrès, partout où elle ne sera pas exclusivement soumise au jugement du cœur et de la raison, et où l'expression sera sacrifiée au plaisir de l'oreille et aux goûts capricieux de la mode.

Si l'on ne considérait que le parti que les musiciens égyptiens tirent de la kemângeh a'gouz, on trouverait sans doute cet instrument très-ingrat et très-borné. Ils ne jouent guère dessus que des airs de chant; et ces airs, parmi eux, ne se composent ni d'une très-grande étendue ni d'une très-grande variété de sons. Cependant, comme il n'y a point sur la touche de ligature qui en détermine et borne le nombre, et comme, au contraire, on peut obtenir des sons sur tous les points de la corde, tant qu'elle conserve la liberté de vibrer, l'étendue des sons de cet instrument est encore assez grande, pour que la mélodie n'en soit point gênée : le système de la musique arabe, qui permet de varier les sons beaucoup plus que le système de notre musique, fournirait encore de nouvelles ressources à un musicien habile.

Voici l'échelle des sons que nous ont fait entendre sur cet instrument les musiciens égyptiens auxquels nous l'avons demandée. Chaque corde, comme on le voit, produit une étendue de deux octaves; et par la division

DES ORIENTAUX.   345

des intervalles, suivant le système de la musique arabe, ces deux octaves comprennent trente-cinq sons.

Étendue et variété des sons qu'on peut obtenir sur la kemângeh a'gouz.

1re corde. Naoua. A vide.

2e corde. Doukah. A vide.

1re corde.

2e corde.

1re corde.

2^e corde.

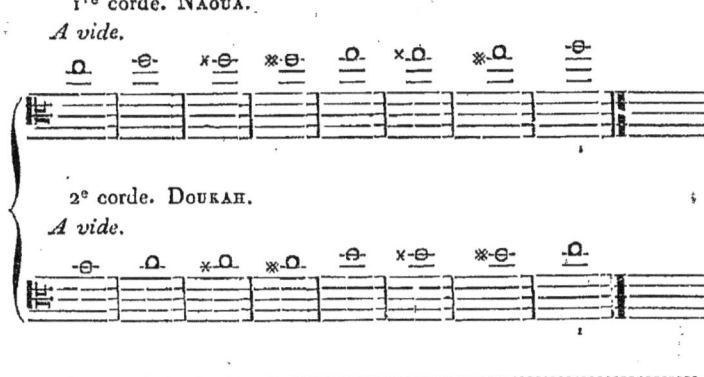

CHAPITRE XI.

De la kemângeh farkh ou kemângeh soghayr[2].

ARTICLE PREMIER.

En quoi la kemângeh farkh se rapproche de la kemângeh a'gouz, et en quoi elle en diffère.

Il ne nous sera pas difficile d'abréger la description de la kemângeh farkh, puisque cet instrument est de la même espèce que la kemângeh a'gouz, et qu'il n'en diffère essentiellement que par son accord, qui est d'une quinte plus aigu, et par les proportions du coffre du corps sonore, qui sont à peu près de moitié plus petites; ce qui probablement lui a fait donner le nom de *kemân-*

---

[1] Ces derniers sons sont ceux qu'on obtient à l'endroit du bas du manche qui est en acajou, immédiatement au-dessus du morceau qui est en ivoire.

[2] كمانجه فرخ أو كمانجه صغير *kemângeh farkh ou kemângeh soghayr*, c'est-à-dire demi-viole, ou petite viole. *Voyez* pl. BB, fig. 8.

geh farkh, qui signifie *portion de kemângeh*; et que nous avons rendu par *demi-viole*, ou celui de *kemângeh soghayr*, petite kemângeh, et, selon nous, *petite viole*. Du reste, ce petit instrument est construit de la même manière que le précédent. Le nom et le nombre de ses parties sont les mêmes, leurs proportions sont respectivement les mêmes, et, excepté le coffre de l'instrument, leurs dimensions ne sont pas beaucoup plus petites dans celui-ci que dans l'autre.

Nous emploierons ici les mêmes lettres indicatives dont nous nous sommes servis dans le chapitre précédent pour désigner les mêmes choses, afin que les yeux, y étant déjà accoutumés, puissent les reconnaître plus facilement.

ARTICLE II.

De la forme, de la matière, des ornemens et des dimensions de la kemângeh farkh, ainsi que de ses parties.

La forme de la kemângeh farkh est à peu près semblable à celle de la kemângeh a'gouz. La matière qui entre dans sa composition, consiste dans une portion de noix de coco, une peau de bayâd, du bois d'ébène, du bois d'acajou, du bois de mancenillier, de l'érable, de l'ivoire, du cuivre, du fer, du crin, du cuir, des cordes de boyau et de la ficelle. On a fait entrer, comme on voit, dans la construction de ce petit instrument, des substances tirées des trois règnes de la nature[1], de même qu'on l'a fait dans la kemângeh a'gouz.

[1] Les Chinois, persuadés que chacun des règnes de la nature a une

348 INSTRUMÉNS DE MUSIQUE

Les ornemens de la kemângeh farkh sont beaucoup plus simples que ceux de la kemângeh a'gouz; ils ne sont qu'en ivoire, incrustés ou plaqués et fixés dans le bois par un petit clou en cuivre.

L'étendue totale de cet instrument est de 864 millimètres. Le corps sonore A se compose des mêmes parties et de la même matière que celui de la kemângeh a'gouz. Le coffre[1] a la forme d'un conoïde elliptique tronqué à son sommet. Il est fait de la moitié d'une noix de coco, proprement vidée en dedans, comme celle de la kemângeh a'gouz, mais dont on a enlevé le fond qui eût été le sommet du conoïde; ce qui fait que cette partie est percée d'un grand trou à jour. De petits trous sont également percés à jour sur sa surface, et disposés symétriquement sur deux côtés seulement; près de la base sont deux trous plus grands que les autres. La profondeur du coffre est de 44 millimètres; la table présente une surface elliptique[2], dont le grand diamètre est de 68 millimètres, et dont le petit diamètre est de 54 millimètres. Ces dimensions sont par conséquent les mêmes que celles de l'orifice de la noix de coco, sur laquelle est tendue la peau de bayâd qui forme la table.

Le MANCHE M est une tige ronde qui va en diminuant

vertu particulière, et que les différens animaux, les différentes plantes, les différens minéraux, ont chacun une propriété spéciale, ne veulent pas que, dans la construction de leurs instrumens, on mêle indistinctement toute sorte de matières. Le même instrument doit être entièrement fabriqué avec des matières du règne animal, ou avec des matières du règne végétal, ou avec des matières du règne minéral; ou s'ils permettent le mélange de ces diverses substances, ils en restreignent considérablement le choix, et le soumettent à des règles qu'ils ont établies d'après les propriétés qu'ils attribuent aux corps.

[1] *Voyez* pl. BB, fig. 8 et 9.
[2] *Voyez* fig. 8.

sensiblement de diamètre depuis le cheviller C jusqu'au corps sonore A. Nous le divisons en deux parties, la touche T et le bas du manche bb. La touche est de bois de mancenillier : elle est ornée, dans toute l'étendue de sa surface, de huit petits filets d'ivoire qui s'élèvent en hélice, quatre dans un sens et quatre dans le sens opposé. Ces filets sont respectivement à égale distance les uns des autres, en sorte que ceux qui vont dans un sens coupent presque à angle droit les autres dont la direction est en sens contraire ; et cela forme des rhomboïdes, dans le milieu desquels est une petite plaque d'ivoire représentant une fleur en croix. L'étendue en longueur de la touche T est de 240 millimètres ; le diamètre de son épaisseur, pris de l'abaisse-corde F, est de 35 millimètres ; près de l'extrémité du bas du manche b, le diamètre de la même dimension est de 28 millimètres. Le bas du manche bb est d'un seul morceau d'acajou plein et sans ornemens ; il est long de 102 millimètres : le diamètre du bout qui se joint immédiatement à la touche T, est de 27 millimètres ; celui de l'épaisseur du bout opposé, c'est-à-dire celui qui est contigu au corps sonore, est de 23 millimètres.

Le PIED Q de l'instrument est semblable à celui de la kemângeh a'gouz ; il est fiché dans le bas du manche b, passe par-dedans la noix de coco qui forme le coffre de l'instrument, la traverse d'outre en outre, se prolonge au-delà dans l'étendue de 264 millimètres, et se termine par un petit bouton conique. A la distance de 14 millimètres au-dessous du coffre de l'instrument, ce pied, de même que celui de la kemângeh a'gouz, est aplati et s'élargit en formant une ellipse, dont le grand diamètre, qui est dans la même direction que la tige de fer elle-même, est de 25 millimètres, et dont le petit diamètre a 14 millimètres. Au milieu de cette ellipse, on a percé un trou au travers duquel on a fait passer, par derrière, un clou jusqu'à la tête, et l'on a ensuite recourbé la partie qui ressort par devant, de manière à en faire un grand crochet, qui a aussi la même destination que celui de la kemângeh a'gouz.

Le CHEVILLER C est d'un seul morceau de bois d'ébène. Le corps diffère peu par sa forme du cheviller de la kemângeh a'gouz ; mais il est absolument nu et sans ornemens. La tête n'a pas, comme celle de la kemângeh précédente, la forme d'une *bardaque;* elle représente un autre vase également égyptien, qu'on nomme en arabe قلّه *qoulleh,* surmonté aussi de son couvercle : la différence qu'il y a entre ce vase-ci et l'autre, c'est que son cou va en s'élargissant et forme l'entonnoir, tandis que l'autre a le cou à peu près cylindrique et d'un même diamètre dans toute sa longueur.

Les CHEVILLES I de cet instrument sont plus élégamment travaillées que celles de la kemângeh a'gouz : la tête est en ivoire ; elle a la forme d'un disque dont le côté plat est dans une direction verticale, parallèle au cheviller. Ce disque est fait au tour : sur sa surface, ainsi que sur son épaisseur, sont des moulures circulaires ; les cercles dont est ornée la surface sont concentriques, et ceux qui sont sur son épaisseur sont parallèles. Au centre de ce disque, on voit sortir en dehors le bouton qui termine la queue de ce côté, tandis que cette même queue se prolonge du côté opposé. Elle est faite de bois d'érable et tournée au tour. Elle traverse d'outre en outre l'épaisseur du cheviller; conséquemment elle passe dans la cavité profonde et oblongue qu'on a pratiquée, par devant, dans le cheviller, comme à la kemângeh a'gouz, pour y introduire les cordes et les attacher aux chevilles. L'archet[1], ainsi que le reste de ce qui concerne cet instrument, est absolument de même que dans le précédent.

ARTICLE III.

De l'accord, de l'étendue et de la qualité des sons de la kemângeh farkh.

Nous avons déjà observé, article Ier, que l'accord de cet instrument ne différait de celui de la kemângeh a'gouz, que parce qu'il était plus aigu d'une quinte; et l'on a dû concevoir par-là que notre intention était de faire entendre implicitement que son accord se formait aussi d'une quarte, et qu'il dérivait des mêmes principes que celui de la première kemângeh. Tout ce que nous avons dit en parlant de ce premier instrument, peut donc s'appliquer au second, c'est-à-dire que, toutes proportions gardées, l'étendue et l'ordre des sons ne sont point changés ici.

[1] *Voyez* pl. BB, fig. 10.

INSTRUMENS DE MUSIQUE

ACCORD DE LA KEMANGEH FARKH.

1ʳᵉ corde.   2ᵉ corde.
MAHYAR.   HOSSEYNY.

Étendue et variété de ses sons.

1ʳᵉ corde.
À vide.

2ᵉ corde.
À vide.

1ʳᵉ corde.

2ᵉ corde.

1ʳᵉ corde.

2ᵉ corde.

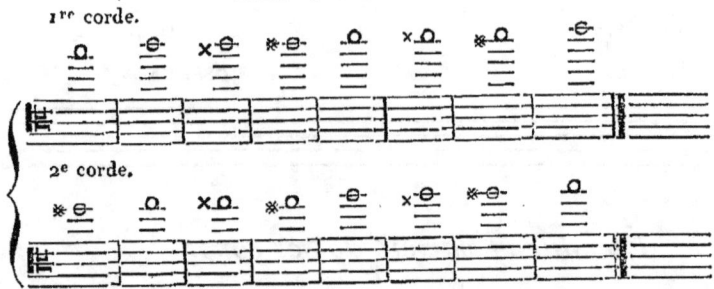

Quoique les sons de cet instrument soient d'une qualité fort analogue à celle des sons de la kemângeh a'gouz, nous leur avons cependant trouvé quelque chose de mélancolique qui, loin d'être désagréable, attache au contraire, et finit par jeter dans une espèce de rêverie, quand on les écoute pendant quelque temps. Peut-être l'effet des sons de cet instrument-ci a-t-il contribué un peu à diminuer notre répugnance pour les sons de la kemângeh a'gouz, et nous a-t-il disposés à les entendre avec moins de prévention.

CHAPITRE XII.

Du rebâb.

ARTICLE PREMIER.

Du nom, de l'espèce et de l'usage de cet instrument.

On reconnaît sans peine, en faisant attention à la forme du *rebâb* رباب, à la manière dont il est construit, au caractère et au style de son ensemble, qu'il doit avoir la même origine que les deux instrumens précédens. Si Laborde, dans son *Essai sur la musique*, tome 1er, page 380, a manifesté une opinion contraire, c'est qu'il n'a connu les instrumens orientaux dont il a parlé que par des relations fort inexactes, ou bien c'est qu'il s'en est rapporté au témoignage de gens qui, vraisemblablement, n'avaient pas les connaissances qu'il fallait pour bien juger de ce qui concerne l'art musical. Lui-même n'est pas sans reproche pour n'avoir pas cherché à s'assurer de la fidélité des témoignages qu'on lui rendait, quand il pouvait le faire. Il n'est pas excusable d'avoir avancé, peut-être sur parole, que le mot *repab* était grec, et que celui de *semendje* était arabe, tandis qu'il lui eût été si facile d'éviter cette erreur, en ouvrant le premier lexique, ou en consultant les savans orientalistes de la capitale. « Le *repab* en grec, et *semendje* en arabe, dit Laborde, est un instrument à archet ; il n'a que deux cordes, dont l'une est montée à une tierce majeure de l'autre. Le pied est de fer et passe au travers du corps du manche. Ce corps est ordinairement une noix de coco, et la table est une peau tendue *comme celle des tambours;* c'est l'instrument favori des ménétriers et des bateleurs orientaux : on le tient comme la viole. »

La description que nous avons faite de la kemângeh dans le chapitre précédent, doit faire voir clairement que Laborde a confondu le rebâb avec la kemângeh[1] ; car il y a une très-grande différence entre l'un et l'autre,

---

[1] *Voyez* notre Mémoire sur l'état actuel de l'art musical en Égypte, *É. M.*, tom. XIV.

puisque le corps sonore du rebâb est plat et présente une surface quadrilatère rhomboïde, tandis que la kemângeh est d'une forme hémisphérique.

Le rebâb est, on n'en peut douter, le même instrument qui a été décrit par Laborde sous le nom de *merabba*, tome 1er de son *Essai sur la musique*, pag. 381, n°. 6, et qui est gravé dans le même ouvrage *page* 380. « C'est, dit-il, un instrument à archet nommé *merabba*, et à peu près du même genre (que le repab), quoiqu'il soit d'une autre forme; quelquefois cependant il n'a qu'une corde. Il n'a guère que deux pouces d'épaisseur : le corps est couvert par-dessus et par-dessous d'une peau tendue, et près du manche il a une ouïe; le musicien en joue comme du violon ou comme du tambour, battant quelquefois les cordes avec le dos de l'archet. »

Cette description, passablement exacte, nous apprend une particularité que nous n'avons pas eu l'occasion de remarquer. Il peut arriver quelquefois aux ménétriers égyptiens de frapper le rebâb avec le dos de l'archet, de même que les ménétriers français frappent aussi quelquefois sur la table de leurs violons; mais nous doutons que cela tienne à l'art de jouer de cet instrument. Nous ne pouvons pas nous persuader cependant qu'en quelque pays que ce soit on joue du rebâb comme nous jouons du violon, parce que le long pied de fer qui termine cet instrument le rendrait trop embarrassant de cette manière. Laborde a sans doute encore été induit en erreur sur ce point; nous avons toujours vu tenir le rebâb à peu près comme nous tenons notre basse de viole, en le faisant porter sur le bout de sa queue en fer.

356 INSTRUMENS DE MUSIQUE

Il y a deux sortes de *rebâb*, dont la seule différence consiste en ce que les uns sont montés de deux cordes, et les autres d'une seule.

Le rebâb monté d'une seule corde s'appelle رباب الشاعر *rebâb ech-châe'r*, rebâb de poëte. C'est avec cet instrument que s'accompagnent, dans la récitation chantée de leurs poëmes, les poëtes et les raconteurs [1].

Le rebâb monté de deux cordes se nomme رباب المغنّي *rebâb el-moghanny*, rebâb de chanteur.

Cet instrument paraît être exclusivement réservé à l'accompagnement de la voix, soit dans le chant, soit dans la récitation poétique. On en fait en Égypte à peu près le même usage que l'on fit jadis de la lyre, et le même que les Grecs firent de l'instrument qu'ils appelaient *phonascos* ou *tonarion* [2]. Nous n'avons jamais vu cet instrument réuni aux autres instrumens qu'on emploie dans les concerts en Égypte, ou dans les musiques des solennités et des réjouissances publiques.

ARTICLE II.

Forme, matière, composition et dimensions du rebâb et de ses parties.

Le rebâb diffère essentiellement de la kemângeh a'gouz ou de la kemângeh farkh, comme nous l'avons fait observer dans l'article précédent, par la forme de

---

[1] *Voyez* notre Mémoire sur l'état actuel de l'art musical en Égypte, chapitre II, article XVI, É. M., tom. XIV.

[2] *Voyez* l'article XVI cité dans la note précédente : on y a donné des exemples de l'usage de cet instrument.

son corps sonore A'¹, qui est un trapèze dont le sommet est parallèle à sa base, et dont les deux côtés sont égaux, ou à très-peu de chose près.

Le MANCHE M est de forme cylindrique et ne fait qu'une seule pièce avec le cheviller. Le cheviller C commence là où il y a un petit étranglement, au milieu duquel est une moulure η, et il se prolonge jusqu'au haut. La touche T du manche commence à partir de l'abaisse-corde F jusqu'au coffre du corps sonore, c'est-à-dire de T en T. Le corps sonore du cheviller, de même que celui des *kemângeh* précédentes, est creusé sur le devant par une hoche longue et profonde, destinée à recevoir les cordes, lesquelles s'attachent de même à la queue des chevilles. La tête du cheviller a aussi la forme d'un vase avec son couvercle, mais dont le cou est beaucoup plus large que celui des vases égyptiens appelés *qoulleh* (bardaques). Les chevilles I ne sont pas faites absolument de même l'une que l'autre; ce qui fait présumer que l'une des deux en remplace une autre qui s'est perdue. L'une a sa tête à peu près sphérique et unie, tandis que la tête de l'autre est divisée par des moulures circulaires qui divisent sa sphère en plusieurs zones. Toutefois, il y a lieu de croire que la forme des chevilles de cet instrument est différente de la forme de celles des autres instrumens orientaux; car nous n'avons rencontré que celui-ci dont les chevilles eussent une tête sphérique.

Le PIED Q du rebâb est une tige quadrangulaire en fer, sur laquelle, de distance en distance, sont, sur

---

[1] *Voyez* pl. BB, fig. 11.

chacun de ses angles, des hoches carrées. La plus grande des parties intermédiaires à ces hoches a sur ses quatre faces un trou carré long, percé à jour; les autres parties sont divisées tout autour par des raies en creux, qui forment dans leur entre-deux tantôt de petits filets, tantôt des bandes plates.

Le CHEVALET a la même forme que les chevalets des *kemângeh* précédentes; mais, comme notre rebâb n'a qu'une corde, ce chevalet n'a aussi qu'une large hoche, proportionnée à la largeur de la corde.

L'ARCHET est construit de même que celui de la kemângeh a'gouz.

Il n'y a en bois au corps sonore A que les éclisses; elles sont au nombre de quatre, engrenées les unes dans les autres. Le dessus ou la table et le dessous sont formés chacun d'une feuille de parchemin tendue et collée sur les quatre éclisses. L'éclisse du sommet et celle de la base du corps sonore paraissent être de cyprès de Constantinople; les éclisses des côtés sont en érable.

Le manche et le cheviller sont en alizier : la tête des chevilles est en bois de cormier, et la queue en buis.

Les CORDES, l'ABAISSE-CORDE et le PIED de l'instrument sont de la même matière qu'aux deux *kemângeh* précédentes, c'est-à-dire en fer : le chevalet est en bois blanc.

La hauteur totale du rebâb est de 921 millimètres; l'épaisseur du corps sonore, ou, ce qui revient au même, la largeur des éclisses, est de 59 millimètres. La largeur de la table et celle du dessous du corps sonore sont de 159 millimètres au sommet, et de 260 à la base : la longueur des éclisses qui correspondent à l'une et à l'autre dimension, est respectivement de la même étendue. L'étendue du côté oblique de la droite est de 288 millimètres, celle du côté oblique de la gauche est de 290 : les éclisses qui correspondent à ses côtés, ont aussi respectivement les mêmes dimensions en longueur.

Depuis le bas du manche, près du corps sonore, jusqu'au sommet du cheviller, l'étendue est de 406 millimètres. La longueur du manche seul, depuis le corps sonore exclusivement, jusqu'à l'étranglement qui précède le cheviller, est de 217 millimètres. Toute cette longueur est divisée de distance en distance, tantôt par une, tantôt par deux, tantôt par trois raies circulaires qui servent à indiquer le doigter des tons.

L'abaisse-corde est à 54 millimètres de l'étranglement qui se voit entre le manche et le cheviller.

La longueur de la tige du pied en fer de l'instrument se prolonge au-delà du corps sonore jusqu'à 174 millimètres; les autres parties et les autres dimensions du rebâb, ou ne valent pas la peine d'être mentionnées, ou sont les mêmes que dans les *kemângeh* égyptiennes.

ARTICLE III.

Accord et étendue des sons du rebâb. Destination primitive de cet instrument.

Parmi les notes que nous avons perdues se trouvaient celles que nous avions faites sur le rebâb à deux cordes. Nous ne nous rappelons pas quel est l'accord de cet instrument; il serait possible que cet accord fût celui dont a parlé Laborde en confondant le rebâb avec la kemângeh, et dont les sons, selon lui, étaient accordés à la tierce majeure l'un de l'autre. Néanmoins, cela nous paraît contraire aux principes de la musique arabe, lesquels, étant établis sur ceux de l'ancienne musique grecque, n'admettent point la tierce au nombre des consonnances dont tout accord doit se composer. Il serait même peu raisonnable de supposer que les musiciens arabes aient précisément choisi deux sons qui, dans leur système musical, ne s'accordent point ensemble, pour en former l'accord d'un de leurs instrumens de musique, et surtout d'un instrument destiné à accompagner la voix dans le chant et dans la récitation poétique.

Le rebâb à une seule corde que nous avons rapporté avec nous d'Égypte, qui a été dessiné et gravé *pl.* BB, *fig.* 2, et que nous avons en ce moment sous les yeux, est vraisemblablement dans son état primitif; car sa destination n'exigeait pas qu'il fût plus compliqué. Il est accordé au ton de RÉ du grave de la voix *tenor*, et du *medium* de la voix de basse. Ce son, dans le système des Arabes, répond au ton de rast qui est le fondement de ce système. Chez les Grecs, ce même son répondait à la proslambanomène du mode dorien, le premier et le plus ancien de tous les modes de la musique grecque, et le fondement de tous les autres. Chez les Latins et parmi nous, jusqu'au temps de la réforme de Gui d'Arezzo, ce son était aussi regardé comme la tonique du mode dorien, et c'est encore ainsi que nous le considérons dans notre plain-chant, qui fut notre première musique.

L'étendue des sons qu'on peut obtenir du rebâb en le doigtant sur la touche seulement, est d'une sixte mineure, et probablement on s'est toujours borné à l'étendue d'une quinte, ou au moins on a toujours dû le faire; ces sons, comme nous l'avons déjà dit, sont indiqués sur la touche du manche par des raies circulaires. Le son à vide répond au RÉ : si l'on pose le doigt sur le milieu du second intervalle, on obtient le son du MI; si l'on pose le doigt sur le milieu du troisième intervalle, cela produit le son de ×FA; si l'on pose le doigt sur le quatrième intervalle, la corde sonne le SOL; si l'on pose le doigt sur le cinquième intervalle, cela donne le LA; si enfin l'on pose le doigt au-delà des dernières raies circulaires, le son qu'on obtient est ♭ SI. Nous avons marqué par un chiffre[1] chacune des cases formées par ces lignes circulaires, dans laquelle, en y posant le doigt, on obtient les sons que nous venons de nommer. Le chiffre 1 répond à la case du RÉ; le chiffre 2 répond à la case du MI; le chiffre 3 répond à la case du ×FA; le chiffre 4 répond à la case du SOL; le chiffre 5 répond à la case du LA, et le chiffre 6 répond à la case du ♭ SI.

Mais, cet instrument étant particulièrement destiné à l'accompagnement de la voix des poëtes et des rapsodes dans la récitation des vers, l'intervalle de sixte n'est pas nécessaire dans ces sortes de récits. On sait que les an-

[1] *Voyez* pl. BB, fig. 11.

ciens avaient des règles qui prescrivaient l'étendue des sons que devait parcourir la voix dans le chant du discours[1], ainsi que dans celui de la récitation poétique[2]. La principale de ces règles, selon Denys d'Halicarnasse, était que la voix ne devait pas s'élever au-delà d'une quinte, ni s'abaisser au-dessous de cet intervalle. « La

---

[1] C'est ainsi que les anciens Grecs et les Latins nommaient la pratique des règles de la prosodie, et c'est ce que nous appelons encore aujourd'hui *l'accent de la voix*. Le mot *accent* vient de deux mots latins qui signifient *pour le chant*, de même que le mot *prosodie* fut formé de deux mots grecs qui signifient aussi *pour le chant*; car la prosodie ne concernait alors que ce qui a rapport à la manière d'élever ou d'abaisser la voix dans le discours, et, comme l'indique son nom, elle était l'art de modifier ses sons en parlant et d'en former une espèce de chant, c'est-à-dire de lui donner une expression persuasive : mais les règles en sont tombées en désuétude et sont entièrement oubliées ou méconnues parmi nous; et l'acception que nous donnons actuellement au mot *prosodie*, n'a plus aucun rapport ni avec le sens étymologique de ce mot, ni avec l'idée que les anciens y attachaient. « Cette science du discours, dit Denys d'Halicarnasse, est une sorte de musique; elle ne diffère du chant des instrumens que par l'étendue et non par la qualité des sons : car le discours a aussi son harmonie, son rhythme, ses mutations, ses beautés et ses expressions; et l'on ne peut douter que l'ouïe ne soit flattée lorsqu'elle saisit à-la-fois l'harmonie, le rhythme et les mutations, et qu'elle n'aime par-dessus toute chose ce qui est beau. » (Dionys. Halicarn. *de Collat. verb. græc. et lat. ex edit. Sim. Bircovii*, Samoscii, 1604, in-4°, page 38.) « L'élocution, dit Aristote, consiste à savoir modifier sa voix, conformément au sentiment qu'on veut inspirer; à savoir, quand il le faut, lui donner de la force, l'affaiblir, ou lui faire tenir le milieu; comment on doit employer les tons, soit de l'aigu, soit du grave, soit du *medium*, et quels rhythmes conviennent à chacun d'eux : car il y a trois choses à observer, l'étendue, l'harmonie et le rhythme (des sons); c'est-là ce qui, dans les concours, obtient le prix. » (Aristot. *de Rhet.* lib. III, cap. I.)

[2] Aristoxène dans ses *Harmoniques*, et Aristide-Quintilien dans son *Traité de la musique*, ont démontré en quoi consistent le chant du discours, le chant de la récitation poétique, et le chant musical : on peut consulter ces auteurs sur ce point, qu'il ne nous est pas permis de traiter à fond ici; nous renvoyons aussi à l'article que Photius dans son *Myriobiblon, etc.*, a extrait de Proclus, et qui a pour titre, *Procli Chrestomathia, seu laudabilia de re poetica*, pag. 982, in-folio, græc. et lat. *Rothomagi*, 1653. On trouvera dans ces ouvrages tout ce qui concerne les

mélodie du discours, dit-il, se renferme ordinairement dans un seul intervalle que l'on nomme *diapente* (quinte), en sorte qu'elle ne s'élève pas au-delà de trois tons et demi vers l'aigu, et qu'elle ne s'abaisse pas au-delà de cet intervalle [1]. » Or, comme nous l'avons déjà remarqué plusieurs fois, puisqu'on reconnaît encore des traces certaines de beaucoup de pratiques anciennes qui se sont perpétuées en Égypte, et qui s'y sont aussi conservées par l'insouciance des Égyptiens, par leur attachement opiniâtre à leurs anciennes habitudes, et par leur éloignement extrême pour toute espèce d'innovation; puisque leur inébranlable constance n'a point encore été affaiblie par toutes les vicissitudes qu'ils ont éprouvées, et que, semblable à une digue qui résiste aux efforts les plus impétueux d'un torrent débordé, elle a pu préserver un grand nombre de leurs usages, de ces changemens qu'ont fait subir à la face de l'Égypte les révolutions multipliées qui s'y sont opérées, nous devons croire aussi qu'un usage qui fut connu dès la plus haute antiquité chez les Grecs, et qui ne se retrouve plus qu'en Égypte, n'aurait pu s'y maintenir pendant une aussi longue suite de siècles par le seul instinct de l'habitude, si les principes en avaient été totalement intervertis. Mais tout nous rappelle, tout nous atteste même, si-

divers chants oratoires et poétiques, traité avec autant d'ordre et de clarté que d'étendue. On pourrait encore lire le 2ᵉ et le 3ᵉ chapitres du livre xiv des *Deipnosophistes* d'Athénée, et Julius Pollux, *Onomast.* lib. iv, cap. 7 et cap. 14. Nous avons réuni toutes ces autorités à beaucoup d'autres, dans notre ouvrage qui a pour titre, *Recherches sur l'analogie de la musique et des arts qui ont pour objet l'imitation du langage;* Paris, de l'Imprimerie royale, 1807; 2 volumes grand in-8°.

[1] *Dionys. Halicarn.* ubi suprà.

non la connaissance actuelle de ces principes parmi les Égyptiens modernes, au moins l'existence des moyens qui servirent jadis et qui peuvent servir encore à en démontrer l'application, et ce qui en a perpétué la pratique jusqu'à nos jours en Égypte. Ce témoignage se trouve incontestablement dans le rebâb, dont les sons se renferment précisément dans l'étendue prescrite par les anciens pour le chant du discours et pour celui de la récitation poétique, puisque l'usage de cet instrument est encore réservé à l'accompagnement des rapsodes et des poëtes lorsqu'ils récitent leurs vers. Le rebâb est donc un véritable *tonarion;* et l'emploi qu'on en fait encore maintenant, prouve donc que sa destination primitive fut de diriger, de soutenir la voix et de la maintenir dans les limites fixées par les principes reçus.

CHAPITRE XIII.

Du kissar, ou de la lyre éthiopienne.

ARTICLE PREMIER.

Des diverses manières de prononcer et d'écrire le nom de cet instrument. De la parfaite ressemblance qui s'offre entre le kissar et la lyre décrite par Homère, dans son Hymne à Mercure. Description générale du kissar; manière d'en jouer. Usage de l'ancienne lyre; préjudice qu'a éprouvé l'art musical depuis qu'on a négligé cet instrument. Discrédit dans lequel est tombée la musique depuis ce temps.

Nous n'avons rangé le kissar parmi les instrumens de musique arabe, que parce qu'il est le seul de ceux des Éthiopiens et des peuples de l'intérieur de l'Afrique que nous ayons vu en Égypte, et que nous nous soyons procuré : encore avons-nous eu assez de peine à déterminer celui à qui il appartenait à nous le vendre. Ce n'est pas que cette sorte d'instrument paraisse fort rare; au contraire, il est assez ordinaire de voir les Éthiopiens et les Barâbras en apporter avec eux, quand ils viennent de leur pays au Kaire, pour s'y placer en qualité de portiers ou de garde-magasins.

Nous nommons cet instrument *kissar*, parce que c'est ainsi que l'appelait l'Éthiopien qui nous l'a cédé et qui

qui est aussi celui que nous ayons entendu en jouer le mieux[1]. Les Barâbras ou Berbères qui habitent en deçà et au-delà de la première cataracte du Nil, nomment cet instrument *kesser;* d'autres, *kesré;* et dans quelques contrées de la Nubie, on l'appelle *ghezarké.* Comme ceux qui nous ont prononcé ce nom, ont chacun un idiome particulier, que cet idiome, ainsi que le patois de certaines provinces de France, n'est point écrit, et que parmi les peuples de la Nubie il y a fort peu de gens qui sachent écrire, nous n'avons pu savoir quelle en était la véritable orthographe. Laborde, qui a suivi la prononciation des Turks pour les noms des instrumens orientaux qu'il a décrits et gravés dans son *Essai sur la musique,* a orthographié le nom de celui-ci autrement que nous, et l'a écrit *kussir.* Les Égyptiens désignent le même instrument par le nom de قيطارة بربريه *qytârah Barbaryeh,* guitare des Barbarins ou Barâbras. Dans la traduction arabe des livres saints, publiée dans la Bible polyglotte, le nom que les Grecs ont traduit par κιθάρα, et qu'ils prononcent *kithara,* en donnant au θ la même valeur que les Anglais donnent à leur *th,* c'est-à-dire une valeur qui tient le milieu entre l'*s* et le *z,* ce même nom a été rendu en arabe par قيثارة *qyçârah,* mot dans lequel la lettre ث se prononce absolument de même que le θ parmi les Grecs modernes : il serait donc naturel de croire que c'est le même nom que les Éthiopiens prononcent *kissar,* et qu'ils donnent à leur lyre.

[1] Les prêtres abyssins nous ont assuré que cet instrument est connu sous le nom de ክራር *krar,* dans leur pays, ainsi que dans l'intérieur de l'Afrique.

Il est certain néanmoins que cet instrument ne ressemble nullement à celui que nous nommons *guitare* : c'est une véritable lyre, qui, par l'extrême simplicité de sa construction, par la manière grossière dont elle est travaillée, semble appartenir aux premiers siècles où cette espèce d'instrument fut inventée. Sa forme ne manque cependant pas absolument de grâce; et ce qu'il y a de très-singulier et de fort curieux, c'est que cette lyre ressemble exactement à celle qui a été décrite par Homère dans son Hymne à Mercure, et dont il attribue l'invention à ce dieu.

Afin qu'on puisse juger plus aisément de cette ressemblance, nous allons rapporter la description de la lyre de Mercure par Homère; ensuite nous décrirons celle des Barâbras.

Mercure, nous rapporte Homère, ayant rencontré près de sa demeure une tortue qui s'avançait doucement en paissant l'herbe fleurie, et l'ayant considérée en riant, conçut dès-lors le projet d'en faire quelque chose d'utile, et prévit en même temps les avantages qui pourraient en résulter. Aussitôt, la prenant à deux mains, il l'emporta chez lui. Quand il l'eut vidée et nettoyée, il la couvrit d'une peau, qu'il banda autour avec des nerfs de bœufs[1]; il y introduisit deux montans et leur adapta un joug; puis il tendit dessus sept cordes *sonores*[2] faites de boyau de mouton. Son ouvrage étant

---

[1] On peut déjà faire l'application de cette description à la gravure que nous offrons de la lyre éthiopienne, *pl.* BB, *fig.* 12 *et* 13.

[2] Notre lyre n'a que cinq cordes : elle pourrait bien être d'une espèce dont l'origine a dû être antérieure à la lyre qui a été décrite par Homère, dans l'hymne dont nous parlons; car, suivant l'ordre des addi-

achevé, il s'empara de *cet aimable jouet*[1], faisant résonner une partie des cordes avec le *plectrum*, en touchant gravement l'autre partie avec la main; puis il entonna aussitôt un chant plein de charmes.

Le kissar, ou la lyre éthiopienne, n'est point, à la vérité, formé d'une écaille de tortue; cet animal peut n'être pas assez commun en Éthiopie pour que les gens du peuple aient la facilité de s'en procurer : on y a substitué tout simplement une sébile de bois. Du reste, la description d'Homère peut s'appliquer dans presque tous ses points au kissar éthiopien. Cette sébile de bois A, qu'on a substituée à l'écaille de tortue, est couverte aussi d'une peau[2] tendue tout autour avec des nerfs de bœuf[3]. On a aussi introduit deux montans B, C[4], que l'on a fait passer au travers de la peau jusqu'au bas de cette sébile Ω, d'où ils s'élèvent en divergeant jusqu'à une certaine hauteur au-dessus, et vont se ficher, par le bout, chacun à celle des deux extrémités du joug ou de la traverse qui lui correspond.

Les cordes sont au nombre de cinq, au lieu de sept qu'Homère donne à la lyre de Mercure[5]; elles sont

---

tions qui furent faites à la première lyre, laquelle n'eut d'abord qu'une seule corde, et que, pour cette raison, on nomma *monochorde*, la lyre *dichorde*, c'est-à-dire la lyre à deux cordes, inventée par les Arabes, a dû précéder la lyre tricorde ou la lyre antique du Mercure égyptien, de laquelle nous ont parlé Orphée dans ses hymnes et Diodore de Sicile dans son Histoire universelle; celle-ci a dû précéder la lyre à quatre cordes, dont Orphée passe pour avoir été l'inventeur; enfin, le *kissar* ou la lyre africaine dont il s'agit, a dû précéder la lyre à six cordes, et par conséquent elle serait d'une origine antérieure à la lyre à sept cordes dont parle Homère.

[1] Expression du poëte.
[2] *Voyez* pl. BB, fig. 12.
[3] *Voyez* fig. 13.
[4] *Ibid.*
[5] Il y a aussi, nous a-t-on dit, des *kissar* montés de sept cordes et de six; il y en a encore qui en ont moins

faites d'intestins de chameau, et on les nomme *qols*. On les attache sur le joug *j*, puis on les étend jusqu'au bas de l'instrument; on les passe ensuite par-dessous pour les nouer à un tirant double, composé de plusieurs cordes de boyau cordonnées, lequel tirant s'attache aux nerfs de bœuf qui tendent la peau de ce côté.

Une courroie assez lâche, H, est nouée par ses deux bouts aux deux montans B, C de la lyre. Cette courroie, que l'on fait glisser, à volonté, sur les deux montans, suivant qu'on trouve plus commode de l'élever ou de l'abaisser, sert à passer la main gauche qui touche les cordes, et en même temps à soutenir le poignet de cette main qui pince la lyre[1].

Le *plectrum p* est formé d'un morceau de cuir, suspendu à un cordon attaché au montant C qui est à la droite, en regardant l'instrument de face: on prend ce *plectrum* de la main droite pour frapper les cordes.

Ce n'est plus là, comme on le voit, cette lyre d'Apollon décrite par Tibulle et par Ovide, sur laquelle brillaient l'or, les perles et l'ivoire; mais c'est encore aujourd'hui la même manière de la tenir et d'en jouer que dans les temps reculés.

---

que cinq: mais nous n'en avons point vu de ces diverses espèces.

[1] Cette courroie sert encore à passer le bras au travers et à suspendre la lyre à l'épaule gauche, quand on veut l'emporter; et c'est ce que Tibulle a décrit par ces vers, en parlant de la lyre d'Apollon:

Artis opus raræ, fulgens testudine et auro,
  Pendebat lævâ garrula parte lyra.
Hanc primùm veniens plectro modulatus eburno,
  Felices cantus ore sonante dedit.
Sed postquam fuerant digiti cum voce locuti,
  Edidit hæc tristi dulcia verba modo.
                    Lib. III, eleg. 4.

Sustinet à lœva, tenuit manus altera plectrum.
Ovid. *Metam.* lib. xi, v. 168.

De même que Mercure nous a été dépeint par Homère, *prenant de la main gauche sa lyre, et de la droite, avec le plectre, préludant le chant*[1], l'Éthiopien qui joua devant nous de cette lyre, commença aussi par faire sonner les cordes avec le *plectrum*, puis préluda le chant en les pinçant de la main gauche, et enfin chanta en continuant toujours de pincer les cordes et de les frapper avec le *plectrum*.

Plus occupés des intéressans souvenirs que nous retraçait cet instrument, que des chants enfantins et niais de notre Éthiopien[2], nous nous transportions en esprit à ces temps héroïques où les Orphée, les Démodocus, les Phémius, les Terpandre, mariant les accens mâles et énergiques de leur voix aux sons mélodieux de la lyre, chantaient les merveilles de la nature, les bienfaits des dieux, les vertus des rois, les hauts faits des héros, les découvertes utiles faites par les hommes de génie, les progrès des savans qui avaient étendu le domaine des sciences[3], instruit les peuples, fait connaître à chacun ses devoirs, et excité dans tous les cœurs

---

[1] .... Λαβὼν δ' ἐπ' ἀριστερὰ χειρὸς,
Πλήκτρῳ ἐπειρήτιζε κατὰ μέλος..........
Homer. *Hymn. in Merc.* v. 418 et 419.

[2] Ces chants, avec l'accompagnement de la lyre, sont notés dans notre Mémoire sur l'état actuel de l'art musical en Égypte, *É. M.*, t. xiv.

[3] *Mentionem facientes virorum antiquorum atque mulierum,*
Hymnum canunt, demulcentque nationes hominum :
Omnium autem hominum voces et strepitum

l'amour du bien et le désir de se distinguer par quelque belle action. Les sons qui frappaient nos oreilles, ne pouvaient nous distraire de mille pensées qui s'offraient successivement à notre réflexion et nous entretenaient dans une mélancolique rêverie. Jadis, disions-nous en nous-mêmes, dans ces temps reculés où tout poëte était chantre et tout chantre poëte, la lyre était un instrument de la plus haute importance; sans cet instrument,

> *Imitari norunt; diceret utique ipse unusquisque*
> *Se loqui, adeò illis bona aptè composita est cantio.*
> Homer. *Hymn. in Apollin.* v. 159 et seq.

- Nous prions les personnes qui ont lu nos *Recherches sur l'analogie de la musique et des arts qui ont pour objet l'imitation du langage*, de vouloir bien faire attention aux trois derniers vers.

Ailleurs, le même poëte dit :

> *Sit mihi citharaque chara, et incurvi arcus,*
> *Vaticinaborque hominibus Jovis verum consilium.*
> Homer. *Hymn. in Apollin.* v. 131 et seq.

Horace a développé davantage ces idées dans les vers suivans:

> *Silvestres homines sacer interpresque deorum*
> *Cædibus et victu fœdo deterruit Orpheus,*
> *Dictus ob hoc lenire tigres rabidosque leones:*
> *Dictus et Amphion, Thebanæ conditor arcis,*
> *Saxa movere sono testudinis, et prece blandâ*
> *Ducere quò vellet. Fuit hæc sapientia quondam,*
> *Publica privatis secernere, sacra profanis;*
> *Concubitu prohibere vago; dare jura maritis;*
> *Oppida moliri; leges incidere ligno.*
> *Sic honor et nomen divinis vatibus atque*
> *Carminibus venit. Post hos, insignis Homerus,*
> *Tyrtæusque mares animos in martia bella*
> *Versibus exacuit. Dictæ per carmina sortes,*
> *Et vitæ monstrata via est; et gratia regum*
> *Pieriis tentata modis, ludusque repertus,*
> *Et longorum operum finis : ne fortè pudori*
> *Sit tibi Musa lyræ solers, et cantor Apollo.*
> De Arte poet. v. 390 et seq.

qui que ce fût n'aurait osé se livrer à l'inspiration de son génie : avant de composer et avant de réciter ou de chanter ses vers, le poëte-musicien ne manquait jamais de consulter l'accord merveilleux de sa lyre, cet accord dont les sons n'avaient été déterminés qu'après une longue suite d'observations et d'expériences multipliées pendant plusieurs siècles, et dont la justesse et l'utilité avaient été confirmées par les plus heureux résultats. C'était en sonnant alternativement les cordes de sa lyre[1], que l'artiste attentif parvenait à saisir le ton con-

[1] .... *Lyrá verò amabile ludens,*
Stabat utique confisus ad lævam Maiæ filius
Phœbi Apollinis : celeriter autem acutè citharam pulsans,
Canebat, alternatim; amabilis autem illum sequebatur vox,
Miscens immortalesque deos; et terram tenebrosam,
Ut à principio facti fuere, et ut sortitus est partem quisque.
Mnemosynen quidem in primis dearum honorabat cantione, etc.
           Homer. *Hymn. in Merc.* v. 422 et seq.

Il n'est pas nécessaire d'expliquer aux savans le sens de cette allégorie; ils n'ignorent pas que, chez les anciens, l'esprit, le génie, la sagesse, la prudence, la mémoire, et toutes les facultés intellectuelles, avaient chacune sa dénomination allégorique, de même que les élémens, en un mot tout ce qui tient soit au monde moral, soit au monde physique : c'était-là le langage mystique, qui n'était compris que des initiés, et dont on se servait pour leur enseigner des choses qui surpassent l'intelligence et les connaissances du vulgaire, et que, pour cette raison, on avait soin de lui cacher. C'est dans le sens des vers précédens qu'Ovide dit (*Metamor.* lib. v, v. 338 et seq.) :

Calliope querulas prætentat pollice chordas,
Atque hæc percussis subjungit carmina nervis.

C'était parce que la lyre était spécialement destinée aux chants propres à l'enseignement, que l'on disait proverbialement d'un homme qui ne pouvait rien apprendre, ὄνος λύρας ἀκούων, *c'est un âne qui entend la lyre*; comme on disait d'un poltron, que *c'était un cochon qui entendait la trompette.* De là ce vers de la comédie du *Poltron* de Ménandre :

Ὄνος λύρας ἤκουε, καὶ σάλπιγγος ὗς.
Asinus lyram audiebat, et tubam porcus.

venable et les inflexions propres au style que comportait son sujet[1]. Dès qu'il se sentait en état de régler son enthousiasme et de diriger l'essor de son génie, il commençait à entonner ses chants sublimes[2]. Ces chants étaient toujours écoutés avec un respectueux silence, et entendus avec l'admiration la plus vive : ils pénétraient jusqu'à l'âme; ils la remplissaient des plus nobles sentimens; ils enflammaient le cœur de l'amour des vertus; ils faisaient naître le désir d'être utile et la passion de la gloire. Mais, hélas! combien ces heureux temps sont loin de nous! Qui pourrait maintenant accorder la lyre?.... Bien long-temps avant nous, déshonorée par le honteux état où la réduisirent l'ignorance et le mauvais goût, avilie par le mépris qu'on eut pour elle, la lyre refusa de répondre aux prétentions présomptueuses des poëtes et des musiciens; la poésie et la musique, privées des secours puissans qu'elles tiraient autrefois des accords de cet instrument divin, devinrent sans énergie et sans expression. Au lieu d'un timide essai, d'une tentative modeste et prudente que couronnait presque toujours le succès, l'artiste téméraire, audacieux, uniquement occupé de flatter sa puérile vanité en étonnant un public ignorant et de mauvais goût, voulut

---

[1] Les vers d'Homère que nous avons cités il y a un instant, prouvent que ce que nous disons ici n'est pas exagéré.

[2] *Tale nemus vates attraxerat, inque ferarum*
Concilio medius turbæ volucrumque sedebat.
Ut satis impulsas tentavit pollice chordas,
Et sensit varios, quamvis diversa sonurent,
Concordare modos, hoc vocem carmine rupit:
Ab Jove Musa parens (cedant Jovis omnia regno), etc., etc.
Ovid. Metam. lib. x, v. 143.

faire des préludes scientifiques, et ne réussit qu'à manifester davantage l'impuissance de son débile génie et les ridicules efforts d'une imagination stérile et glacée. En vain il les tourmenta; jamais il ne put exciter l'un, ni réchauffer l'autre. Celui-ci périssant faute de soins, et celle-là paralysée par le manque d'exercice, ils n'eurent pas la force de répondre à ses pressantes sollicitations; tous deux trompèrent son orgueilleuse attente : il devint l'image de la montagne en travail, qui n'enfante qu'une chétive souris.

Cette dépravation, qui se fait encore sentir parmi nous, a envahi la musique jusque dans les contrées les plus éloignées; partout elle a rendu l'efficacité de cet art douteuse pour bien des gens. Quoique le témoignage unanime de tous les peuples de l'antiquité prouve la puissance des effets de la musique, quoique des savans du plus grand mérite aient démontré jusqu'à l'évidence et par des preuves sensibles et palpables [1] l'influence de ces effets sur les sens et sur l'âme, cet art n'a point encore été remis en crédit parmi nous; on s'obstine à le dédaigner, ou du moins on l'abandonne aux erreurs d'une pratique aveugle et routinière, et aux caprices

---

[1] Sam. Hassenreffer, *Monochordon symbolicobiomanticum.* Ulmæ, 1641. — Kircher, *Musurgia universalis*, etc. Romæ, 1650. — Al. G. Alex. Beer, *Schediasma physicum de viribus mirandis toni consoni in movendis affectibus.* Wittenbergæ, 1672. — D. Georg. Frank de Frankenau, *Dissertatio de musica.* Lipsiæ, 1722. — D. Jo. Witch Albrecht, *Tractatus physicus de effectibus musices in corpore humano.* Lipsiæ, 1734. — Col de Villars, *Quæstio medica*, An melancholicis musica? 1737. — Jos. L. Roger, médecin de l'université de Montpellier, *Traité des effets de la musique sur le corps humain*, 1803. — P. A. de Lagrange, *Essai sur la musique, considérée dans ses rapports avec la médecine.* Paris, 1804, de l'imprimerie de Didot jeune, etc.

d'un goût frivole, souvent bizarre, quelquefois même extravagant. Au lieu de songer à le rendre utile, en en faisant faire un meilleur emploi et une application plus juste et mieux entendue, on n'attend de lui que de simples sensations; on lui ferme son cœur; on ne veut pas qu'il pénètre jusqu'à l'âme.

Une semblable insouciance est excusable parmi des peuples plongés dans une barbare et misérable ignorance, tels que sont ceux de l'Éthiopie; mais elle contraste d'une manière trop peu tolérable avec les connaissances des nations civilisées et instruites de l'Europe. L'entêtement de certaines gens mal instruits, leur faisant taxer de mensonge la savante et respectable antiquité, quand elle nous dévoile ses plus sublimes mystères, a pu résister jusqu'à ce jour aux preuves de fait, et détourner l'attention du public d'une étude sérieuse de la musique: mais le temps n'est pas éloigné sans doute où la France s'empressera de réparer cet oubli si préjudiciable à son bonheur; elle aura la noble ambition de se rendre digne des brillantes destinées que lui prépare un héros à qui tous les genres de gloire semblent être réservés.

ARTICLE II.

Forme, matière, disposition et dimensions du kissar.

Le CORPS SONORE A du kissar est composé d'une sébile de bois d'érable grossièrement travaillée, que les Nubiens appellent dans leur langue *goussa*[1]. Son dia-

[1] *Voyez* pl. BB, fig. 12 et 13.

mètre du côté de l'ouverture, sur laquelle est tendue la peau qui forme la table, est de 258 millimètres; celui du dessous[1] est de 131 millimètres. Au centre de cette partie est un trou à peine rond qui traverse toute l'épaisseur du bois, laquelle est de 23 millimètres : ce trou a, extérieurement, 20 millimètres, et intérieurement, 7 millimètres.

La TABLE est faite d'un morceau de peau de mouton, taillé en rond[2], proportionné à l'orifice de la sébile. Cette peau est percée de trois trous, qui probablement servent d'ouïes : ces trois trous sont sur une même ligne, l'un au centre de la table, l'autre à droite, et le troisième à gauche. Le trou qui est au centre est passablement rond ; son diamètre est de 14 millimètres. Celui qui est à droite (en regardant l'instrument de face, du côté de la table) a à peu près la forme d'un fer de lance : son plus grand diamètre en longueur est de 41 millimètres, et son plus grand diamètre en largeur est de 32 millimètres. Ce trou est distant de celui du milieu d'un intervalle de 70 millimètres. Le trou qui est sur la gauche, est elliptique et un peu plus grand que celui du milieu, dont il est éloigné de 61 millimètres : son grand diamètre est de 17 millimètres, et son petit diamètre de 15.

Il est vraisemblable que la peau a été tendue sur le kissar lorsqu'elle était encore fraîche, ou bien qu'on avait eu soin de la faire tremper auparavant : car, 1°. elle s'est resserrée aux deux autres trous qui ont été faits sur la table pour donner entrée aux montans qui passent au travers et dont une portion pénètre jusqu'au bas du

---

[1] *Voyez* pl. BB, fig. 13.   [2] *Voyez* fig. 12.

corps sonore; 2°. les montans, en s'étendant au-dessous de la peau de la table, y ont tracé leur empreinte depuis le trou par où on les a fait entrer, jusqu'au bas du corps sonore Ω, où leurs bouts, en pesant sur cette peau, lui ont fait dépasser en deux endroits les bords de la sébile; 3°. la peau, soulevée par l'épaisseur des montans qui passent en dessous, se trouvant, sur toute la ligne que parcourent ces mêmes montans, plus élevée que dans le reste de sa surface, et ayant séché en cet état, au lieu d'être plate, est en quelque sorte sillonnée, c'est-à-dire qu'elle s'élève insensiblement depuis le bord jusqu'au renflement que cause l'épaisseur du montant; que, depuis ce montant jusqu'au milieu, elle s'abaisse un peu; de ce milieu jusqu'au renflement occasioné par l'épaisseur de l'autre montant, elle s'élève de nouveau, et depuis ce montant jusqu'à l'autre bord elle redescend: 4°. la pression des deux bouts des montans sur la peau, à l'extrémité inférieure Ω du corps sonore, ayant fait céder cette même peau par le haut, elle n'y couvre plus exactement le bord de la sébile; il se trouve même entièrement à nu, près du montant à gauche; les nerfs de bœuf qui servent à bander la peau, et qui ailleurs sont au dehors et en dessous de ce bord, sont avancés sur le devant en cet endroit.

Outre les trous dont nous avons déjà parlé, dont la table ou la peau est percée, il y en a encore d'autres sur les bords de sa surface, de distance en distance. Ces trous sont destinés à passer les nerfs de bœuf qui servent à l'attacher et à la tendre[1]. Premièrement, le nerf

[1] *Voyez* pl. BB, fig. 13.

de bœuf passe par un de ces trous, et va s'attacher par un nœud coulant à un lien qui entoure le cul de la sébile; de là il remonte et repasse par le premier trou, puis va gagner le trou suivant, au travers duquel il passe pour descendre s'attacher encore par un nœud coulant au lien, remonte derechef, passe par le trou pour aller encore gagner le suivant, qu'il traverse en allant s'attacher par un nœud coulant au lien, et toujours de même jusqu'à ce qu'il ait fait le tour de la peau. Comme le cul de la sébile est plus étroit que le reste, et que le lien qui l'entoure, ne pouvant remonter, oppose de la résistance aux tirans, à mesure qu'on les serre davantage, ces tirans attirent d'autant plus la peau et la bandent plus fortement.

Les MONTANS B, C, sont deux bâtons ronds, en érable; le diamètre de leur épaisseur est de 20 millimètres. La longueur totale de celui de droite est de 650 millimètres, depuis l'extrémité du bout qui, étant entré dans le corps sonore, se termine en Ω, jusqu'à l'extrémité opposée qui est fichée dans le joug j; la longueur totale du montant de gauche, depuis l'extrémité du bout qui, étant entré dans le corps sonore, se termine en Ω, jusqu'à l'extrémité opposée qui est fichée dans le joug j, et qui en dépasse le dessus de 14 millimètres, est de 674 millimètres. La portion du montant de droite qui entre dans le corps sonore et qui est couverte de la peau de la table, a 195 millimètres : la portion du montant de gauche qui entre aussi dans le corps sonore, et qui est également recouverte de la peau de la table, est de 182 millimètres.

Le jouc *j* est, ainsi que les montans, un morceau de bois d'érable : mais il est mal arrondi et un peu aplati en dessus et en dessous au bout de gauche; ce qui probablement est cause qu'il s'est fendu lorsqu'on a voulu percer le trou dans lequel devait entrer le bout du montant B de ce même côté, et a nécessité le lien en fil par lequel on a rapproché et resserré les deux morceaux de la partie fendue. La longueur totale de ce bâton ou joug *j* est de 334 millimètres. Comme il n'a pas exactement la même épaisseur dans toute son étendue, on peut estimer le diamètre de son épaisseur moyenne à 15 millimètres, celui de sa plus grande épaisseur à 18, et sa plus petite épaisseur à 12.

Cinq petits anneaux *o*, en petites bandes de toile cousue, étroitement serrés autour du joug *j*, et occupant le second tiers de sa longueur, où ils sont distribués à des distances à peu près égales, servent à rouler dessus les cordes, qui, si elles eussent porté sur le bois, auraient pu glisser. Afin que les cordes puissent se serrer davantage et être moins exposées à se lâcher, on les croise en les tournant avec l'anneau qui est mobile. Pour monter ainsi les cordes, on empoigne le joug à l'endroit où sont les anneaux; et suivant qu'on veut monter telle ou telle corde, on appuie davantage le doigt qui porte sur l'anneau autour duquel cette corde est attachée; et en faisant tourner cet anneau, on roule en même temps la corde dessus : par ce moyen on la serre et elle se tend de plus en plus, à mesure qu'on lui fait faire plus de tours sur l'anneau.

C'est pour n'avoir pas connu cette manière de monter

et de tendre les cordes de la lyre, que jusqu'ici on n'a pu expliquer convenablement l'action de quelques figures de Muses qui sont représentées[1] tenant de la main gauche la lyre par un des montans, et de l'autre empoignant le joug, comme nous l'avons dit, pour monter les cordes. Dans l'explication qu'on a donnée de cette pose, on a prétendu que ces Muses tenaient leur lyre d'une main et la soutenaient de l'autre : mais quel pourrait être le motif d'une semblable action? car la lyre n'est pas un instrument assez pesant pour qu'on ait besoin d'employer à la tenir, la force des deux mains; et ce serait, de la part de l'artiste grec, une idée niaise, dont on ne trouve point d'exemples dans les compositions grecques de la haute antiquité. Ces réflexions seules suffisent pour nous persuader que l'explication est fausse, et qu'on n'a pas connu l'intention de cette pose. Mais, en considérant la force avec laquelle ces Muses serrent de la main droite le joug qu'elles empoignent, et l'attention qu'elles portent à cette main; en remarquant en outre que les cordes sont liées autour de ce joug, on doit présumer que leur action a un autre but que celui de soutenir la lyre, et il est aisé d'apercevoir que ces Muses la montent et l'accordent. Du moins, actuellement que nous savons que c'est ainsi que se monte cet instrument, il nous semble que l'action en est exprimée de manière à prévenir toute méprise, dans les figures

---

[1] *Voyez*, dans les Chefs-d'œuvre de l'antiquité, gravés par Bernard Picard, et publiés par M. Poncelin de la Roche-Tilhac, 2 vol. in-folio, Paris, 1764, tome 1ᵉʳ, *page* 39, la gravure d'une très ancienne statue grecque, représentant une Muse montant sa lyre; et *tom.* 11, *pag.* 51, une autre Muse montant encore sa lyre.

des Muses dont nous parlons. Peut-être que ces figures étaient, pour les anciens, des emblèmes philosophiques qui leur rappelaient les observations et les expériences multipliées qui précédèrent la découverte du principe harmonique de l'accord de la lyre, de ce principe qui devint le fondement de l'art musical; car les Muses ne sont autre chose qu'une image allégorique de l'observation, de la méditation et de l'expérience qui président à la découverte des arts : aussi donna-t-on à la mère des Muses le nom de *Mnémosyne*, c'est-à-dire celle qui conserve et transmet la mémoire; et aux trois plus anciennes Muses, les noms de *Mnêmê*, mémoire, *Aœdé*, chant, et *Meleté*, méditation.

ARTICLE III.

Singulier accord du kissar. Principe harmonique sur lequel cet accord est établi; étendue et diapason de ses sons; propriétés des intervalles formés par ces mêmes sons; manière de jouer de cet instrument.

Au premier abord, on croirait l'accord du kissar, un effet du caprice ou du hasard. Il n'y a aucun rapport entre cet accord et celui de nos instrumens européens; il est fort différent même de celui des instrumens de musique des Orientaux; il paraît s'éloigner entièrement du système harmonique de la musique ancienne; enfin il se présente dans un ordre si singulier, qu'on serait tenté de prendre cet ordre pour du désordre, et c'est ce qui nous est arrivé.

382 INSTRUMENS DE MUSIQUE

La première fois que nous eûmes occasion d'examiner cet instrument et que nous fîmes sonner ses cordes, les trouvant accordées ainsi,

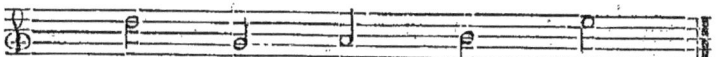

nous crûmes que ce ne pouvait pas être là réellement son accord, et que notre Éthiopien, n'y mettant pas grande façon, s'était tout bonnement contenté de tendre les cordes jusqu'à ce qu'il leur sentît assez d'élasticité pour résister au toucher, pour vibrer et résonner bien distinctement, sans trop s'occuper d'en ordonner les sons entre eux. Afin de nous en assurer néanmoins, nous mîmes en usage le même moyen que nous avions déjà employé avec le domestique du consul de Venise à Alexandrie : nous détendîmes toutes les cordes, au grand déplaisir de notre Nubien, et nous l'invitâmes à les raccorder. Nous ne lui avions pas fait connaître notre motif; il ne pouvait le deviner, et il était tout naturel qu'il fût choqué de notre conduite. Nous l'avions fait venir pour jouer devant nous de son instrument : au moment même où il se disposait à commencer, non sans avoir fait auparavant quelques difficultés, soit par timidité, soit par un excès d'amour propre, au moment même où il avait pris sa résolution, nous désaccordons son instrument, puis nous lui disons de le raccorder; tout cela lui paraissait si peu raisonnable, qu'il s'imagina que nous nous moquions de lui, et nous vîmes l'heure où il allait remettre son instrument sur son épaule et s'en aller. Cependant nous parvînmes à l'adoucir en lui donnant quelques médins, et il parut satisfait lorsque nous lui eûmes dit que c'était pour le dédommager de la peine que nous lui donnions; peut-être n'aurait-il pas été fâché que nous eussions, au même prix, désaccordé son instrument une seconde fois. Enfin il rétablit le premier accord, en montant les cordes au même ton où nous les avions trouvées; et nous fûmes convaincus que ce n'était ni le hasard ni le caprice qui lui avaient fait ordonner les sons comme nous venons de le faire connaître, mais que c'était là, au contraire, un accord reçu et bien déterminé.

Nous avons été quelques années sans qu'il nous soit venu à la pensée de chercher le principe harmonique sur lequel était fondé cet accord; nous étions très-éloignés de croire même qu'un ordre de sons aussi singulier pût être établi sur quelque principe, et surtout de soupçonner qu'il le fût sur celui qui fait la base du système harmonique de la musique ancienne, et même de la nôtre. Néanmoins, à force de revenir à cet accord, dont la bizarrerie extraordinaire rappelait sans cesse, et comme malgré nous, notre attention, il nous prit, un jour, fantaisie d'essayer si nous ne pourrions pas découvrir l'ordre harmonique des sons dont il se compose. Puisque cet accord a été déterminé de cette manière, nous disions-nous, puisqu'il est le fruit de la réflexion, l'ordre de ses sons doit nécessairement dériver d'un principe quelconque; la manière de les accorder doit être le résultat de quelques règles et d'une méthode quelconque. Ne pouvant imaginer de méthode plus simple et plus naturelle que celle dont les anciens faisaient usage et que nous employons aussi, mais en sens inverse, nous en fîmes l'application à ces sons. Nous ordonnâmes entre eux ceux de ces sons qui formaient une quarte juste; et cette première tentative, qui nous réussit au-delà de nos espérances, nous donna la progression harmonique suivante, laquelle est très-régulière et exactement conforme aux principes de la musique ancienne et à ceux de la musique moderne.

Exemple.

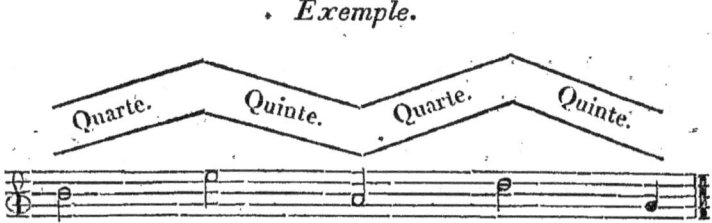

Nous avons noté par une noire le *sol*, qui, étant ici la cinquième note, n'a point, comme les autres, sa quarte correspondante.

Mais, en supposant que cet accord résultât du système de la musique ancienne (car il n'y avait pas d'apparence qu'il pût dériver d'un système de musique moderne), comment, nous disions-nous, les anciens y auraient-ils introduit des quintes, eux qui ne regardaient ces sortes d'accords que comme des consonnances indirectes ou renversées, et qui ne les avaient admises, ni dans la formation harmonique de leur système de musique, ni dans l'accord d'aucun de leurs instrumens musicaux? L'exemple précédent que nous considérions en faisant cette réflexion, nous fit bientôt découvrir la solution de ce problème; elle se trouvait implicitement comprise dans l'énoncé même de la question : car, la quinte étant un renversement de la quarte, il ne s'agit que de la retourner, c'est-à-dire de substituer au son aigu son octave grave, pour retrouver cette quarte, et c'est là la méthode ordinaire qu'employaient les anciens pour faire la partition de leurs instrumens à cordes; c'est encore celle que suivent les Arabes; c'est également celle que nous suivons en sens inverse : elle consiste à descendre ou à monter à l'octave du son accordé, et à mettre cette octave d'accord avec le son précédent. Par ce moyen, le son qui aurait fait la quinte avec le son aigu, formait la quarte avec l'octave grave de ce même son aigu, et ce renversement leur faisait éviter de faire sonner la quinte. Les Arabes ne s'y prennent pas autrement pour accorder leurs instrumens, et il est vraisemblable que c'est ainsi que les Éthiopiens sont parvenus à déterminer les sons de l'accord du kissar. Ils ont eu sans doute aussi un instrument qui leur a servi de règle pour cela, c'est-à-dire leur *canon*, avec lequel ils ont déterminé avec exactitude les rapports harmoniques des sons de l'accord de cette lyre; et dès que ces sons ont été fixés, voici comment ils en ont dû faire la partition pour les accorder respectivement entre eux sans faire entendre la quinte :

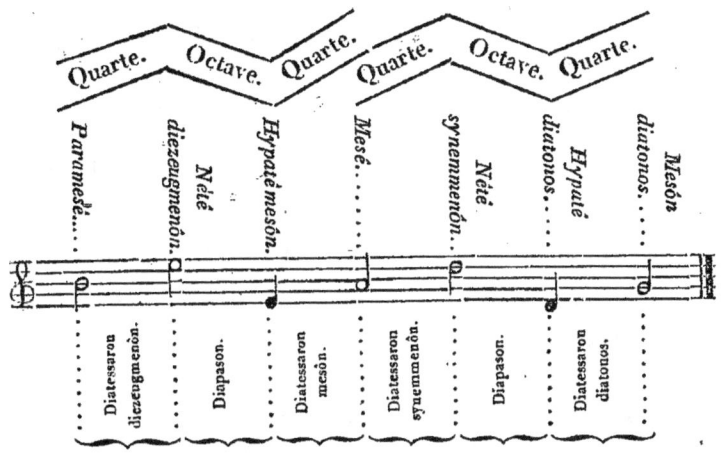

On voit, par cette manière de faire la partition de l'accord du kissar suivant la méthode des Grecs, qui est aussi celle des Arabes, qu'il n'y a point d'intervalle de quinte, et qu'il n'y a que des quartes et des octaves.

Chacune de ces quartes répond à un des principaux tétracordes du système parfait des Grecs. La première est celle du tétracorde *diezeugmenôn*, compris entre la *paramesé* et la *nété diezeugmenôn*; la seconde est celle du tétracorde *mesôn*, compris entre l'*hypaté mesôn* et la *mesé*; la troisième est celle du tétracorde *synemmenôn*, compris entre la *mesé* et la *nété synemmenôn*; la quatrième est celle du tétracorde *diatonos* : elle est analogue à la troisième, de même que la seconde est analogue à la première. Ainsi ces tétracordes exprimés par nos notes donneraient les séries de sons suivantes :

Tétracorde DIEZEUGMENÔN.   *Tétracorde* HYPATÔN.

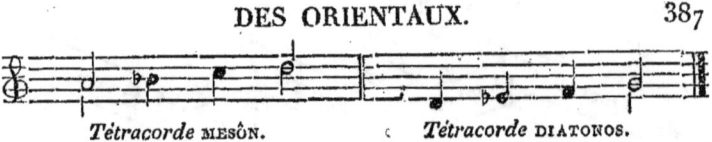

Tétracorde MESÒN.   *Tétracorde* DIATONOS.

Ce qui produit quatre modes différens, dont les deux derniers engendrent les deux premiers bémols; et si l'on eût continué cette marche en ajoutant la quarte au-dessus du *sol*, qui est *ut*, le nouveau tétracorde qui en serait résulté aurait donné le troisième bémol, et l'on aurait eu les cinq séries de quatre sons suivantes, lesquelles sont ordonnées conformément au système harmonique des Grecs :

Et en continuant toujours de même, chaque nouveau tétracorde, c'est-à-dire chaque nouvelle série de quatre sons, donnerait un nouveau bémol de plus, lequel se présenterait dans l'ordre prescrit par les principes du système musical de tous les peuples. Il est donc évident que ce n'est ni le hasard ni le caprice qui a déterminé le choix des sons dans l'accord du kissar, puisqu'ils se trouvent dériver directement du principe fondamental de l'harmonie tant ancienne que moderne.

Dire précisément pourquoi les sons de l'accord du kissar ont été disposés comme nous les avons trouvés sur cet instrument, c'est ce qui nous semble assez difficile; seulement nous présumons que ce n'a pas été sans quelque raison d'utilité qu'on a interverti ou plutôt qu'on a détruit l'ordre harmonique de ces sons, et nous n'en voyons pas d'autre que celle de faciliter davantage l'accompagnement du chant en les disposant d'une manière plus analogue à la mélodie.

Nous remarquerons néanmoins, 1°. que l'étendue des sons de cette espèce de lyre est exactement semblable à celle du rebâb arabe, qui, comme nous l'avons prouvé, est un instrument réservé à l'accompagnement de la récitation poétique; 2°. que les sons du kissar ne diffèrent de ceux de l'instrument arabe qu'en ce qu'ils sont plus aigus, qu'ils correspondent aux six sons vers l'aigu de l'octave du *medium* de la voix de tenor, qui est la plus naturelle à l'homme et la plus commune de toutes. Nous ferons observer encore que les principaux intervalles que ces sons forment entre eux, sont ceux qui étaient prescrits par les anciens, dans le chant du discours par les règles de la prosodie [1], c'est-à-dire que ces intervalles sont ceux de la quarte et de la quinte. Ce sont là en effet les intervalles que parcourt la voix, quand elle énonce une pensée dont le sens est déterminé d'une manière absolue, soit en s'élevant, si la personne qui parle communique sa pensée à une autre, comme lorsqu'elle consulte, qu'elle interroge ou qu'elle appelle; soit en

---

[1] Ces règles de prosodie qui sont fondées sur l'accent naturel du discours, s'observent encore dans la lecture que l'on fait à haute voix à nos offices religieux, soit des leçons des matines, soit des épîtres et des évangiles qu'on récite à haute voix à la messe. Mais, comme cela ne se fait plus maintenant que par habitude et sans en connaître le principe, on en dénature l'effet par la manière insignifiante avec laquelle on élève ou l'on abaisse la voix. C'est un reste méconnu et mal conservé de ce qu'on appelait le chant du discours.

s'abaissant, si la personne conclut définitivement ou porte son jugement d'une manière irrévocable à l'égard d'une chose quelconque : c'est pourquoi aussi la cadence finale de chaque phrase se fait toujours en abaissant la voix de quinte. L'accord de cet instrument semble moins fait pour accompagner un chant musical, que pour diriger et soutenir ce que les anciens appelaient la mélodie du discours, pour guider les poëtes dans la récitation de leurs vers. Telle fut l'utilité des lyres antiques; telle fut, on n'en doit pas douter, celle des lyres dont les Orphée, les Démodocus, les Phémius, les Terpandre, se servaient en chantant leurs poëmes.

Pour jouer du kissar, on le place sur la cuisse gauche et près du ventre, si l'on est assis, ou seulement on l'appuie sur son ventre quand on est debout. On passe le bras gauche entre la courroie (qui est attachée par ses deux bouts aux montans) et les cordes, de sorte que le coude porte sur le cul de la sébile et la fasse appuyer plus fortement, par le bas, sur le ventre de celui qui en joue. On touche les cordes l'une après l'autre avec les doigts de la main gauche, et on les fait résonner toutes successivement pendant la durée de chaque temps, ou au moins pendant celle de chaque mesure. On ne suit d'autre ordre dans la succession de ces sons que celui que le goût inspire[1]. De la main droite on frotte fortement[2] toutes les cordes à-la-fois avec le *plectrum*

---

[1] Nous ne parlons ici que de ce qui se fait, et non de ce qui pourrait ou devrait se faire; car cet instrument, qui nous paraît remonter à la plus haute antiquité, n'est plus pratiqué que par routine en Nubie; et les règles qui en dirigeaient l'usage chez les anciens, ne sont plus connues nulle part.

[2] Rien n'exprime mieux l'effet de

INSTRUMENS DE MUSIQUE, ETC.

et en mesure, en marquant les temps du rhythme, qui, sans être absolument semblables à ceux de la mesure, y sont cependant subordonnés.

ce frôlement que le mot حرّك *har-rak* dont les Arabes se servent pour le désigner, ou le mot de محرّك *mo-harrak*, qui est l'épithète par laquelle on désigne celui qui frôle ainsi les cordes.

SECONDE PARTIE.

DES INSTRUMENS A VENT.

CHAPITRE PREMIER.

Du hautbois égyptien appelé en arabe zamr,
ou zournâ [1], *suivant les Persans.*

ARTICLE PREMIER.

De la confusion que cause ordinairement la diversité des noms donnés aux mêmes instrumens par les auteurs; de la possibilité de dissiper cette confusion dans les noms des instrumens anciens; des divers noms sous lesquels le zamr *est connu.*

CE qui embarrasse le plus et trompe presque toujours ceux qui, voulant faire des recherches sur les instrumens de musique, ne peuvent puiser leurs notions que dans les livres, c'est la diversité des noms que les auteurs donnent aux mêmes instrumens. Ce n'est pas seulement dans les auteurs modernes qu'on rencontre cette difficulté; elle se présente également dans les latins et dans les grecs, et s'y trouve même peut-être plus fréquem-

---

[1] زمر zamr, زورنى zournä. Voyez pl. CC, fig. 1.

ment encore. Homère, le plus exact de tous les poëtes lorsqu'il décrit, n'a pas été non plus d'une précision très-grande sur ce point : on le voit donner à la lyre tantôt le nom de *barbitos*, tantôt celui de *phorminx*, tantôt celui de *cinyra*, tantôt celui de *chelys*, tantôt celui de *lyra*, de *kitharis, etc., etc.*, et à la flûte tantôt le nom d'*aulos* et tantôt celui de *syrinx*.

Cependant, il faut en convenir, si l'on se donne la peine d'examiner attentivement tous ces divers noms que les anciens ont donnés aux mêmes instrumens, et que l'on cherche leur étymologie ou leur sens naturel, tout s'éclaircit de soi-même ; on voit que les mots qu'on avait pris d'abord pour des noms propres, ne sont réellement que des épithètes tirées ou de la forme de l'instrument, ou de sa matière, ou de son étendue, ou de sa capacité, ou de celle de ses parties, ou de la qualité du son qu'il rendait, ou de la manière dont on en jouait, ou de l'emploi qu'on en faisait, ou du pays dont il tirait son origine : car on peut dire en général que, dans les langues anciennes, et particulièrement dans les langues orientales, il n'y a pas de nom propre qui ne soit un terme de la langue écrite ou parlée, et qui ne puisse avoir un sens dans le discours ; cela est reconnu par les plus habiles orientalistes.

Mais il n'en est pas de même des noms que les auteurs modernes ont donnés aux instrumens actuellement en usage, quand ces auteurs ont écrit dans une de nos langues vivantes : car, ces langues n'étant qu'un assemblage des débris de plusieurs langues qui n'existent plus, et la plupart des noms propres étant formés de ces débris, lorsque l'acception originelle des mots dont se composent les noms propres n'est plus connue, ils ne nous semblent plus être que des noms arbitraires qui ne signifient rien en eux-mêmes et n'ont aucun sens dans la langue parlée ou écrite; ils ne suffisent plus, par conséquent, pour nous donner une idée précise de l'individu qu'ils désignent, à moins que nous ne le connaissions d'avance; ce qui fait que l'orthographe n'en est plus aussi rigoureusement observée, et que chacun les prononce et les écrit diversement. Nous avons eu soin, toutes les fois que nous en avons eu l'occasion, de faire mention des noms les plus communs sous lesquels le même instrument est connu dans l'Orient, afin d'obvier aux méprises auxquelles cette multiplicité de noms donne ordinairement lieu, ou du moins pour épargner à d'autres la peine d'être arrêtés, comme nous l'avons été nous-mêmes, dans l'étude de l'art musical, tant chez les peuples anciens que chez les peuples modernes.

Tous les écrivains orientaux ne s'accordent pas sur le nom du hautbois égyptien. Il n'y a peut-être qu'en Égypte qu'on lui donne un nom significatif. Ce nom est زمر [1], que l'on prononce au Kaire *zamr*, et qui en arabe veut dire un instrument de musique destiné au chant. Toutefois, nous ne l'avons jamais vu employé conjointement avec la voix, et nous ne le croyons pas propre à cet usage, par la qualité extrêmement forte et perçante du son qu'il rend. Le mot زمر *zamr* vient du verbe زَمَّر *zammara*, il a chanté; et l'on dit fort bien en arabe يزمّر في الآلة *yzammar fy el aleh*, il joue d'un instrument

[1] Pluriel مزامير *mezâmyr*.

de musique. Mais le nom du hautbois égyptien, que l'on rencontre le plus communément et le plus diversement écrit dans les auteurs orientaux, est celui de *zourná*, qui ne signifie rien en lui-même. Il semble que chacun d'eux ait voulu avoir sa manière propre de l'orthographier. Les formes les plus ordinaires sous lesquelles on nous présente ce nom, sont celles de زرني *zornä*, زرنا *zorná*, زورني *zournä*, زورنا *zourná*, طورنا *dzourná*, سورنا *sourná*, سورناي *sournáy*, صورناي *çournáy* [1].

La ressemblance plus ou moins grande de ces noms entre eux porterait assez naturellement, à la vérité, les Européens qui s'occupent de l'étude des ouvrages orientaux, à se persuader que ces divers noms appartiennent à un seul et même instrument. Mais comment pourraient-ils spécifier cet instrument avec une exactitude précise, lorsqu'ils ne trouvent dans aucune langue la racine du nom qu'on lui donne, et lorsqu'ils sont obligés de s'en rapporter à l'explication fausse qu'ils en

---

[1] Nous sommes cependant autorisés à penser que les Arabes ne confondent point le zourná ou sourná avec le zamr. N'ayant jamais entendu appeler en Égypte du nom de *sourná* aucun instrument de musique, nous n'avons pu, par conséquent, songer à prendre des informations à ce sujet: nous n'avons appris que par M. Herbin, à Paris, que ce nom était celui par lequel la plupart des écrivains orientaux désignaient le plus ordinairement le hautbois égyptien. Mais, dans un manuscrit arabe de la Bibliothèque royale, contenant un traité sur la musique, et dont le titre est كتاب رساله فى علم الموسيقى من جمله رسايل اخوان الصفا *Traité sur la musique, extrait des lettres (ou mémoires) des frères Sofis*, manuscrit dont M. Herbin a lui-même fait des extraits assez étendus et assez nombreux, on lit un passage qui affaiblit un peu le témoignage de cet habile orientaliste; ce passage, le voici: وامّا فنون اصوات الالات فى الملّهى للتصويت كالطبول والبوقات والدبادب والدفوف الربابى والسرناى والمزامير والعيدان وما شاكلها « Et

trouvent dans des vocabulaires composés par quelques moines ou missionnaires pour l'utilité de leurs compatriotes, ou dans certains dictionnaires dont les auteurs ont évidemment emprunté de ces sortes de vocabulaires la plupart des mots techniques et surtout ceux d'un grand nombre d'instrumens de musique? On doit sentir qu'il était très-difficile et presque impossible même que ces religieux, qui n'avaient aucune idée nette de l'art musical, et qui souvent savaient à peine distinguer les instrumens de musique de leur pays par le nom qui leur est propre, rencontrassent toujours juste en traduisant dans leur langue maternelle les noms des instrumens de musique des Orientaux : aussi se sont-ils souvent mépris sur ce point; et dans l'incertitude où ils étaient, ils ont rendu quelquefois le nom du même instrument en latin, ou dans leur langue maternelle, par trois ou quatre noms différens qui offrent des idées inconciliables entre elles; comme, par exemple, en traduisant le nom

quant aux différentes qualités des sons produits par les instrumens de musique, comme par les tambours, les cors, les *dabdab* (on désigne ainsi les instrumens que nous décrirons sous le nom de *daráboukkeh*), les *deff* (sortes de tambours de basque), les *rebáb*, les *sournáy*, les *zamr*, les *e'oud* et autres, etc. » Or, on voit dans cette énumération d'instrumens que le zamr et le sournà, qui est la même chose que le zourná, sont présentés comme deux sortes d'instrumens différens.

N. B. M. Silvestre de Sacy nous fait observer que les mots اخوان الصفا ne signifient pas les *frères Sofis*, ainsi que plusieurs savans les ont traduits, mais *les frères de la pureté*, c'est-à-dire *les amis liés par une affection sincère*, et que l'on connaît sous cette dénomination une société de philosophes et de savans, auteurs de cinquante-un traités sur toutes les sciences, qui forment une espèce d'encyclopédie.

Il nous apprend aussi que le mot *zourná*, dont la véritable orthographe est سورناى *sournáy*, est un mot persan, composé, suivant les léxicographes persans, de سور *sour*, festins, noces, et de ناى *náy*, flûte, en sorte que sa signification propre est *la flûte des festins*.

de tel instrument oriental par les noms de *tambour*, de *trompette*, de *cithare* et de *cymbales*. Or, il n'en faut pas assurément davantage pour dérouter entièrement ceux qui, voulant faire des recherches sur la musique orientale, n'ont pour ce travail que le secours des livres.

Le nom de *zournâ* n'a pas été néanmoins rendu d'une manière aussi confuse : cependant on s'est encore fort écarté de la vérité en le traduisant par les noms de *fifre* et de *flûte*, qui ne peuvent convenir au même instrument, et qui ne doivent être appliqués ni l'un ni l'autre au zournâ, qui est un véritable hautbois.

Si nous étions encore aux premiers temps où les instrumens à vent furent inventés, où la flûte et la trompette ne différaient entre elles que du plus au moins, comme on nous le dit [1], la distinction que nous faisons ici serait difficile à saisir ; mais ceux qui connaissent les instrumens dont nous parlons, savent qu'il y a une différence très-sensible entre un fifre et une flûte, et que le hautbois est un instrument autrement construit et d'une autre espèce que la flûte.

[1] Apul. *Florid.* lib. 1. Nous laissons aux observateurs savans le soin de faire le rapprochement de ce que nous apprend en cet endroit Apulée, avec ce que remarque Horace dans son Art poétique, *vers* 202.

ARTICLE II.

Des trois sortes de zamr; *du nom qu'on leur donne à chacun. De l'espèce de zamr à laquelle il est probable que le nom de zournâ doit appartenir; des rapports que ces instrumens ont entre eux, et des différences qui les distinguent.*

Il y a trois sortes de *zamr;* le grand, le moyen et le petit. Le grand se nomme قبا *qabá,* ou زورنا قبا *qabá zournâ*[1]; ou زمر الكبير *zamr el-qebyr;* le moyen retient seulement le nom de زمر *zamr,* ou se nomme زورنا *zournâ;* et le petit se distingue par le nom de جوري *gourä,* ou زورنا جوري *zournâ gourä,* ou زمر الصغير *zamr el-soghayr.*

---

[1] Nous n'avons appliqué ici au mot *zournâ* les épithètes de *qabâ* et de *gourä,* qui sont employées par les Égyptiens pour distinguer le grand et le petit zamr, que parce que M. Auguste Herbin a désigné ainsi nos divers *zamr,* en écrivant leurs noms au-dessus des dessins qu'il a eu la complaisance de faire de ces instrumens pour nous; car il joignait encore à toutes ses autres connaissances le talent de dessiner parfaitement : mais il nous a semblé qu'il ignorait entièrement ces épithètes avant que nous les lui eussions fait connaître; elles ne se trouvent dans aucun des traités de musique arabe que nous avons rapportés d'Égypte; on ne les rencontre pas non plus dans les traités de musique que M. Auguste Herbin a traduits, soit de l'arabe, soit du turk, soit du persan; et dans un de ses manuscrits où il a réuni les termes de musique orientale qui sont venus à sa connaissance, comme il a toujours eu l'attention de mettre la lettre initiale du nom des auteurs ou des personnes auxquels il devait ces termes, il a mis ces deux épithètes de *qabâ* et de *gourä* sous la lettre initiale de notre nom, qui est *V*. En effet, ces mots font partie de la liste des noms de nos instrumens arabes que nous lui communiquâmes avec nos notes sur la musique arabe, qu'il copia également. Par respect pour sa mémoire, qui nous sera toujours chère, nous n'avons pas voulu retrancher ces épithètes, que probablement nous n'aurions pas laissé subsister, si, en faisant cette description, il nous eût été possible de le consulter.

Pour concilier ensemble le sentiment des auteurs qui, selon M. Herbin, nomment *zournâ* ce qu'en Égypte on appelle *zamr*, le témoignage des frères Sofis, lesquels font une distinction entre le zamr et le zournâ, et ce que nous avons appris au Kaire, nous ne concevons d'autre moyen que celui de supposer que, parmi les trois sortes d'instrumens que nous venons de citer, les uns sont généralement connus sous le noms de *zamr*, et les autres le sont plus particulièrement sous celui de *zournâ*. Or, voici le raisonnement que nous faisons par induction : puisque les frères Sofis ne parlent du zournâ qu'au singulier, et qu'ils se servent du pluriel dans le mot المزامير *el-mesâmyr* (les *zamr*), c'est que vraisemblablement il y a plusieurs sortes de *zamr*, tandis qu'il n'y a qu'une sorte de zournâ ou sournâ ; et comme nous n'avons vu en Égypte que deux sortes de hautbois connus sous le nom de *zamr*, l'un qu'on appelle au Kaire قبا *qabâ*, ou زمر الكبير *zamr el-kebyr*, c'est-à-dire grand zamr, et l'autre qu'on distingue par l'épithète de جوري ou جري *gourä* ou *gora*, ou par le nom de زمر الصغير *zamr el-soghayr*, c'est-à-dire le petit zamr, on peut présumer que le zamr moyen est précisément l'instrument qui est désigné dans l'Orient sous le nom de زورنا *zournâ*, nom qui, par extension, a été appliqué aux deux autres dans la suite.

Mais ces trois sortes d'instrumens sont des hautbois de la même espèce, qui ne diffèrent entre eux que par la plus ou moins grande étendue de leurs proportions. La forme de leurs parties étant exactement la même, il eût été superflu d'en présenter l'image dans la gravure pour chacun d'eux, et nous n'aurons besoin, par conséquent, d'en faire la distinction en les décrivant, que lorsqu'il s'agira de faire connaître leurs dimensions particulières, ainsi que le diapason de leurs sons; ce qui seul les distingue les uns des autres.

ARTICLE III.

Du nombre, du nom, de la matière et de la forme des parties du hautbois connu en Égypte sous le nom de zamr, *et en d'autres lieux sous celui de* zournâ.

Le zamr, ou le zournâ[1], est composé de cinq parties principales : 1°. le corps A de l'instrument; nous appelons ainsi la portion la plus étendue et la plus volumineuse du zamr; 2°. la tête *b*, qu'on nomme فصل *fasl*[2]; 3°. un petit bocal ou tube *d*, qui porte le nom de لولیه *loulyeh*[3]; 4°. une rondelle ou plaque ronde *r*, appelée en arabe صَدَف مدوّر *sadaf modaouar*[4]; 5°. l'anche *v*, qu'on nomme قشه *qachah*[5].

Le corps du zamr A est un canal ou tube en bois de cerisier. Ce tube va en s'élargissant un peu par le haut, et davantage par le bas[6]. Par le haut, le diamètre de sa grosseur ne commence à s'accroître qu'au-dessus de la raie creuse *y* qui environne circulairement sa surface[7], et ce diamètre augmente dans une proportion peu sensible qui continue jusque vers le sommet de la tête *b*[8].

[1] Planche CC, fig. 1.
[2] Fig. 1, 3, 4, 5.
[3] Fig. 1, 4, 5, 6.
[4] Fig. 1.
[5] Fig. 1, 4, 5, 7, 8, 9, 10.
[6] Fig. 1, 2.
[7] Fig. 1, 2.
[8] Fig. 1, 2, 3.

Ce tube est premièrement percé de sept trous *o* sur le devant[1], rangés sur une même ligne de haut en bas, à des distances égales les uns des autres. L'espace qui sépare le premier trou *o* d'en haut, du suivant, est divisé en deux également par la raie circulaire *y*. Sur cette raie il y a, par derrière, un trou *o* semblable aux précédens[2]. Ce trou, ainsi que les sept autres dont nous venons de parler, servent à doigter l'instrument et à en varier les sons; on les nomme en arabe قول *qoul*. Depuis l'endroit où le diamètre de la portion inférieure du tube commence à s'accroître sensiblement[3] pour former, en s'évasant en entonnoir renversé, ce que nous appelons *le pavillon*[4] *p*, un peu au-dessous de *x* et dans la même direction des sept premiers trous *o*, sont trois autres petits trous *oρ* à égales distances entre eux. De chaque côté, à droite et à gauche des trois derniers trous *oρ*, et parallèlement à ceux-ci, sont deux trous semblables *σo*, l'un vis-à-vis le premier des précédens, et le second vis-à-vis le dernier des mêmes[5].

La TÊTE *b* et le COL *q* forment un tube d'un seul morceau de buis[6]. La tête *b*, dont le bas vient affleurer la surface extérieure du tube, augmente un peu de diamètre par le haut; et à son sommet, elle est terminée par une espèce de calotte avec un bourlet[7]. Le col *q*, étant destiné à entrer dans le corps de l'instrument, ainsi qu'on

---

[1] Planche CC, fig. 1, 2.
[2] *Fig.* 3. Cette coupe longitudinale du haut du zamr fait apercevoir le trou dont il s'agit, et l'agencement de la tête *b* avec le col *q*, qui entre dans le corps du zamr, comme nous l'expliquerons bientôt.
[3] Fig. 1 et 2.
[4] *Ibid.*
[5] *Ibid.*
[6] Fig. 1, 3, 4, 5.
[7] Fig. 1, 3, 5.

le voit *fig.* 3, est d'un diamètre plus petit que la tête : il forme un tube, plus gros par le haut *m* que par le bas *n* [1], où il est échancré, davantage par devant et moins par derrière [2] : s'il n'était pas échancré ainsi, il boucherait le premier des sept trous *o* du devant, ainsi que le trou 8 de la face opposée, lequel est moins élevé [3] que le précédent.

Le BOCAL *d* لولية *loulyeh* est un petit tube en cuivre [4] qui va en diminuant insensiblement du bas en haut. La portion du bas s'introduit dans le col *q*, après avoir passé au travers de la tête *b*. Cette portion doit être assez grosse pour remplir exactement la partie du canal du col dans laquelle il pénètre; lorsqu'elle ne l'est pas, on la garnit avec du fil ou de la filasse. L'autre portion de ce bocal, qui s'élève au-dessus de la tête *b*, semble être divisée en deux par une partie saillante *t*, circulaire, plate en dessus et convexe en dessous, au milieu de laquelle elle se prolonge en s'élevant au-dessus [5], et en continuant de diminuer insensiblement.

La RONDELLE *r*, appelée en arabe صدف مدور *sadaf modaouar*, est une plaque ronde [6] d'ivoire, d'ébène, ou d'un bois dur quelconque. Elle est percée, au centre, d'un trou au travers duquel on fait passer le haut du bocal *d* jusqu'à sa partie saillante *t*, où elle se trouve arrêtée et retenue [7].

L'ANCHE *v*, nommée en arabe قشة *qachah* [8], est un

---

[1] Planche CC, fig. 5.
[2] Fig. 3, 5.
[3] Fig. 3.
[4] Fig. 1, 4, 5, 6.
[5] *Ibid.*
[6] Fig. 1.
[7] *Ibid.*
[8] Planche CC, fig. 1, 4, 5, 7, 8, 9, 10.
On appelle aussi, en Orient, cette

bout de tuyau de paille de dourrah¹, aplati en forme d'éventail par le haut et conservant dans le bas sa forme naturelle²; c'est dans cette dernière portion de l'anche qu'on introduit le petit bout du bocal, sur lequel on serre l'anche le plus étroitement que l'on peut avec du fil³, dont on fait plusieurs tours, afin de ne pas donner de passage à l'air entre les parois de cette anche et le bocal, et pour que le souffle introduit dans l'anche par le musicien qui joue du zamr, ne puisse avoir d'autre issue que celle que lui laissent le canal du bocal *d*, celui de la tête *b* et du col *q*, et enfin celui du corps de l'instrument A.

anche سبسي *sebsy*, mais non dans l'Égypte.

¹ Le dourrah est une espèce de maïs dont la graine n'est guère plus grosse que celle de la vesce. On cultive cette plante en Égypte; on en mange la graine ou crue ou grillée, et l'on en fait de la farine et du pain. Les habitans de la haute Thébaïde, et les Nubiens qui habitent près de la première cataracte, en font leur principale ou même leur unique nourriture. On s'en sert aussi dans la basse Égypte pour nourrir la volaille : elle est très-propre à échauffer et à faire pondre les poules.

² *Fig.* 7. Cette figure représente l'anche de grandeur naturelle. Les figures 9 et 10 représentent l'anche vue de profil, et la figure 8 la représente vue du côté du bec.

³ Planche CC, fig. 7, 9, 10.

ARTICLE IV.

Des dimensions des parties précédentes, par rapport à chacun des zamr *de différentes grandeurs.*

Ayant souvent éprouvé nous-mêmes qu'une image quelconque inspire beaucoup moins d'intérêt, quand l'objet en est inconnu et qu'il n'a pas été suffisamment expliqué, nous avons pensé qu'il nous importait de ne pas causer, par notre négligence, un semblable désavantage aux gravures que nous offrons des instrumens d'Égypte. Dans les descriptions que nous en avons faites, nous avons apporté tous nos soins à donner de ceux-ci des notions exactes et détaillées, qui pussent aisément faire concevoir à chacun une idée juste et complète de tout ce qui en compose l'ensemble, de la matière et de l'art avec lesquels ils sont fabriqués, de la manière de s'en servir, et de l'usage qu'on en fait, etc. Mais aussi nous avons senti que, si notre fidélité à rendre compte de tous les détails ne s'arrêtait pas là où le lecteur n'exige plus rien de nous, ou si nous cherchions à lui donner des explications dont il peut aisément se passer, cela pourrait lui causer de l'ennui et lui déplaire : en conséquence, nous avons évité jusqu'ici, autant que nous l'avons pu, les répétitions inutiles, et nous nous sommes dispensés même de décrire tout ce qu'il était facile de deviner. Nous ferons de même à l'égard des *zamr* de différentes grandeurs; nous ne donnerons que les dimensions des parties du plus grand et du plus petit de ces instrumens, parce que chacun pourra de soi-même établir les proportions des parties du zamr moyen, lesquelles doivent tenir le milieu entre celles des deux autres.

Le CORPS A du qabâ ou zamr el-kebyr (grand zamr), en y comprenant la tête b, a une étendue en longueur de 583 millimètres[1] : les mêmes parties dans le zamr gourä, ou zamr el-soghayr (petit zamr), ont, dans la même dimension, 312 millimètres[2]. L'étendue du corps A seul, c'est-à-dire sans y comprendre la tête b, est de 558 millimètres en longueur, au grand zamr[3] : dans le petit zamr, l'étendue en longueur du corps A seul est de 290 millimètres[4]. Au grand zamr, le plus petit diamètre du corps A, c'est-à-dire celui de la partie y, est de 29 millimètres[5]; le diamètre moyen, c'est-à-dire celui de l'extrémité du haut qui se joint immédiatement à la tête b, est de 29 millimètres[6]; son plus grand diamètre, qui est celui du pavillon p, est de 90[7]. Au petit zamr, le diamètre le plus petit du corps A, c'est-à-dire celui de la partie y, est de 14 millimètres[8]; le diamètre moyen, qui est celui de l'extrémité du haut, laquelle se joint immédiatement à la tête b, est de 16 millimètres[9]; son plus grand diamètre, qui est celui du pavillon p, est de 63 millimètres[10].

L'épaisseur du bois du canal du grand zamr va en diminuant insensiblement dans toute l'étendue de l'ins-

---

[1] Planche CC, fig. 1.
[2] Fig. 2.
[3] Fig. 1.
[4] Fig. 2.
[5] Fig. 1.
[6] Fig. 1.
[7] Ibid.
[8] Fig. 2.
[9] Ibid.
[10] Ibid.

trument, c'est-à-dire depuis la tête b jusqu'à la plus grande ouverture du pavillon p. L'épaisseur du bois du canal est de 7 millimètres [1] près de la tête b, et de 5 millimètres à la plus grande ouverture du pavillon p. Au petit zamr, l'épaisseur du bois, dans toute l'étendue du canal, paraît être de 2 millimètres [2], ou du moins la différence en est peu appréciable.

L'orifice du canal du corps A, à l'extrémité supérieure qui se joint immédiatement à la tête b, enfin le trou par lequel on introduit le col q dans ce canal, sont ronds et d'un diamètre de 15 millimètres au grand zamr, et d'un diamètre de 14 millimètres au petit zamr.

L'ouverture du pavillon p a de diamètre 80 millimètres, au grand zamr : au petit zamr, l'ouverture du pavillon a de diamètre 59 millimètres.

Les grands trous o, qui sont percés sur le devant du corps A, et celui qui est percé à la face opposée sur la raie circulaire y, sont tous d'un diamètre de 8 millimètres et distans les uns des autres de 36 millimètres sur le grand zamr [3] ; mais, sur le petit zamr, ces trous, quoiqu'ils aient le même diamètre que les précédens, ne sont séparés que par une distance de 15 millimètres [4].

Les trois petits trous op, sur le devant, au-dessous des précédens, en descendant vers le pavillon p, n'ont de diamètre, sur le grand zamr, que 4 millimètres, et sont distans les uns des autres de 37 millimètres [5] : les mêmes

---

[1] Planche CC, fig. 1.
[2] Fig. 2.
[3] Fig. 1.
[4] Fig. 2.
[5] Fig. 1.

trous, au petit zamr, ont le même diamètre, et ne sont distans les uns des autres que de 19 millimètres[1]. Les deux autres trous σο qui sont sur chaque côté et dans une direction parallèle aux précédens, ont aussi le même diamètre; mais ils sont séparés l'un de l'autre par un espace de 77 millimètres sur le grand zamr, et de 42 millimètres sur le petit.

La TÊTE b du grand zamr est haute de 25 millimètres; le plus grand diamètre de sa circonférence est de 35 millimètres[2] : celle du petit zamr est haute de 14 millimètres, et le plus grand diamètre de sa circonférence est de 18 millimètres[3].

Le COL q du grand zamr a de longueur 126 millimètres; sa grande échancrure n du devant[4] est haute de 71 millimètres, et l'ouverture de cette échancrure est large de 6 millimètres : sa petite échancrure n, du côté opposé, est haute de 50 millimètres; la largeur de cette petite échancrure est la même que celle de la grande[5]. Dans le petit zamr, le col q a de longueur 62 millimètres : sa grande échancrure, par-devant, est haute de 32 millimètres, et en a 6 d'ouverture, ainsi que celle du grand zamr; sa petite échancrure est de 23 millimètres, et l'ouverture en est la même que les précédentes.

Le diamètre m de la grosseur du tube qui forme le col q du grand zamr, est de 17 millimètres immédiatement au-dessous de la tête b[6] : l'extrémité inférieure de

---

[1] Planche CC, fig. 2.
[2] Fig. 1, 3, 4, 5.
[3] Fig. 3, 4, 5.
[4] Fig. 3 et 5.
[5] Fig. 5.
[6] Fig. 3 et 5.

ce col q, c'est-à-dire celle où se terminent les cornes de ses échancrures, a de diamètre 7 millimètres[1]. Au petit zamr, le diamètre du col q en m, immédiatement au-dessous de la tête b, est de 16 millimètres; et à l'extrémité opposée, c'est-à-dire à celle qui termine les cornes de ses échancrures, il est de 7 millimètres[2]. Le col q, tant du grand que du petit zamr, entre tout entier par l'orifice du canal du corps A, jusqu'à la tête b; laquelle est percée à son sommet d'un trou rond, dont le diamètre est de 11 millimètres au grand zamr, et de 10 au petit. C'est par ce trou qu'on introduit aussi la partie inférieure du bocal d[3], qui pénètre jusque dans le canal du col q[4].

Le BOCAL d est de cuivre; on le nomme en arabe لوليه *loulyeh :* nous en avons déjà décrit la forme *page* 401. Il est beaucoup plus grand au grand zamr qu'il ne l'est au petit zamr. Il paraît que, dans la longueur qu'on a coutume de donner à cette partie, on suit une proportion graduelle, relative aux dimensions, soit du grand, soit du moyen, soit du petit zamr; cela est au moins probable d'après les définitions que nous ont données de ces instrumens les musiciens Égyptiens que nous avons consultés, et dont voici les propres termes : لولية القبا طويله *loulyet el-qabá taouyleh*, « le bocal du qabâ est long »; لولية الزمر اطول من الجري *loulyet ez-zamr atoual min el-gourâ*, « le bocal du zamr est plus long que celui du gourâ »; لولية جري قصيره *loulyet gourâ qasyreh*, « le bocal du gourâ est petit. »

[1] Planche CC, fig. 5.
[2] *Ibid.*
[3] Fig. 1, 4, 5.
[4] Fig. 4.

Il est évident que cette petite partie de l'instrument, qui semblerait d'abord n'avoir pas besoin d'être soumise à de justes proportions, a cependant des limites prescrites pour ses dimensions; il n'était donc pas inutile de les faire connaître.

Le BOCAL *d* du grand zamr est un petit tube en cuivre dont les parois sont fort minces; il est haut de 113 millimètres. Son canal, dont le diamètre va en diminuant insensiblement de bas en haut, a une ouverture de 7 millimètres à son extrémité inférieure, et de 3 à son extrémité opposée [1]. Le bocal *d* du petit zamr est haut de 59 millimètres : l'ouverture du tube par le bas est de 6 millimètres, et par le haut elle est de même que celle du grand zamr [2].

La RONDELLE *r* a de diamètre 41 millimètres : elle est percée, au centre, d'un trou dont le diamètre est de 4 millimètres; c'est par ce trou qu'on introduit toute la portion du bocal qui s'élève au-dessus de la partie saillante *t*, où la rondelle s'arrête [3].

L'ANCHE القشة *el-qachah* est la même pour tous les *zamr*, de quelque dimension qu'ils soient : elle a 16 millimètres de haut [4]. Le bout inférieur est cylindrique : le diamètre de son ouverture est de 4 millimètres par le bas. Depuis l'endroit où commence l'aplatissement de l'anche, jusqu'à l'extrémité supérieure, cet aplatissement est aussi étendu qu'il peut l'être; l'ouverture se rétrécit de plus en plus dans un sens, et s'étend en même proportion dans l'autre, en sorte qu'elle n'a, pour ainsi

---

[1] Planche C C, fig. 4.
[2] Fig. 6.
[3] Fig. 1.
[4] Fig. 1, 4, 5, 7, 8, 9, 10.

dire, qu'une seule dimension, qui est dans le sens de l'aplatissement; et cette dimension, à l'extrémité supérieure, est de 13 millimètres. C'est par cette partie aplatie de l'anche que s'introduit le souffle de celui qui joue du zamr.

ARTICLE V.

De la manière de jouer du zamr, de sa tablature, de la variété et de l'étendue de ses sons.

Quoique le zamr soit un instrument de la même espèce que notre hautbois, on ne réussirait pas néanmoins si l'on voulait en jouer de la même manière. L'embouchure et le doigter du zamr sont très-différens de ceux de nos hautbois. Ici ce ne sont point les lèvres qui pressent l'anche : cette anche, trop molle et trop filamenteuse, manquant absolument d'élasticité, céderait trop facilement sous la pression des lèvres, et au lieu de vibrer, se fermerait entièrement sans laisser de passage au souffle.

On introduit dans la bouche, non-seulement toute l'anche, mais encore toute la partie du bocal d[1] qui est au-dessus de la rondelle r[2]. On serre avec les lèvres cette partie du bocal en enflant les joues, qui, pressées par la rondelle, sur laquelle elles s'appuient fortement, compriment davantage l'air dont elles sont remplies, lui donnent plus de ressort, et le forcent à s'échapper par l'ouverture de l'anche que la langue presse légèrement, d'où il passe dans le bocal d[3], qui le transmet à la partie q[4], que nous avons nommée *le col*, et de là il s'introduit dans le corps A[5] de l'instrument.

[1] Planche CC, fig. 1, 4, 5, 6.
[2] Fig. 1.
[3] Fig. 1, 4, 5, 6.
[4] Fig. 3, 4.
[5] *Ibid.*

On ne parviendrait pas non plus à boucher tous les trous destinés au doigter du zamr, si l'on ne se servait que de la première phalange des doigts, comme nous le faisons quand nous jouons du hautbois, de la flûte, de la clarinette, ou de tout autre de nos instrumens à vent qui se doigtent. Les trous du grand zamr sont tellement éloignés les uns des autres, qu'on ne peut trop écarter les doigts pour les atteindre et les bien boucher. Dans cette position, il est impossible de plier les doigts aux jointures et de les arrondir; il faut nécessairement qu'ils soient étendus dans toute leur longueur.

Ce n'est pas cependant parce que les trous du grand zamr sont trop éloignés les uns des autres, qu'on est obligé d'écarter et d'étendre ainsi les doigts; mais c'est, au contraire, parce que les Égyptiens sont dans l'usage de doigter leurs instrumens en bouchant les trous avec la seconde phalange des doigts : or, étant forcés pour cela d'étendre leurs doigts dans toute leur longueur, et pouvant de cette manière les écarter beaucoup les uns des autres (ce qu'il ne serait pas possible de faire en doigtant avec la première phalange), ils ont trouvé plus commode, ou plus agréable à l'œil, que ces trous fussent distribués ainsi sur la longueur du corps du grand zamr; car, quoique les autres *zamr* et la plupart de leurs instrumens à vent qui se doigtent, aient leurs trous assez près les uns des autres pour qu'on puisse les doigter, comme nous faisons les nôtres, néanmoins les Égyptiens n'en bouchent les trous qu'avec la seconde phalange. Donc cette manière de doigter leur est propre, et n'a point été nécessitée par la forme de leurs instrumens à vent et par la disposition des trous dont ces instrumens sont percés.

Pour jouer du zamr, on prend l'instrument de la main droite, en bouchant, 1°. avec la première phalange du pouce, le trou qui est par derrière sur la ligne y [1]; 2°. avec la seconde phalange de l'index, le premier des sept trous du devant, à partir du haut de l'instrument; 3°. avec la seconde phalange du grand doigt, le second de ces trous; 4°. avec la seconde phalange de l'annulaire, le troisième trou; puis avec l'index, le grand doigt, l'annulaire et le petit doigt de la main gauche, on bouche les quatre autres trous dans le même ordre : mais le dernier de ces quatres trous ne se bouche qu'avec la première phalange du petit doigt.

Les doigts étant placés ainsi, en débouchant successivement les trous du bas en haut, et poussant dans l'instrument le souffle avec une force progressive, on peut lui faire rendre plus de deux octaves de sons, ainsi qu'on va le voir dans la tablature suivante du doigter de cet instrument.

Soit que l'on joue du grand, du moyen ou du petit zamr, le doigter est toujours le même; les sons seulement sont différens, mais ils se succèdent dans le même ordre et dans des rapports semblables : c'est pourquoi, sachant le doigter d'un de ces trois *zamr*, on connaît celui des autres.

Nous allons présenter ici la tablature et le doigter du gourä, et nous lui ferons correspondre la tablature des

---

[1] *Planche* CC, *fig.* 3. Nous avons numéroté les trous par des chiffres; celui-ci a le chiffre 8. *Voyez* fig. 1.

autres *zamr*, parce que c'est sur cet instrument que nous a été donnée la tablature du zamr par le musicien auquel nous l'avons demandée. Comme il ne nous faisait entendre chaque son qu'après nous avoir donné le temps de le noter et d'en marquer le doigter, et qu'après nous en avoir dit le nom, ce qui était convenu entre nous, nous rassemblâmes le plus de moyens de comparaison possible, afin d'être en état de vérifier par nous-mêmes l'exactitude des notions qu'on nous donnait; et cela nous devint par la suite fort utile pour éclaircir beaucoup de doutes que la réflexion nous faisait naître en relisant les réponses qu'on nous avait faites et que nous avions écrites au fur et à mesure dans nos entrevues avec les musiciens d'Égypte; car ce qui est clair à demi-mot pour celui qui sait, souvent ne l'est pas encore, même après une longue explication, pour celui qui ignore.

INSTRUMENS DE MUSIQUE

Tablature, étendue et variété

DES ORIENTAUX.

des sons du zamr gourä.

sons du zamr moyen.

du zamr el-kebyr ou qabá.

Le diapason du zamr moyen est à une quinte au-dessous du gourä, et le qabâ ou grand zamr doit être à l'octave grave de celui-ci : mais le grand zamr qu'on nous a vendu au Kaire et que nous avons, ne se trouve pas être dans ce rapport; il est d'un ton plus bas que l'octave grave du gourä. Or, cette différence nous apprend une chose que, sans cela, nous eussions ignorée; c'est que les instrumens orientaux de la même espèce ne sont pas toujours accordés précisément sur le même ton, et qu'en Orient, aussi bien qu'en Europe, on ne suit pas partout un diapason uniforme. C'est pourquoi, les sons étant censés cependant les mêmes qu'ils seraient si le diapason en était semblable dans chacun de ces instrumens, et se présentant dans le même ordre que s'ils étaient au même diapason, nous les avons notés comme s'ils y étaient en effet. Nous avons agi de même qu'on le fait en Europe, à Paris, par exemple, quand on rassemble des airs du grand opéra, des airs de l'opéra comique, et des airs de l'opéra buffa italien; car, quoique ces airs aient été composés et exécutés les uns suivant un diapason plus bas, les autres suivant un diapason plus haut, cela n'empêche pas qu'on ne regarde comme les mêmes notes celles qui portent le même nom et qui se présentent dans le même ordre, et qu'on ne les note de la même manière.

CHAPITRE II.

De l'e'râqyeh.

ARTICLE PREMIER.

Quelle est l'origine et l'espèce de l'instrument appelé
e'râqyeh.

E'râqyeh[1] signifie *qui est du pays d'E'râq*, ou, comme on l'écrit communément en Europe, *de l'Irac*. Reste à savoir maintenant quel est ce pays, et cela n'est pas trop aisé : car il y a deux contrées de ce nom ; l'*E'râq a'raby*, c'est-à-dire l'E'râq arabe, et l'*E'râq a'gemy*, c'est-à-dire l'Erâq persan. La première de ces contrées est celle qui fut connue jadis sous le nom de *Chaldée* ou de *Babylonie* : on prétend que le nom d'*E'râq* qu'on lui donne aujourd'hui, est celui d'une très-ancienne ville qui existait dans ce pays, dès le temps de Nemrod ; on y a joint l'épithète d'*a'raby*, parce que ce même pays est habité par des Arabes. La seconde contrée connue sous le nom d'*E'râq* est en Perse, et comprend une partie assez considérable de ce qu'on appelait autrefois *la grande Médie*.

Il n'y a pas de doute que la musique arabe ne se soit enrichie de beaucoup d'inventions et de découvertes re-

---

[1] عراقيه e'râqyeh.

latives à l'art, qui appartiennent à l'un ou à l'autre de ces pays. Plusieurs des modes musicaux des Arabes viennent de là et sont encore connus sous le nom du lieu de leur origine : tels sont les modes *e'râq a'gem*, *e'râq a'raby*, *e'râq a'gemy*, *nourouz el-a'gem*, *etc.*, *etc.* Ce n'est donc pas une chose facile de déterminer avec une rigoureuse exactitude auquel des deux pays de l'E'râq a'raby ou de l'E'râq a'gemy appartient l'instrument dont il est question dans ce moment.

Cependant, s'il nous était permis de hasarder nos conjectures, à défaut des témoignages qui nous manquent pour nous tirer d'incertitude, nous les établirions sur ce que la forme de cet instrument n'est nullement dans le goût persan, et nous n'aurions pas de peine à le prouver. En effet, la forme de l'e'râqyeh tient beaucoup plus du goût des Arabes que de celui des Persans : la tête renflée en ovale et plus grosse que le reste du corps de l'instrument, nous rappelle parfaitement le style original que nous avons souvent remarqué dans tout ce qui est du ressort de l'architecture et du dessin dans les monumens des Arabes. On trouve le même style dans leurs mosquées, que nous avons vues dominées, pour la plupart, par de vastes dômes; dans ces minarets d'une construction légère, svelte et hardie, que l'on prendrait pour de très-hautes colonnes isolées, couronnées par une sorte de grosse lanterne en pierre qui leur sert de chapiteau; dans ces galeries extérieures qui, de distance en distance, les environnent. En général, on reconnaît ce style dans le goût bizarre qu'ont les Arabes de donner communément aux choses élevées un plus grand volume par le haut que par le bas[1]. Nous l'avons déjà fait observer dans le manche des instrumens à cordes de ces peuples ; nous le retrouvons encore dans la forme des instrumens à vent, comme nous le faisons ici dans l'e'râqyeh. Il semble que les Arabes, en adoptant ces proportions dans leurs constructions, ainsi que dans tous les ouvrages de l'art, aient voulu prendre le contre-pied des anciens Égyptiens, lesquels donnaient à presque tous leurs monumens la forme pyramidale, cette forme qui plaît tant à l'œil par l'idée de solidité qu'elle offre et que ne présentent pas également les constructions des Arabes, non plus que nos constructions perpendiculaires. Mais, sans analyser tout ce qui, dans l'e'râqyeh, s'éloigne du goût des Persans et se rapproche au contraire de celui des Arabes, nous dirons seulement que cet instrument, qui est percé de sept trous par-devant de même que le zamr, et qui a une anche fort large, est purement arabe, selon nous, et de l'espèce des hautbois. Ainsi nous le regardons comme le hautbois de l'E'râq a'raby.

[1] Les larges et profonds balcons qui s'étendent en saillie au dehors des maisons et qui en couronnent l'élévation, en Égypte, produisent encore ce même effet à l'œil : ils sont tels, que, dans les rues passablement larges, on voit les balcons d'un côté approcher de si près ceux du côté opposé, qu'il s'en faut de très-peu de chose qu'ils ne se touchent.

ARTICLE II.

De la matière, de la composition, de la forme et des dimensions de l'e'râqyeh, et de chacune de ses parties.

Cet instrument[1] est tout en buis et d'un seul morceau, excepté l'anche a[2], qui est formée d'un bout de jonc marin : car c'est là tout ce qui le compose ; et l'on ne doit pas regarder comme des parties essentiellement intégrantes de l'e'râqyeh, ces deux liens $x, y,$ qui serrent, l'un, le haut, et l'autre, le bas de l'anche. Le premier x[3] consiste en une double bande plate faite de deux petits morceaux de roseau aminci, liés l'un à l'autre par les deux bouts, afin qu'en se rapprochant davantage, ils ne laissent entre eux qu'un espace resserré pour comprimer les lèvres de l'anche qu'on y introduit, lorsqu'on ne joue plus de l'instrument. Cette précaution est d'autant plus nécessaire, que le jonc marin dont est formée l'anche, quoique déjà fort aminci en $a\ 1$[4], est encore trop épais pour qu'on pût resserrer les lèvres de cette anche, si une fois la chaleur les eût fait écarter et si elles eussent séché en cet état. Le second lien est fait d'un bout de baguette de bois fendu en deux dans sa longueur, et dont on a pris la moitié qu'on a repliée sur elle-même, afin de rapprocher les deux bouts et de les lier ensemble. Ce lien forme un ovale allongé en pointe, du côté des bouts destinés à contenir le bas de l'anche et à empêcher que cette partie ne cède à l'aplatisse-

---

[1] Planche CC, fig. 11.
[2] Fig. 11 et 12.
[3] Fig. 11 et 12.
[4] Ibid.

ment qu'on a fait subir à toute la surface du reste vers le haut.

En mesurant l'instrument sans l'anche, c'est-à-dire tout ce qui est en buis, sa hauteur est de 244 millimètres; mais avec l'anche il a 325 millimètres. L'e'râqyeh est un tube de buis qu'on peut diviser en trois parties; la tête *t*, le corps A et le pied *p*. La tête *t* est la partie supérieure renflée en ovale[1]; le corps A est la partie cylindrique du tube[2]; le pied *p* est ce renflement qui forme la base et tout-à-la-fois le pavillon de l'e'râqyeh. Le canal du tube règne dans toute l'étendue de ces trois parties de haut en bas; mais il n'a pas partout la même forme ni la même capacité : il est ovale dans la plus grande partie de son étendue; il ne devient un peu plus régulièrement rond que dans la portion de la tête où l'on introduit le bas de l'anche, et dans toute la longueur du pavillon *p*, qui commence intérieurement à s'évaser dès le dernier trou du doigter. Le grand diamètre du canal, mesuré d'avant en arrière au sommet de la tête, a 18 millimètres : le petit diamètre de ce canal, mesuré au même endroit de gauche à droite, n'est que de 17 millimètres. La capacité de ce canal va toujours en diminuant insensiblement jusque vers la moitié du corps A, où le diamètre n'est plus que de 10 millimètres. Un peu au-dessous de cet endroit, la capacité du canal commence à s'élargir, mais dans une proportion plus rapide qu'elle n'était diminuée avant, et va en s'arrondissant; en sorte qu'à l'extrémité du pavillon où le canal finit, l'ouverture en est ronde et son diamètre a 26 mil-

[1] Planche CC, fig. 11.   [2] *Ibid.*

limètres. La partie cylindrique qui forme le corps A, est tout unie extérieurement; sa longueur est de 151 millimètres. Le diamètre de son épaisseur est de 27 millimètres. Cette portion de l'instrument est percée de sept trous *o* sur le devant, que nous avons numérotés chacun par un des chiffres 1, 2, 3, 4, 5, 6, 8, et d'un autre trou sur la face opposée, qui occupe l'espace compris entre le trou numéroté 6 et le trou numéroté 8; nous l'avons désigné par le chiffre 7. Les sept trous du devant occupent à peu près toute la longueur de la partie cylindrique. Il ne s'en faut que de 3 millimètres que le premier trou 1 n'atteigne l'endroit du haut du tube où aboutit la tête; et le dernier trou 8 n'est guère qu'à un millimètre du bout opposé, où commence le renflement du pied *p*. L'ouverture de ces trous est plus grande extérieurement qu'intérieurement : son plus grand diamètre extérieurement est vertical et a 11 millimètres; son plus petit diamètre est horizontal et a 9 millimètres : intérieurement l'ouverture des trous n'est plus que de 8 millimètres. La distance des uns aux autres est de 12 millimètres.

La TÊTE *t* est haute de 67 millimètres. Le diamètre de sa partie la plus grosse est de 48 millimètres. Sa surface est partagée en cinq zones d'inégale largeur, divisées par quatre cercles formés de doubles raies creusées dans l'épaisseur du bois. La dernière zone, c'est-à-dire celle qui est la plus près du tube cylindrique A, est terminée par une moulure qui couronne le haut du corps de l'instrument. Derrière la tête, est un trou mal arrondi, qui a son centre sur le premier cercle à raies doubles : plus de la moitié de sa circonférence s'étend sur la première zone, et une autre portion de sa circonférence sur la seconde zone. Le diamètre de ce trou, mesuré verticalement, est de 7 millimètres; et mesuré horizontalement, il n'est guère que de 6 millimètres.

La base ou le PIED p[1] de l'e'râqyeh a de hauteur 27 millimètres. Le renflement qui en comprend toute l'étendue, est composé de cinq zones, qui, de même que celles de la tête, sont divisées par de doubles raies creusées aussi dans l'épaisseur du bois. La cinquième zone, qui est plus grande que les autres, étant en dessous, ne peut s'apercevoir bien distinctement tant que l'instrument est debout. La première zone est précédée d'une moulure saillante qui sépare le pied p du corps A. Depuis cette première zone, dont le diamètre près de la moulure saillante est de 34 millimètres, la base s'élargit dans une proportion rapide jusqu'à la troisième zone, dont le diamètre est de 42 millimètres; ensuite elle se resserre en s'aplatissant de plus en plus jusqu'à l'ouverture du canal dont nous avons donné la dimension.

L'ANCHE a est formée d'un bout de tige de jonc marin de la hauteur de 91 millimètres : la grosseur, dans son état naturel, pouvait en être d'un diamètre de 16 millimètres. Une portion de ce bout de tige de jonc marin a été aplatie, et le reste a été resserré : la portion aplatie est celle des lèvres de l'anche, et la portion resserrée est celle du tube de l'anche. L'épaisseur de la partie qui n'a point été aplatie, ayant été diminuée par le bas, n'a

[1] Cette même partie, considérée sous le rapport de l'évasement de son orifice, est ce que nous avons nommé *le pavillon*.

plus qu'un diamètre de 14 millimètres. A mesure que l'aplatissement est plus grand, la surface s'étend davantage; en sorte que, dans la partie supérieure de l'anche, la largeur de la surface est de 53 millimètres. Voici de quelle manière on s'y est pris pour la rendre praticable.

On a enlevé, tant en dessus qu'en dessous, toute l'écorce luisante de la première portion aplatie du jonc a [1]; et on l'a diminuée le plus qu'on a pu, afin de la rendre plus flexible et plus élastique. Cette portion est aussi celle qu'on introduit dans la bouche, et dont on presse légèrement, avec la langue, la surface de dessous, tandis qu'on pousse le souffle dans l'anche, et que ce souffle, en passant, fait vibrer les parois amincies de la portion aplatie a 1. On a laissé, au contraire, toute l'écorce dure et luisante du jonc sur la seconde partie de l'anche a 2. On l'a laissée également sur la première portion de l'autre partie a 3, qui n'a point été aplatie; mais on a encore enlevé cette écorce dure sur la seconde portion de cette troisième partie, destinée à entrer dans le canal de l'instrument.

Nous avons déjà décrit les deux parties x, y [2]; mais elles ne sont pas d'une assez grande importance pour que nous nous arrêtions à en donner les dimensions. D'ailleurs, l'une d'elles se voit de profil dans sa grandeur naturelle, *figure* 12, et l'on n'aura pas de peine à établir les dimensions de la seconde en la comparant avec les autres parties de l'instrument.

[1] Planche CC, fig. 11 et 12.   [2] *Ibid.*

ARTICLE III.

De la manière de jouer l'e'râqyeh, de la tablature, de l'étendue et de la variété des sons de cet instrument.

C'est toujours de la main droite que les Égyptiens tiennent leurs instrumens à vent, et c'est toujours avec les doigts tendus qu'ils les touchent : il en est de cela comme de presque tous leurs usages et de toutes leurs habitudes; tout chez eux est diamétralement opposé à ce qui se pratique en Europe et particulièrement en France.

Pour jouer de l'e'râqyeh, on bouche avec le pouce le trou 9 qui est derrière la tête *t* de l'instrument; puis, avec les quatre autres doigts de la même main, l'index, le grand doigt, l'annulaire et le petit doigt, on bouche les quatre premiers trous de devant 1, 2, 3, 4; ensuite on bouche, avec le pouce de la main gauche, le trou 7, qui est par derrière au bas de l'instrument; et avec les trois doigts suivans de la même main, on bouche les trois autres trous du devant 5, 6, 8. Tous ces trous ainsi bouchés, en faisant entrer le souffle dans l'anche, comme nous l'avons expliqué[1], on produit le premier des sons au grave; les autres s'obtiennent en débouchant tels ou tels trous, ainsi qu'on peut le voir dans la tablature que nous donnons ici du doigter.

[1] Article II de ce chapitre.

426 INSTRUMENS DE MUSIQUE

Tablature du doigter, étendue et

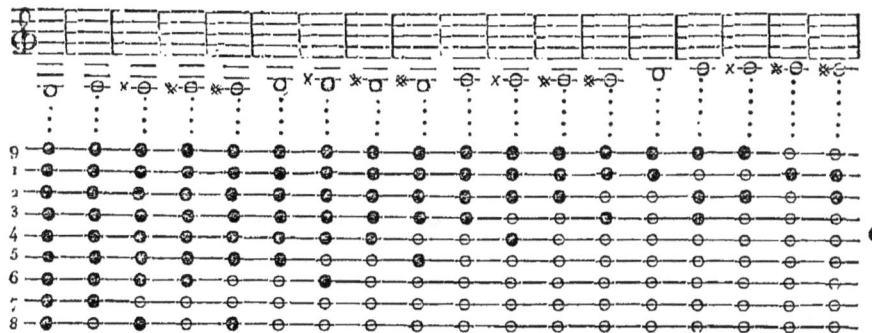

* Nous avons encore eu besoin de recourir au signe ✻, que nous avons imaginé pour

CHAPITRE III.

De la trompette des Égyptiens modernes, appelée nefyr[1].

ARTICLE PREMIER.

Opinion de Scacchi sur la forme de la trompette des anciens Égyptiens; ressemblance parfaite qui se trouve entre la forme qu'il lui suppose et celle de notre trompette moderne, dont se rapproche beaucoup aussi le nefyr des Égyptiens modernes.

Scacchi[2] s'imaginait que la trompette des anciens Égyptiens était d'une forme semblable à celle dont

---

[1] نفير nefyr.
[2] Voy. *Gabinetto armonico pieno d'istromenti sonori, indicati e spiegati dal Padre Filippo Bonanni*,

variété des sons de l'e'râqyeh*.

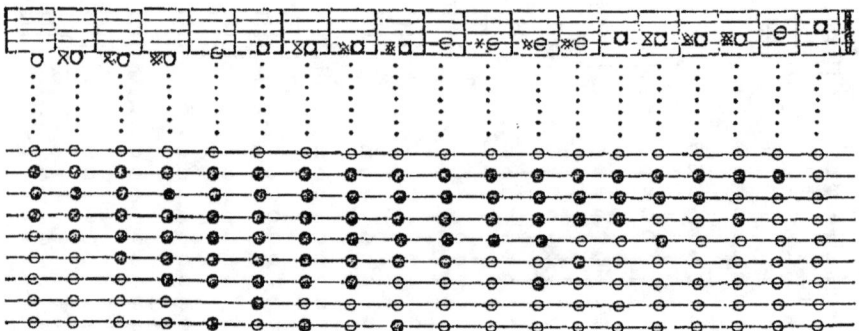

désigner un intervalle intermédiaire entre celui du demi-dièse et celui du dièse ordinaire.

nous nous servons aujourd'hui, et il se fondait sur ce passage du xie livre des Métamorphoses d'Apulée : *Ibant dicati magno Serapi tibicines, qui, per obliquum calamum ad aurem porrectum dextram, familiarem templi modulum frequentabant.* « (Parmi eux) marchaient les trompettes consacrés au grand Sérapis, lesquels, au travers d'un tube courbe et retourné vers l'oreille droite, produisaient, à de fréquens intervalles, les mêmes sons qu'ils avaient coutume de faire entendre dans le temple du dieu. » Il explique ces mots *per obliquum calamum* par *une trompette repliée*, et croit que ceux-ci, *dextrâ*[1] *familiarem templi deique modulum frequentabant*, signifient que les musiciens, en allongeant ou en retirant de la main droite les canaux, obtenaient divers sons

---

della compagnia di Giesù, etc. in Roma, 1722, in-4°, pag. 49 et 50.

[1] Si Scacchi avait lu le texte d'Apulée correctement écrit, comme il est rapporté au commencement de cet article, il n'eût pu concevoir une opinion semblable à celle qu'il a émise sur l'instrument dont il est question dans ce passage de l'*Ane d'or*.

musicaux, et que c'était ainsi qu'ils variaient la modulation.

Mais, si Scacchi avait su alors que la trompette des Égyptiens modernes est à peu près semblable à la nôtre, qu'elle est aussi composée d'un canal replié, il eût pu avec bien plus de raison nous assurer que le nefyr était parvenu immédiatement des anciens Égyptiens aux Égyptiens de nos jours; peut-être même eût-il reconnu, après avoir entendu comme nous le nefyr, que c'était la même espèce de trompette dont les Lycopolites, les Busirites et les habitans d'Abyde ne pouvaient supporter le son, parce qu'ils le trouvaient semblable au cri de l'âne, qui, par son poil roux, ressemblait à leur mauvais génie Typhon, qu'ils avaient en horreur.

De même qu'on n'a pas été tenté d'examiner si ces rapprochemens des anciens Égyptiens étaient réels ou imaginaires, raisonnables ou non, nous ne chercherons pas non plus à prouver combien ceux de Scacchi sont peu fondés; d'ailleurs, d'autres l'ont fait, et ses compatriotes eux-mêmes [1]. Nous nous contenterons de dé-

---

[1] Voici ce que nous lisons à ce sujet dans le *Gabin. armonico*, etc., *dal Pad. Bonanni*, cité dans la note précédente : « Descrisse quest' istrumento anche lo Scacchi, *Myr.* 3, cap. 54, e affermò che tal sorte di tromba fù usata dagl' antichi Egiziani, fondato sù le parole di Apulejo, il quale, nel libro secondo » (il faut lire *undecimo*; l'auteur a pris les chiffres 11 pour *deux*, et c'est *onze*) « delle Metamorfosi, dice, parlando delli sacrifizii celebrati in onore dalla dea Iside : *Ibant et tibicines* » (le mot *tibicines* ne se trouve point en cet endroit dans le texte, mais plus bas; il faut lire ce passage comme nous l'avons écrit dans le premier alinéa de cet article) « *dicati magno Serapi tibicines, qui, per obliquum calamum ad aurem porrectum, dextrâ familiarem templi deique modulum frequentabant;* e della parola, *per obliquum calamum*, arguisce, tal sorte di tromba ripiegata; e dall' altre *dextrâ familiarem templi deique modulum frequentabant,* stima significarsi

crire simplememement le nefyr, ne voulant point prévenir le jugement des lecteurs savans, qui, mieux que nous, sont capables de prononcer sur une pareille question.

il moto della mano che ora allungava, ora accorciava la trombà. *Dextrâ extendente* (dice egli) *vel retrahente tubæ canales, musicales soni ab ea edebantur, in eaque extensione et retractione tibicines modulabantur.* E ne pone la figura a cart. 674, nella quale però apparisce alcuna spezzatura, ed è in tutto simile a quella oggi dì usata communemente, e da noi esposta al numero IV. Stimò perciò il Bartolini essersi ingannato lo Scacchi, poichè (dice) di tal sorte di tromba spezzata, non se ne vede alcuna expressione antica onde la stimò moderna : *Quod instrumentum* (sono parole di lui, pag. 229) *necdum mihi ex veteribus haurire licuit, licèt nostris temporibus illud tubæ genus exstare atque in usu esse non ignorem.* »

Nous ajouterons, à l'appui de ceci, qu'on ne reconnaît que six espèces différentes de trompettes antiques, et qu'aucune d'elles ne ressemble à notre trompette, ni au nefyr. La première est celle dont on attribuait l'invention à Minerve, et à laquelle les Argiens donnèrent le nom de σάλπιγξ Ἀθηναία, *salpinx Athênaia*, c'est-à-dire trompette athénienne. La seconde est celle dont les Égyptiens se servaient dans leurs sacrifices et dont ils regardaient Osiris comme l'inventeur, la même à laquelle ils avaient donné le nom de χνουὴ, *chnoué*. La troisième est celle des Gaulois : elle était de fonte et d'une moyenne grandeur; son bocal représentait la figure de quelque animal; elle avait un canal en plomb, au travers duquel passait le souffle de ceux qui jouaient de cet instrument; les sons en étaient fort aigres : les Gaulois l'appelaient *carnix*. La quatrième est celle des Paphlagoniens : l'embouchure représentait la tête d'un bœuf; elle rendait une sorte de mugissement très-fort; on l'embouchait en la tenant élevée en l'air. La cinquième est celle des Mèdes, dont le tube était de roseau; elle rendait un son grave. La sixième était la trompette tyrrhénienne, semblable aux flûtes phrygiennes; l'embouchure en était en fonte, et elle rendait un son aigu : on prétend qu'elle fut communiquée aux Romains par les Tyrrhéniens eux-mêmes. *Voyez*, sur le premier inventeur de la trompette, Paléphate et Pausanias, *lib.* III.

ARTICLE II.

De la matière, de la forme, de la composition et des dimensions du nefyr et de ses parties.

Les canaux dont se compose le nefyr, sont entièrement en cuivre. Ils sont formés de lames étroites et minces de ce même métal roulées en tube, et dont les bords latéraux rapprochés sont soudés l'un à l'autre d'une manière presque imperceptible. Le bocal et l'embouchure sont en fonte, et d'une seule pièce.

Le nefyr dont nous avons fait l'acquisition, étant vieux, a été réparé en plusieurs endroits; on connaît ces réparations aux morceaux qui ont été rapportés, et aux soudures assez grossièrement faites qui unissent ces morceaux au reste de l'instrument. Cette observation n'était pas bien nécessaire; et nous ne l'aurions pas faite, si le dessin et la gravure n'avaient rendu sensibles les réparations dont nous parlons, et si nous n'avions craint qu'on ne les confondît avec ce qui tient à la construction de cet instrument. Ainsi, pour éviter toute méprise semblable, nous prévenons que les morceaux apparens que nous ne désignerons pas dans notre description, ne sont que de simples raccommodages.

Le nefyr se compose des mêmes parties que notre trompette; les deux branches A et *a*[1]; les deux potences P; le pavillon C; les cinq nœuds N, N, *n*, *n* et *n*; le bocal et l'embouchure E, *e*; le bandereau B, et les anneaux *x*.

[1] *Voyez* planche CC, fig. 13.

La hauteur totale de l'instrument tout monté avec son bocal, depuis c jusqu'à Ω, c'est-à-dire tel qu'il est représenté *planche* CC, *figure* 13, est de 908 millimètres; et sans le bocal, il n'en a que 810.

Chacune des parties du tube dans laquelle doit entrer le bout de l'une des autres, est renforcée par une petite lame de cuivre roulée et soudée par-dessus le tube, ainsi qu'on peut le voir aux cinq anneaux N, N, n, n, n, et à l'extrémité supérieure de la première branche A, en m. Les trois renforts des nœuds N, n, n, et celui de l'extrémité supérieure m de la branche A, sont à peu près égaux ; ils n'ont guère moins de 27 millimètres : mais le renfort du nœud N de la branche A est un peu plus grand ; il a 34 millimètres. Celui du nœud n de la branche A est encore plus grand ; il a 70 millimètres.

Excepté les endroits où sont ces renforts, ainsi que toute l'étendue du pavillon qui commence à n et se termine à Ω, l'épaisseur et la capacité du tube sont, à peu de chose près, les mêmes dans toute l'étendue de l'instrument ; ils n'ont pas plus de 11 millimètres.

Depuis l'extrémité du renfort m jusqu'au nœud N de la potence P, dans laquelle entre la première branche A, il y a 485 millimètres. La corde de l'arc que décrit la potence P au-dessous des nœud N et n, mesurée intérieurement, est de 65 millimètres, et la flèche, de 27.

La seconde branche a, mesurée à partir du nœud N de la potence P jusqu'au nœud n de l'autre potence P, est de 586 millimètres. La corde de l'arc que décrit cette potence, mesurée intérieurement au-dessus des nœuds n et n, est de 68 millimètres, et la flèche, de 29.

La branche du pavillon, depuis le nœud *n* jusqu'au bord de l'orifice de ce même pavillon, est de 924 millimètres : le diamètre de sa circonférence au nœud *n* est de 16 millimètres. Depuis cet endroit, le tube va en s'agrandissant jusqu'à l'extrémité du pavillon, lequel se termine en entonnoir, en sorte que son ouverture en cet endroit Ω, est d'un diamètre de 70 millimètres. Les bords de cette ouverture sont encore garnis, dans toute leur circonférence extérieure, par une petite lame de cuivre.

Dans toutes les dimensions en longueur que nous venons de donner, nous n'avons point compris la portion de chaque partie qui s'emboîte dans l'autre, et cette partie n'a guère plus de 18 millimètres.

Le bocal est formé d'un tube E et d'une embouchure *e*[1]. Le tube E est orné d'un certain nombre de moulures dans la plus grande partie de sa hauteur[2] : il n'y a qu'une petite portion par le bas où l'on n'ait point fait d'ornemens semblables. Le diamètre de sa circonférence est de 12 millimètres. L'embouchure *e* a extérieurement la figure d'un chapeau rond à forme ronde, renversé, la calotte en bas et les bords en haut. Le diamètre de la circonférence de ses bords est de 44 millimètres[3]. La cavité qui est au milieu, laquelle est destinée à recevoir le bout de la langue avec le souffle de celui qui sonne de la trompette, n'a de diamètre que 17 millimètres; sa profondeur n'est que de 7 millimètres. Le trou qui est au centre[4], et par lequel le souffle doit passer par le canal

---

[1] Planche CC, fig. 13, 14 et 15.
[2] Fig. 13 et 14.
[3] Fig. 15.
[4] *Ibid.*

du bocal, ensuite de là dans le tube de l'instrument, n'a que 2 millimètres d'étendue.

Le bandereau B[1] est un cordon en soie ou en coton, qui est passé dans de petits anneaux x de cuivre qui sont au centre de la courbe que décrit intérieurement chacune des potences P, P. Ces anneaux sont soudés à une petite plaque de cuivre, soudée elle-même sur le tube. Le bandereau s'attache au cou de celui qui sonne de la trompette, de manière que l'instrument puisse rester suspendu près de lui ou sur son dos quand il ne s'en sert pas.

Quelle que soit la petitesse du trou de l'embouchure du nefyr, cet instrument est néanmoins très-facile à faire sonner. On peut obtenir des sons graves qui participent de ceux du cor de symphonie et de ceux du cor de chasse; on peut aussi obtenir des sons aussi aigus que ceux de notre trompette et moins désagréables; en un mot, on peut varier les sons sur cet instrument, autant que sur le cor de chasse, quand on n'y emploie pas la main, en la faisant entrer dans le pavillon pour former des demi-tons : mais il s'en faut bien que les Égyptiens en sachent tirer ce parti; ils se contentent, dans les grandes solennités, de produire quelques sons aigus. A la vérité, il serait peut-être très-difficile d'en faire entendre d'autres, au milieu du vacarme étourdissant de cette cohue de tambours, de timbales de toutes les grandeurs et de toutes les espèces, ainsi que des cymbales, des *zamr*, dont les sons éclatans se mêlent au bruit des autres instrumens.

[1] Planche CC, fig. 13.

CHAPITRE IV.

De la flûte à bec égyptienne, appelée en arabe souffârah [1] *ou* chabbâbeh [2].

ARTICLE PREMIER.

Du nom, de la matière et de la forme de cette espèce de flûte.

On est beaucoup moins embarrassé en arabe qu'en français, lorsqu'il s'agit de découvrir le sens primitif d'un nom, et conséquemment le motif qui l'a fait employer pour désigner une chose. Il est encore douteux, parmi les érudits, si notre mot *flûte* vient du latin *fistula*, qui signifie *trouée,* ou de *fluta*, grosse lamproie, parce que la flûte est longue comme une lamproie, et a plusieurs trous comme ce poisson, qui en a le corps garni. Mais il n'en est pas de même en arabe : les noms appellatifs, et même le plus grand nombre des noms propres, dérivent d'un mot radical de la langue. *Souffârah* vient du verbe صَفَرَ *safara,* il a sifflé, il a rendu un son en sifflant; et *chabbâbeh* vient de شَبَّ *chabba,* il a crû en âge, il a grandi; il signifie *jeune, qui n'est pas encore en âge de maturité.* Le premier mot *souffârah* est donc un nom générique qui peut appartenir à toutes

[1] صَفَّارَه *souffârah.* [2] شَبَّابه *chabbâbeh.*

les espèces de flûtes; et celui de *chabbâbeh* est le nom particulier qui distingue des autres flûtes l'espèce d'instrument dont nous allons parler. Ce nom paraît indiquer une petite espèce d'instrument, une petite flûte, un flageolet; et tel est en effet le chabbâbeh. Il ressemble beaucoup à notre flageolet; l'embouchure de l'un est absolument semblable à celle de l'autre, et le reste est très-peu différent.

Le flageolet est fait ordinairement d'un tube cylindrique, en buis ou en ivoire, percé de six trous, sans y comprendre celui de l'embouchure, celui de la lumière et celui de la patte ou de l'orifice inférieur. Le chabbâbeh est fait d'une seule phalange de roseau, terminée par le nœud qui la séparait de la phalange suivante; et ce nœud, qui n'a point été percé, ferme le tuyau par le bas Ω [1]. Il est percé de sept trous par devant et d'un seul par derrière, sans compter le trou de la lumière L [2] et celui de l'embouchure E [3].

La partie supérieure du roseau, du côté opposé à la lumière, c'est-à-dire par derrière, est taillée en bec de plume, dans l'étendue de 36 millimètres, et cette portion est bouchée par un bout de bois rond, de la grosseur nécessaire pour remplir toute la capacité du roseau depuis l'extrémité supérieure jusqu'à très-peu de distance de la lumière L [4] : ce bout de bois est taillé aussi en bec de plume par derrière, de manière à ne pas dépasser les bords supérieurs du roseau, qui sont taillés ainsi; il est en outre aplati par devant, afin de laisser

[1] Planche CC, fig. 16.
[2] Fig. 16 et 17.
[3] Fig. 16 et 17.
[4] *Ibid.*

entre lui et les parois du roseau (qui décrit une courbe) un espace suffisant[1] pour que le souffle introduit par le bout du bec puisse aller se briser contre la lumière L[2], qui le fait vibrer et le réfléchit dans le canal de l'instrument : voilà ce qui forme l'embouchure. Un trou carré, à une distance de 52 millimètres du bout supérieur du roseau et sur le devant en L[3], qui va en s'allongeant et en s'élargissant un peu par le bas dans l'épaisseur du bois seulement, est ce qui forme la lumière.

On doit voir par tout ceci que le souffârah a beaucoup de rapport avec notre flageolet.

ARTICLE II.

Des proportions et des dimensions du souffârah et de ses parties.

Le souffârah est long de 314 millimètres ; sa grosseur va en diminuant du haut en bas. Le diamètre de sa circonférence, au-dessus de la lumière L, est de 23 millimètres[1]. Au-dessous du trou d'en bas 7, le diamètre n'est plus que de 20 millimètres ; au-delà de cet endroit, il y a un petit renflement formé par le nœud qui termine l'instrument en Ω.

Nous avons déja dit que le bec était taillé par derrière dans une étendue de 36 millimètres : or, comme, dans la portion qu'on a enlevée, on a pénétré jusqu'à la moitié de l'épaisseur du roseau, la largeur du bec est

---

[1] Planche CC, fig. 16.
[2] Fig. 16 et 17.
[3] Fig. 16 et 17.
[4] Fig. 16.

donc égale au diamètre de la circonférence du corps de l'instrument, au-dessus de la lumière L dont nous avons parlé. Les deux liens xx, qu'on voit au-dessous du bec, sont en fils enduits de poix de cordonnier; mais il nous semble qu'ils n'ont été appliqués là que parce que le roseau s'y était fendu, et qu'il était nécessaire d'empêcher que la fente ne s'ouvrît ou se prolongeât davantage.

Le trou carré de la lumière est large par le bas de 7 millimètres, et haut de 5. Ce trou pénètre dans l'intérieur du canal; mais il semble se prolonger extérieurement par une hoche qui va en mourant aboutir à la surface. La hoche est d'abord de la même largeur que le trou; ensuite elle s'élargit en s'arrondissant un peu par le bas: elle a 9 millimètres en étendue, de haut en bas.

A la distance de 151 millimètres de l'extrémité du bec E, et à 83 de la hoche qui termine la lumière L, est le premier des sept trous de devant. Chaque trou a 6 millimètres, et est distant des autres de 15 millimètres. Nous avons désigné ces trous par les chiffres 1, 2, 3, 4, 5, 6, 7, suivant l'ordre numérique dans lequel ces trous se présentent, en les comptant de haut en bas. Le plus près du bas, par conséquent le 7, est à 9 millimètres du nœud, et à 17 de l'extrémité Ω. A la face diamétralement opposée à celle des sept trous précédens, il y a un autre trou qui correspond au milieu de l'espace qui sépare les deux premiers trous 1, 2. Pour trouver le juste milieu, on a partagé en deux parties égales l'espace du trou 1 au trou 2, comme on a fait au zamr, par une ligne circulaire tracée sur la surface extérieure du tube; et sur cette ligne on a creusé, par derrière, un huitième trou, que nous avons désigné par le chiffre 8.

ARTICLE III.

De la tablature, de la variété et de l'étendue des sons du souffârah.

On a peine à s'imaginer comment un instrument aussi simple peut produire autant de sons différens, et rendre facilement, d'une manière aussi sensible et aussi dis-

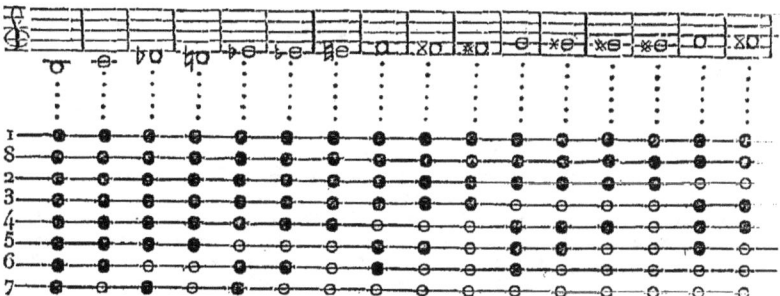

Toutefois nous prévenons que ces sons doivent être pris de rapport.

tincte qu'il le fait, des nuances de ton très-rapprochées, telles que sont celles des tiers et des quarts de ton. Nous n'aurions jamais pu nous le persuader, si nous n'en eussions eu l'expérience, et si nous n'en eussions fait nous-mêmes l'épreuve. Quoique nous ne soyons pas très-exercés dans l'art de jouer de la flûte, non-seulement nous n'avons eu aucune peine à former toutes ces nuances, mais nous y avons réussi avec la plus grande facilité, en suivant la tablature que nous en avions faite et que voici :

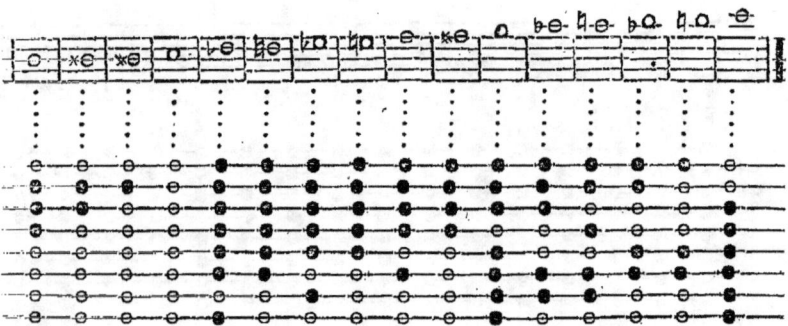

pason de notre octavin, avec lequel le souffârah a beaucoup

CHAPITRE V.

De la flûte égyptienne appelée en arabe nây ناى.

ARTICLE PREMIER.

Des diverses espèces de nây.

De tous les instrumens à vent des Orientaux, il n'y en a point de plus renommé que le nây : nous n'oserions même assurer que ce n'est pas de cet instrument que Ménandre a voulu parler dans ce vers de sa *Messénienne* [1] :

Ἀράβιον ἄρ' ἐγὼ κεκίνηκα αὐλὸν.

« Assurément j'ai joué de la flûte arabe. »

Il y a peu d'instrumens qui soient variés en autant d'espèces diverses et d'un usage plus général. On en trouve un grand nombre de différentes grandeurs, et il y en a dans presque tous les tons principaux. Les derviches ou *foqarâ* ont leur espèce de nây; les mendians ont aussi le leur, et les musiciens de profession ont également, pour leurs concerts, une certaine espèce de nây qu'ils préfèrent aux autres : ce n'est pas qu'ils ne fassent encore usage de celles-ci dans certaines circonstances, ou seulement pour s'exercer; mais nous n'avons point connu, au Kaire, de musiciens qui les eussent toutes réunies. Ceux qui savent jouer d'une demi-douzaine de différentes espèces de *nây*,

---

[1] *Menandri Fragm.* gr. et lat.

sont fort rares à rencontrer[1]. Mohammed Kachouch, le plus habile musicien de toute l'Égypte en ce genre, avouait lui-même qu'il ne s'était jamais essayé sur plus de six à huit sortes de *nây* différentes, et que ceux de ces instrumens sur lesquels il s'était exercé le plus, étaient le *nây châh* ناي شاه (c'est ainsi qu'on nomme le grand nây), le *nây kouchouk* ناي كشك, le *nây soforgeh* ناي سفرجه[2], le *nây motlaq* ناي مطلق, le *nây giref* ناي جرف (petit nây), le *nây hoseyny* ناي حسيني[3]. Conséquem-

[1] Le doigter n'est pas la seule chose qui peut embarrasser les musiciens arabes sur cet instrument : il y a encore une autre difficulté bien capable de les arrêter ; c'est celle du ton ou mode dans lequel il est accordé. Comme chaque ton ou mode a sa gamme différente de celle des autres et ses règles particulières, il faut nécessairement connaître celle du ton propre au nây dont on veut jouer ; et il y a très-peu ou même il n'y a point de musiciens, soit arabes, soit égyptiens, qui possèdent parfaitement l'art de jouer de toutes ces différentes flûtes : cela n'est pas difficile à concevoir, en se rappelant ce que nous avons dit, ainsi que le tableau que nous avons présenté de ces gammes dans notre Mémoire sur l'état actuel de l'art musical en Égypte. Si, dans l'Orient, on a varié, par la forme et la construction, les flûtes en autant d'espèces différentes, c'est, sans doute, par une raison semblable à celle qu'eurent les anciens de faire des flûtes en chaque ton et de diverses formes chacune, dont ils se servaient dans l'accompagnement des diverses espèces de chants. « Dans les premiers siècles, dit Athénée, *liv.* xiv, *ch.* viii, *pag.* 631, on n'admettait que ce qui était beau et honnête ; chaque cantique ne recevait que les ornemens qui lui convenaient. Il y avait pour chacun d'eux, ainsi que pour les divers jeux publics, des flûtes qui leur étaient propres, accordées au ton de ces chants... Pronomus fut le premier qui varia les modes suivant la variété des flûtes, etc. »

[2] Ces trois espèces de *nây* sont percées de six trous par devant, et d'un par derrière, plus élevé que les autres d'environ deux distances et demie, semblables à celles qui séparent entre eux les trois premiers et les trois derniers trous les uns des autres. Nous ne pouvons nous expliquer ici que d'une manière générale, parce que, les dimensions de chaque espèce de nây étant différentes, les distances entre les trous varient dans la même proportion qu'elles. Nous déterminerons avec plus de précision le juste lieu de ce trou, lorsque nous décrirons les dimensions d'une espèce quelconque de nây.

[3] Ces trois dernières flûtes sont percées de huit trous, sept par devant et un par derrière.

ment il y avait encore beaucoup d'autres *nây* qui lui étaient inconnus, ou dont il ne savait pas jouer : tels étaient sans doute le *nây abnân* ناي ابنان; le *nây châh mansour* ناي شاه منصور; le *nây e'râqy* ناي عراقي (flûte babylonienne, ou sur le ton d'e'râq); le *nây neh ou nym* ناي نه ونيم, c'est-à-dire de neuf et demi [1]; le *nây deh ou nym* ناي ده ونيم, c'est-à-dire de dix et demi [2]; le *syâh nây* سياه ناي, nây noir ou roseau noir; le *nây safar* ناي صفر, nây jaune; le *nây qarah* ناي قَرَة [3]; le *nây dâoud* ناي داود, c'est-à-dire le nây de David; et plusieurs autres que nous pourrions rassembler encore, s'il était nécessaire d'en faire la recherche : mais une plus longue énumération serait peu utile, puisqu'on peut les ranger tous en deux classes, l'une des *nây* percés de sept trous, l'autre des *nây* percés de huit trous; la différence des longueurs étant analogue à la gravité ou à l'élévation du ton sur lequel les *nây* sont accordés, et ce ton ayant été expliqué dans notre Mémoire sur l'état actuel de l'art musical en Égypte. Chacun peut actuellement se faire une idée juste de toutes ces espèces de *nây*, et même de toutes les espèces possibles, sans que nous ayons besoin de faire de chacun de ces instrumens une description particulière; ce qui nous entraînerait dans des répétitions continuelles et fastidieuses. Nous nous bornerons donc à en décrire un de chacune de ces deux espèces.

---

[1] Il y a apparence qu'il s'agit ici du nombre de phalanges que doit avoir le roseau propre à cette flûte; car il nous a paru que ces phalanges étaient comptées par les Égyptiens modernes.

[2] Il s'agit probablement encore des phalanges du roseau, comme dans le précédent. Ces noms sont purement persans.

[3] Ce nây pourrait bien être le même que le سياه ناى *syâh nây*;

ARTICLE II.

Du nây châh[1], ou du grand nây, percé de sept trous; de ce qu'il a de commun avec les autres nây, *et de ce qui lui est propre.*

Il y a, dans le grand nây à sept trous, des choses qui lui sont communes avec tous les autres *nây,* soit à sept trous, soit à huit trous; il y en a aussi qui lui sont exclusivement propres. Ce qu'il y a de commun à toutes les espèces de *nây,* 1°. c'est que le tuyau en est d'un seul morceau de canne de roseau, dont le bout le plus petit est par le bas, et le bout le plus gros est par le haut, conformément aux proportions reçues parmi les Arabes, comme nous l'avons déjà fait remarquer; 2°. c'est que les cloisons des nœuds ont été enlevées jusqu'au niveau des parois de ce roseau, dont on a retiré la moelle, et qui a été nettoyé fort proprement; 3°. c'est que non-seulement on a abattu par dehors les renflemens et les aspérités des nœuds, mais encore, en les brûlant avec un fer rougi au feu, on y a fait tout autour une hoche large pour l'ordinaire de 9 millimètres, et quelquefois plus, profonde de l'épaisseur d'une corde très-fine de boyau enduite d'une composition de cire et de résine, et liée à plusieurs tours en spirale dans cette hoche, dont elle remplit toute la capacité; ce qui forme comme un anneau qui couvre la largeur du nœud; 4°. c'est qu'il a

---

car *syâh* en persan et *qarah* en turk veulent dire *noir.* (Note de M. Silvestre de Sacy.)

[1] Planche CC, fig. 18.

une embouchure de corne[1] peinte en noir, dont la forme est celle d'un cône tronqué, arrondi à sa base, terminé en dessous par une gorge[2] destinée à entrer dans l'ouverture du haut du roseau[3]; 5°. c'est que l'orifice o[4] et le canal c[5] de cette embouchure sont dans la même direction que le canal du roseau; 6°. enfin c'est que les trous 1, 2, 3, 4, 5, 6, ne sont percés que dans la seconde moitié du tube, et qu'ils sont rangés, trois par trois, sur la même ligne de haut en bas.

Du reste, le grand nây n'a de particulier que le nombre des phalanges et des nœuds dont il est composé, les dimensions de son étendue, ainsi que de celle de son embouchure; et ce sont là les choses qui feront le principal objet de la description suivante.

ARTICLE III.

Des dimensions du grand nây et de ses parties.

Cet instrument, sans son embouchure, est long de 740 millimètres; avec son embouchure, il n'a que 770 millimètres. Dans cette étendue, il décrit une courbe plutôt qu'une ligne parfaitement droite. Il est fait d'une canne de roseau composée de huit phalanges entières, I, II, III, IV, V, VI, VII, VIII[6], avec leurs nœuds n[7], et du commencement d'une autre phalange à chacun de ses bouts, lesquels sont couverts par des viroles en cui-

---

[1] Planche CC, fig. 18 et 19.
[2] Fig. 19.
[3] Fig. 18.
[4] Fig. 18 et 19.
[5] Fig. 19.
[6] Fig. 18.
[7] Ibid.

vre v^1. Chaque phalange, avec son nœud, est un peu plus longue que celle qui la suit par en bas. La première a 101 millimètres; la seconde en a 95; la troisième, 91, la quatrième, 89; la cinquième, 87; la sixième, 86; la septième, 84; et la huitième, 82. La largeur de la hoche, ainsi que du lien en corde de boyau qu'on a fait sur les nœuds n, a un peu plus ou un peu moins de 8 millimètres. Ces phalanges sont graduellement d'un moindre diamètre les unes que les autres en descendant. Chacune d'elles forme un petit étranglement au-dessous du nœud, et ensuite un renflement qui se prolonge presque insensiblement jusqu'au nœud suivant. La première phalange est celle dont le diamètre est le plus grand; il est de 26 millimètres : celui de la seconde phalange est, à très-peu de chose près, de la même étendue; celui de la troisième est de 25 millimètres; celui de la quatrième est à peu près encore de la même étendue; celui de la cinquième est de 24 millimètres; celui de la sixième est de très-peu de chose moindre; celui de la septième est de 23 millimètres; celui de la huitième est de 22 millimètres.

Les sept trous du doigter par devant ont été percés avec un fer chaud rougi au feu, et occupent la cinquième, la sixième et la septième phalange : ils sont ronds et d'un diamètre de 7 millimètres. Les trois premiers sont distans les uns des autres de 22 millimètres. Le premier des trois, 1, est à 27 millimètres au-dessous du nœud qui le précède; le second est à 14 millimètres au-dessus du nœud qui le suit; le troisième est à deux millimètres

[1] Planche C.C, fig. 18.

au-dessous du nœud précédent; le quatrième est à 53 millimètres au-dessous du troisième, et à 3 millimètres du nœud qui le suit; le cinquième est à 12 millimètres au-dessous du nœud précédent, et le sixième est à 26 millimètres du nœud suivant. Le septième trou du doigter par derrière est percé vers le milieu de la quatrième phalange, mais un peu sur le côté droit; autrement, s'il était percé sur la ligne diamétralement opposée aux trous du devant, vu le grand éloignement où il en est déjà, le pouce de la main droite, qui doit le boucher, ne l'atteindrait pas facilement.

Nous remarquons ici une chose qu'il est bon d'observer, c'est que, sur la même ligne où est percé le septième trou, il y en a eu un percé aussi sur la gauche, mais qu'on a bouché depuis avec de la cire blanche; ce qui prouve que, quoique les Arabes ou les Égyptiens soient dans l'usage de tenir leurs instrumens de la main droite, il y a cependant parmi eux quelques personnes qui trouvent plus commode de le tenir de la main gauche : il est évident que ce trou a été percé pour quelqu'un qui tenait son instrument de la main gauche, et qui bouchait ce trou avec le pouce de cette main; car il serait impossible de le faire avec le pouce de la main droite. Enfin l'un et l'autre trou est éloigné du nœud qui le précède, d'une distance de 23 millimètres, et de 63 millimètres de celui qui le suit.

Chacun des bouts du roseau est garni, comme nous l'avons déjà dit, d'une virole v en cuivre, terminée à son extrémité supérieure par un bourlet. La virole du haut est large de 26 millimètres; son diamètre est de 27 millimètres. La virole d'en bas est large de 56 millimètres, et son diamètre est de 21 millimètres.

L'embouchure a la forme d'un cône arrondi à sa base, ou plutôt d'un sphéroïde allongé, aplati à un pôle, renflé à son équateur, et simplement aplati à son autre pôle, sans être allongé. Cette embouchure, avec sa gorge G[1], est haute de 41 millimètres; sa gorge est large de 11 millimètres. L'orifice supérieur *o* a un diamètre égal à celui du canal *c*, lequel est de 20 millimètres. La partie la plus renflée et la plus large de l'embouchure est d'un diamètre de 36 millimètres.

ARTICLE IV.

De la manière de tenir le grand nây, ainsi que les autres instrumens de son espèce; du doigter; de la tablature et de l'étendue de ses sons; de leur qualité; de leur effet dans la mélodie.

Pour jouer du grand nây, on prend l'instrument de la main droite; on pose le pouce de cette main sur le trou qui est par derrière; ensuite on allonge ses doigts le long du tube par devant jusqu'à ce qu'on atteigne le premier trou avec l'index, le second avec le grand doigt, et le troisième avec l'annulaire; puis on pose le pouce de la main gauche sur la même ligne que celui de la main droite, et plus bas que l'annulaire de cette main; ensuite on étend les doigts de la main gauche ainsi que ceux de la main droite, de sorte que l'index vienne bou-

[1] Planche CC, fig. 19.

cher le quatrième trou, que le grand doigt bouche le cinquième trou, et que l'annulaire bouche le sixième trou.

L'instrument ayant une certaine longueur, et les trous étant percés dans la seconde moitié du tuyau, pour que l'embouchure parvienne à la bouche, il est nécessaire que la main droite, qui tient le nây vers les premiers trous, soit descendue jusqu'à la hauteur et vis-à-vis de la hanche gauche. Pour cela, il faut abaisser le bras droit jusque vis-à-vis de la saignée du bras gauche déployé, en le portant un peu en avant, et dirigeant l'avant-bras vers la hanche gauche; ensuite descendre un peu en arrière le bras gauche, abaisser l'avant-bras en le pliant un peu en avant : de cette manière, l'instrument se trouve incliné obliquement en descendant de droite à gauche; et, l'orifice *o* de l'embouchure se présentant obliquement incliné de gauche à droite, le souffle n'arrive aussi qu'obliquement dans l'embouchure, et va frapper contre les parois du canal de l'instrument, qui le réfléchissent, et le font vibrer et résonner.

Tous les trous étant donc bouchés comme nous venons de le dire, on obtient le premier son de la tablature suivante; et selon qu'on ouvre ou qu'on ferme les uns ou les autres de ces trous, on obtient les sons que nous allons indiquer.

DES ORIENTAUX.

Tablature et étendue des sons du grand nây.

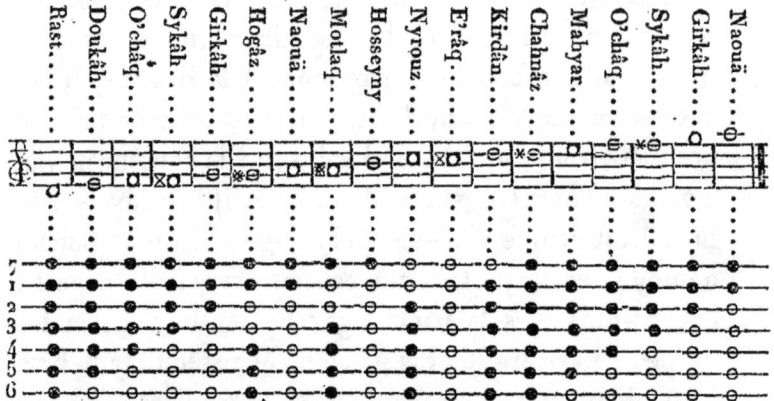

Il y a peut-être quelque chose d'applicable à cet instrument dans ces vers d'Euripide (*Helena*, v. 1565):

Κύπρις γέλασέ τε θεὰ,
Δέξατό τ'εἰς χέρας
Βαρύβρομον αὐλὸν,
ΤερΦθεῖσ' ἀλαλαγμῷ.

Risit dea Venus,
Et accepit in manu
Tibiam graviter sonantem,
Delectata illâ modulatione.

Mais ce n'est pas ce qui regarde les sons graves; car le grand nây a peu de sons de cette espèce. Ceux qu'il rend sont fort doux, à la vérité, mais cependant voilés d'une manière presque imperceptible, et cela même leur donne un caractère passionné, mélancolique et voluptueux qui plaît. Un bon musicien saurait tirer un grand parti d'un instrument semblable; mais, lorsque les Égyptiens en jouent, la mélodie en devient ennuyeuse et somnifère.

É. M. XIII.

ARTICLE V.

Du nây giref ou petit nây à huit trous; de son affinité avec le nây châh; de sa forme en général; des choses qui n'y tiennent pas essentiellement et qui n'y paraissent qu'accidentellement.

Tout annonce dans le nây giref[1] un instrument d'une espèce analogue à celle du précédent. Son nom, sa forme, sa construction, ont, avec cet autre, un rapport trop frappant pour qu'on puisse douter qu'il ne soit du même genre.

Cependant les Égyptiens trouvent entre ces deux instrumens une très-grande différence, et elle existe réellement : mais ce n'est que dans le doigter qu'elle se fait sentir parfaitement; car plus on examine la forme du nây giref, et plus on lui reconnaît d'affinité avec celle du nây châh.

Le tube du nây giref est aussi en roseau; il décrit également dans sa longueur une courbe qui n'est pas très-sensible, non plus que dans le nây châh. Il n'a, dans toute son étendue, que quatre phalanges entières et le commencement d'une autre à chacun de ses bouts.

On se tromperait si l'on pensait que tous les liens dont le tube du nây giref est environné, couvrent autant de nœuds du roseau, ainsi que le font ceux du nây châh ou grand nây. Il n'est pas vraisemblable qu'un roseau ait ses nœuds aussi près les uns des autres que le seraient

---

[1] *Voyez* pl. CC, fig. 20.

ceux du nây giref, s'il y en avait autant que de liens. Il n'y a réellement que cinq nœuds, et nous les avons indiqués par la lettre *n*. Les liens que M. Herbin croyait avoir été mis là par forme d'ornemens, et qui, dans le fait, déparent l'instrument, ont été destinés uniquement à resserrer les parois du roseau divisées par une fêlure qu'on avait déjà cherché à rapprocher avec de la colle. Parmi ces liens, les uns sont plus larges, les autres le sont moins; quelques-uns des liens mêmes des nœuds ont été élargis et renforcés, selon que le tuyau a paru manquer de solidité. C'est pourquoi l'on remarquera qu'ils sont plus larges dans les endroits où la fêlure paraît plus ouverte, et surtout près des trous; car ce défaut règne presque tout le long du tuyau.

Si nous ne faisions pas observer ces choses, on pourrait, n'ayant pas l'instrument sous les yeux, attribuer à sa forme ce qui ne lui appartient nullement. Il est possible qu'il y ait eu plusieurs erreurs de ce genre dans les descriptions qu'on nous a faites des instrumens étrangers; car il n'arrive pas toujours que les instrumens étrangers qu'on a l'occasion d'observer, soient alors neufs et exempts de réparations. Or, dans ce cas, il est quelquefois assez difficile de distinguer ce qui est essentiel d'avec ce qui est accidentel dans les instrumens dont la forme est inconnue et que l'on voit pour la première fois; il est même impossible de le faire, quand on ne voit ces choses que d'un œil distrait, ou lorsqu'on ne les examine que superficiellement, comme cela est arrivé le plus souvent. Quelque peu d'importance qu'ait l'objet de nos observations, lorsque nous faisons tant que d'en rendre compte, nous devons y apporter la plus sérieuse attention; autrement nous nous exposons, par notre négligence, à être accusés d'infidélité ou d'ignorance. Si les détails où nous sommes entrés dans nos descriptions sont quelquefois arides, ils n'en étaient pas moins indispensables pour prévenir bien des méprises, et ils étaient au moins nécessaires, afin qu'on pût se rendre raison du mécanisme de la construction de ces instrumens, et juger de la qualité des sons, ainsi que du système de leur accord. Les facteurs savent combien de grands changemens peut occasioner, dans l'effet que produit un instrument, la plus légère différence dans les proportions du corps sonore et dans celles de ses parties.

Nous resterons néanmoins toujours fidèles à la loi que nous nous sommes imposée de ne donner d'explication que des choses qui en sont dignes, et de ne faire mention que de celles qui, par leur originalité ou leur bizarrerie, peuvent piquer la curiosité. Nous ne parlerons donc plus des liens qui n'ont été mis au nây giref que pour couvrir des défauts accidentels, et nous ne nous occuperons que des choses qui tiennent essentiellement à la forme et à la fabrication de cet instrument.

ARTICLE VI.

De la forme du nây giref, de ses dimensions et de celles de ses parties, de son doigter et de sa tablature.

Le nây giref est composé d'un bout de canne de roseau, qui va en s'élargissant insensiblement de bas en haut, et d'une embouchure de corne, en forme de cône sphéroïde et tronqué à son sommet. Le roseau seul a 468 millimètres en longueur ; et avec l'embouchure, l'instrument a 488 millimètres. Le diamètre de la circonférence du tube, par le haut, est de 25 millimètres, et par le bas il est de 23 millimètres.

Au-dessous du dernier lien, le roseau a été aminci, sans doute pour y placer une virole en cuivre de même qu'on en voit une au grand nây, mais qui s'est vraisemblablement détachée du roseau du nây giref que nous décrivons. Dans cet endroit aminci, le tuyau n'a que 20 millimètres de diamètre. L'embouchure du nây giref est à peu près faite de même que celle du nây châh, mais la forme en est moins sphérique ; elle se prolonge plus directement en cône, et serait un vrai cône tronqué, si les angles de la base n'en étaient pas arrondis. La hauteur de cette embouchure, y compris la gorge qui en fait partie, est de 26 millimètres. La portion qui fait la base du cône, a un diamètre de 34 millimètres. Le diamètre de la portion tronquée, qui est aussi celui du canal de l'embouchure, est de 19 millimètres.

Les trous du doigter sont percés sur la seconde, sur la troisième et sur la quatrième phalange. Ils sont ronds d'un diamètre de 8 millimètres. On a rangé les six premiers trous, trois par trois, sur une même ligne qui partage en deux également la surface du devant. Le septième trou est sur le côté gauche; ce qui le rend plus facile à atteindre avec le petit doigt de la main gauche qui doit le boucher. Sur la droite de ce trou, on en voit encore un autre, mais qui est bouché avec de la cire. Il a dû servir au même usage que le précédent, à quelqu'un qui tenait son instrument de la main gauche, comme nous tenons les nôtres (ce qui est contre l'usage ordinaire des Égyptiens et des Orientaux en général); et cela faisait qu'il ne pouvait, par conséquent, boucher ce trou, ainsi que les trois précédens, qu'avec les doigts de la main droite. Quant au huitième trou, qui est par derrière, il se bouche avec le pouce de la main qui tient l'instrument, ainsi que nous l'avons expliqué en parlant du nây châh.

Le premier des six trous du devant est à 218 millimètres de l'extrémité supérieure du tuyau, et à 2 millimètres du nœud qui le suit; le second trou est à 22 millimètres au-dessous du premier; le troisième est à une égale distance du second; le quatrième trou est à 31 millimètres du troisième; le cinquième est à 22 millimètres du quatrième; le sixième est à une égale distance du cinquième : mais le septième, percé sur le côté, est à 29 millimètres du trou précédent et à 43 millimètres de l'extrémité inférieure du roseau. Le huitième trou, qui est par derrière, se trouve à la distance de 182 millimètres du haut du roseau, et à 43 millimètres du nœud qui est au-dessous.

DES ORIENTAUX. 455

Ainsi presque tout, dans ce nây à huit trous, est relatif à ce que nous avons observé dans le grand nây à sept trous, tant pour la construction de l'ensemble que par l'ordre et les dimensions des parties. Le seul septième trou, qui est par devant et que l'on bouche avec le petit doigt de la main gauche, paraît occasioner toute la différence que nous avons remarquée dans le doigter, et dont on pourra juger par la tablature suivante:

Tablature et étendue des sons du nây giref.

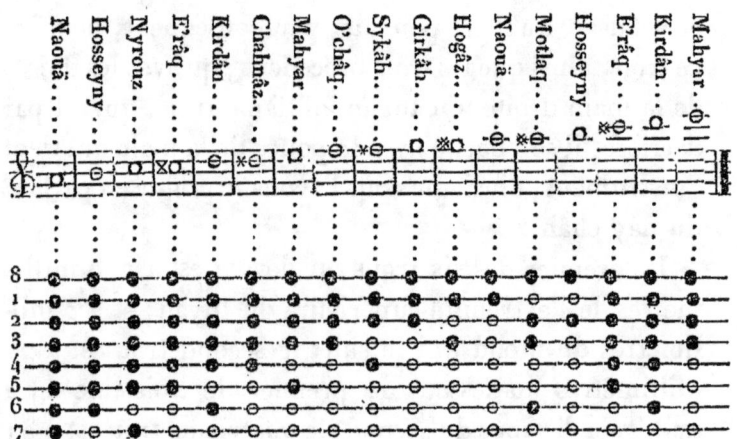

CHAPITRE VI.

D'une espèce de flûte champêtre appelée en arabe arghoul ارغول.

ARTICLE PREMIER.

Du caractère et du style de l'arghoul[1]*; de l'origine et de l'époque de l'invention de l'arghoul, et du nom de son inventeur.*

A juger de l'arghoul seulement par sa forme, ainsi qu'on peut le faire quand on n'en connaît encore que l'image, on se persuaderait difficilement que c'est là l'ouvrage de paysans grossiers, de rustres à demi sauvages, comme le sont les *felláh* de l'Égypte moderne, pays où, depuis bien des siècles, l'homme végète dans la plus stupide ignorance et la plus honteuse barbarie. Cependant c'est une chose digne de fixer l'attention des voyageurs, que l'extrême simplicité des instrumens qu'on y emploie dans les arts qui n'ont point été à portée d'être modifiés par quelque influence étrangère. Cette simplicité, quelle que soit la grossièreté de la main-d'œuvre, décèle néanmoins, selon nous, le haut degré de perfection où les arts parvinrent jadis en Égypte, et d'où ils sont déchus aujourd'hui : car la simplicité des

[1] *Voyez* pl. CC, fig. 21, 22, 23.

moyens est ordinairement, dans les arts qui remontent à une très-haute antiquité, un des caractères les plus réels de la perfection; et si, dans ce pays, cette simplicité s'est conservée dans beaucoup de choses, il ne faut l'attribuer qu'au naturel insouciant des Égyptiens, et à leur éloignement pour toute sorte de changemens.

Certes, on ne peut, avec des moyens plus simples, ni avec un art mieux entendu, composer un instrument plus élégant, plus en harmonie dans son ensemble, que l'arghoul. Comparé aux autres instrumens de musique de ce genre, il ne le cède à aucun d'eux pour la grâce. Il n'est nullement vraisemblable ni possible que cette espèce d'instrument ait pris naissance chez un peuple absolument dépourvu de goût pour les arts d'agrément et dans des siècles d'ignorance.

Les flûtes de roseau telles que celle-ci[1], les flûtes doubles, les flûtes impaires ou inégales, étaient connues dans la haute antiquité. L'invention de la flûte à plusieurs tuyaux inégaux[2] se perd tellement dans la nuit des temps, qu'on lui a donné une origine fabuleuse[3] : on l'attribue à Pan[4], un des plus anciens dieux de l'Égypte. Il est vrai qu'on nous décrit cette flûte comme étant composée de sept tuyaux inégaux[5], et qu'il n'y en a que deux à l'arghoul; que, dans la première, chaque son est rendu par un tuyau différent[6], et que, dans l'ar-

---

[1] Euripid. *Iphig. in Aul.* v. 1037.
[2] Theocrit. *Bucol.* id. VIII, v. 21 et seq. — Virgil. *Bucol.* eclog. II.
[3] Pausan. *Arcad.* p. 518. — Virgil. *Bucol.* eclog. II, v. 32 et seq. — Ovid. *Metamorph.* lib. I, v. 707 et seq.
[4] Virgil. *Bucol.* eclog. VIII.
[5] Virgil. *Bucol.* eclog. II, v. 24, 31 et seq. — Tibul. lib. II, eleg. V, v. 29 et seq.
[6] Lucret. *De rerum nat.* lib. IV, v. 589.

ghoul, un seul tuyau suffit pour rendre plusieurs sons, ce qui suppose un art plus perfectionné dans ce dernier instrument. On rapporte aussi à Silène l'invention d'une flûte à plusieurs tuyaux dont on ne détermine pas le nombre [1], et à Marsyas [2] celle de la flûte dont les tuyaux étaient collés avec de la cire; on cite encore Daphnis [3] comme l'inventeur de la flûte pastorale; en un mot, nous ferions une très-longue énumération, si nous voulions rappeler les noms de tous ceux qui se sont occupés à perfectionner la flûte à plusieurs tuyaux.

Nous ne parlerons pas de la flûte double que les Phrygiens employaient dans leurs chants en l'honneur de Cybèle [4]. Cette flûte, qui était recourbée et de buis chez eux, fut aussi connue des anciens Égyptiens sous le nom de *photinx*; elle était faite chez eux d'une espèce de lotus particulière à l'Afrique. Il s'agit ici d'une flûte double de roseau, dont les tuyaux sont droits et inégaux, dont l'embouchure n'est autre chose qu'une fente qu'on a faite en détachant, sans l'enlever tout-à-fait, une portion longitudinale dans toute l'épaisseur du roseau,

[1] Athen. *Deipnos.* lib. IV, c. 35, pag. 184.
[2] Virgil. *Æneid.* lib. x, v. 617 et seq.
[3] Theocr. *Epigr.*, et *Buc.* id. VIII. — Virgil. *Bucol.* eclog. v.

On voit en Égypte des flûtes de roseau à sept, à huit, à neuf tuyaux, et même à un plus grand nombre, d'inégale grandeur, rangés dans le même ordre que ceux de la flûte de Pan; les tuyaux en sont aussi collés avec de la cire, et serrés les uns contre les autres par un lien en fil ou en corde qui les embrasse tous à la fois. Cette espèce de flûte n'est en usage que parmi les *felláh*, ou parmi les enfans de la classe du peuple. On l'appelle جناح *gináh*, ou موسيقال *mousiqâl*. Nous avons négligé de décrire cet instrument, parce qu'il est exactement fait comme les instrumens de ce genre qu'on voit en Europe, et qu'on entend assez fréquemment dans les rues de Paris depuis quelques années.

4 Virgil. *Æneid.* lib. x, v. 617.

un éclat enfin en forme de languette qui ouvre un passage au souffle qu'on introduit dans l'instrument pour produire des sons. C'est à ces caractères que nous devons reconnaître cet instrument chez les anciens; et ces caractères sont décrits par la plupart des auteurs grecs et latins, de manière que l'on ne peut ni les méconnaître ni même s'y méprendre.

D'abord Théocrite ne laisse aucun doute sur l'usage des flûtes doubles pastorales chez les anciens; il en parle positivement et en termes non équivoques [1]; il les appelle *des flûtes jumelles*, et les distingue de celles des bouviers en disant que celles-ci sont composées de plusieurs tuyaux collés avec de la cire, de même que la flûte de Pan [2]. Nonnus, dans ses *Dionysiaques*, ne s'explique pas moins clairement, quand il dit : « Donnez-moi ces crotales consacrés à Bacchus avec les peaux de chèvre, et présentez à l'autre la flûte double, de peur que je n'irrite Phœbus; car il rejette le son que je produis avec mes flûtes [3]. » Ovide fait mention d'une flûte de berger

---

[1] Λῆς ποτὶ τᾶν νυμφᾶν διδύμοις αὐλοῖσιν ἀεῖσαι, κ. τ. λ.
Visne, per Nymphas, duplicibus tibiis cantare
Suave aliquid mihi? et ego, pectidem sumens,
Incipiam aliquid sonare; bubulcus autem simul oblectabit
Daphnis, cerâ compacto spiritu (fistulâ) modulans.
Stantes verò prope hirsutam quercum post antrum,
Pana caprarium privaverimus somno.
Theocrit. *Epigr.* v.

[2] Theocrit. *Bucol.* idyll. viii, v. 18 et seq. *Epigr.* ii.

[3] Εὐιά μοι δότε ῥόπτρα καὶ αἰγίδας· ἡδυμελῆ δὲ, κ. τ. λ.
Bacchica mihi date crepitacula et caprinas pelles; dulcem verò
Alteri duplicem tibiam præbete, ne etiam excitem
Phœbum : mearum enim fistularum recusat vivum sonitum.
Nonn. *Dionysiac.* v. 39 et seq.

composée de deux tuyaux inégaux[1]. Ce Daphnis, originaire de Sicile, que les poëtes ont célébré comme l'inventeur de la flûte pastorale[2], fut blessé à la main, à ce que nous rapporte Théocrite, par un éclat de roseau, en voulant faire une flûte. Properce[3] nous parle d'un instrument de cette espèce qu'il désigne par le nom de *roseau fendu*. Harmonide, dans Lucien[4], priant Timothée de lui enseigner à jouer de la flûte, l'engage surtout à lui apprendre à former des sons mélodieux, en faisant passer son souffle au travers de la languette[5]. Il y a une quantité d'autres exemples semblables qui tous nous prouvent que les anciens connurent la flûte double de roseau que nous avons vue en usage en Égypte, sous le nom d'*arghoul*, parmi les *felláh* ou paysans de ce pays, et il n'est pas, à ce qu'il nous semble, nécessaire d'apporter d'autres témoignages que les précédens, pour

Il n'en est pas de même de la flûte double dont il parle dans les vers 232 et 233 de ses *Dionysiaques*, liv. XL :

Καὶ Κλεόχου Βερέκυντες ὑπὸ στόμα δίζυγες αὐλοὶ
Φρικτὸν ἐμυκήσαντο Λίβυν γοῦν............

Et Cleochi Berecyntes sub ore geminæ tibiæ
Horribilem mugiebant Libycum luctum.

Par ces flûtes dont le son mugissant exprimait un deuil horrible semblable à celui de la Libye, Nonnus fait allusion aux cris qui accompagnaient les cérémonies funèbres des morts qu'on enterrait dans les magnifiques tombeaux que nous avons vus le long de la montagne Libyque. Il veut parler des flûtes phrygiennes qui étaient employées au culte de Cybèle et dans les Bacchanales : ces flûtes doubles étaient égales et divergentes; leurs tuyaux étaient non de roseau, mais de buis ou de lotus, et se terminaient par un pavillon en corne recourbée. On a représenté cette espèce de flûte dans les grottes d'Elethyia, à la suite d'un convoi funèbre. Or, cette espèce de flûte est entièrement différente de l'arghoul.

[1] Ovid. *Remed. amor.* v. 181.
[2] Theocrit. *Epigram.*, et *Bucol.* idyll. VIII. — Virg. *Bucol.* eclog. II.
[3] Propert. l. IV, eleg. VIII, v. 25.
[4] Lucian. *Harmonides.*
[5] Ce mot, dans Lucien, est exprimé par γλωσσίδα.

prouver ce qui est assez démontré ici. Il est donc clair que l'instrument dont il s'agit ici, était connu dès la plus haute antiquité.

Veut-on savoir maintenant à quelle époque remonte la flûte dont il s'agit, et quel en fut l'inventeur ? Nonseulement Apulée nous en a transmis le souvenir, mais il nous a encore expliqué l'effet particulier des sons de chacun des deux tuyaux inégaux de roseau ; et cet effet, qui est encore aujourd'hui le même dans les sons de l'arghoul, il l'a rendu, en quelque sorte, sensible par le son des mots mêmes dont il s'est servi pour l'expliquer : nous ne serons pas aussi heureux en le traduisant. « Hyagnis, dit-il [1], père de Marsyas, fut le premier qui, d'un seul souffle, fit résonner à-la-fois deux flûtes ; il fit le premier sortir, par des issues de droite et de gauche, des sons aigus qui, en se mariant au son grave du bourdon, formaient une sorte d'harmonie. » Il ne manquait plus que cette description pour mettre le sceau de l'évidence à ce que nous venons de rapporter sur l'antiquité de l'origine de l'arghoul : nous voyons qu'elle remonte au quinzième siècle avant l'ère chrétienne, c'est-à-dire à près de 3313 ans aujourd'hui ; car il est reconnu qu'Hyagnis florissait quinze cents ans au moins avant J.-C. [2]. Or, cela rend encore incontestable ce que sa forme nous avait déjà fait conjecturer, c'est que l'invention de cet instrument n'est due qu'à un homme d'un génie cultivé et d'un goût épuré, né dans un siècle fertile en grands

---

[1] Apul. *Florid.* lib. 1, pag. 405 ; *Lutetiæ Parisiorum*, année 1601.

[2] Les marbres d'Arundel attestent le même fait et le fixent à cette époque. Voy. *Chronicus canon Æg. Hebr. et Gr. cum Disquisit. D. J. Marshami ad seculum* ix, pag. 112 ; *Londini*, 1672. — Lenglet du Fres-

événemens et en grands hommes; car, quoi qu'en dise Apulée, l'histoire et les faits sont encore pour nous d'un plus grand poids que son jugement sur ce point. Il a eu tort, sans doute, d'appeler des siècles grossiers [1] ceux où l'on se bornait à ne faire des choses qu'un usage utile, où l'on négligeait ce qui n'était que de pur agrément. C'était là le principe des anciens Égyptiens, peuples reconnus pour les plus sages et les plus instruits qu'il y ait eu au monde : ils arrêtaient les progrès des arts et de l'industrie, et même l'élan du génie, là où ces progrès cessaient d'être utiles; ils regardaient comme un larcin préjudiciable au bonheur de la société, le temps qu'on employait à autre chose qu'à ce qui lui était indispensablement nécessaire. Ce n'est pas assurément parce qu'on n'aurait pas encore autant perfectionné le son de la flûte [2], parce que la flûte n'aurait pas encore été percée d'autant de trous [3], parce qu'enfin l'art d'en jouer n'aurait pas encore été inventé [4] et aurait paru alors pour la première fois, que le siècle d'Hyagnis aurait été grossier. Les Égyptiens, les Chaldéens, les Phrygiens et les Phéniciens étaient alors les peuples dont la civilisation était fort avancée, et dont les connaissances dans les sciences et dans les arts étaient parvenues à un très-haut point de perfection, et peut-être même à ce juste degré nécessaire au bonheur des peuples : mais il n'y a

---

noy, *Tablettes chronologiques*, etc. — Athen. *Deipn.* lib. XII, cap. 11, pag. 617.

[1] *Rudibus adhuc seculis solers Hyagnis ante alios canere.* Apul. ubi suprà.

[2] *Nondum quidem tam infixa anima sono.* Ibid.

[3] *Nec tam multiforatilis tibia.* Ib.

[4] *Quippe adhuc ars ista repertu nova commodùm oriebatur.*

qu'une prévention aveugle en faveur de son siècle, ou une ignorance complète de l'histoire, qui puisse faire porter un jugement aussi injuste que celui d'Apulée sur les peuples de ces temps reculés.

Quelqu'un dira peut-être : A quoi bon prendre tant de peine pour une misérable flûte de fellâh ? Nous l'avouerons de bonne foi; nous avons cru que, dans un ouvrage de la nature de celui-ci, il nous était permis de franchir les limites trop resserrées où se renferment la routine et le mécanisme de l'art musical, et que, lorsque notre sujet nous en offrait l'occasion, l'on ne trouverait pas mauvais que nous fissions quelques réflexions utiles. Mais, nous répliquera-t-on, que nous importe en ce moment de savoir que les pâtres se sont servis d'un semblable instrument il y a trois mille ans? quel avantage peut-on retirer de tout cet étalage d'érudition ? pourquoi ne pas se borner tout simplement à nous expliquer en peu de mots la composition et la construction de l'arghoul, qui ne peut avoir d'autre intérêt pour nous que celui que nous attachons à la mémorable expédition d'Égypte ? A la vérité, il nous eût été beaucoup plus commode de ne pas nous livrer à ces recherches : mais, comme nous ne pouvons nous persuader que les faits historiques n'aient pas d'autre utilité que celle de satisfaire la curiosité, et que nous sommes convaincus, au contraire, qu'on ne les transmet que comme les conseils et l'expérience que les générations passées laissent aux générations futures, nous croyons qu'on ne saurait trop s'attacher à méditer ces faits, et par conséquent à tâcher d'éclaircir, quand on le peut, ce qui tient aux usages des anciens, parce que c'est de la connaissance exacte de ces usages que dépend l'intelligence des auteurs grecs et latins, qui sont ceux qui nous ont transmis le plus de ces faits importans de l'histoire. Par exemple, ce que nous venons de remarquer sur l'usage que faisaient les anciens de leur flûte double champêtre, à laquelle ressemble beaucoup l'arghoul des Égyptiens modernes, et les rapprochemens par lesquels nous sommes parvenus à déterminer l'analogie ou plutôt l'identité de cette flûte double pastorales des anciens et de l'arghoul des *fellâh* d'Égypte, dont il est question, éclaircissent un passage du scholiaste de Pindare, dont les savans avouent eux-mêmes qu'ils n'ont pu comprendre parfaitement le sens; c'est lorsqu'au commencement de l'ode que ce poëte a composée en l'honneur du joueur de flûte Midas, il nous apprend que *la languette de la flûte de celui-ci s'étant recourbée dans l'instant même où il se mettait en devoir d'en jouer, cela ne l'empêcha pas de continuer.* Or, les savans, n'imaginant pas qu'il pût y avoir un autre instrument que la flûte à bec, auquel cette observation fût applicable, et ne concevant pas comment il était possible de tirer parti de cet instrument, lorsque ce qu'ils prenaient pour une languette, c'est-à-dire ce bout de bois qui remplit une partie de l'orifice du tube par en haut, à l'endroit de l'embouchure[1], était recourbé, ont fini par dire qu'ils ne comprenaient pas trop comment, cette languette étant recourbée, Midas pouvait continuer de jouer de sa flûte.

Ce que nous avons dit dans notre description du souf-

[1] *Voyez*, pour la description de cette partie, ce que nous avons dit

fârah égyptien, qui est aussi une espèce de flûte à bec, doit faire sentir que le morceau de bois rond taillé en biais d'un côté et un peu évidé de l'autre, dont on remplit l'orifice de l'instrument pour former l'embouchure ou le bec de la flûte, est trop épais pour pouvoir se recourber, et que, s'il se trouvait tant soit peu dérangé, cela rendrait l'instrument absolument impraticable : mais jamais ce morceau de bois, qui est court et au moins gros comme le pouce, n'a été désigné en aucune langue sous le nom de *languette*. Il n'en est pas de même de la portion de l'ancienne flûte double actuellement connue en Égypte sous le nom d'*arghoul*, de cette portion qu'on a détachée par une fente longitudinale dans l'épaisseur du roseau, laquelle ne tient plus que par un seul endroit au tube ; elle a toujours été désignée en grec, en latin et en français, par le nom de *languette*. Il n'y a pas d'autre espèce de flûte que celle qu'on appelle en arabe *arghoul*, à laquelle il y ait une languette. On connaît, en France, cette espèce de flûte en petit, sous le nom de *chalumeau*; et ce n'est en effet qu'un chalumeau de paille fendu longitudinalement par le haut, exactement de même que l'arghoul. C'est d'un chalumeau semblable que parle Virgile dans ce vers,

Silvestrem tenui musam meditaris avená;

et dans celui-ci,

Ille ego, qui quondam gracili modulatus avená.

L'arghoul ne diffère de ce chalumeau que parce qu'il

en parlant de la flûte à bec des Égyptiens, nommée en arabe *chabbábeh* ou *souffárah*, page 434.

est fait d'une canne de roseau, et que les proportions de son étendue sont beaucoup plus grandes. C'est donc là la seule espèce d'instrument à laquelle on puisse appliquer l'observation du scholiaste de Pindare. En effet, en considérant que la languette d'une semblable flûte est toujours un peu mince en raison de sa longueur et de sa largeur, et que d'ailleurs, quand elle se trouve trop épaisse, on la taille en sifflet[1], en dessus, par le bout, on doit regarder comme une chose très-vraisemblable que cette partie fléchisse, s'il se rencontre quelque corps dur qui lui oppose de la résistance, comme lorsqu'en faisant glisser la main de bas en haut, un des doigts rencontre le bout de cette languette, ou si, après avoir été mouillée, elle s'est déjetée en séchant : et il est très-probable que la flûte de Midas s'étant recourbée par quelque accident semblable, cela ne l'a pas empêché de continuer ; car, cette languette étant flexible, il n'est pas mal-aisé, en la serrant davantage avec les lèvres en jouant, de la maintenir dans la position et dans la direction qu'elle doit avoir. Seulement c'est, pour le flûteur, une difficulté de plus à vaincre.

ARTICLE II.

De l'arghoul, de ses parties et de leur usage.

Il y a trois sortes d'*arghoul*[2] : le grand, appelé en arabe *arghoul el-kebyr* ارغول الكبير, c'est-à-dire le grand arghoul ; le moyen, désigné par le nom d'*arghoul*

[1] *Voyez* pl. CC, fig. 24.   [2] *Voyez* fig. 21, 22 et 23.

el-soghayr أرغول الصغير ; et le petit, qu'on nomme *arghoul el-asghar* أرغول الاصغر. Tous les trois sont composés chacun de deux tuyaux principaux, l'un plus grand A, l'autre plus petit B, attachés l'un près de l'autre, et de plusieurs autres bouts de roseau qui s'ajustent bout à bout les uns aux autres au-dessous des deux tuyaux principaux A, B. Le grand tuyau A, nous le nommons *le grand corps;* le petit tuyau B, nous l'appelons *le petit corps.* Au premier bout ajouté au-dessus de ceux-ci, nous avons donné le nom d'*avant-corps;* nous avons désigné par la lettre *a* celui qui appartient au grand corps A, et par la lettre *b* celui qui appartient au petit corps B. Le bout ajouté au-dessus de ceux-ci, nous l'appelons *le bocal* C, parce que c'est à ce bout que sont la fente *f* et la languette *l* qui composent l'embouchure. Les autres bouts ajoutés au-dessous du grand corps A ou au-dessous du petit corps B, nous les appelons *les rallonges,* et nous les numérotons par des chiffres romains.

Le petit corps B est percé de six trous que nous avons numérotés par les chiffres arabes 1, 2, 3, 4, 5, 6. Ces trous sont destinés au doigter de l'instrument. Le petit corps B produit les sons aigus dont se forme le chant ou l'air qui se joue sur cet instrument; il est à la gauche[1] du grand corps A, lequel ne rend qu'un seul son grave, qui sert de basse ou de bourdon au chant : ce corps-ci n'a d'autre ouverture que la fente de l'embouchure et le trou de l'extrémité inférieure du canal.

---

[1] La figure 21 est gravée à l'inverse du véritable sens de l'instrument, lequel sens est bien exprimé dans les figures 22 et 23.

Tous les morceaux de roseau dont se composent ces flûtes, sont garnis, en plusieurs endroits, de liens formés par plusieurs tours d'une petite ficelle ou d'un gros fil enduit de cire mêlée avec de la résine. Quelques-uns de ces liens servent à serrer les tuyaux l'un près de l'autre, et les embrassent tous les deux à-la-fois; nous appellerons ces liens-ci *doubles*, pour les distinguer des suivans, et nous les désignerons par les lettres dd : les autres servent à serrer et à garnir les bouts destinés à en recevoir d'autres, parce que l'ouverture en ayant été creusée et élargie pour faciliter l'entrée de ceux qui y sont introduits, et se trouvant par conséquent affaiblie, ne résisterait pas à l'effort que font les autres bouts en y entrant; nous appellerons ceux-ci des *liens simples*, et nous désignerons ces liens par la lettre s. Enfin les derniers liens sont ceux qui servent encore à cacher les nœuds du roseau, ainsi que de semblables liens cachent les nœuds de la canne de roseau dont est formé le nây. La seule différence qu'on peut y remarquer, c'est que ces liens, à l'arghoul, sont attachés, non dans une hoche faite dans l'épaisseur du bois, mais seulement sur le roseau. Nous distinguerons encore ces liens-ci des autres en les nommant *liens d'agrément*, et nous les désignerons par la lettre n.

Les liens doubles dd, qui servent à serrer les tuyaux l'un près de l'autre, sont, à leur tour, serrés par un fil qui les divise, en quelque sorte, en deux, en les liant et les rapprochant étroitement par le milieu et passant entre les deux tuyaux A et B; ce qui ajoute à la solidité de ceux-ci et les empêche de vaciller ni d'un côté ni de l'autre. Le même fil, après avoir ainsi serré les premiers liens du haut, se prolonge et se tend le plus qu'on peut jusqu'aux liens suivans, autour desquels il se lie de même qu'autour des premiers, et de là se prolonge encore et se tend également jusqu'au dernier lien double qui rapproche par le bas le petit corps du grand corps. C'est à ce fil tendu entre les deux corps A, B, par derrière, que sont attachés, par une boucle coulante, les deux fils qui tiennent suspendu chaque bocal *b* quand il est détaché de l'avant-corps. Chaque rallonge est attachée aussi, soit au corps de l'instrument, si elle lui est contiguë, soit à la rallonge qui la précède, par un double fil qui est noué au premier lien de celle-ci et au dernier lien de la partie qui la précède, de telle sorte cependant que, lorsqu'on retire cette rallonge, elle reste encore suspendue à l'instrument, comme on peut le voir *planche* CC, *figure* 22, aux rallonges I*r* et II*r*, qui sont représentées détachées.

ARTICLE III.

Des parties dont se composent l'arghoul el-kebyr, l'arghoul el-soghayr et l'arghoul el-asghar; des principales dimensions de ces trois instrumens; de l'étendue et de la qualité de leurs sons; de la tablature; du doigter de chacun d'eux.

Les parties essentielles de l'arghoul, quel qu'il soit, grand, moyen ou petit, sont, 1°. le grand corps A, 2°. le petit corps B, 3°. les avant-corps *a* et *b*, 4°. les deux bocals. Les autres parties ne sont que des additions qui se font au gré de celui qui joue de cet instrument; c'est pourquoi nous ne donnerons que les dimensions de l'instrument sans ses rallonges et avec ses rallonges, et nous nous dispenserons d'entrer dans le détail des dimensions partielles des pièces ajoutées, pour ne pas occuper inutilement le lecteur de choses qui ne sont pas dignes de son attention.

L'arghoul el-kebyr, c'est-à-dire le grand arghoul, est composé de dix pièces : premièrement, des six parties dont nous venons de parler; secondement, des trois rallonges Ir, IIr, IIIr, du grand corps A, et de la rallonge Ir du petit corps B. Cet instrument, sans ces dernières parties ajoutées, c'est-à-dire composé simplement de ses six parties essentielles, est haut de 483 millimètres; avec toutes ses rallonges, il a 1^{m}070.

L'arghoul el-soghayr, qui est l'arghoul moyen, n'est composé que de huit pièces; conséquemment, il n'a que deux rallonges. Sans ces deux parties ajoutées, il est haut de 420 millimètres; et avec les autres parties, il est haut de 826 millimètres.

L'arghoul el-asghar, c'est-à-dire le plus petit arghoul, n'est que de sept pièces; par conséquent, il n'a qu'une rallonge. Sa hauteur, sans cette rallonge, est de 334 millimètres; et avec elle, il est haut de 386 millimètres.

Avec un peu d'attention, il n'était pas difficile aux *felláh* de l'Égypte et aux autres habitans de la campagne en Afrique, qui ont coutume de fabriquer les divers *arghoul*, d'imiter, en les faisant, la forme d'un instrument aussi simplement construit que l'était l'ancienne flûte double qui leur a servi de modèle dans le principe : mais, pour en régler les sons et les mettre parfaitement d'accord entre eux, il leur fallait plus que cela ; ils auraient eu besoin d'avoir la connaissance des proportions qu'on doit garder dans les dimensions des différentes parties de ces instrumens et dans la disposition et la distance des trous dont ces parties sont percées, ou, au moins, il leur aurait fallu une certaine routine de l'art de construire ces instrumens, et c'est ce dont ils n'ont pas aujourd'hui la moindre idée. Ils coupent leurs roseaux, les vident et les nettoient le plus proprement qu'ils peuvent ; ils les lient ensemble, puis y percent des trous à des distances qui leur paraissent à peu près égales à la simple vue, et qui cependant sont encore plus ou moins grandes quelquefois d'environ 7 millimètres ; ils ajoutent ensuite des bouts, suivant qu'il leur plaît, et voilà leur instrument fait. Si les sons de celui-ci ne leur plaisent pas, ils sont quittes pour en faire un autre ; et s'ils ne sont pas encore contens de ce dernier travail, ils recommencent de nouveau, et ainsi de suite, jusqu'à ce qu'ils soient satisfaits. La matière de cet instrument n'est ni rare ni coûteuse ; leur temps n'est pas cher ; et si, sur une douzaine de ces flûtes, ils en vendent une huit à dix médins, ce qui revient à six sous ou sept sous six deniers de notre monnoie, ils se trouvent amplement dédommagés de la perte qu'ils ont faite des autres.

Les *arghoul* que nous avons, ont été faits exprès pour nous par un Nubien qui était renommé, au Kaire, pour ces sortes d'ouvrages. Il ne négligea rien pour leur don-

472 INSTRUMENS DE MUSIQUE

ner une belle apparence; c'était tout ce qu'il pouvait faire de mieux : mais, quand ils auraient été encore plus imparfaits qu'ils ne le sont, nous n'en aurions pas moins fait l'acquisition, à cause des rapprochemens intéressans auxquels ils donnaient lieu.

Les sons de cette sorte d'instrument sont de deux espèces différentes; les sons aigus, c'est-à-dire ceux que l'on obtient du petit corps B, et le son grave du grand corps A, qui fait le bourdon. Les sons aigus, quoiqu'un peu canards, sont cependant pleins et nourris; ils tiennent le milieu entre ceux que tirent de la clarinette les personnes qui n'en ont pas encore bien saisi l'embouchure, et ceux d'un mauvais hautbois : mais le son grave du bourdon ressemble beaucoup aux sons graves du basson. Quant à l'ordre et au diapason des sons, on peut en juger par la tablature que nous présentons des trois *arghoul* dont il s'agit.

Tablature et étendue des sons de l'arghoul el-kebyr.

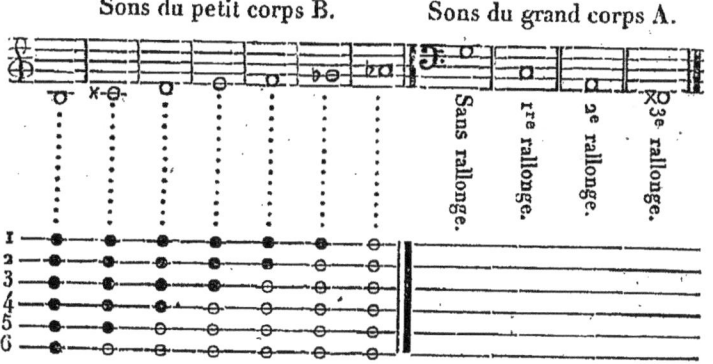

DES ORIENTAUX.

Tablature et étendue des sons de l'arghoul el-soghayr.

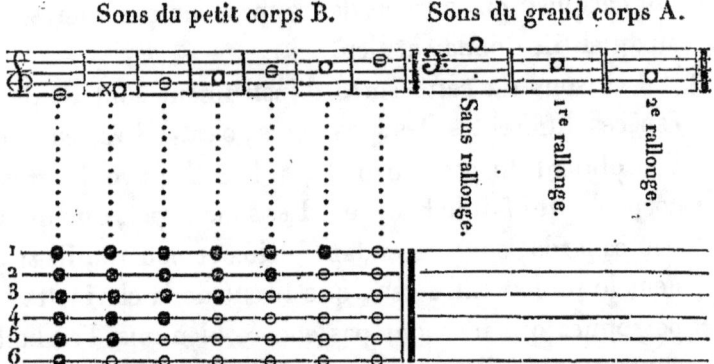

Tablature et étendue des sons de l'arghoul el-asghar.

CHAPITRE VII.

Du zouqqarah[1].

ARTICLE PREMIER.

De l'usage, de la forme, de la matière et de la composition de cet instrument.

Lors de notre départ de l'Égypte, comme nous étions campés à peu de distance de la ville de Rosette, vers la mer, plus bas que le village appelé *Gezyreh*, sur la rive droite du bras du Nil qui s'étend à l'orient de l'île de Farchy, et vis-à-vis la pointe nord de cette île, en attendant que le vent nous permît de passer le boghâz, qui est une barre assez périlleuse, nous eûmes le temps de parcourir les environs, soit en nous promenant, soit pour faire l'achat de quelques provisions qui nous étaient nécessaires; car, pour plus de sûreté, nous les faisions nous-mêmes, les habitans étant forcés de cacher celles qu'ils nous réservaient pour les soustraire aux regards des O'smânlis, qui, dans ce lieu, se livraient au brigandage le plus effréné, commettaient toute sorte d'horreurs sans égard ni pour le sexe ni pour l'âge, et faisaient d'autant plus regretter les Français qu'ils se rendaient plus odieux. Dans une de ces promenades,

[1] زوقّرة *zouqqarah*.

c'était le 17 thermidor an ix (5 août 1801) nous entendîmes au loin le son de quelques instrumens de musique; nous nous dirigeâmes du côté d'où venait le son, et nous arrivâmes dans un jardin où se trouvaient un assez grand nombre d'O'smânlis qui se divertissaient. Là, nous vîmes un enfant danser la danse égyptienne, au son d'une espèce de chalémie, ou cornemuse sans bourdon [1], appelée en Égypte *zouqqarah*, et d'une sorte de tambour, en partie cylindrique et en partie conoïde, qu'on nomme *darâboukkeh* [2].

Ce *zouqqarah*, que nous n'avions point encore rencontré en Égypte pendant l'espace de plus de trois ans que nous y étions restés, attira notre attention [3]. Nous approchâmes assez pour l'examiner à notre aise, et nous reconnûmes que cet instrument était composé d'une peau de bouc A, semblable à celle des outres dont se servent au Kaire les *saqqâ* [4] pour porter de l'eau dans les maisons, et de trois bouts de roseau, l'un B, attaché d'un côté de l'outre, et deux autres C, attachés du côté opposé, lesquels sont terminés à leur partie inférieure chacun par un bout de corne de vache D, faible-

---

[1] La musette que nous connaissons aujourd'hui, n'est autre chose qu'une cornemuse plus composée et plus perfectionnée; de même que la cornemuse était une chalémie plus composée et fabriquée avec plus d'art. La chalémie était un instrument champêtre; la cornemuse n'a jamais été en usage que parmi le peuple : mais la musette a été cultivée comme instrument de musique, il y a environ un siècle et demi; on en faisait à peu près autant de cas qu'on fait maintenant du *pianoforté* : elle était admise dans les concerts.

[2] Cet instrument est décrit dans la IIIe partie, où il s'agit des instrumens de percussion.

[3] *Voyez* sa figure *planche* CC, *fig.* 25.

[4] C'est le nom des porteurs d'eau en Égypte. Il s'écrit en arabe سقّا.

ment recourbé. La peau de bouc est encore avec tout son poil; il n'y manque que les pattes, la tête et la queue, qu'on a enlevées: elle est cousue de manière qu'il n'y ait point d'autre ouverture que celle qu'on a été obligé de faire pour introduire dedans chacun des roseaux par un bout. Cette peau est étroitement liée avec une petite ficelle autour de ces roseaux, et immédiatement au-dessus de la partie qu'on y a introduite, afin que l'air ne puisse s'y introduire que par les roseaux, ni le souffle en sortir que suivant le gré de celui qui joue de cet instrument. Chaque roseau peut avoir 162 millimètres. Le roseau B est celui de l'embouchure; il est retenu, ainsi que la peau qui est liée autour, par une rondelle x de bois percée, au centre, d'un trou rond proportionné à la grosseur du roseau qui passe au travers, et elle est cousue sur la peau. Les deux autres bouts de roseau C, qui sortent du côté opposé, sont percés chacun de quatre trous, et sont terminés par un bout de corne de vache, recourbé et tourné de façon que le côté convexe de la courbure est en dessous, et le côté concave en dessus. Chacun de ces bouts de corne peut avoir 155 millimètres de long et environ 81 millimètres d'ouverture par le bout. Les quatre trous de chaque roseau rendent quatre sons différens et respectivement à l'unisson dans l'un et dans l'autre. Ces quatre sons, les voici:

L'homme qui jouait de cet instrument semblait avoir moins l'intention de former un air régulier, qu'il n'avait l'air de remuer machinalement les doigts en bouchant et débouchant alternativement les trous; cependant il revenait assez périodiquement aux mêmes sons. C'est à peu près ainsi que les paysans du Limousin et de quelques autres provinces de l'intérieur de la France jouent de leur cornemuse.

ARTICLE II.

De l'antiquité du zouqqarah en Orient; analogie frappante que présentent entre eux cet instrument et le nable des anciens.

C'est toujours une très-forte présomption en faveur de l'antiquité d'un instrument de musique, que de le trouver en usage dans un pays civilisé de temps immémorial, où, depuis bien des siècles, on n'invente plus rien, et chez un peuple qui a toujours eu une aversion naturelle pour toute espèce d'innovations; et si l'on n'avait jamais établi sur de plus légers fondemens les jugemens qu'on a quelquefois portés en parlant de la musique et des instrumens des anciens, on n'aurait pas vu tant de savans, opposés entre eux d'opinions sur ce point, s'écarter également de la vérité par un abus d'érudition qui les égarait d'autant plus qu'ils avaient moins de connaissances positives sur l'art musical.

Nous venons de voir que le zouqqarah est composé d'une outre ou peau de bouc, sur laquelle, d'un côté, il y a un bout de roseau pour l'embouchure, et deux du côté opposé pour le doigter : or, tout ce que nous apprennent sur la forme et la composition du nable les auteurs anciens qui en ont parlé, tend à nous convaincre que cet instrument était absolument de la même espèce que le zouqqarah, et qu'il fut connu dès la plus haute antiquité; qu'il y fut même en usage, et particulièrement chez les Hébreux, chez les Grecs et chez les Romains.

Que le nable ait été inventé par les Phéniciens, comme le prétend Sopater [1], ou par les habitans de la Cappadoce, comme le pensent Clément d'Alexandrie [2] et Eusèbe [3]; que son nom ait été originairement le même que celui sous lequel les Hébreux l'ont désigné, ou que ce dernier soit différent du premier, c'est ce que nous ne chercherons point à éclaircir en ce moment : c'est par sa forme que nous devons le reconnaître, encore plus que par son nom. Toutefois, il est certain que le nom de *nable* n'est point grec, quoique les Grecs l'aient adopté, et que, pour nous exprimer comme ceux-ci, c'est un nom barbare [4]; car on sait que les Grecs distinguaient ainsi jadis tout ce qui était étranger à leur patrie, aussi bien les choses que les mots et même les hommes. Mais il est très-probable que les Hébreux, en donnant à l'instrument dont il s'agit le nom de נבל *nebel* [5],

[1] Athen. *Deipn.* lib. IV, c. XXIII, pag. 175; edit. Lugd. græc. et lat. in-fol. 1612.

[2] Clem. Alex. *Stromat.* lib. I, pag. 307; edit. Paris. græc. et lat. in-fol. 1611.

[3] Euseb. *Præpar. evang.* lib. X, cap. VI, pag. 476; edit. Paris. græc. et lat. in-fol. 1628.

[4] C'est ainsi que s'exprime Strabon, *Geogr.* lib. X, pag. 471; edit. Paris. græc. et lat. in-fol. 1620.

[5] I *Reg.* cap. X, v. 5. I *Paral.* c. XV, v. 8; c. XVI, v. 5; c. XXV, v. 1. II *Paral.* cap. V, v. 12; c. IX, v. 11; c. XX, v. 28; c. XXIX, v. 25. II *Esdr.* c. XII, v. 27. *Ps.* XXXIII, v. 2; XLIV, v. 5; LVII, v. 9; LXXXI, v. 3; XCII, v. 4; CXLI, v. 9; CXLIX, v. 3; CL, v. 3. *Amos*, c. V.

qui fut écrit et prononcé par les Grecs νάϐλα[1] et νάϐλας[2], et que nous prononçons en français *nable*, ne le firent point au hasard ni sans raison : ou, par ce nom, ils traduisirent dans leur langue le nom primitif du nable, ou bien ils désignèrent cet instrument par ce qu'il avait de plus remarquable; c'est presque toujours de cette manière que se forment les noms. Or, dans l'un et dans l'autre cas, le mot נֶבֶל *nebel*, qui en hébreu signifie une outre dans laquelle on met de l'eau ou du vin[3], ne nous offre pas moins un indice de cette affinité que nous présumons exister entre le nable et le zouqqarah : mais cette affinité n'est plus douteuse, si l'on fait attention à la description qu'un ancien poëte a faite du nable[4] en disant que *c'est un des instrumens mélodieux de la musique; qu'il a sur le côté un tuyau de lotus, qui, quoique privé de vie, rend des sons produits par un souffle animé; qu'il inspire le plaisir, qu'il répand la gaieté dans les chants de danse, et qu'il excite à la fureur bachique.* Cette affinité ne nous est pas moins attestée par les vers dans lesquels Ovide[5] recommande aux amans d'apprendre à jouer du nable des deux mains, ajoutant que cet instrument inspire la joie, et qu'il convient aux tendres ébats : car on touche aussi le zouqqarah des deux mains, puisqu'il a deux roseaux percés de trous pour le doigter; et nous l'avons vu accompagner la danse, ce qui était aussi le principal emploi du nable, selon que So-

---

[1] Hesych. et Suid.
[2] Athen. *Deipn.* lib. IV, c. XXIII, p. 175.
[3] I *Reg*, cap. X, v. 3. *Jerem.* cap. XIII, v. 12 et 13.
[4] Sopater, *in Mistaci servolo*, apud Athen. *Deipn.* l. IV, c. XXIII, p. 175.
[5] *De Arte amandi*, v. 148 et 149.

pater nous l'apprend d'une manière positive, et selon ce qu'Ovide nous fait entendre assez clairement. Les rapports d'affinité qui existent entre le zouqqarah et le nable, ne peuvent donc plus être douteux, puisque l'un et l'autre sont également composés d'une peau de bouc et d'un tuyau qui sert d'embouchure, puisqu'ils se doigtent l'un comme l'autre des deux mains; qu'ils doivent avoir aussi, l'un comme l'autre, par conséquent, deux tuyaux pour le doigter, c'est-à-dire un pour chaque main; et enfin, puisqu'ils servent tous les deux à accompagner les chants de la danse.

La seule différence qu'il y ait peut-être eu entre le nable des Hébreux et le zouqqarah des Égyptiens modernes, c'est que les tuyaux du premier étaient percés de douze trous, et que ceux du second n'en ont que huit, dont quatre sur l'un des deux roseaux, et quatre semblables sur l'autre, qui rendent des sons semblables aux précédens; encore il n'est pas certain que l'instrument des Hébreux ait été, dans la haute antiquité, percé d'un aussi grand nombre de trous qu'on le croit : le contraire paraît même très-probable; ce qui réduit cette différence absolument à rien.

L'historien juif Josephe, en parlant, dans ses Antiquités judaïques [1], des instrumens dont Salomon établit l'usage parmi les lévites, distingue le nable des autres espèces d'instrumens : il dit que *la cinyre est montée de dix cordes*, et que *le nable, qui rend douze sons, se touche avec les doigts*. De là l'on a conclu que le nable était un instrument monté de douze cordes, ou au moins

[1] Lib. vii, p. 243.

de dix, et qu'il était de la même espèce que la cinyre. Nous avons été long-temps à pouvoir nous persuader que des hommes aussi éclairés que ceux qui sont tombés dans cette erreur se fussent réellement trompés, et nous n'osions pas nous arrêter avec confiance à notre opinion, parce qu'elle était contraire au jugement qu'ils avaient porté : cependant, après avoir médité plusieurs fois sur le témoignage des auteurs anciens, et après avoir mûrement réfléchi sur les raisonnemens auxquels ce témoignage a donné lieu, nous nous sommes pleinement convaincus que le nable ne pouvait être, comme on se l'était imaginé, un instrument à cordes et à archet, puisque, dans tout ce qu'ont dit de cette espèce d'instrument tous les auteurs anciens qui en ont parlé, on ne trouve pas la moindre chose qui puisse le faire seulement soupçonner.

Curieux de connaître la cause d'une erreur aussi évidente et cependant aussi généralement accréditée que celle-ci, nous avons essayé de remonter à sa source, et nous croyons y avoir réussi. Si nous ne nous trompons pas, elle vient de la traduction grecque de la Bible par les *Septante*. Ceux-ci n'ayant trouvé dans leur langue que le mot ἀσκὸς, *ascos*, qui signifiât proprement une *outre*, ainsi que le mot *nebel* en hébreu, et ne croyant pas que l'acception ordinaire du mot *ascos* en grec pût rappeler l'idée d'un instrument de musique ainsi que le mot *nebel*, pour ne pas exposer ceux qui liraient la Bible à se méprendre sur le texte de l'Écriture sainte, ils préférèrent de substituer à ce mot celui de ψαλτήριον, *psaltérion*, qui est le nom générique de toute espèce d'instrumens de musique destinés à accompagner le chant. Or, comme les instrumens à cordes étaient ceux qui, chez les anciens, servaient le plus habituellement à l'accompagnement du chant, et comme on les désignait aussi plus souvent que les autres par l'épithète de *psaltérion*, on crut, depuis, que les *Septante* avaient voulu désigner par ce mot un instrument à cordes; et parce qu'il y a des instrumens à cordes qui se jouent avec un archet, on en conclut que le nable était un instrument à archet de l'espèce des violons : d'autres se contentèrent de penser que c'était une harpe.

La seule raison un peu spécieuse sur laquelle on s'est cru fondé pour croire que le nable était un instrument à cordes, c'est que quelquefois le nom de cet instrument est suivi du mot עשור *asor*, qui signifie *dix*, et l'on a inféré de là que le nable était monté de dix cordes, tandis qu'il eût été tout aussi naturel d'entendre par ce mot le nombre des trous dont étaient percés les tuyaux du nable, ou seulement les dix sons dont se composait l'accord de cet instrument. D'ailleurs, si le mot *asor* était une épithète du nebel, il n'en était pas moins aussi le nom d'un instrument particulier et différent du nebel, comme on peut s'en convaincre par le texte hébreu du verset 4 du psaume xcii, où le mot *asor* et celui de *nebel* sont employés tous les deux comme deux noms très-distincts de deux instrumens différens; car chacun de ces noms est précédé d'une préposition qui le régit séparément. On a également eu tort d'attribuer au nebel, qui est le nom particulier d'une espèce d'instrument, tout ce qui peut convenir au psaltérion, qui est le nom générique de tous les instrumens destinés à accompagner le chant, comme l'ont évidemment reconnu les *Septante*, en traduisant par *psaltérion*, au verset 3 du psaume LXXXII, le mot hébreu כנור *kinnor,* que, dans la plupart des autres endroits, ils avaient rendu par *cithara*.

On a toujours tort de s'en rapporter aveuglément aux traductions pour la véritable acception du nom d'un instrument de musique des anciens : car, comme tous les peuples ne font pas usage des mêmes instrumens de musique, ils n'ont pas tous non plus, chacun dans sa langue naturelle, des termes ou des expressions propres à rendre l'idée d'un instrument qui leur est étranger ; et souvent ils emploient, pour le désigner, le nom de celui de leurs instrumens qui leur paraît y avoir le plus de rapport. Le plus sûr, c'est donc de remonter, autant qu'on le peut, à l'origine du mot primitif, c'est-à-dire à celle du mot employé dans le texte original, et d'en chercher la racine dans la langue même dans laquelle il a été écrit, pour savoir si son acception originelle peut, ou non, s'accorder avec le sens qu'on veut lui donner. A plus forte raison, l'on ne doit jamais se permettre, comme on l'a fait à l'égard du nable, de s'écarter de l'opinion des auteurs anciens, pour se livrer à des conjectures qui n'ont aucun fondement ; car, pour avancer que le nable était un instrument à cordes et à archet, il aurait fallu du moins pouvoir alléguer quelques raisons solides, et l'on n'en a apporté aucune, ou celles que l'on a données sont fausses, puisque Sopater dit [1] posi-

---

[1] In poemate cui titulus est, *Portæ*, apud Ath. *Deipn.* l. IV, p. 175, B.

tivement que *les sons qui sortent du corps du nable ne sont point produits par des cordes.*

Rien n'est plus vague ni moins clair que les explications qui nous ont été données de cet instrument, soit par les docteurs de l'Église, soit par les savans qui s'en sont rapportés à eux; et la raison en est, selon toute apparence, qu'aucun d'eux ne l'a connu : il y a lieu de croire même que l'usage en était déjà passé de mode près de trois cents ans avant l'ère chrétienne, puisque Philémon, poëte comique, qui florissait plus de deux cent soixante-dix ans avant la naissance de Jésus-Christ, fait dire à un des interlocuteurs de sa comédie de *l'Adultère*[1] : « Il nous faudrait, mon cher Parménon, un joueur de flûte ou de nable[2]. — Dites-moi, je vous prie, reprend un autre, qu'est-ce que le nable? — Comment! imbécille, butor, réplique le premier, tu ne le sais pas? — Par Jupiter! je n'en ai aucune connaissance. — Que me dis-tu là? tu ne sais pas ce que c'est que le nable? En vérité, tu ne connais pas ce qu'il y a de bon. »

On voit que Philémon, dans cette circonstance, parle du nable comme nos comiques modernes parleraient aujourd'hui de la pandore ou du tuorbe, c'est-à-dire comme d'un instrument qui, depuis long-temps, est passé de mode, et dont il ne reste plus, en quelque sorte, d'autre souvenir que celui de son nom.

Il n'est donc pas étonnant que les docteurs de l'Église

---

[1] *Inter Menandri fragm.* græc. et lat. *cum notis Hugonis Grotii et Joannis Clerici*, p. 310, edit. 1709, et apud Athen. *Deipn.* l. IV, c. XXIII, p. 175.

[2] Julius Pollux, *Onomast.* l. IV, cap. IX, p. 187, a lu ναύλαν, au lieu de νάβλαν qu'a lu Athénée. Ces deux savans grammairiens grecs étaient contemporains, et tous les deux de

et d'autres savans ecclésiastiques, qui sont en grande partie les seuls parmi les auteurs modernes ou du moyen âge qui aient cherché à nous expliquer ce que c'était que le nable, ne l'aient pas fait avec succès, et qu'ils aient forcé le sens des auteurs qu'ils ont consultés, eux dont le principal but était d'expliquer l'Écriture sainte, et non de faire des recherches spécialement sur l'art musical, dont ils n'avaient que des notions très-superficielles, et souvent absolument fausses, si cependant on en excepte S. Ambroise, S. Athanase et S. Grégoire, qui se livrèrent à l'étude de la pratique du chant.

Naucratis en Égygte; mais l'immense érudition du dernier, que, pour cette raison, on a appelé *le Varon des Grecs*, nous donne une plus grande confiance dans l'exactitude de sa citation.

TROISIÈME PARTIE.

DES INSTRUMENS BRUYANS DE PERCUSSION.

CHAPITRE PREMIER.

Considérations générales sur les instrumens bruyans de percussion.

ARTICLE PREMIER.

De la différence qui existe entre les instrumens mélodieux et les instrumens bruyans. De ce qui distingue l'harmonie du bruit.

Nous n'avons parlé jusqu'ici que des instrumens mélodieux; nous allons maintenant nous occuper des instrumens bruyans.

On appelle *instrumens mélodieux* ceux qui sont propres à la mélodie. La mélodie est une certaine ordonnance de sons simples dont se compose le chant. Les sons simples sont ceux dont la résonnance est produite par des vibrations simples et isochrones.

On nomme *instrumens bruyans* ceux qui ne produisent que du bruit. Le bruit est l'effet simultané d'une infinité, ou, au moins, d'un très-grand nombre de sons différens qui résonnent à-la-fois avec à peu près une égale intensité de ton. De même que la clarté se forme de la réunion de toutes les couleurs que produit la lumière, de même aussi le bruit se forme de tous les sons que produit l'air mis en vibration.

Le bruit, la lumière, ainsi que le mouvement, sont, pour les êtres vivans, ce que le silence, la nuit et le repos sont pour les êtres morts. Nos organes n'ont besoin d'être exercés qu'en raison de la force du principe de vie qui les anime; et s'il vient un âge où le bruit, la lumière et le mouvement les importunent et les fatiguent, c'est celui où nous approchons du terme de notre existence.

Il n'appartient qu'à l'art de nous procurer des sensations proportionnées à la vigueur des organes faits pour les recevoir, et cet art, sagement dirigé, serait également utile à notre santé et favorable à notre bonheur.

L'art musical nous apprend à moduler et à combiner les sons, à leur donner toutes les nuances que l'expression exige; il nous enseigne à les marier plusieurs ensemble; il nous offre même les moyens nécessaires pour produire le vacarme le plus terrible. Les organistes, pour imiter sur l'orgue le fracas du tonnerre ou d'un très-grand bruit, ne font autre chose que d'appuyer en même temps leurs deux bras sur toute l'étendue du clavier; par ce moyen, faisant résonner à-la-fois tous les sons, ils produisent, avec la plus énergique vérité, l'effet qu'ils désirent.

Si nous voulions suivre en détail la comparaison que nous venons de faire entre les sons et les couleurs, nous trouverions un grand nombre de rapports, non pas hypothétiques, comme plusieurs fois on a voulu en établir, mais certains et incontestables, prouvés par l'expérience. Nous verrions que de même que plusieurs couleurs opposées de ton entre elles forment, étant réunies, des couleurs composées, agréables à la vue, comme, par exemple, lorsque du bleu et du jaune on forme le vert, lorsque du rouge et du bleu on forme le violet, etc., de même aussi plusieurs sons opposés entre eux forment des tons composés, c'est-à-dire des accords agréables à l'oreille, comme, par exemple, lorsque d'une tonique quelconque et de sa tierce ou de sa quinte on forme les consonnances les plus parfaites de notre harmonie. Mais comme l'éclat des couleurs, même de celles qui offrent entre elles les oppositions les plus harmonieuses, s'efface ou se trouble en raison de ce qu'il y a un plus grand nombre de ces couleurs réunies, la résonnance des sons est aussi d'autant moins sensible, et son effet d'autant plus confus et moins efficace, quant à l'expression, qu'il y a un plus grand nombre de sons différens qui résonnent à-la-fois [1], quel que soit même l'éclat de cette résonnance dans chacun des sons individuellement qui, par leur opposition de ton, des uns aux autres, paraissent les plus propres à former des accords musicaux. Mais ces rapprochemens n'étant pas absolument nécessaires ici, nous ne pouvons nous y arrêter, et nous nous hâtons de reprendre notre sujet.

---

[1] Ceci aurait besoin de plus grands développemens pour paraître sans réplique aux personnes qui ont des préjugés trop favorables à notre harmonie moderne.

ARTICLE II.

Des diverses espèces d'instrumens bruyans. Des noms qu'on a donnés à ceux dont les sons participaient de la résonnance mélodieuse, et à ceux qui se rapprochaient davantage du bruit. De l'affinité des uns et des autres, et de l'utilité de chacun d'eux.

Parmi les instrumens bruyans, il y en a dont la résonnance ne se compose que d'un certain nombre de sons différens, lesquels ne se confondent pas tellement qu'on ne puisse en distinguer plusieurs d'entre eux; ceux-ci ne produisent qu'une espèce de cacophonie plus ou moins éclatante, qui tient le milieu entre le bruit et les accords dissonans complets de notre harmonie, comme les accords dissonans tiennent le milieu entre la cacophonie dont nous parlons et les accords consonnans complets.

On peut donc distinguer les instrumens qui produisent une cacophonie plus ou moins éclatante, de ceux qui ne font entendre que du bruit, ou des sons trop multipliés et trop confus pour qu'on puisse distinguer les uns des autres; c'est pourquoi nous désignerons les premiers sous le nom de *crotales*, et les derniers sous la dénomination d'*instrumens bruyans*.

Cependant, si l'on considère la nature de ces instrumens, ni les uns ni les autres n'ont dû être destinés primitivement à l'accompagnement du chant en particulier et de la mélodie en général. Le chant et la mélodie ne peuvent admettre que des sons simples et expressifs; leur objet est d'imiter l'expression des sentimens que nous manifestons par la voix, de faire naître en nous ces sentimens, ou au moins de les rappeler à notre souvenir. Au contraire, le bruit qui, comme nous l'avons fait observer, réunit, confond et absorbe les sons simples et expressifs, tend nécessairement à détruire l'effet du chant en particulier, et en général celui de la mélodie; il ne peut pas davantage produire en nous une suite d'impressions distinctes, analogues à celles des sentimens ou des passions que le chant et la mélodie inspirent ou font naître : il ne peut peindre tout au plus que le trouble ou l'émotion de nos sens dans les diverses affections qui agitent agréablement ou désagréablement notre âme. En effet, le bruit, en faisant vibrer presque également toutes nos fibres, non-seulement les nerveuses, mais quelquefois même les musculaires, nous cause une agitation vague et générale, qui paraît plus propre à exciter en nous des mouvemens *automatiques* qu'à nous inspirer des affections morales, comme le fait la mélodie.

Sans vouloir examiner si cette propriété des instrumens bruyans a été seulement sentie, ou si elle a été réfléchie, il nous suffit de dire en ce moment qu'il est de fait que ce genre d'instrumens a été choisi universellement chez tous les peuples connus, pour régler, par un bruit répété à des intervalles réguliers et mesurés, les mouvemens de la danse, de la pantomime, en un mot, de la plupart des exercices du corps, qui ne peuvent se faire en commun qu'avec précision et en cadence. C'était ainsi qu'étaient réglées, chez les anciens, les cérémonies du culte, les pantomimes, les danses et les processions religieuses; c'est encore de même que se règlent, parmi nous, les marches et les évolutions militaires. Dans tous les temps et chez tous les peuples, l'effet de ces instrumens a fait sentir que le meilleur emploi auquel on pouvait les faire servir, était celui de marquer le rhythme et la cadence des mouvemens.

ARTICLE III.

De ce qui distingue les instrumens bruyans des modernes d'avec ceux des anciens.

Les instrumens bruyans de percussion de la haute antiquité était différens de ceux de nos jours, sous plusieurs rapports, qu'il est bon de connaître pour ne pas se méprendre sur les uns et sur les autres, et pour mieux les distinguer parmi ceux qui nous restent maintenant et qui sont en usage, soit chez nous, soit chez les autres peuples.

Chez les anciens, ces instrumens étant uniquement destinés à marquer la mesure et la cadence des mouvemens dans certains exercices, et surtout dans les danses, dans les pantomimes religieuses et dans quelques autres exercices du corps, c'était presque toujours aux chefs de ces exercices, à ceux qui en dirigeaient l'exécution, et qui étaient même les premiers à la tête de ceux qui les exécutaient, qu'était réservé l'usage de ces instrumens. Souvent aussi, chacun de ceux qui formaient ces danses et ces pantomimes, tenait en main et faisait retentir un instrument semblable. Il fallait, par conséquent, que ces instrumens fussent d'une médiocre grandeur, légers et faciles à porter d'une main et à frapper de l'autre : aussi ne voit-on sur aucun des monumens de la haute antiquité, de ces sortes d'instrumens d'une très-grande dimension, et il n'en est fait mention non plus par aucun des auteurs anciens. Tous les instrumens bruyans de percussion, chez les anciens, étaient du genre de ceux dont nous avons fait une classe à part sous le nom de *crotales;* et par ce nom, qui signifie à peu près la même chose qu'*instrumens bruyans*, on se rappelle sans doute que nous avons désigné les instrumens faciles à manier, et dont la résonnance a quelque chose de mélodieux, pour les distinguer de ceux qui ne produisent que du bruit.

Parmi les modernes, au contraire, ceux qui sont chargés de faire résonner les instrumens destinés à marquer la mesure et la cadence des mouvemens, dans les exercices qui sont exécutés par un certain nombre de personnes à-la-fois et qui ont besoin d'être réglés avec la plus exacte précision, ceux-là ne prennent point part ordinairement à ces mêmes mouvemens, ou n'y participent que très-peu : leur principale et souvent leur seule occupation est de battre leurs instrumens en mesure, suivant le signal qui leur est donné par leur chef, lequel chef est lui-même soumis aux ordres de celui qui commande ou qui dirige ces sortes d'exercices, soit à la guerre, soit dans nos cérémonies publiques, soit sur nos théâtres. Ainsi, les raisons qui exigeaient chez les anciens que les instrumens bruyans de percussion fussent légers et d'un volume facile à manier, n'existant plus chez les modernes, rien n'a paru s'opposer à ce qu'on en augmentât le poids et les dimensions, pour accroître la force et le volume de leur son, et c'est là ce qui a fait imaginer les grosses timbales, la caisse et le gros tambour, dont la forme et l'usage n'étaient point connus dans la haute antiquité.

CHAPITRE II.

Des crotales en général.

ARTICLE PREMIER.

Des noms génériques de la plupart des crotales.

Les instrumens que nous désignons sous le nom de *crotales* nous ayant paru avoir été connus antérieurement à ceux que nous nommons *instrumens bruyans*, il doit paraître tout naturel que nous en parlions avant de faire mention de ces derniers.

Chez les Orientaux modernes, les crotales sont connus sous tant de noms divers, qu'on pourrait croire qu'il y a un très-grand nombre d'espèces différentes de ce genre d'instrumens : cependant rien n'est plus éloigné de la réalité. A peine en compte-t-on trois ou quatre absolument dissemblables entre eux par la matière et par la forme. Ces sortes d'instrumens, de même que les instrumens à cordes et les instrumens à vent, ont aussi reçu divers noms, suivant les divers rapports sous lesquels on les a envisagés. Comme instrumens de percussion, creux et bruyants, on les a nommés *noqqâryeh* نقاريه[1], mot qui dérive de la racine نَقَرَ *naqara*, il a frappé; et parce que le verbe *naqara* à la seconde forme signifie, *il a sondé, il a pénétré, il a percé*, et à la huitième forme, *il a été creusé*, on a transporté cette expression à tous les instrumens creux et bruyants, en sorte qu'on nomme en arabe *el-naqr* النقر le tambour de basque; *nâqour* نَاقُور un cor, une trompette; *nâqir* نَاقِر celui dont la profession est d'emboucher la trompette, ou نَقَّار *naqqâr* celui qui sonne de la trompette. On se sert même du verbe *naqara* pour signifier *pincer* ou *toucher* une corde d'instrument avec les doigts pour la faire résonner, la frapper avec le *plectrum*. On s'en sert encore pour exprimer l'action d'articuler un son, en faisant frapper sa langue au palais ou contre les dents, c'est-à-dire en prononçant une voyelle accompagnée d'une consonne. Enfin, toute lettre qui produit un son est appelée نَقَرَ *naqara*, suivant les principes de quantité rhythmique des Arabes. Ainsi, par exemple, les Arabes disent que le rhythme *taqyl taouyl* ثقيل طويل (grand rhythme grave), qui est le vingt-sixième des rhythmes musicaux, est composé de vingt-quatre *naqarat*, pour expliquer que ce rhythme se compose de vingt-quatre lettres : par conséquent, on appelle aussi en arabe les temps rhythmiques marqués sur les instrumens de percussion, *naqr* نَقْر, et *naqir* نَقِر le pincement d'une corde.

---

[1] Les Persans, en considérant ces instrumens sous le même rapport, les ont nommés *akhkakand* اخْكَكَنْد, ou bien *tchaghânah* چِغَانه.

Quand on parle des crotales qui rendent un son aigu et par une sorte de frottement ou frôlement, on les nomme *salâçil* صَلَاصِل. Pour désigner les crotales de l'espèce des sonnettes ou des grelots, ou bien dont l'effet ressemble à celui de ces sortes d'instrumens, les Arabes leur donnent le nom de *getâgil* جَلَاجِل, et les Persans celui de *zankoulah* زنكله [1]. Quand on veut spécifier les crotales que l'on fait résonner en les agitant seulement, on les nomme *zyl* زيل. Si l'on veut parler des crotales qui se frappent une partie contre l'autre, on les nomme *senoug* صنوج; comme aussi l'on appelle celui qui joue de cet instrument, *sannâg* صَنَّاج. Lorsque l'on désigne particulièrement les crotales qui ont la forme d'un vase, tels que les cymbales, et ces petits crotales de même forme, dont les danseuses égyptiennes se servent en dansant, on les nomme *kâs* كاس. Enfin, l'on donne en général le nom de *saggât* سجّات à tous les crotales qui sont du genre des castagnettes, c'est-à-dire à tous ceux que l'on agite entre les doigts, quelles que soient la matière, la forme et la variété de leurs parties; c'est pourquoi l'on donne également ce nom aux petits crotales de métal des danseuses égyptiennes, et à ceux qu'on nomme en turk *eqlich* اقلِج, lesquels sont faits en bois.

---

[1] On appelle ainsi en Perse une espèce de grelots que certaines femmes en ce pays s'attachent aux pieds, quand elles se livrent aux plaisirs de l'amour (*tintinnabula quæ pedibus mulieres tempore coitûs appendunt*). On donne aussi ce nom aux grelots qu'on attache au cou des chevaux, des mulets et des chameaux, ainsi qu'à ceux qu'on suspend aux bords du tambour de basque.

ARTICLE II.

Des petits crotales en forme de cymbales, dont les danseuses égyptiennes font usage.

Lorsque, dans notre Mémoire sur l'état actuel de l'art musical en Égypte, nous avons parlé des chants et des danses des Égyptiens, nous avons décrit assez exactement l'instrument dont il s'agit, pour que nous soyons dispensés de le décrire de nouveau. D'un autre côté, après avoir exposé les raisons des divers noms qu'on a donnés aux crotales en Orient, et particulièrement en Égypte, nous pensons qu'il n'est pas difficile de voir maintenant que plusieurs de ces noms peuvent convenir au même instrument, mais non pas tous également. Les noms de *zyl* زيل, de *senoug* صنوج, de *kâs* كاس et de *saggât* صجّات, désignant tous également des crotales qui se frappent une partie contre l'autre, peuvent s'appliquer tous aux crotales des danseuses égyptiennes ; mais nous avons remarqué que ceux de *senoug* et de *saggât* leur avaient été spécialement réservés dans l'usage ordinaire, comme désignant, plus particulièrement que les autres, de petits crotales de l'espèce des castagnettes. Il est possible que ces espèces de crotales aient servi de modèles aux castagnettes des Espagnols ; il est même vraisemblable que ce sont les Sarrasins qui firent connaître aux Espagnols l'usage de cette sorte d'instrument, ainsi que celui de la danse qu'on nomme en Espagne *fandango* : mais il s'en faut bien encore que les Espagnols aient atteint la perfection de leurs modèles ; car, outre que la matière des castagnettes est plus commune que celle des *saggât*, et que la forme n'en est pas, à beaucoup près, aussi gracieuse, il est impossible que le son en ait autant de pureté, et, si l'on peut le dire, autant de limpidité que celui de ces petits crotales égyptiens. Il suffit d'en voir l'image qui est gravée *pl.* CC, *fig.* 26, pour concevoir que cet instrument, qui est en fonte, et qui a la forme de petites cymbales, doit rendre un son très-agréable, très-net et fort aigu, quand rien n'en gêne la vibration. En effet, la partie A étant attachée au doigt du milieu par la boucle *c*, et venant à frapper sur la partie B qui est attachée également au pouce de la même main [1] par la boucle *c*, il est certain que ces deux parties, ainsi suspendues, ne peuvent rencontrer aucun obstacle qui arrête leur vibration; et le cordonnet qui forme la boucle *c* dans laquelle entre le doigt, passe assez librement au travers du trou *o*, qui est au sommet de ces petites cymbales [2], pour qu'il ne puisse empêcher l'instrument de vibrer dans toute son étendue.

Cette espèce d'instrument que les monumens anciens nous représentent entre les mains des Bacchantes dans l'action de danser, semble appropriée plus que toute autre aux danses voluptueuses, de la nature de celles des danseuses égyptiennes, en ce qu'elle laisse au corps la liberté de faire tous les mouvemens passionnés possibles, et qu'elle n'empêche point non plus les bras de s'étendre, de s'arrondir, selon que l'expression l'exige.

[1] Les danseuses égyptiennes sont munies de deux crotales semblables en chaque main.
[2] *Voyez* pl. CC, fig. 26, D.

Il est évident que c'est de ces mêmes crotales et de cette même danse qu'il s'agit dans ce vers d'un poëme qui a pour titre *Copa*, et que l'on attribue à Virgile :

Crispum sub crotalo docta movere latus.

Ces sortes de crotales étaient d'un usage très-fréquent dans l'ancienne Grèce. Dicéarque, dans son livre *des Rites de la Grèce*, dit qu'il y avait de ces instrumens employés parmi le peuple, et appropriés, au-delà de ce qu'on pourrait croire, aux danses et aux chansons des femmes, lesquels, étant frappés entre les doigts, rendaient un son agréable[1] : il nous apprend même qu'il y en avait en airain doré. Nonnus, dans ses *Dionysiaques* (liv. XXVII, v. 229, 230 et 231), nous explique très-bien aussi que ces crotales étaient des instrumens propres aux femmes amoureuses, qui en avaient dans chaque main qu'elles frappaient en même temps et avec lesquels elles produisaient deux sons à-la-fois[2] : ce qu'il ne faut pas entendre, néanmoins, de deux sons différens ; car les crotales d'une main sont toujours à l'unisson des crotales de l'autre main. Le même auteur donne encore à ces instrumens l'épithète de *bachique*[3], à l'exemple d'Eu-

---

[1] Athen. *Deipn.* lib. XIV, p. 636. De illis Dicæarchus, in libro de Græciæ ritibus, ait, popularia supra quàm credat aliquis instrumenta fuisse quædam, saltationibus et cantilenis feminarum accommodata, quibus percussis digitis suaves ederentur strepitus.

[2] *Et tympano resonante concors infremebat echo*
Terribilem mugitum; crepitacula verò amantium mulierum
Manibus alternis pulsabatur binos sonos habens echo.

[3] *Bacchica mihi date crepitacula.*
Dionysiac. lib. I, v. 39.

ripide dans sa tragédie d'*Hélène*[1], parce que ces instrumens étaient ceux dont les Bacchantes se servaient dans les danses qu'elles exécutaient en l'honneur de Bacchus; et c'est aussi pour cette raison que Pindare, dans un de ses dithyrambes dont Strabon nous cite le commencement au xe livre de sa *Géographie*[2], parle de ces crotales comme étant du nombre des instrumens en usage dans les Bacchanales. Cet instrument fut-il apporté en Égypte par les Grecs, ou ceux-ci l'empruntèrent-ils des Égyptiens? c'est ce que nous n'entreprendrons pas de décider en ce moment, et ce qu'il serait peut-être difficile de prouver bien positivement; il paraît même que l'origine n'en est pas bien connue. Strabon croit que les crotales furent inventés par les Curètes[3]. Clément d'Alexandrie prétend que ce sont les Siciliens qui les firent connaître les premiers. Il y avait, à ce qu'il paraît, à ce sujet, plusieurs traditions qui se contredisaient, et il est peut-être un peu trop tard aujourd'hui de vouloir chercher à distinguer la vraie tradition d'avec celles qui n'étaient que supposées. Toutefois, il est incontestable que les petits crotales dont nous parlons, étaient connus en Égypte du temps des Romains, et que les femmes s'y étaient rendues célèbres dans l'art d'en jouer[4].

---

[1] *Crepitacula verò bacchica clarum*
Sonitum mittentia resonabant.
Euripid. Helen. v. 1324 et 1325.

[2] Strab. Geogr. lib. x, p. 469; *Lutetiæ*, 1620, in-fol.

[3] Strab. Geogr. lib. x, p. 468.

[4] *Nile, tuus tibicen erat crotalistria Phyllis.*
Propert. lib. iv, eleg. ix.

ARTICLE III.

Du nom, de la forme, des dimensions et de l'usage des grands crotales ou des cymbales égyptiennes.

Des trois noms de *zyl* زيل, de *senoug* صنوج et de *kâs* كاس, qui pouvaient être appliqués aux grandes comme aux petites cymbales, le dernier a été préféré dans l'usage ordinaire par les Arabes, pour désigner les grandes cymbales.

Le mot *kâs* كاس signifie proprement un vase; son acception est la même que celle du mot κύμϐος, *kymbos*, racine du mot κύμϐαλον, *kymbalon*, qui est le nom que les Grecs ont donné à cette espèce d'instrument que nous nommons en français *cymbale*[1].

Les cymbales égyptiennes ressemblent beaucoup aux cymbales antiques qui ont été décrites par les poëtes grecs et latins, ainsi qu'à celles dont se servaient les Israélites dans le temple de Jérusalem. La forme et la matière en sont absolument les mêmes[2]. Elles sont composées également de deux parties en airain[3], dont cha-

---

[1] Ovide fait remonter l'origine des cymbales au bruit que les Curètes faisaient en frappant sur leurs boucliers, pour empêcher que les cris de Jupiter naissant ne parvinssent aux oreilles de Saturne, qui l'aurait dévoré, ainsi que ses autres enfans. Suivant Ovide (*Fast.* l. IV, v. 211 et seq.), c'est-là ce qui fit naître l'idée des cymbales aux ministres de Cybèle.

Curetum sonitus crepitantiaque æra secutæ.
Virgil. *Georg.* lib. IV, v. 151.

C'est vraisemblablement sur cette tradition qu'est fondée l'opinion de Strabon, à l'égard de l'invention des petites cymbales, c'est-à-dire des crotales des danseuses, dont nous avons parlé dans l'article précédent.

[2] *Voyez* pl. CC, fig. 27.

[3] בְּמִצְלְתַיִם נְחֹשֶׁת *bi-metziletym nekhochet.*

cune a une grande cavité dans le milieu¹ et présente la forme d'un vase ou d'un bassin rond² à larges bords saillant horizontalement. Le diamètre, d'un bord à l'autre, peut avoir 244 millimètres³; mais celui de la cavité du milieu n'a pas plus de 135 millimètres. La profondeur de cette cavité est à peu près de 68 millimètres, et les rebords saillans n'ont guère moins de 54 millimètres en largeur. L'épaisseur du métal, dans chacune de ces deux parties A et B de l'instrument, a environ 7 ou même 8 millimètres; car ces cymbales ont beaucoup plus d'épaisseur que les nôtres.

Au sommet de la partie convexe que forme en dehors la cavité intérieure, est un bouton qui sert de prise; ou bien il y a un gros anneau *o*, au travers duquel passe une lisière, une courroie ou une corde *c*, qu'on noue par les deux bouts pour n'en faire qu'une large boucle dans laquelle on fait entrer le poignet pour soutenir chacune des deux parties de l'instrument.

Ces sortes de cymbales, étant plus épaisses et plus

Concavaque æra sonant.
Ovid. *Metam.* lib. IV, v. 30.

[1] *Tympana tenta tonant palmis, et cymbala circùm.*
Concava........
Lucret. *De rerum natura*, lib. II, v. 618.

[2] *Quà numerosa fides, quàque æra rotunda Cybelles,*
Mitratisque sonant Lydia plectra choris.
Propert. lib. IV, eleg. VII, v. 61 et 62.

[3] Nous n'avons pu nous procurer cet instrument, ni plusieurs autres : conséquemment, nous ne pouvons non plus donner qu'une description approximative de ses justes dimensions; mais nous l'avons tellement présent à la mémoire, et les notes que nous avons faites sur les lieux, sont tellement détaillées, que nous ne pouvons pas nous écarter beaucoup de la vérité.

profondes que les nôtres, rendent aussi un son plus plein et plus nourri; mais il est moins retentissant, parce qu'au lieu de frôler, comme nous le faisons, les deux parties l'une contre l'autre, les Égyptiens, au contraire, les frappent plus ou moins perpendiculairement l'une sur l'autre, comme le faisaient les anciens [1], suivant que nous le remarquons, soit dans les monumens de la haute antiquité [2], soit dans les peintures des vases étrusques, où l'on voit des personnages représentés dans l'action de jouer des cymbales. Or, de cette manière,

[1] *Dictæos referunt Curetes, qui Jovis illum*
Vagitum in Creta quondam occultasse feruntur;
Cùm pueri circùm puerum pernice choreâ
Armati in numerum pulsarent æribus æra, etc.
Lucret. *de Rerum natura*, lib. II, v. 633 et seq.
Æraque tinnitus ære repulsa dabunt.
Ovid. *Fast.* lib. IV, v. 184.
.... *Ærane tantùm*
Ære repulsa valent?
Ovid. *Metam.* lib. III, v. 532 et 533.

Nous ne ferons aucune réflexion sur l'erreur des savans commentateurs d'Ovide, qui se sont imaginé que ce poète avait voulu faire entendre que ces cymbales se frappaient avec des baguettes de fer. Il y aurait trop à faire, si l'on voulait critiquer ces sortes de méprises dont sont remplis la plupart des commentaires : il est impossible de s'imaginer jusqu'à quel point les commentateurs se montrent ignorans dans ce qui concerne la musique; ils auraient beaucoup mieux fait de garder le silence sur ce point, que de hasarder des opinions aussi peu tolérables. Nous n'entendons pas parler ici des commentateurs romains ni des scholiastes grecs; ceux-ci ne hasardaient pas aussi légèrement leur sentiment, et leurs idées sont toujours justes en ce qui concerne la musique.

[2] *Voyez* les Recherches curieuses d'antiquités, par Spon; huitième dissertation, *des cymbales, crotales et autres instrumens des anciens.* On voit, à la tête de cette dissertation, une gravure représentant trois Bacchantes d'après d'antiques bas-reliefs de Rome, et ces Bacchantes paraissent dans l'action de danser, en frappant des cymbales une partie sur l'autre, de la même manière que le font aujourd'hui les Égyptiens.

l'instrument ne pouvant vibrer aussi librement ni aussi long-temps que de la manière dont nous nous en servons, le son en est presque aussitôt étouffé que produit, et l'effet de la résonnance interceptée a quelque chose de désagréable à l'oreille; et c'est là sans doute la raison pour laquelle les poëtes ont donné au son de cet instrument l'épithète de *rauque*[1].

Les Égyptiens emploient encore cet instrument aux mêmes usages auxquels il fut destiné par les anciens peuples[2] : il est encore admis chez eux dans les solennités religieuses et politiques. Il l'était également jadis chez les Israélites, les Grecs et les Romains. Chez les Israélites, on l'entendait retentir, tantôt dans les temples[3], près de l'autel[4] et près du roi[5]; tantôt autour de l'arche, lorsqu'on la transportait d'un lieu à un autre[6] : en un mot, cet instrument se faisait entendre partout où se manifestait la joie publique[7].

---

[1] *Vertice turrigero juxtà dea magna Cybelle*
  Tundet ad Idæos cymbala rauca choros.
    Propert. lib. III, eleg. v, v. 35.

[2] S. Clement d'Alexandrie (*Pædagog.* lib. II, cap. IV, pag. 164) dit bien que, de son temps, les Égyptiens allaient à la guerre au son des tambours; mais il ne parle pas des cymbales : seulement il dit que les Arabes se servaient de la cymbale comme d'un instrument de guerre.

[3] *Dixit David principibus Levitarum ut constituerent de fratribus suis cantores in organis musicorum, nahlis videlicet et lyris et* cymbalis, *ut resonaret in excelsis sonitus lætitiæ.* (I Paralip. cap. XV, v. 16.)

[4] *Vestiti byssinis,* cymbalis *et psalteriis et citharis concrepabant, stantes ad orientalem plagam altaris.* (II Paralip. cap. V, v. 12.)

[5] *Distributi erant, in* cymbalis *et psalteriis et citharis, in ministeria domûs Domini juxta regem.* (I Paralip. cap. XXV, v. 6.)

[6] *Universus Israel deducebant arcam fœderis Domini in jubilo, et sonitu buccinæ, et tubis, et* cymbalis, *et nablis, et citharis, concrepantes.* (I Paralip. cap. XV, v. 28.)

[7] *Porrò David et universus Israel ludebant coram Deo omni virtute in canticis, et in citharis, et psalte-*

Chez les Grecs et chez les Romains, les cymbales accompagnaient toujours les cérémonies en l'honneur de Rhée [1], de Cybèle [2], de Bacchus [3]. Ménandre nous apprend que cinq fois par jour des femmes se rendaient dans les temples; et tandis que les unes, au nombre de sept sur chaque rang, jouaient des cymbales [4], les autres faisaient éclater leurs voix par des cris.

De même, en Égypte, le *kâs* se fait entendre aussi dans toutes les solennités religieuses ou politiques; à la naissance de Mahomet [5]; à celle du *Rouyah*, c'est-à-dire

riis, *et* tympanis, *et* cymbalis, etc. v. 1 et 6. Judith, cap. xvi, v. 2. (I Paralip. cap. xiii, v. 8; cap. xv, Psalm. 150, v. 5. Machab. cap. iv, v. 19; cap. xvi, v. 5 et 42; c. xxv, v. 54.)

[1] *Ardua jamdudum resonat tinnitibus Ide,*
Tutus ut infanti vagiat ore puer.
Pars clypeos sudibus, galeas pars tundit inanes:
Hoc Curetes habent, hoc Corybantes opus.
Res latuit patrem; priscique imitamina facti,
Æra deæ comites raucaque terga movent.
Cymbala pro galeis, pro scutis tympana pulsant:
Tibia dat Phrygios, ut dedit antè, modos.
    Ovid. *Fast.* lib. iv, v. 207.

[2] *Ne Phrygia festa cernam, ne cymbala manibus quatiam.*
    Nonn. *Dionysiac.* lib. xl, v. 156.

[3] *Ferte mihi ferulam, agitate cymbala, Musæ,*
Et manu date thyrsum decantati Dionysii.
    Nonn. *Dionysiac.* lib. 1, v. 11 et 12.
Æriferæ comitum concrepuere manus.
    Ovid. *Fast.* lib. iii, v. 740.

[4] *Rem quinquies die und fecimus sacram:*
Septem ordine famulæ insonabant cymbalis,
Aliæ ululabant.
    Apud. Strab. *Geogr.* lib. vii, pag. 297.

[5] Cette fête arrive le 11 de la lune du mois de *rabiy el-aouel*, et se célèbre dans la nuit qui précède le 12. A cette époque, toutes les confréries de *foqará* se réunissent chez le plus proche des descendans de Mahomet en ligne directe qui existe alors (du temps que nous étions au

de l'apparition [1] ; à la fête du *Beyram* ou du déjeûner [2] ; à celle du *Mahmal* [3], c'est-à-dire de la convocation des

Kaire, c'était le cheykh *el-Bekry*); et sur la place de *Birket el-Ezbekyeh*, ils exécutent les danses propres à leurs confréries. Ceux-ci dansent en tournant et en frappant des mains ; ceux-là en jetant la tête, tantôt d'arrière en avant, tantôt de droite à gauche. D'autres se tiennent par la main en dansant, quelques-uns ne se tiennent que par les doigts. Ceux-là s'élèvent seulement sur la pointe des pieds, en sautillant sans perdre terre ; ceux-ci dansent sans se tenir les uns les autres, ni par la main, ni par les doigts. D'autres s'agitent de différentes manières, en fermant les yeux et sans tourner. Pour donner une idée de ces sortes de cérémonies qui sont très-variées et assez ordinairement accompagnées du bruit des instrumens les plus éclatans et les plus bruyans, il faudrait décrire en détail ce qui concerne chacune de ces confréries ; et elles sont assez nombreuses pour faire la matière d'un travail particulier.

[1] ليلة الرؤية *leylet el-rouyah*, nuit de l'apparition. C'est la veille du ramadân. Cette nuit-là, les cheykhs des six corps de marchands de comestibles, qui sont, 1°. le cheykh des meuniers, 2°. le cheykh des boulangers, 3°. le cheykh des bouchers qui tuent, 4°. le cheykh des marchands de viandes, 5°. le cheykh des marchands d'huile et de beurre, 6°. le cheykh des marchands fruitiers, se réunissent aux *mohteçeb* du grand Kaire, à celui du vieux Kaire et à celui de Boulàq (le *mohteçeb* est un inspecteur de police pour les poids et mesures) ; ensuite ils se rendent ensemble chez le qâdy, accompagnés de tous les instrumens militaires, qui sont les tambours, les timbales, les cymbales, les hautbois et les trompettes. Là ils attendent le retour du courrier que le qâdy a envoyé jusqu'au *Birket el-Hággy*, pour observer le lever de la lune et venir ensuite lui en donner avis. Dès que cet homme est de retour, et qu'il a annoncé l'apparition de la lune, le qâdy en dresse procès-verbal en présence des cheykhs des six corps de marchands et des trois *mohteçeb*, ordonne le jeûne, et commande aux derniers de le publier dans tous les quartiers de la ville. Aussitôt ceux-ci, suivis du même cortége qui les avait amenés, parcourent les divers quartiers de la ville, en criant et faisant crier par leurs domestiques, *siam*, *siam* (jeûne, jeûne) ; puis ils sont reconduits chez eux avec la même pompe.

[2] La fête du *Beyram* ou du *déjeûner*, autrement la fin du jeûne, arrive trente jours après celle du *Rouyah* ; elle commence dans la nuit qui précède le premier de شوال *chaouâl*. Dès le point du jour, on tire le canon, le jeûne cesse, et le peuple étrenne des habits neufs.

[3] Cette fête arrive le 18 de chaouâl. Ce jour-là, toutes les confréries de *foqarâ* se rassemblent sur la place de *Qarâm-meydân*, chacune avec sa bannière et les instrumens de musique qui lui sont propres. Elles sont précédées de l'*emyr el-hággy*, c'est-à-dire du commandant des pélerins, du *cheykh el-belad*, ou commandant

hággy, ou de ceux qui se disposent à faire le pèlerinage de la Mekke; à celle de la crue du Nil [1], appelée *Ouafâ*

de la ville, et des soldats de toutes armes, avec lesquels elles font processionnellement le tour de la ville par les quartiers les plus considérables et les plus fréquentés.

[1] La fête de la crue du Nil arrive après que la goutte est tombée, lorsque le Nil s'est accru de seize coudées. Alors, on rompt la digue en présence du cheykh el-belad, du qâdy, de tous les grands de la ville et de toutes les troupes qui s'y trouvent réunies. Pendant qu'on coupe la digue, on fait partir des feux d'artifice, et les musiciens du pays viennent y faire entendre leur musique, composée comme nous l'avons dit dans une des notes précédentes.

On appelle vulgairement en Égypte la goutte *el-noqtah* النقطة, une rosée après laquelle les eaux du Nil semblent se corrompre, se troublent et deviennent jaunâtres. Euripide, en parlant de ce phénomène dans sa tragédie d'*Hélène*, s'exprime ainsi, vers 1 et suiv. :

Νείλου μεν αἵδε καλλιπάρθενοι ῥοαί,
Ὃς ἀντὶ δίας ψεκάδος Αἰγύπτου πέδον,
Λεύκης τακείσης χιόνος ὑγραίνει γυίας.

Nili quidem hæc sunt formosis virginibus decora flumina,
Qui pro cœlesti roris gutta solum Ægypti
Liquefactâ candidâ nive irrigat et agros.

Les anciens Égyptiens célébraient à la même époque la naissance d'Apis ou la Théophanie : l'objet de cette fête était le même que celui de la crue du Nil, mais présenté sous le voile de l'allégorie; en le dépouillant de ce qu'il avait de mystique, on n'y a pas moins attaché le plus grand respect, et il n'a pas cessé d'être célébré avec la plus grande solennité. Voici le détail très-circonstancié de toutes les cérémonies qui avaient lieu à cette occasion, il y a environ six cents ans. C'est le cheykh Chems ed-dyn Mohammed ben Abi'l Sourour el-Akberi el-Sadiki (lequel vivait au commencement du XVIIe siècle) qui le rapporte dans son livre intitulé *des Étoiles errantes* : nous le citons d'après la traduction que M. Silvestre de Sacy a insérée dans les Notices et extraits des manuscrits de la Bibliothèque royale, tome 1er, page 272, et nous pensons que ce récit intéressera non-seulement ceux qui, ayant fait partie de l'expédition d'Égypte, ont vu célébrer cette fête, mais encore tous les lecteurs.

« Lorsque la crue du Nil est montée à seize *dhirâ*, on commence à ouvrir la digue pour faire couler l'eau sur les terres et dans les canaux de toute l'Égypte : ce jour est un jour de fête. Autrefois, avant qu'on eût creusé le canal Hakemi, l'ouverture se faisait au canal Khalidj al-Cantara; il y avait en ce lieu une guérite qui donnait sur l'embouchure du canal, et dans laquelle le khalife, ou le prince, se plaçait, pour l'ouverture du canal. Ce jour étant venu, le sultan ou son lieutenant sortait à cheval du château et

el-bahr وفاء البحر ou *Gabr el-bahr* جبرالبحر, c'est-à-

se rendait à l'ancienne Misr, sur le bord du Nil, au lieu nommé *Dar el-Nohas*, où il descendait de cheval. Il y trouvait deux barques décorées l'une et l'autre du nom de sultan et enjolivées de divers ornemens : il montait, avec les personnes de sa suite les plus distinguées, dans la première de ces deux barques, nommée *Harraka* ; l'autre, qui portait le nom de *Dhahbia*, était pour le reste de son cortége. Il se trouvait au même endroit un nombre infini d'autres barques de différentes formes, et décorées à l'envi, dans lesquelles montaient les émirs et les officiers auxquels elles appartenaient. La barque du sultan, suivie de toutes les autres, se rendait à l'île de *Roudha* : cette île, située en face de Misr el-atik (le vieux Kaire), entre le grand bras du fleuve et celui qui passe au pied de cette ville, était remplie de maisons et de palais. Le sultan ayant abordé dans l'île, montait à cheval et se rendait au nilomètre placé au milieu du lit du fleuve ; il y entrait avec toute sa suite, et y jetait du safran imbibé d'eau de rose ; et après qu'il avait fait sa prière, on lui servait un magnifique repas. Le repas fini, on approchait sa barque près des grillages du nilomètre, qui était couvert de ses tentures dorées ; il y entrait, et retournait, avec toutes les autres barques qui l'avaient accompagné, au son des pétards et des instrumens de musique. Étant arrivé près de Misr, il faisait détourner sa barque vers l'embouchure du canal qui entre dans le Kaire. Dans toute sa route, tant sur terre que sur le fleuve, en allant et en revenant, il

jetait des pièces d'or et d'argent, et faisait distribuer au peuple des fruits, des sucreries et autres choses semblables. La digue qu'il devait faire ouvrir, était une espèce de muraille de terre élevée en face du pont. Le sultan, ou celui qui tenait sa place, donnait le signal avec une serviette aux gens chargés de l'ouvrir, et qui tenaient des pelles à la main (aujourd'hui ce sont les Juifs et les fossoyeurs, au Kaire, qui sont chargés de remplir alternativement chaque année cette fonction) ; aussitôt ils abattaient la digue, qui était renversée en un instant : le sultan remontait à cheval et retournait au château. Depuis que l'Égypte est sous la domination ottomane, c'est le beglerbey qui fait cette cérémonie ; il sort à cheval de la citadelle le matin, et se rend à Boulac, où il trouve des barques ornées, préparées pour lui et pour les émirs et les sandjacs, en face de l'Arsenal. Il met à la voile suivi de toutes les barques ; et pendant ce temps, on tire un grand nombre de coups de canon : le beglerbey remonte le fleuve jusqu'au nilomètre, dans l'île de Roudha. Cela se fait lorsqu'il s'en manque encore de vingt doigts que la crue n'ait atteint seize *dhirá*, et il demeure dans le nilomètre jusqu'à ce qu'elle soit parvenue à cette hauteur ; si la crue se fait lentement, il y reste encore un ou deux jours après ce terme. On prépare pendant ce temps des barques ; on élève ces figures de terre qu'on nomme *arouss* (ou fiancées), et que l'on pare avec soin, et l'on fait toutes sortes de jeux et de divertissemens. Au jour où le beglerbey veut faire ouvrir la

dire *rompement* du Nil[1]; à toutes les cérémonies ap-

digue, il donne, avant le lever du soleil, un grand festin aux sandjacs, aux tschaouschs, aux mutefarrakas et aux autres troupes de la garnison : après le repas, il distribue des caftans au caschef et au scheik des Arabes de Djizé, à l'intendant des vivres, et à plusieurs autres officiers militaires et de police. Il entre ensuite avec tout son cortége dans les barques, se rend, au son des tambours, à la digue, qu'il fait ouvrir, et passe par l'ouverture pour retourner au château. »

Nous avons toujours éprouvé de la répugnance à croire que cette *arous* en terre dont il est parlé dans cet extrait, soit, comme on le dit, une image de l'usage barbare qu'auraient établi les anciens Égyptiens, en noyant à cette époque une jeune vierge égyptienne : cela ne s'accorde nullement avec la sagesse de leurs institutions. Ce qui nous porte à croire que nous n'avons pas tort, c'est ce que nous lisons dans un extrait du même auteur, également traduit par M. Silvestre de Sacy. Il s'agit, dans ce passage, du *Birket ar-Rotli*, qu'on nomme aujourd'hui *Birket el-Ezbekyeh.* « Le nom de ce *birket* vient d'un ouvrier qui faisait des poids de fer (*rotl*), et dont la demeure était près de cet endroit. On y donne des fêtes et des divertissemens, dans le temps qu'elle est remplie par les eaux du fleuve; une multitude de barques s'y promènent et procurent le coup d'œil le plus agréable aux maisons qui l'entourent : quand elle est desséchée, on y sème du lin et de la luzerne. On donnait autrefois en ce lieu, le pre- mier jour de thoth, une farce assez ridicule, qui représentait le mariage du canal Naseri avec ce birket qui reçoit l'eau du Nil par le canal ; on en dressait un acte devant un homme habillé en cadhi, en présence de deux témoins. Ces gens demeuraient en ce lieu toute la nuit, et le lendemain on exposait aux yeux du public des linges teints de sang, pour représenter les signes par lesquels le nouvel époux est assuré de la virginité de son épouse. Cette farce a été supprimée dans le commencement du VIIIe siècle de l'hégire (c'est-à-dire dans le XIVe siècle de l'ère chrétienne). » L'auteur assurément n'aurait pas appelé cette cérémonie-là une farce ridicule, si elle eût eu pour but de noyer une jeune vierge dans le Nil. Mais il est bien plus vraisemblable que les anciens Égyptiens, qui transformaient en allégories tous les faits qui tenaient à l'ordre des choses dans la nature, et qui en faisaient des représentations qu'ils exécutaient par leurs pantomimes religieuses, avaient aussi imaginé cette allégorie du mariage du canal avec le birket, et la représentaient aussi par une pantomime, laquelle, n'étant plus dans la suite exécutée avec le même respect qu'y avaient sans doute attaché les anciens Égyptiens, dégénéra en farce et fut supprimée. Cependant on représente encore aujourd'hui cette *arous* par une masse de terre qu'on élève à quelques pieds de la digue.

[1] Tel est le sens que les Égyptiens attachent, dans ce cas-ci, au mot جبر, bien qu'opposé à l'acception ordinaire.

pelées *Mauled*[1], en l'honneur des principaux saints musulmans; à l'arrivée du pâchâ au Kaire, lorsqu'il vient recevoir les redevances que paye l'Égypte au grand-seigneur[2]; pendant les danses de *foqarâ* (sortes de moines musulmans, non cloîtrés, plus connus sous le nom de *derwych* qu'on leur donne en langue turque); et ce qui est très-remarquable, c'est que la plupart de ces sortes de danses s'exécutent sur une mesure semblable à celle qui se faisait chez les anciens, en tournant trois fois autour de l'autel[3]. Cette mesure se compose de deux temps inégaux, dont le premier est double du second, ainsi:

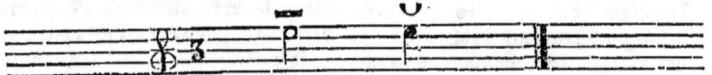

Ce qui forme un chorée, et le mouvement va en s'accélérant par degrés.

Il y a peu de solennités publiques, religieuses ou civiles, où l'on ne fasse usage du *kâs*[4]; mais jamais on ne

---

[1] Nous en avons dit quelque chose dans notre Mémoire sur l'état actuel de l'art musical en Égypte.

[2] Ce pâchâ part ordinairement de Constantinople après la petite fête du 30 ramadân; il débarque à Alexandrie, où il reste jusque vers la fin du mois de hageh: quand il arrive au Kaire, toutes les autorités civiles et militaires vont en grande pompe au-devant de lui, accompa-gnées de tous les instrumens de musique en usage dans les solennités publiques, dont nous avons déjà fait l'énumération. Cette cérémonie ne dure que jusqu'à midi.

[3] Cette danse, dont le rhythme présente une mesure de trois temps, n'aurait-elle pas quelque analogie avec celle des Saliens, dont il est question dans ces vers d'Horace?

.... *Pede candido*
In morem Salium ter quatient humum.
Carm. lib. IV, od. 1, v. 27.

[4] Nous avons cependant remarqué une de ces fêtes, dans laquelle il nous a semblé que cet instrument ne se faisait pas entendre. Cete fête,

s'en sert pour accompagner les plaisirs ou divertissemens vulgaires. C'est une distinction qu'on peut observer aussi dans l'emploi que les Israélites, les Grecs et les Romains faisaient de cet instrument.

ARTICLE IV.

Des instrumens bruyans semi-crotales.

Il est en Égypte, aussi bien qu'en Europe, une espèce d'instrument qui tient en partie des crotales et en partie des instrumens uniquement bruyans : comme nous ne pouvions, sans confusion, la ranger ni dans l'une ni dans l'autre classe, nous nous sommes déterminés à en faire une classe à part, en la distinguant sous la dénomination d'*instrumens bruyans semi-crotales.* Cette espèce d'instrument est celle que nous connaissons sous le nom de *tambour de basque* [1].

Chez les Égyptiens, où les instrumens de percussion dont nous ignorons le motif et l'objet, s'appelle عيد النحر *A'yd el-Nahr*, c'est-à-dire *la fête de l'égorgement.* Elle arrive tous les ans, le 10 de la lune qui tombe au commencement de hageh. Elle se célèbre par des prières plus longues qu'à l'ordinaire dans les mosquées, et par des réunions plus nombreuses des diverses confréries de *foqará* qui viennent prier, et exécuter leurs *zekr devant* les chapelles consacrées aux cheykhs révérés comme saints par les musulmans. Ces confréries se réunissent encore chez les principaux cheykhs vivans de la religion ou de la loi, y chantent quelques chapitres du Qorân et d'autres cantiques pieux. Les *foqará* emploient à ces sortes de chants tout ce qu'ils ont de force et d'étendue dans la voix ; et leurs sons, ou plutôt leurs cris, sont quelquefois si violens, qu'ils ressemblent bien plus à des forcenés qu'à des gens pieux et pénétrés de dévotion.

[1] Nous n'avons pas cru utile de nous charger de cette espèce d'instrument, dont la forme nous étant connue, n'offrirait rien de très-original dans ses parties : conséquemment elle n'a été ni dessinée ni gravée.

sont peut-être plus variés et plus multipliés que chez aucun autre peuple du monde, on compte quatre instrumens différens de cette seule espèce, lesquels ont chacun leur nom particulier, outre le nom générique qu'on leur donne. Ainsi, quand on ne les désigne pas par leur nom individuel, on les appelle دفّ *deff*, ou bien دايره *dâyreh*. Le premier nom est une onomatopée, du bruit que rend l'instrument quand on le frappe : ce mot vient du verbe دقّ *daffa*, il a frappé ; il dérive évidemment de la même source que celui de תף *toph* en hébreu, ou plutôt c'est le même mot adouci dans le premier cas, et plus fortement prononcé dans le second [1]. Le nom de *dâyreh* دايره signifie un rond et désigne l'instrument par sa forme.

Le plus grand de ces quatre instrumens est le *bendyr* بندير. Il est couvert d'une peau de chèvre. L'éclisse, ou le large cercle de bois sur lequel est collée la peau, est percé, dans sa largeur, de distance en distance, de quatre trous, d'une capacité suffisante pour que de petites lames rondes en tôle puissent y être suspendues deux à deux. Dans l'intérieur de l'instrument, sont trois, cinq ou sept cordes de boyau tendues, qui, en vibrant, ajoutent à sa résonnance par leur vibration. Ce tambour a de diamètre 400 millimètres.

Il y a un autre tambour, à peu près dans les mêmes dimensions, que l'on nomme *mazhar* مزهر ; il diffère du précédent, en ce qu'il n'a point de cordes tendues dans son intérieur, et qu'au lieu de petites plaques rondes en

---

[1] Les Espagnols, qui ont probablement reçu ce nom des Sarrasins, le prononcent *adoufé*, et l'écrivent dans leur langue *adufe*.

tôle, suspendues dans les trous dont les éclisses sont percées, ce sont de petits anneaux qui en tiennent la place.

La troisième sorte de ces tambours s'appelle *târ* طار. Cet instrument est plus petit que le précédent : il est couvert aussi d'une peau de chèvre, et a de même de petites plaques rondes en tôle, suspendues deux à deux dans chaque trou dont est percée l'éclisse dans son périmètre; mais il n'a point de cordes tendues dans l'intérieur.

La quatrième sorte de tambour s'appelle رق *req*. Ce tambour est plus petit que les précédens; il n'a point non plus de cordes tendues dans son intérieur; son éclisse est garnie aussi de petites plaques rondes en tôle, comme les autres : mais il est couvert d'une peau de *bayâd* بياض.

On ne peut douter que cette espèce de tambour ne remonte à la plus haute antiquité. Les poëtes en attribuent généralement l'invention, tantôt aux Corybantes [1], tantôt aux Bacchantes [2]. La forme en est également ronde; le dessus est aussi couvert d'une peau [3], et le dessous est

---

[1] *Hunc (tympani) rotundum orbem, intentum corio,
Invenerunt mihi Corybantes.*
Euripid. *Bacchæ*, v. 124 et 125.

*Hoc Curetes habent, hoc Corybantes opus......
Cymbala pro galeis, pro scutis tympana pulsant.*
Ovid. *Fast.* lib. IV, v. 210 et 213.

[2] *Tympana Rheæque matris et mea inventa.*
Euripid. *Bacchæ*, v. 58.

[3] *Mollia Dircææ pulsabunt tympana Thebæ.*
Propert. lib. III, eleg. xv, v. 33.

vide de même, c'est-à-dire n'est point couvert[1]. Mais, au lieu de le frapper seulement de la main comme le faisaient les anciens[2], les Égyptiens le touchent, outre cela, avec les doigts de la main gauche qui tient l'instrument; en sorte que, ne pouvant atteindre très-loin, les doigts de cette main gauche ne frappent que près de la circonférence de la surface du tambour : les sons qu'ils obtiennent de cette manière, sont beaucoup plus aigus que ceux des coups qu'ils frappent avec la main droite sur le centre; ce qui forme entre ces sons un contraste qui n'est point désagréable à entendre, et rend le rhythme plus varié et plus cadencé.

Anciennement, on ne connaissait pas vraisemblablement cet art; du moins ce que nous lisons dans les poëtes, nous porte à le croire. On ne tirait de cet ins-

[1] .... *Inania tympana.*
Ovid. *Metam.* lib. III, v. 537.

Ibunt semimares, et inania tympana tundent.
Ovid. *Fast.* lib. IV, v. 183.

[2] Dans plusieurs temples antiques de la haute Égypte, comme sur les dernières colonnes du péristyle du grand temple de l'île de Philæ, dans le petit *Typhonium* de Denderah, et sur la frise du grand temple du même lieu, on remarque, parmi les sculptures, des personnages représentés dans l'action de jouer de cette espèce de tambour, et dont la main droite porte à plat sur le milieu de l'instrument.

Spon, dans ses Recherches curieuses d'antiquités, a placé, p. 155, deux petites gravures, d'après des médailles antiques, qui représentent, l'une une Bacchante, l'autre vraisemblablement une prêtresse, tenant en main des tambours semblables à ceux dont nous parlons ici : mais les personnages y tiennent ces instrumens dans une direction un peu plus oblique que ne le font les personnages que nous avons remarqués sur les temples antiques de l'Égypte; ce qui fait que, dans Spon, on aperçoit une partie des éclisses des tambours de basque. Les doigts de la main droite et de la main gauche sont écartés dans les personnages de Spon, ce qui donne lieu de supposer qu'ils pouvaient faire quelque mouvement et frapper sur le tambour, comme le font

trument qu'un son grave et bruyant[1] qui avait même quelque chose de rauque[2].

Ces tambours différaient aussi de ceux des Égyptiens modernes, en ce qu'ils étaient couverts d'une peau de vache[3] tandis que ces derniers sont couverts d'une peau de chèvre ou de bayâd.

Cependant il paraît que, depuis la plus haute antiquité jusqu'à ce jour, l'usage de cette espèce d'instrument a toujours été presque exclusivement réservé aux femmes. Chez les Hébreux, c'étaient des femmes qui en jouaient. Chez les Grecs et chez les Romains, on ne le voyait non plus qu'entre les mains des femmes; et si les Corybantes en faisaient usage, c'était parce qu'ils avaient renoncé à leur sexe, en se privant des organes de la vi-

encore aujourd'hui ceux qui jouent de cet instrument; tandis que, sur les monumens antiques de l'Égypte, les doigts de la main droite sont étendus, serrés et roides, et ceux de la main gauche ne se voient point: mais cette différence tient peut-être à la manière des artistes de ces temps reculés, qui tous mettaient beaucoup de roideur dans tous les mouvemens de leurs figures.

[1] *Et tympano resonante concors infremebat echo.*
Nonn. *Dionysiac.* lib. XXVII, v. 229.

Cum tympanis grandisonis.
Euripid. *Bacchæ*, v. 155 et seq.

...... *Cybelles, Phrygia ad nemora Deœ,*
Ubi cymbalùm sonat vox, ubi tympana reboant.
Catull. LXI, v. 20.

[2] *Tympana cùm subitò non apparentia raucis*
Obstrepuere sonis.
Ovid. *Metam.* lib. IV, v. 391.

[3] *Et tympana compacta ex bubula pelle accipite.*
Euripid. *Helen.* v. 1363.

Et feriunt molles taurea terga manus.
Ovid. *Fast.* lib. IV, v. 342.

rilité. Les *foqarâ* d'Égypte, dont les cérémonies et les danses ont beaucoup d'affinité avec celles des Corybantes, s'étant affranchis de bien des règles établies par le prophète ou par les autres statuts de la religion musulmane, d'après lesquels il est défendu aux mahométans de faire usage de la musique et des instrumens dans leurs prières religieuses, ont admis aussi cette sorte d'instrument dans leurs *zekr*; mais ces moines font exception dans l'ordre religieux comme dans l'ordre civil.

Il n'est pas sans exemple, cependant, que les *alâtyeh*, qui sont les musiciens de profession du pays, se soient servis quelquefois de ces sortes de tambours, et ils en jouent encore de temps à autre; mais cela arrive trop rarement pour qu'on puisse le regarder comme un usage.

Il y a fort peu de rapport assurément entre l'emploi que font aujourd'hui les Égyptiens de ces tambours et celui qu'en faisaient les anciens peuples. Les Hébreux avaient admis cet instrument dans toutes leurs plus grandes solennités publiques, religieuses ou politiques. Ils s'en servaient, soit lorsque l'on transportait l'arche d'un lieu à un autre[1], soit lorsqu'on rendait grâces à Dieu de quelque événement heureux pour la nation[2]; après une victoire[3]; pendant les danses et les chants re-

[1] *David autem et omnis Israel ludebant coram Domino in omnibus lignis fabrefactis, et citharis, et lyris, et tympanis, et sistris, et cymbalis.* (II Reg. cap. vi, v. 5.)
Porrò David et universus Israel ludebant coram Deo omni virtute in canticis, et in citharis, et psalteriis, et tympanis, et cymbalis, et tubis. (I Paral. cap. xiii, v. 8.)

[2] *Sumpsit ergo Maria prophetissa, soror Aaron, tympanum in manu sua; egressæque sunt omnes mulieres post eam cum tympanis et choris.* (Exod. cap. xv, v. 20.)

[3] *Incipite Domino in tympanis, cantate Domino in cymbalis, modulamini illi psalmum novum, exaltate et invocate nomen ejus.* (Judith, cap. xvi, v. 2.)

33.

ligieux [1]; aux néoménies [2]; pour aller au-devant de quelqu'un et le recevoir avec honneur [3], ou pour le reconduire lorsqu'il s'en allait [4]; dans les festins [5], dans les jeux [6], dans les plaisirs de la jeunesse [7], etc.; mais ils ne s'en servaient jamais dans les temps de deuil et de calamités publiques [8].

Chez les Grecs et chez les Romains, cet instrument était particulièrement consacré à la célébration des mys-

Porrò, cùm reverteretur percusso Philisthœo David, egressæ sunt mulieres de universis urbibus Israel, cantantes chorosque ducentes in occursum Saül regis, in tympanis lætitiæ et in sistris. (I Reg. c. XVIII, v. 6.)

[1] *Laudent nomen ejus in choro: in tympano et psalterio psallant ei.* (Psal. CXLIX, v. 3.)

Laudate eum in tympano et choro: laudate eum in chordis et organo. (Psal. CL, v. 4.)

[2] *Sumite psalmum, et date tympanum, psalterium jucundum cum cithara. Buccinate in neomenia tubâ, in insigni die solemnitatis vestræ.* (Ps. LXXX, v. 3 et 4.)

[3] *Excipientes eum cum coronis et lampadibus, ducentes choros in tympanis et tibiis.* (Judith, c. III, v. 10.)

Revertente autem Jephte in Maspha domum suam, occurrit ei unigenita filia sua cum tympanis et choris. (Judic. cap. XI, v. 34.)

Et elevaverunt oculos suos, et viderunt; et ecce tumultus, et apparatus multus: et sponsus processit, et amici ejus, et fratres ejus obviàm illis cum tympanis et musicis, et armis multis. (Machab. c. IX, v. 39.)

[4] *Cur ignorante me fugere voluisti, nec indicare mihi, ut prosequerer te cum gaudio, et canticis, et tympanis, et citharis?* (Gen. c. XXXI, v. 27.)

[5] *Cithara, et lyra, et tympanum, et tibia, et vinum in conviviis vestris.* (Isa. cap. V, v. 12.)

Les anciens Égyptiens faisaient aussi usage du tambour dans leurs festins, et c'est ce que leur reproche S. Clément d'Alexandrie, *Pæd.* l. II, c. IV (*Quomodò in conviviis se recreare oporteat, pag.* 163. C):

Sin autem in tibiis et psalteriis, choris et saltationibus et plausibus Ægyptiorum, et dissolutis ejusmodi otiis studiosè versentur, immodesti, insolentes, valdè qui à bona disciplina alieni evaserint, utpote quos cymbala et tympana circumsonent, et fraudis instrumenta circumcrepant.

[6] *Rursumque ædificabo te, et ædificaberis, virgo Israel: adhuc ornaberis tympanis tuis, et egredieris in choro ludentium.* (Jer. c. XXXI, v. 4.)

[7] *Egrediuntur quasi greges parvuli eorum, et infantes eorum exultant lusibus. Tenent tympanum et citharam, et gaudent ad sonitum organi.* (Job. cap. XXI, v. 11.)

[8] *Cessavit gaudium tympanorum, quievit sonitus lætantium; conticuit dulcedo citharæ.* (Isa. c. XXIV, v. 8.)

tères de Bacchus [1], de Rhée [2] et de Cybèle [3]; rarement il était employé dans les amusemens particuliers ou dans les plaisirs du vulgaire, et jamais, non plus que chez les Hébreux, dans les temps de deuil et de calamité [4].

Les Égyptiens modernes, au contraire, n'admettent cette espèce d'instrument dans aucune cérémonie publique, solennelle ou politique, ni dans aucune circonstance sérieuse de quelque importance : il est uniquement consacré à la joie. On s'en sert dans les réjouissances domestiques de l'hyménée; il devient un moyen de ré-

---

[1] *Nunc feror, ut Bacchi furiis Eleleïdes actæ,*
Quæque sub Idæo tympana colle movent.
Ovid. *Heroïd.* iv, v. 47.

At si quis ipsas Evii ad sacra advocet,
Aut Panos aut Coliados aut Genetyllidos,
Vix colloqui esset, sic sonarent tympana.
Aristoph. *Lysistrata*, v. 1 et seq.

Ergo ille luxus feminarum promicat,
Sonusque tympani et frequens bacchatio.
Aristoph. *Lysistrata*, v. 387.

[2] *Veneranda Rhea, filia multiformis primogeniti,*
Quæque super tauriferum sacras rotas habentem copula coronas,
Tympanis sonans, amans insaniam, œstri œripes puella.
Orph. *Suffim. aromat. in Rheam.* v. 1 et seq.

[3] *Veni ad sacrificium, veneranda, tympanis gaudens,*
Omnia domans, Phrygiæ servatrix, Saturni uxor,
Cœlestis, veneranda, vitræ nutrix, œstrum amans,
Veni læta, grata pietati.
Orph. *Matris deorum suffim. var.* v. 11 et seq.

Tympana *vox buxusque vocant Berecynthia matris.*
Virgil. *Æneid.* lib. ix, v. 619.

[4] *Nec Bacchæ thyrsigeræ,*
Non tympanorum *strepitus.*
Euripid. *Cyclops*, v. 64 et 65.

Non crepitacula æris et tympanorum *pulsationes.*
Euripid. *Cyclops*, v. 204.

création pour les femmes dans leur harem. Il est ordinairement aussi du nombre des instrumens des saltimbanques ou ménétriers qui suivent les *ghaouâzy* et qui les accompagnent dans leurs danses, des jongleurs qui amusent la populace dans les carrefours et dans les places publiques : mais, hors de ces cas, nous n'avons pas remarqué qu'il fût en usage, si ce n'est dans une danse funèbre de *fellâh* que nous avons décrite dans notre Mémoire sur l'état actuel de l'art musical en Égypte[1].

Une opposition aussi marquée entre l'usage que les anciens faisaient de ces sortes de tambours et celui auquel ils sont bornés chez les Égyptiens modernes, ne peut avoir assurément pris sa source que dans l'éloignement que Mahomet a inspiré aux musulmans pour tout ce qui tient au cérémonial des autres religions.

CHAPITRE III.

Des diverses timbales en usage en Égypte; des dimensions de chacune d'elles, de l'emploi qu'on en fait, et de la manière de s'en servir.

Le son de cette espèce d'instrument, sans être tout-à-fait impossible à distinguer, tient néanmoins beaucoup de la qualité du son des instrumens purement bruyans,

---

[1] L'usage du tambour de basque dans les cérémonies funèbres, chez les Égyptiens, a été aboli par Aly, pâchà du Kaire, dans l'an 1626, au mois de mai; depuis ce temps, on ne s'en est plus servi dans ces circonstances *Voyez* les Notices et extraits des manuscrits de la Bibliothèque royale, tom. 1, pag. 263.

c'est-à-dire de celui des tambours : aussi, quand les Égyptiens ne désignent point leurs timbales par un nom particulier, ils leur donnent le même nom par lequel ils désignent leurs tambours ; seulement ils ajoutent à ce nom une épithète propre à distinguer cette timbale des tambours.

Pour nous, qui n'avons qu'une sorte de timbales, nous n'éprouvons pas le même embarras ; un seul nom nous suffit ; et ce nom, qui est une onomatopée, caractérise passablement le son de cet instrument, ou plutôt encore l'action par laquelle on le frappe.

On compte en Égypte sept sortes de timbales, dont six sont différentes les unes des autres, soit par la forme, soit par la matière ; la septième diffère au moins de celles-ci par l'emploi qu'on en fait. Parmi ces sortes de timbales, il y en a cinq en usage dans les cérémonies solennelles, lorsque toutes les autorités de la ville réunies se rendent dans le lieu vers lequel les appelle le motif qui les a rassemblées[1] ; et c'est ordinairement aux principales fêtes ou réjouissances publiques. Dans ces circonstances, les autorités religieuses, montées sur des mulets[2], et les autorités civiles et militaires, montées sur des chevaux, sont toujours accompagnées des instrumens de musique dont le son est le plus éclatant ou le plus bruyant. Ces instrumens sont le zamr, les trompettes, les cymbales, les timbales et les tambours.

Les timbales, qui sont en usage aux grandes solen-

---

[1] *Voyez* les notes de l'article précédent.

[2] C'était jadis en Europe, comme en Égypte, la monture de distinction des gens de loi ou des ecclésiastiques. Depuis long-temps, cet usage n'existe plus parmi nous ; le pape seul l'avait conservé.

nités, sont les *noqqâryeh* نقّاريه; les *naqrazân* نقرزان; les *tabil châmy* طبل شامى, c'est-à-dire les tambours de Syrie; le *tablat eg-gâouyg* طبلة الجاويج, c'est-à-dire tambour du *gaouyg*[1]; et le *tabil migry* طبل مجري, ou tambour occidental.

Toutes ces timbales sont en cuivre et couvertes d'une peau, ainsi que les nôtres; mais elles ont, à proportion de leur capacité, plus de profondeur que nos timbales.

Les *noqqâryeh* sont deux grosses timbales en cuivre, d'inégale grandeur, mais qui ont les mêmes proportions; elles sont portées sur un chameau ou sur un mulet qui sert de monture à celui qui les bat : la plus grosse[2] est à sa droite, et la moins grosse à sa gauche. La plus grosse peut avoir de diamètre 650 millimètres sur la surface A que présente la peau qui couvre l'orifice du vase en cuivre; sa profondeur, depuis le centre C de la peau jusqu'au sommet B de la partie convexe, nous a paru être de 532 millimètres. La moins grosse doit avoir environ 433 millimètres d'étendue diamétrale à sa surface A, et sa profondeur, depuis le centre C de cette surface jusqu'au sommet B de la partie convexe, 328 millimètres. Ces deux timbales se battent alternative-

---

[1] Nous avons entendu prononcer ce mot au Kaire, *chaouych*. M. Cheftegy, prêtre qobte, natif du Kaire, prononce *chaouych*, et nous a même écrit ce mot en arabe de cette manière, شويش; mais nous suivons ici l'orthographe qu'a adoptée Dom Raphaël, prêtre grec, natif aussi du Kaire et interprète arabe, lequel nous a écrit ce mot tel que nous le présentons. Nous pensons que ce savant a, pour l'écrire ainsi, quelques raisons que nous ne connaissons pas. Cependant, nous le répétons, nous n'avons jamais entendu prononcer ce mot au Kaire autrement que *chaouych*.

[2] On n'a gravé que celle-ci et deux d'une autre forme, parce que toutes les autres sont de l'une de ces deux espèces, sinon que les proportions en sont différentes.

ment avec des baguettes x, y, ou avec de petits maillets de bois : ces baguettes, ainsi que celles des tambours, se nomment en arabe *qadâbbah* قضابّه[1]. On frappe à coups plus ou moins précipités sur la moins grosse, et à coups plus ou moins lents sur la plus grosse, suivant le rhythme qu'a adopté le timbalier ; ce qui se pratique de même pour toutes les espèces de timbales doubles.

Les *naqrazân* نقرزان sont deux timbales de moyenne grandeur, l'une d'un plus grand volume que l'autre, quoique toujours dans les mêmes proportions. Il est vraisemblable que le nom de *naqrazân* est un mot composé de نقر *naqr*, qui signifie *bruit*, ou, dans le langage technique de la musique arabe, le temps rhythmique marqué par le bruit de l'instrument que l'on frappe, et de زن *zan*, qui, en turk et en persan, exprime l'action de frapper. Conséquemment, *naqr-zan* signifierait, *qui fait le naqr*, c'est-à-dire qui marque la mesure. Le mot *zan* s'emploie ici dans le même sens que le mot زدن *zadan*, qui, en persan, signifie *frapper, jouer des instrumens de musique*, et même des instrumens à vent aussi bien que des instrumens à percussion ou à cordes ; car on dit en persan ناي زدن *nây zadan*, jouer de la flûte, comme l'on dit دفّ زدن *deff zadan*, jouer du *deff* (espèce de tambour de basque dont nous avons parlé), et طبل زدن *tabl zadan*, battre la caisse : on appelle même en persan طبل زن *tabl zan*, le tambour, celui qui bat la caisse. Il y a donc tout lieu de croire que le mot *naqrzan* est formé ainsi que nous l'avons présumé, et qu'il doit avoir l'acception que nous lui donnons. Celui qui

[1] En turk, on les appelle چوماق *tchoumâq*.

bat les *naqrazân* est monté sur un âne; à chacun de ses côtés, il a une de ces timbales. La plus grande est à sa droite; elle peut avoir de diamètre, à sa surface A, 532 millimètres, et 325 millimètres en profondeur, depuis le centre *c* de la surface A, jusqu'au sommet B de sa partie convexe. La plus petite est à sa gauche; elle a à peu près de diamètre, à sa surface A, 270 millimètres; sa profondeur, depuis le centre *c* de cette surface jusqu'au sommet B de la partie convexe, n'a guère moins de 217 millimètres. La manière de battre cet instrument est la même que celle des *noqqâryeh;* seulement, les baguettes sont plus petites.

Le *tabil châmy* طبل شامى, ou tambour de Syrie, est une timbale qui a très-peu de profondeur en raison de sa largeur[1]. Le diamètre de sa surface plate A est de 487 millimètres; et sa profondeur, à partir du centre *c* de cette surface, jusqu'au sommet B de sa surface convexe, n'est pas de plus de 108 millimètres. Celui qui bat la timbale, tient cet instrument suspendu verticalement sur son ventre par un cordon, une lisière ou une courroie qui passe par-dessus son cou, et dont les deux bouts viennent s'attacher chacun à un anneau soudé au bord de l'instrument. On bat cette timbale aussi avec deux petites baguettes.

Le *tablat eg-gáouyg* طبلة الجاويج est une petite timbale dont le *gáouyg,* ou plutôt le *chaouych,* se sert lorsqu'il fait partie du cortége des autorités réunies de la ville dans les grandes solennités. Celui-ci est monté à cheval, et tient de la main gauche cette timbale par une poignée

[1] *Voyez* pl. C|C, fig. 29 et 30.

qui se trouve au sommet B de la partie convexe de cet instrument, et la bat de la droite avec une petite baguette. Le *tablat eg-gâouyg* a de diamètre, à sa surface A, 217 millimètres, et de profondeur, à partir du centre c jusqu'au sommet B de sa partie convexe, 162 millimètres.

Le *tabil migry* طبل مجري, ou tambour occidental, est une petite timbale dont le diamètre n'a pas plus de 162 millimètres, et dont la profondeur est à peu près de 135 millimètres : elle a aussi un petit manche ou une poignée pour la tenir, et se frappe, non pas avec des baguettes, comme la précédente, mais avec un bout de lanière.

Les deux autres timbales, qui ne sont point admises parmi les instrumens de musique civile et militaire, sont le طبلة المحرّ *tablat el-mousaher* et le طبلة المشيخ *tablat el-mecheykh*. Le *tablat el-mousaher*[1] se nomme encore باز *bâz*. C'est une petite timbale qui ne diffère guère de la précédente que parce qu'elle se frappe avec une baguette de bois, et que le corps de l'instrument n'est pas toujours en cuivre[2]. Plusieurs confréries de *foqarâ* règlent les mouvemens de leurs danses ou *zekr* par le bruit mesuré et cadencé de cet instrument, comme, par exemple, la confrérie des *mellâouyeh*[3], celle des *chyn-*

---

[1] Nous avons expliqué, dans notre Mémoire sur l'état actuel de l'art musical en Égypte, *É. M.*, t. xiv, ce que c'est que le mousaher, et l'usage que celui-ci fait de son instrument.

[2] On voit quelquefois de ces timbales en terre ou en bois.

[3] Cette confrérie a été appelée ainsi, du nom de son fondateur, Gelâl ed-dyn Mellâouy, de Mellao dans le pays des Moghrebins, c'est-à-dire dans la Barbarie. Les *mellâouyeh* ont leur bannière verte, et portent le châle de leur turban aussi de cette couleur.

ndouyeh¹, celle des a'loudnyeh², celle des *bourhamyeh*³, celle des *saadyeh*⁴, celle des *khalouatyeh*⁵, etc.

Le *tablat el-mecheykh* طبلة المشيخ est une petite timbale d'un moindre diamètre encore que celui du bâz; elle est plus ordinairement en bois qu'en cuivre. C'est l'instrument dont se servent quelques mendians en Égypte, et surtout au Kaire. Il est d'autant plus nécessaire aux pauvres de ce pays d'employer des moyens qui les annoncent quand ils passent dans les rues, comme de chanter, de jouer de la flûte ou de battre de petites timbales, que, toutes les maisons y étant habituellement fermées⁶, et les femmes étant retirées dans leur harem,

---

¹ Le chef-lieu de cette confrérie est à Tantah, ville de la contrée *Bahary* ou de la mer. Leur fondateur fut Syd el-Bedaouy. Ceux-ci se distinguent par une bannière en soie rouge ; ce qui est contraire aux principes religieux des musulmans, qui rejettent l'usage de la soie, de l'argent, de l'or, des diamans, et de tout ce qui est de luxe : mais les mahométans, comme les sectateurs de bien d'autres religions, ne se sont point assujettis strictement aux principes qui leur ont paru trop rigoureux. Les *chynndouyeh* vont tête nue, ou, s'ils se couvrent, ils ont soin d'avoir toujours le châle de leur turban de la couleur de la bannière de leur confrérie, c'est-à-dire rouge.

² Les *a'loudnyeh* sont ceux qui, dans certaines circonstances, comme à la fête du *Mahmal*, portent de grosses pierres pendues à leur cou, et s'en frappent la poitrine, ou marchent armés de fers pointus ou de poignards dont ils se frappent à la tête, à la figure, aux yeux, à la poitrine, qu'ils ont découverte; ils les y laissent même souvent pendre pendant quelques instans, poussent des cris horribles, et ensuite les retirent.

³ Cette confrérie a pour fondateur le cheykh Syd Ibrâhym ed-Dessouqy ; leur bannière et leurs turbans sont de couleur verte.

⁴ Les *saadyeh* sont ceux qui mangent des serpens crus. Cette confrérie tire son origine de Saad ed-dyn eg-Gebaouy, du pays d'E'râq, son fondateur. Leur bannière et les châles de leurs turbans sont de couleur verte.

⁵ Cette confrérie a été fondée par Abou-yazyd el-Bourhamy. Leur bannière, ainsi que les châles de leurs turbans, sont blancs.

⁶ Il n'y a d'ouvert le jour, en Égypte, que la boutique des bazars ou des marchands quelconques, et les cafés; ces lieux-là, que l'on n'habite pas, ne sont occupés que le jour.

ils ne pourraient être vus de personne, ni attirer par conséquent l'attention et la commisération des personnes charitables qui ont intention de les secourir.

CHAPITRE IV.

Des instrumens bruyans ou des tambours.

Un bruit confus, une cacophonie que l'oreille ne supporte qu'avec peine, n'ont jamais paru faits pour s'allier avec des mouvemens réglés et cadencés de plusieurs personnes que le plaisir a réunies; image intéressante de la concorde, de la bonne intelligence et des tendres affections, qui constituent l'ordre et le bonheur de la société : aussi les instrumens absolument privés de mélodie et seulement bruyans ont-ils été généralement exclus de la danse chez presque tous les peuples, et surtout chez les peuples civilisés, parmi les personnes bien élevées, dont le goût épuré exige plus de délicatesse dans le choix de leurs plaisirs. C'est pourquoi les tambours, comme étant plus propres à répandre le trouble et le désordre dans les sens, ou à faire naître l'inquiétude et l'impatience, ou à exciter la colère, à provoquer la vengeance, ou à répandre la terreur et l'épouvante, suivant qu'on les frappe plus faiblement, plus fortement ou plus violemment, et suivant que le rhythme des coups qu'on frappe est plus ou moins égal, plus lent ou plus rapide, ont toujours été employés avec plus de succès dans les armées, au milieu des camps et au moment d'une mêlée, que dans toute autre circonstance. Nous doutons cependant que jamais leur effet ait été aussi puissant que l'étaient chez les anciens peuples ces cris affreux que poussaient à-la-fois des milliers de soldats animés du désir de combattre, à la vue de l'ennemi, et à l'instant où, brûlant d'impatience d'en venir aux mains, ils se précipitaient sur lui avec une impétuosité furieuse. Les Spartiates, dont il était, au contraire, plus nécessaire de modérer que d'exciter la valeur, loin d'avoir recours au bruit pour enflammer le courage de leurs guerriers, employaient la flûte comme l'instrument le plus mélodieux, et celui dont les sons, par leur douceur, ainsi que les chants graves qu'ils accompagnaient, et la puissance du rhythme dactylique qui les réglait, étaient plus capables de calmer la bouillante ardeur qui animait chaque soldat, qu'ils n'étaient faits pour irriter ses sens. L'histoire ancienne ne nous offre aucun exemple de l'usage de tambours aussi gros que notre caisse militaire, et, à plus forte raison, d'un volume aussi considérable que celui de notre grosse caisse. Les tambours portent un caractère de barbarie que le rhythme le plus habilement mesuré ne peut effacer. Cette espèce d'instrument, inconnue des anciens, et qui est employée aujourd'hui dans les armées, chez presque tous les peuples de l'ancien et du nouveau monde, ne nous semble pas avoir paru dans nos contrées avant les premières invasions des *Tatars* du Turquestan en Asie, en Afrique et en Europe : nous sommes même très-disposés à croire qu'elle a été apportée par ces peuples dans les pays qu'ils ont conquis, et que ce n'est que depuis cette époque que l'usage s'en est répandu, de proche en proche, dans les autres pays. Enfin nous sommes persuadés que ces sortes de tambours ont une origine commune avec les divers *kou* ou tambours actuellement en usage à la Chine, et dont plusieurs ressemblent beaucoup à la grosse caisse, qu'on nomme en Égypte, aussi bien qu'en Europe, *tambour turk* : nous essaierions même de le prouver, si nous ne craignions pas de trop nous étendre.

La plupart des gros tambours dont se servent aussi les Égyptiens, sont à peu près de même forme que les nôtres; mais, en général, le diamètre de leur grosseur est plus grand que celui de ces mêmes instrumens chez nous.

Celui de tous les tambours des Égyptiens modernes qui a le plus de volume, s'appelle *tabil tourky* طبل تركي. Ce tambour est semblable à notre grosse caisse militaire, que nous nommons aussi *tambour turk* : il se bat de même, d'un côté, avec une baguette dont la tête est terminée par un tampon recouvert en peau, et, de l'autre, avec un faisceau de lanières de cuir de buffle qu'on nomme *derykah* دريكة. Cette grosse caisse, ainsi que celui qui la bat, sont portés sur un âne.

La seconde espèce de tambour s'appelle طبل بلدي *tabil belady*, c'est-à-dire *tambour du pays*. Ce tambour est plus gros que nos caisses militaires ordinaires, mais il est moins grand que le tambour turk : il est cependant suspendu, de même que celui-ci l'est chez nous, devant celui qui le bat, c'est-à-dire que le cylindre est dans une direction horizontale, et qu'il se frappe de même. Ces instrumens-là font partie de la musique civile et militaire.

Il y a encore une autre espèce de tambour qu'on nomme *darâboukkeh* ضرابكة. Pour celui-ci, à cause de sa singularité, il a été dessiné et gravé dans cet ouvrage, *planche* CC, *figure* 31.

On voit des *darâboukkeh* construits en bois, et d'autres qui sont en terre cuite : celui que nous avons fait dessiner et qui est gravé, est de cette dernière espèce ; nous l'avons préféré au darâboukkeh en bois, parce qu'il nous a paru avoir un son plus clair et plus agréable. Cet instrument ressemble à un long et large entonnoir. Nous appelons la partie large et évasée de l'entonnoir, *le vase*, V ; celle qui est cylindrique, nous la nommons *la queue de l'entonnoir*, Q : ces deux parties sont d'une seule pièce. Le vase V a extérieurement la forme d'un cône tronqué renversé, de la base duquel les bords x seraient arrondis. Ce cône est haut de 108 millimètres ; son plus grand diamètre, qui est à 14 millimètres au-dessus de sa base, à cause de l'arrondissement des angles, est de 217 millimètres. La table T est faite d'une peau de bayâd tendue et collée sur le vase V : le diamètre de sa surface est de 192 millimètres. La queue Q est un cylindre creux, haut de 194 millimètres ; le diamètre du canal de ce cylindre est de 14 millimètres. Enfin la hauteur totale de ce tambour est de 302 millimètres.

Le darâboukkeh ne se voit guère qu'entre les mains des saltimbanques, des jongleurs ou farceurs de carrefour, et de ceux qui accompagnent les danseuses publiques appelées *ghaouázy*. Quelquefois aussi les femmes esclaves s'amusent à en jouer pour se récréer.

Quand on veut se servir de cet instrument, on le tient sous l'avant-bras gauche, de manière que le coude porte sur la queue Q, que la main gauche soit appuyée sur le haut du vase T, et que les doigts puissent frapper sur les bords de la table. On frappe alternativement de la main droite sur le centre *c* de la table, et des doigts de la main gauche près de la circonférence.

Nous avons déjà parlé des divers rhythmes que marquent sur le darâboukkeh ceux qui en jouent, et nous les avons notés en musique dans notre Mémoire sur l'état actuel de l'art musical en Égypte, *Ire partie*, chapitre II, article V. Ainsi nous y renvoyons, pour ne pas répéter ce que nous avons déjà expliqué.

QUATRIÈME PARTIE.

DES INSTRUMENS DE MUSIQUE DES NATIONS ÉTRANGÈRES DONT UN GRAND NOMBRE D'HABITANS SONT RÉUNIS EN ÉGYPTE.

CHAPITRE UNIQUE.

Des instrumens des divers peuples de l'Afrique.

ARTICLE PREMIER.

Des instrumens des Barâbras et des Nubiens.

Pour nous conformer à l'ordre que nous avons suivi dans notre Mémoire sur l'état actuel de l'art musical en Égypte, nous placerons ici ce que nous avons à dire des instrumens de musique des Nubiens et des peuples qui avoisinent la première cataracte du Nil. N'ayant pu voir de tous ces instrumens que la lyre que nous avons décrite plus haut sous le nom de *kissar*, ce que nous allons rapporter des autres, nous le tenons seulement des habitans de ces pays que nous avons connus au Kaire ou dans la haute Égypte, et cela se borne au nom et à l'espèce de chacun des instrumens qui y sont en usage.

Il y a peu de différence entre le nom des instrumens de la même espèce, dans les pays qui s'étendent depuis la première cataracte jusqu'à la ville de *Dongola el-*

A'gouz, c'est-à-dire la vieille ville de Dongola[1]. Dans ces contrées, on fait usage d'une espèce d'instrument à cordes, semblable au rebâb, auquel on donne le nom de *siguery.* On s'y sert aussi d'un hautbois qu'on nomme *sigué,* d'une flûte appelée *garingué,* et de trompettes qu'on désigne sous le nom de *garinga-taoué.* On nomme *ischkarti* l'instrument que nous appelons *tambour de basque.* Les grosses timbales, nommées en arabe *noqqâryeh,* sont connues des Barâbras, et dans tout le pays d'Ibrim, sous le nom de *nogarieh;* plus loin, dans la Nubie, on les nomme *nogaré dourgué,* ou bien *nahhas quettaha.* Il y a aussi, dans le pays de Dongola, une autre espèce de timbale grossièrement construite, qui consiste en un grand vase rond et creux, en terre cuite, semblable à une très-grande gamelle, couverte d'une peau de chèvre; on nomme cette espèce de timbale *tabaq.* La grosse caisse, ou le tambour turk, s'appelle, à Dongola, *soultaneh dourgui,* et ce nom équivaut à celui de *grand tambour turk :* car le mot *dourgui* répond ici au mot تركي *tourky;* et celui de *soultaneh,* qui signifie en ce pays *sultan,* y est employé, ainsi qu'en Égypte, dans plusieurs occasions, comme une épithète pour désigner ce qu'il y a de plus grand, de plus beau ou de meilleur dans son genre. Quant au tambour ou à la caisse ordinaire, ils lui donnent le nom de *kinnatoké.* C'est là tout ce que nous avons pu apprendre sur les instrumens de musique des Nubiens.

[1] C'est ainsi que les habitans de ce pays ont désigné cette ville. Nous avons su d'eux aussi que c'était là que résidait le roi de cette contrée, lequel, du temps que nous habitions au Kaire, il y a onze à douze ans, s'appelait *Samèlé Meseletki.*

ARTICLE II.

Des instrumens mélodieux, des instrumens bruyans et des crotales des Éthiopiens, et particulièrement de ceux des Abyssins.

Désirant avoir aussi quelques notions satisfaisantes sur les instrumens de musique des Éthiopiens, et principalement sur ceux des Abyssins, comme nous en avions eu sur l'art musical de ces mêmes peuples, nous ne laissâmes pas échapper l'occasion qui nous en était offerte dans la connaissance que nous avions faite du patriarche et des prêtres abyssins; et ce que nous apprîmes d'eux nous parut d'autant plus digne de confiance, que nous le trouvâmes, dans bien des points, conforme à ce que Laborde a écrit sur la musique des Abyssins, dans son Essai sur la musique, *tom.* 1er, *pages* 264 *et* 265. « Les Abyssins, dit cet auteur, ne connaissent que six instrumens, la flûte, la trompette, la timbale, le tambourin, le sistre et la lyre. » Il est vrai qu'on peut classer ainsi tous leurs instrumens : mais il y en a dans chaque genre, et même dans chaque espèce, qui méritent d'être distingués des autres; et en effet, ils sont connus les uns et les autres en Éthiopie sous des noms particuliers qu'il n'est pas inutile de rapporter. Parmi les instrumens à cordes, on en compte trois principaux, qui sont le *massaneqo* መሰንቆ, le *baganá* በገና, et l'*inzirá* ዕንዚራ. Parmi les instrumens à vent, on en compte cinq : l'*embiltá* እምቢልታ, le *zagouf* ዛጉፍ, le *malakat* መለከት,

le *ghentâ* ግንታ, et le *qand* ቀንድ. Les instrumens de percussion sont au nombre de huit, dont quatre de l'espèce des instrumens bruyans, qui sont le *nagârit* ነጋሪት, le *kabaro* ከበሮ, le *qanda* ቀንዳ, et l'*atâmo* አታሞ; et quatre de l'espèce des crotales, qu'on nomme le *dsanâdsel* ጸናጽል, le *taka* ጠቀዐ, le *qâkel* ቃጨል[1], et le *daule* ደወል: ce qui fait, comme on le voit, seize instrumens différens.

Le *massaneqo* መሰንቆ est un instrument à corde et à archet. Il y a des *massaneqo* semblables au rebâb des Égyptiens, et d'autres faits comme la kemângeh; il y en a encore qui ont d'autres formes qu'on ne nous a pas bien expliquées : mais tous ces *massaneqo*, de quelque forme qu'ils soient, n'ont qu'une corde. Le nom de *massaneqo*, en éthiopien, paraît être le nom générique des instrumens à cordes[2], soit qu'on les fasse résonner avec l'archet, avec le *plectrum*, ou avec les doigts; c'est pourquoi, sans doute, on a fait quelquefois correspondre le

---

[1] Suivant Ludolf, on devrait prononcer *qatchel*. Dans son dictionnaire, il écrit ce mot ቀጨል. Voyez *Grammatica linguæ Amharicæ*, p. 4, et *Lexicon Amharico-latinum*, col. 37. (*Note de M. Silvestre de Sacy.*)

[2] Le mot *massaneqo* a été pris aussi dans le sens de *cithare* par les Éthiopiens qui ont traduit la Bible. C'est ainsi que nous l'avons trouvé employé dans le psautier des Abyssins, lequel a été copié d'après la Bible éthiopienne. Cette Bible, suivant ce qu'on nous a appris, fut traduite d'abord d'après la traduction arabe : mais, depuis, un prêtre éthiopien, qui avait fait ses études à Rome, ayant trouvé cette traduction inexacte, en fit une nouvelle d'après la Vulgate; et, suivant cette dernière traduction, le mot *massaneqo* répond à *cithara*, dans les versets suivans :

ግነዩ ፡ ለእግዚአብሔር ፡ በመሰንቆ ፡
Gue na you :   la e g zi a be   he re :   ba ma ssa ne qo :
Confitemini :   Domino :   in cithara.

Psalm. XXXII, v. 3.

mot éthiopien *massaneqo* au mot *organum* de la Vulgate, lequel signifie toute espèce d'instrument de musique.

Nous présumons que c'est le nom corrompu de cet instrument que Laborde a écrit *messinko*; mais la description qu'il fait de l'instrument qu'il nomme ainsi, ne ressemble nullement à celle que les prêtres abyssins nous ont faite de leur massaneqo. Laborde nous dit « que la lyre en amharic est appelée *beg*, et en éthiopien *messinko*; que ce mot vient de *sinko*, qui signifie *frapper les cordes avec les doigts.* » Les prêtres abyssins nous

ኧገኒ: ለከ: አምለኪየ: በመሰንቆ:
E ganni : la ka : a me la ki ya : ba ma ssa ne qo :
Confitebor : tibi : Deus meus : in cithara.

Psalm. XLII, v. 5.

ወይትነሣእ: በመዝሙር: ወበመሰንቆ:
Ouaye t ne ss a : ba ma z mou r : oua ba massa ne qo :
Et exsurgat : cum psalterio : et cithara.

Psalm. LVI, v. 9.

ወእዚምር: ለከ: አምለኪየ: በመሰንቆ:
Oua e zi mme r : la ka : a me la ki ya : ba ma ssane qo :
Et psallam : tibi : Deus meus : in cithara.

Psalm. LXX, v. 22.

ንሥኡ: መዝሙራ: ወሀቡ: ከበሮ:
Ne se ou : ma z mou ra : oua ha bou : ka ba ro :
Sumite : psalmum : et date : tympanum.

Psalm. LXXX, v. 2.

መዝሙራ: ሐዋዝ: ዘምስለ: መሰንቆ:
Ma z mou ra : ha oua z : ze me s la : massa ne qo :
Psalterium : jucundum : cum : cithara.

Ibid.

በዘ: ፲: አወታሪሁ: መዝሙራ:
Baze : assertou : a ou tá ri hou : ma z mou ra :
In decachordo : psalterio.

ont assuré que le massaneqo avait un manche et se jouait avec un archet; qu'il y en avait de semblables à la kemângeh et de l'espèce du rebâb : or, la lyre diffère essentiellement de ces instrumens, en ce qu'elle n'a ni manche, ni touche pour le doigter, et qu'au lieu d'en jouer avec un archet, on la pince avec les doigts et on la bat avec le *plectrum*. D'un autre côté, si le mot *beg* est le nom d'un instrument en dialecte *amara*[1], il est

በማኀሌተ፡ ወመሰንቆ፡
Ba má he le t : oua ma ssa ne qo :
Cum cantico : et cithara.
Psalm. XCI, v. 3.

ዘምሩ፡ ለእግዚአብሔር፡ በመሰንቆ፡
Za mme rou : la e g zi a be he re : ba massa ne qo :
Psallite : Domino : in cithara.
Psalm. XCVII, v. 7.

ወእትነሣእ፡ በመዝሙር፡ ወበመሰንቆ፡
Oua e t ne ss a : ba ma z mou r : oua ba ma ssa ne qo :
Et exsurge : cum psalterio : et cithara.
Psalm. CVII, v. 2.

ወዘምሩ፡ ለእምላክነ፡ በመሰንቆ፡
Oua za mme ro : le a m la ke na : ba massa ne qo :
Et psallite : Deo nostro : in cithara.
Psalm. CXLVI, v. 7.

ሰብሕሞ፡ በመዝሙር፡ ወበመሰንቆ፡
Sa bbe h ouo : ba ma z mou r : oua ba massa ne qo :
Laudate eum : in psalterio : et in organo.
Psalm. CL, v. 3.

Toutes les *s* se prononcent durement, et les *b* doivent être articulés très-faiblement et à peu près comme des *v*.

[1] Nous prononçons et nous écrivons ce nom comme nous l'avons entendu prononcer et comme nous l'avons vu écrire par les prêtres abyssins; jusqu'ici l'on a écrit አምሓራ et prononcé *amhara* ou *amharic*.

bien étonnant que les prêtres abyssins que nous avons consultés, et qui parlaient et écrivaient habituellement en ce dialecte, aient oublié de nous faire mention de ce nom, eux qui ont appporté un si grand zèle à nous donner, sur la musique et les instrumens éthiopiens, des renseignemens détaillés et très-circonstanciés, comme nous les en avions priés [1].

Pour le mot *messinko*, nous le regardons comme une corruption de *massaneqo* [2], lequel vient, non de *sinko*, qui n'est ni éthiopien ni amara, mais de ሰነቀወ *sanqaoua*, qui, suivant la Bible éthiopienne, et suivant Castell ou plutôt selon Ludolf, signifie, *il a joué de la cithare*, mais qui, selon les prêtres abyssins, a un sens beaucoup plus étendu, et signifie *jouer d'un instrument à cordes quelconque*, et particulièrement *de la viole*.

Le *baganá* በገና est une lyre [3] à dix cordes accouplées, dont l'une sonne l'octave de l'autre : par conséquent, cet instrument est de l'espèce des *magadis*, et ne rend que cinq sons absolument différens, ainsi que le kissar ; il se frappe aussi, comme ce dernier, avec le *plec-*

---

[1] Le mot በግ *bag* ou *bég* se trouve en ce sens dans le *Lexicon Amharico-latinum* de Ludolf, col. 44, comme correspondant au mot éthiopien መሰንቀ *massaneqo*. Je crois que c'est le même mot que l'auteur de ce mémoire écrit et prononce በገና *baganá* : ና *ná* est une particule qui s'attache à la fin des mots. (*Note de M. de Sacy.*)

[2] Nous avons écrit ce mot par deux *s*, quoiqu'il n'y en ait qu'une dans le mot éthiopien, dans la crainte qu'on ne prononçât l's seule comme un z.

[3] « La première lyre des Abyssins, dit Laborde, a été faite avec les cornes d'une chèvre appelée *agazan*, que l'on trouve en Afrique... On peut voir la forme de cet animal, ajoute-t-il, dans l'*Histoire naturelle* de Buffon. Depuis, on s'est servi d'une espèce de bois rouge, particulier à ce pays, et les lyres qu'on fait avec ce bois ont trois pieds et trois pieds et demi. »

trum. C'est donc à tort que Laborde a dit que *le plectrum n'a jamais été d'usage en Abyssinie.* Par la description que les prêtres abyssins nous firent du baganâ, et par le dessin qu'ils nous en tracèrent à la plume, nous fûmes convaincus que cette lyre avait beaucoup de rapport avec celle du cabinet du cardinal Albani, qui a été gravée dans l'Essai sur la musique de Laborde, *tom.* 1er, *page* 423, *n°.* 7. En effet, l'ayant fait voir aux prêtres abyssins, ils reconnurent la ressemblance que nous avions présumée. Dans cette lyre, au lieu d'une sébile de bois, comme dans le kissar des Barâbras, c'est une caisse carrée en bois, haute d'environ 271 millimètres, et large à peu près de 325, dont l'épaisseur ou la profondeur, depuis la table jusqu'au dessous, peut avoir 95 millimètres. Sur le milieu de la table, il y a une grande ouïe, et au-dessous de cette ouïe est le tire-corde auquel sont attachées les dix cordes. Sur les éclisses du haut de la caisse, et à 30 millimètres des éclisses latérales, s'élèvent verticalement, au-dessus du corps sonore, deux bâtons ou montans en bois, c'est-à-dire un de chaque côté; et chacun de ces montans doit avoir au moins 379 millimètres en long. L'un et l'autre aboutissent, par le bout du haut, à une traverse en bois semblable à celle du kissar; mais, outre les anneaux en toile dont cette traverse est garnie, ainsi que celle du kissar, pour pouvoir rouler dessus les cordes en tournant ces anneaux autour de la traverse, il y a encore au baganâ de petits tourniquets en forme de croix, de cette manière, X, qui servent à faire tourner plus facilement ces anneaux. A un des montans est attaché le *plectrum,* qu'on nomme en éthiopien

538 INSTRUMENS DE MUSIQUE

ድሕንዛ *dehenizâ*, et qui n'est autre chose qu'un morceau de cuir taillé en forme de fer de lance.

Les Éthiopiens connaissent aussi une lyre à trois cordes, qu'ils nomment ዕንዚራ *nzirâ*[1]. Cette lyre, qu'ils nous ont dessinée à la plume, est travaillée avec moins de soin que la précédente. La caisse du corps sonore est carrée aussi ; mais elle est moins haute que celle du baganâ. La traverse qui porte sur les deux montans, n'est pas dans une direction absolument horizontale, comme aux autres lyres dont nous avons déjà parlé ; elle est plus élevée dans le milieu que sur les côtés : il paraît même que le sommet est terminé par un angle très-ouvert ; et c'est dans cette partie élevée de la traverse que sont attachées les cordes.

La flûte éthiopienne, appelée እምቢልታ *embiltâ*, est une espèce de flûte à bec, percée de sept trous par-devant, dont quatre à quelque distance au-dessous de l'embouchure, et trois à une certaine distance au-dessous des quatre précédens. Il y a aussi des flûtes de la

---

[1] Par la manière dont les traducteurs de la Bible éthiopienne ont employé ce mot dans le ps. cxxxvi, nous sommes portés à croire qu'ils n'ont point suivi la Vulgate, comme on nous l'a rapporté, mais qu'ils ont traduit d'après le texte hébreu ; car voici comment ils ont traduit le verset 2 de ce psaume :

ወስተ ፡ ኩያቲሃ ፡ ሰቀልነ ፡ ዕንዚራቲነ ፡
Oui s ta : kouiyá ti ha : saqa l na : i n zi rá ti na :
In salicibus : suspendimus : organa : nostra.

Or, on voit que, dans ce verset, le mot *inzirátina* répond précisément au mot du texte hébreu כִּנֹּרוֹתֵינוּ *kinnoroténou* (nos harpes, nos cithares), et non aux mots *organa nostra* qu'on lit dans la Vulgate et qui signifient toute espèce d'instrument de musique en général. Or, ዕንዚራ *anzara* au masculin, et ዕንዚራት *anzarat* au féminin, signifie *il* ou *elle a joué de cette lyre*.

même espèce qui ont cinq et trois trous; d'autres qui n'en ont que trois et deux, disposés de la même manière que dans l'embiltâ[1].

Le *zagouf* ዛጐፍ est une autre espèce de flûte qui a beaucoup de rapport avec le nây des Égyptiens; il y en a de percés de six trous, d'autres qui n'en ont que trois, et d'autres encore qui n'en ont que deux. « La flûte, en éthiopien, nous apprend Laborde, est nommée *kwetz*, et en amharic, *agada* : sa forme et sa grosseur sont celles de la flûte allemande; mais on la joue comme la flûte à bec, avec une embouchure pareille à celle du clarinet. Le son en est un peu nasard, comme celui du hautbois, et ne monte pas fort haut : on ne l'estimerait pas dans le pays, s'il était plus doux. »

Nous ne pouvons contester ni garantir l'exactitude de ce récit, n'ayant ni vu ni entendu aucun des instrumens de musique des Éthiopiens; mais les mots *kwetz* et *agada* parurent étrangers aux prêtres abyssins, quand nous les leur prononçâmes[2]. S'ils eussent été écrits en

---

[1] Laborde, ou le voyageur dont il a suivi la relation, nous parle d'une espèce de flûte de ce genre qui est jointe à une outre dont elle reçoit le vent, à laquelle il donne le nom de *nibile*. « Cet instrument des Abyssins, dit-il, est une espèce de flûte à bec, jointe à une outre dont elle reçoit le vent. On voit, ajoute-t-il, que cet instrument ressemble beaucoup à notre musette. Le mot *nebel*, en hébreu, signifie une outre ou une cruche. » Comme Laborde a rapporté ce qu'il dit de la nibile en parlant de quelques autres instrumens qui ne sont point abyssins, ce récit nous est échappé lorsque nous consultions les prêtres de ce pays, et nous n'avons pris aucun renseignement à cet égard : mais il est très-probable que le même instrument que nous avons vu en Égypte sous le nom de *zouqqarah*, peut être connu en Abyssinie sous celui de *nibile*, mot qui a une analogie parfaite avec celui de *nebel* en hébreu, et celui de *nable* en français.

[2] Dans le *Lexicon Amharico-latinum* de Ludolf, pag. 64, on trouve ኣጋዳ *agadá*, qui signifie *arundo*, *calamus*, et l'os nommé *tibia*. (Note de M. Silvestre de Sacy.)

éthiopien ou en dialecte amara, peut-être les auraient-ils reconnus; car, pour peu qu'ils aient été altérés par l'orthographe, et que nous, de notre côté, nous ayons donné à ces mots un accent différent de celui qu'ils devaient avoir, ce qui est très-possible, surtout si ces mots, que nous leur prononcions à la française, ont été empruntés, par Laborde, d'un voyageur anglais, allemand ou italien, dont la prononciation et l'accent sont différens des nôtres, nous les leur aurons infailliblement rendus tout-à-fait méconnaissables. Tout ce que nous pouvons conjecturer, c'est que l'auteur dont Laborde a emprunté le témoignage, parle de la même flûte que nous avons décrite sous le nom d'*embiltâ* እምቢልታ, et que les noms de *kwetz* et d'*agada* qu'il lui donne ne sont ni de l'éthiopien littéral ni de l'amara, mais seulement, peut-être, des mots de quelques-uns des quatorze dialectes de la langue éthiopienne, qui n'étaient pas connus de nos prêtres abyssins.

La trompette, en Abyssinie, se nomme መለከት *malakat*: c'est, en ce pays, un instrument de guerre; et cependant on en fait usage à l'église. Il y a de grands et de petits *malakat*, qui tous n'ont en cuivre que la partie qu'on nomme *le pavillon*. Suivant Laborde, « la trompette éthiopienne est appelée *meleketa* ou *meleket* et *keren*[1], c'est-à-dire corne; ce qui prouve, dit-il, de quelle matière elle avait d'abord été formée. On la forme maintenant, ajoute-t-il, d'un roseau qui n'a pas un demi-pouce de large (14 millimètres), et qui a environ cinq

---

[1] C'est en effet là le mot par lequel les traducteurs de la Bible éthiopienne ont rendu le mot hébreu שׁוֹפָר *chophar*, qui signifie *trom-*

DES ORIENTAUX. 541

pieds quatre pouces de long (1ᵐ732). Cette longue tige est terminée par un pavillon du manche d'une calebasse. Cette trompette est recouverte en peau de parchemin proprement arrangée, et ne rend qu'un son rauque. On en joue doucement quand on marche à l'ennemi, mais, quand on le joue très-vite et très-fort, il a la vertu d'enflammer tellement les Abyssins, qu'ils se précipitent au milieu des ennemis sans redouter la mort. »

Nous rapprochons entre eux ces divers récits, dont pette; et ce mot, que nous rendons ici avec nos lettres, conformément à la manière dont nous l'ont prononcé les prêtres abyssins, nous le trouvons aux versets des psaumes suivans :

ወእግዚእነ ፡ በቃለ ፡ ቀርነ ፡
Oua e gué zi e na : ba qá la : qa r ne :
Et Dominus noster : in voce : tubæ.
Psalm. XLVI, v. 6.

ንፍሑ ፡ ቀርነ ፡ በዕለተ ፡ ሠርቅ ፡
Ne fe hou : qa r na : ba e la ta : se r q :
Buccinate : tubâ : in neomenia.
Psalm. LXXX, v. 3.

በቀርነ ፡ ዝብጡ ፡ ወበቃለ ፡ ቀርነ ፡
Ba qa r na : ze b to : oua ba qá la : qa r ne :
In tuba : ductili : et in voce : cornu.
Psalm. XCVII, v. 6.

Mais, dans ce dernier verset, les mots éthiopiens *qarna zebto* répondent aux mots hébreux du texte de la Bible בַּחֲצֹצְרוֹת *bakhatzotzerot*, qui signifient *avec les trompettes guerrières*; au lieu que le mot *qarne* répond au mot hébreu *chophar*, qu'on a rendu en latin par *cornu*. Ne paraîtrait-il pas assez vraisemblable que le mot *qarne*, ayant été appliqué aux premières trompettes faites de corne, est devenu dans la suite le nom commun de tous les instruments de ce genre, quoique cependant les trompettes de métal, qui furent inventées depuis, eussent reçu un nom particulier? Si cette supposition était admise, elle dissiperait tous les doutes, et expliquerait en même temps pourquoi la trompette éthiopienne reçoit encore le nom de *qarne*.

542   INSTRUMENS DE MUSIQUE

nous ne pouvons encore garantir entièrement l'exactitude, afin que les voyageurs qui parcourront dans la suite ces contrées éloignées, puissent plus facilement les comparer avec les faits, et confirmer ou détruire les uns ou les autres ; car nous ne répondons que des choses que nous rapportons après les avoir observées par nous-mêmes.

Le *qand* ቀንድ est un buccin fait d'une corne de vache ; on s'en sert, en Éthiopie, pour sonner l'alarme, pour rassembler pendant la nuit les troupes quand il y a quelque alerte, et pour appeler les troupeaux.

Le *ghentâ* ኘንታ est un cornet ou buccin de la même forme que le précédent, mais plus petit ; il n'a guère d'autre usage que celui d'appeler les troupeaux.

Les *nagârit*[1] ነጋሪት sont les grosses timbales éthiopiennes. Le nom de *nagârit* vient de ነገረ *nagara*, il a annoncé, il a publié[2]. Cette sorte d'instrument, placée en avant des églises, sert à annoncer le commencement des offices religieux et les diverses circonstances du mystère de la messe. On s'en sert aussi pour publier les ordonnances du souverain ou de ses ministres. Il y a des *nagârit* en cuivre ; il y en a en bois. Les *nagârit* en cuivre sont celles dont on fait usage pour les églises, et celles

---

[1] Laborde écrit ce mot *nogareet*; ce qui nous fait présumer qu'il a suivi la relation de quelque voyageur anglais ; car en anglais on n'écrirait pas autrement ce mot pour prononcer *nogarit*, ainsi que les prêtres abyssins nous l'ont prononcé.

[2] En arabe, du verbe *naqara* (il a frappé), on a fait le nom de *noq-qâryeh*, qui signifie un instrument bruyant de percussion, et qui désigne de grosses timbales semblables aux *nagarit* des Éthiopiens. Le rapport qu'il y a entre les mots arabes et les mots éthiopiens, appliqués au même instrument pour le désigner, n'indiquerait-il pas quelque affinité originelle entre ces mots ?

du roi : les autres, qui sont en bois, ne servent qu'aux particuliers. On compte quelquefois jusqu'à quarante *nagârit* pour une seule église; elles sont placées deux à deux sur chaque rang, une petite à droite et une grosse à gauche. Quand le roi sort en grand cortége, ou qu'il se met en campagne, il est toujours accompagné de quatre-vingt-huit timbales portées par quarante-quatre mulets, montés chacun par un timbalier.

On bat ces timbales éthiopiennes de même que les *noqqâryeh,* ou timbales égyptiennes, avec des baguettes ou des maillets en bois; on frappe en cadence des coups précipités sur la petite timbale, et des coups plus lents sur la plus grande. Laborde, en parlant du même instrument, dit : « La timbale est appelée dans les deux langages (c'est-à-dire l'éthiopien et l'amharic) *nogareet,* parce qu'on s'en sert pour toutes les proclamations qui se nomment *nagar*. Quand elles sont faites seulement par l'ordre des gouverneurs, elles n'ont force de loi que dans la province; mais elles sont exécutées dans toute l'Abyssinie, quand c'est le roi qui l'ordonne. La timbale est le signe du pouvoir. Toutes les fois que le roi nomme un gouverneur ou un lieutenant-général de province, il lui donne une timbale et un étendard pour marque d'investiture. »

Ces détails, qui ne nous ont point été donnés, confirment cependant le témoignage des prêtres abyssins, de qui seuls nous tenons tout ce que nous rapportons ici sur les instrumens de musique de l'Éthiopie.

On appelle en Abyssinie ከበሮ *kabaro* une grosse caisse semblable à la grosse caisse que nous appelons aussi *tambour turk*, et qu'on appelle en Égypte *tabil tourky*, ce qui signifie aussi *tambour turk*, de même qu'on nomme le même instrument en Nubie, *soultaneh dourgui*, et en chinois *ya-kou*.

Le nom de *kabaro* vient de ከበረ *kabera*, il a été en honneur, il a été illustre, il a été vénéré : c'est pourquoi l'on dit en éthiopien ከቡር *kebour*, honorable, noble, vénérable, grand, illustre, comme on dit en arabe كبيرة *kabira*, et كبير *kebyr*, dans le sens des mots précédens; ce qui est encore à remarquer à cause de l'analogie de la prononciation des uns et des autres. *Kabaro* est donc une qualification par laquelle on distingue le tambour qu'on désigne ainsi, comme étant le plus volumineux et celui auquel on attache une plus grande importance. Cet instrument s'attache et se suspend, de même que notre grosse caisse turque, devant celui qui le bat; il sert à marquer le rhythme du chant dans les églises, et à régler la marche des troupes en campagne.

Le voyageur dont Laborde a suivi la relation dans tout ce qu'il rapporte de la musique des Abyssins, a confondu aussi le kabaro avec une autre espèce d'instrument nommée *atămo*; cependant, si nous avons été bien informés, la différence entre ces deux espèces de tambours est de nature à se faire apercevoir facilement, et l'on en pourra juger bientôt.

Le *qanda* ቀንደ est aussi une espèce de tambour d'un diamètre d'environ 487 millimètres à sa surface supérieure, et de 325 à sa surface inférieure, sur à peu près 812 de haut. Il paraît être dans les mêmes proportions que le tambour royal de Guinée, dont on voit la gravure dans l'Essai de Laborde, *tome 1er*, *page* 219.

Les Éthiopiens font aussi usage d'un instrument semblable à notre tambour de basque, pour marquer la cadence et le rhythme de leurs danses : ils nomment cet instrument *atâmo* አታሞ. Ils en ont de diverses proportions, comme les Égyptiens ; mais il ne paraît pas que tous ces *atâmo* aient quelque chose de particulier les uns plus que les autres, tant pour la matière que pour le nombre et la forme des parties qui en constituent l'ensemble.

Les Abyssins emploient ordinairement cette sorte d'instrument, quelquefois aussi les autres, et, en général, tous les instrumens bruyans qu'ils peuvent réunir, pour exciter les personnes qui ont été mordues par le serpent appelé en langue éthiopienne *ebâb* እባብ, et pour les empêcher de s'endormir pendant l'effet du remède qu'on leur a administré[1].

Depuis la plus haute antiquité jusqu'à ce jour, l'usage du sistre s'est perpétué en Abyssinie; et c'est le seul pays

---

[1] Ce remède consiste dans l'urine humaine qu'on fait avaler aux malades.

On connaît aussi en Éthiopie la propriété de l'urine de vache contre l'hydropisie. On l'emploie dans la fièvre appelée ነዳድ *nedad*. Lorsqu'une personne attaquée de cette espèce de fièvre a bu de l'eau avec excès, pour calmer la soif ardente qu'elle éprouve, si l'on n'a pas recours aussitôt à l'urine de vache, il est rare qu'elle ne devienne pas hydropique. On mêle cette urine avec du beurre, on fait chauffer le tout ensemble, et ensuite on fait prendre cette boisson au malade, et au bout de quelques jours il se sent soulagé.

Le *nedad* est une fièvre brûlante, dont on est souvent attaqué dans les lieux bas et marécageux, surtout après qu'ils ont été inondés par les grandes pluies, parce que l'eau qui pénètre la terre, étant échauffée par la chaleur du soleil, y engendre une putréfaction d'où s'exhalent des miasmes morbifiques. C'est pour se préserver de cette maladie, que les

maintenant où l'on conserve encore cet antique instrument, célèbre par l'emploi très-fréquent que, jadis, les prêtres égyptiens en faisaient pendant la célébration de leurs mystères, et parce qu'il était un des attributs les plus sacrés de la déesse Isis. Cet instrument, que les prêtres abyssins font retentir fréquemment aussi pendant les cérémonies du culte, s'appelle en éthiopien ጸናጽል *dsanádsel*. Il n'est ni arrondi, ni même fermé par le haut, comme l'étaient les sistres anciens. Il est fait d'une longue lame ou de fer, ou de cuivre, ou d'argent, ou même d'or, coudée de manière que les deux bouts se correspondent parallèlement et que la courbe décrite par la lame forme une moitié d'ellipse. Deux petites traverses, aussi en métal, dans

Éthiopiens se graissent ordinairement le corps avec du beurre devant le feu.

Il faut bien aussi que les Éthiopiens aient reconnu, comme nous, la propriété qu'a la poudre à canon de purifier l'air, puisqu'ils en font brûler dans le lieu qu'habitent les personnes qui sont attaquées d'une fièvre contagieuse qu'on nomme *fera* ፈረ, pour en garantir ceux qui viennent les voir ou leur apporter des secours.

Il y a d'autres maladies, telles que la petite vérole, appelée en éthiopien ኩፍኝ *kouffeign* (la lettre ኝ se prononce comme *gn* dans le mot *peigne*); la rougeole, connue sous le nom d'*ankelis* እንክሊስ; le *metat* መታት, c'est-à-dire le coup de vent, ce qui arrive lorsque quelqu'un étant en sueur, se découvre à l'air subitement et sans précaution quand il fait du vent. Les Éthiopiens croient encore qu'ils sont moins exposés à cet accident après qu'ils se sont graissé le corps : aussi ils en contractent tellement l'habitude, qu'ils le font presque tous les jours, quand ils le peuvent; mais jamais ils n'y manquent quand ils doivent entreprendre un voyage. Il est aussi, dans ce cas, certaines précautions de sûreté qu'ils ne négligent pas non plus : par exemple, les habitans de la ville d'Axum, en Abyssinie, avant de se mettre en voyage, se font faire, par le médecin du pays, une incision en forme de croix sur le bras et près de l'épaule, afin que leurs compatriotes puissent les reconnaître quand ils les rencontrent en route, et leur donner des secours s'ils en ont besoin. Cette incision se fait tout simplement avec un couteau fort tranchant, et pour que la marque s'en conserve toujours, on y introduit de la poudre à canon.

chacune desquelles est un anneau enfilé, partagent la hauteur de chaque côté de la courbe; l'une est au premier tiers de cette hauteur, et l'autre au second tiers. Au sommet de la courbure, il y a un manche ou une poignée en bois, qui peut avoir de longueur 189 millimètres.

Les prêtres abyssins se servent de ce sistre à peu près de même que le faisaient les prêtres de l'antique Égypte, pour exprimer leur enthousiasme religieux en exécutant le chant et les danses dont ils accompagnent presque toutes les cérémonies du culte. C'est encore un fait qui confirme ce que Laborde nous a appris au sujet du sistre. « On se sert du sistre, dit-il, dans les mesures vives en chantant les psaumes. Chaque prêtre en tient un qu'il secoue d'une manière menaçante pour son voisin, dansant, sautant, tournant en rond avec une telle indécence, qu'il ressemble plutôt à un prêtre du paganisme qu'à un chrétien. » Ce jugement est un peu trop sévère: mais peut-on être toujours juste envers les autres peuples, quand on les juge d'après des mœurs différentes des leurs? Tant s'en faut que les Abyssins pensent qu'il puisse y avoir de l'indécence dans leurs danses, qu'ils croiraient, au contraire, en commettre une en les exécutant négligemment; car, suivant ce qu'ils nous ont dit eux-mêmes, cette pantomime est regardée chez eux comme l'expression la plus énergique de leur dévotion et de leur zèle à célébrer dignement la gloire du Très-haut[1], ainsi qu'à lui exprimer leur reconnaissance,

---

[1] Ces danses, qui se sont perpétuées en ce pays, dans les cérémonies du culte, depuis un temps immémorial jusqu'à ce jour, sont fon-

comme étant la source de la vie et le principe du mouvement qui anime tous les êtres. Quant au geste qui a paru menaçant, on s'imagine bien qu'il n'est rien moins que cela. Nous avons souvent remarqué quelque chose de semblable dans les sculptures des antiques monumens de l'Égypte, qui sont gravés dans cet ouvrage. A chaque instant, on y voit des personnages qui paraissent agiter le sistre et le porter à la figure d'un autre personnage, comme pour le lui présenter à baiser; et si nous ne nous sommes pas trompés, ce geste avait principalement lieu dans les actes les plus solennels de la religion, comme ceux de l'initiation, du pacte conjugal, et de tous les engagemens qu'on prenait en présence des dieux. Nous ne manquerions point de témoignages bien capables de motiver ou même de confirmer cette opinion, si nous voulions rapporter ici tout ce que nous avons recueilli sur ce point dans les auteurs anciens, et surtout dans les poëtes grecs et latins. Tous ces usages, quelque ridicules qu'ils semblent d'abord aux étrangers, ne leur paraîtraient pas moins respectables que beaucoup d'autres, sans doute, si le principe sur lequel ils ont été fondés, leur était parfaitement connu.

Les chrétiens d'Abyssinie étant du même schisme que les Qobtes, il semble que leurs usages religieux devraient être aussi les mêmes; et cependant, sous ce rapport, ils offrent entre eux des contrastes très-frap-

dées sur cet ancien principe, que nous a conservé Plutarque, qu'il fallait que les choses fussent sans cesse en mouvement pour ne pas être exposées à la corruption, et que c'était par le mouvement qu'on se préservait des maléfices de Typhon. *Voyez* Plutarque, *Traité d'Isis et d'Osiris*, trad. d'Amyot, pag. 331.

pans. Les Abyssins sont continuellement dans une agitation tumultueuse pendant les cérémonies du culte. Les Qohtes, au contraire, appuyés sur leurs longues béquilles, qu'ils nomment *e'kâz*, restent immobiles debout pendant plusieurs heures : leurs chants monotones sont rarement interrompus par le bruit d'une espèce de crotale, et jamais par celui du sistre, des timbales et des tambours.

Les deux seuls instrumens qui soient communs aux Qohtes d'Abyssinie et à ceux de l'Égypte, sont le *taqa* ጣቀዐ et le ቀከልሕ *qâkel*[1]. Le taqa est une grande règle de bois, de fer ou de cuivre, qu'on emploie dans les églises, où il n'est pas permis de faire usage des cloches. Cet instrument est semblable, pour la forme, à celui que les Qohtes de l'Égypte nomment *nâqous*[2]. Le taqa se frappe de même avec un petit maillet de bois. Celui qui est chargé de battre cet instrument, se nomme መጥቀዐ *matqa*. Castell, dans son Lexique heptaglotte, a traduit le mot *matqa* par *tuba, buccina* : mais, quelque respectable que soit l'opinion de ce savant, elle nous paraît douteuse, auprès du sentiment des prêtres abyssins ; car il n'est pas probable que ceux-ci aient pu se méprendre sur le nom d'un instrument de leur propre pays, ainsi que sur l'emploi qu'eux-mêmes en avaient fait sans doute plusieurs fois[3].

Le *qâkel* n'est autre chose qu'une sonnette à grelots, à laquelle il paraît que les Abyssins reconnaissent les

---

[1] *Voy.* la note [1] ci-dessus, p. 533.
[2] *Voyez*, plus bas, l'article des instrumens des Qohtes.
[3] Dans l'éthiopien littéral, le mot መጥቀዐ a certainement la signification que lui donnent Ludolf et Castell. (*Note de M. Silvestre de Sacy.*)

mêmes vertus que les anciens Égyptiens attribuaient à leur sistre. Ils en font particulièrement usage à la messe, pendant la consécration, pendant le *lever-dieu*, et dans d'autres circonstances semblables.

La dernière espèce d'instrument sonore dont il nous reste à parler, est celle des cloches. Une cloche, en éthiopien, se nomme *daule* ደወል. Il n'est permis aux chrétiens d'Abyssinie de se servir de cet instrument dans leurs églises, qu'autant que leur religion est aussi celle du gouvernement : quand elle en est différente, ils ne peuvent faire usage que du taqa, comme nous l'avons déjà observé.

En Abyssinie, ainsi qu'en Europe, il y a des cloches de différentes grandeurs et en différens tons; on les y emploie aussi pour appeler les fidèles au service divin et pour sonner l'heure : mais elles ne sont pas suspendues comme les nôtres, et l'on ne peut les faire sonner par un balancement semblable. Chez nous, en tirant et lâchant successivement une corde qui est attachée au sommet de cette charpente qu'on nomme *le mouton*, et dans laquelle sont enclavées les anses de la cloche, le sonneur donne à cet instrument un balancement qui la fait heurter alternativement d'un bord et de l'autre, le battant; c'est la cloche qu'on agite, et le battant reste en équilibre. En Abyssinie, au contraire, c'est le battant qu'on met en mouvement, et la cloche reste en équilibre. Le sonneur, en agitant une corde qui est attachée au battant, fait heurter ce battant à l'un et à l'autre bord de la cloche alternativement, et de cette manière il la fait sonner, soit pour appeler les fidèles à l'église, soit pour annoncer les diverses heures du jour. Afin de juger de l'heure qu'il est, il mesure avec son pied la longueur de l'ombre projetée par un corps fixe; et selon qu'elle est plus ou moins étendue, il reconnaît qu'il est telle heure.

Si l'excessive délicatesse de notre langue n'eût point condamné à une espèce d'avilissement le nom des choses qui sont d'un usage habituel ou populaire, nous aurions, à l'exemple de quelques auteurs, placé le fouet au nombre des instrumens bruyans, et nous aurions décrit celui des Éthiopiens; l'utilité d'un semblable instrument, l'antiquité de son origine [1], la mention qu'en ont faite les meilleurs poëtes dans leurs ouvrages les plus parfaits et dans un style très-élevé [2], nous y auraient suffisamment autorisés, si nous eussions écrit dans une

---

[1] On se servait de fouets, comme des autres instrumens bruyans, aux fêtes de Bacchus et à celles de Cybèle, suivant ce que nous rapporte Vossius, et l'on formait, par le bruit de cet instrument, une sorte d'harmonie. On nous rapporte aussi que les Tatars qui ont conquis la Chine, se servent de fouets au lieu de trompettes, et que d'un seul coup ils produisent trois sons qui se font entendre l'un après l'autre.

[2] Virgile en parle au troisième livre de ses Géorgiques, *vers 103 et suivans*, en ces termes :

Nonne vides, cùm præcipiti certamine campum
Corripuere, ruuntque effusi carcere currus;
Cùm spes arrectæ juvenum, exultantiaque haurit
Corda pavor pulsans? illi instant verbere torto,
Et proni dant lora; volat vi fervidus axis.

Le même auteur parle encore du fouet au cinquième livre de l'Énéide, *vers 144 et suivans*, de cette manière :

Non tam præcipites bijugo certamine campum
Corripuere, ruuntque effusi carcere currus;
Nec sic immissis aurigæ undantia lora
Concussere jugis, pronique in verbera pendent.

552   INSTRUMENS DE MUSIQUE

autre langue que le français. Mais, sans passer absolument sous silence cet instrument, et pour ne pas nous y arrêter non plus, nous nous contenterons seulement de dire qu'on le nomme en éthiopien *dguirâf* ድጕራፍ, et nous bornerons là ce qui concerne les instrumens des Éthiopiens.

ARTICLE III.

Des instrumens sonores des Qobtes de l'Égypte.

Les instrumens sonores dont les Qobtes se servent dans leurs églises, en Égypte, sont au nombre de quatre : les cymbales, appelées *kâsât*, en arabe كاسات, singulier *kâs* كاس; les clochettes à grelots, *getâgil* جلاجل, singulier *golgol* جُلْجُل; le *marâoueh* مراوح, et le *nâqous* ناقوس.

Les *kâsât* des Qobtes n'ont rien de particulier ; ce sont des cymbales antiques de la même forme et du même métal que les cymbales des Égyptiens modernes : mais elles ne sont en usage que parmi les Qobtes catholiques romains ; les schismatiques leur substituent le nâqous.

Les clochettes à grelots sont en cuivre ; la forme en est hémisphérique, d'un diamètre de 135 millimètres ; les grelots sont suspendus dans l'intérieur : les Qobtes en font à peu près le même emploi que les Abyssins.

Quelquefois aussi, chez les anciens, on se servait du fouet pour donner le signal d'un commandement, selon ce que nous apprennent les vers suivans :

Postquam omnem læti consessum oculosque suorum
Lustravere in equis, signum clamore paratis
Epytides longè dedit, insonuitque flagello.

Virgil. Æneid. lib. v, v. 577.

Le marâoueh[1] est un disque en argent et quelquefois en vermeil, autour duquel sont attachés des grelots à la distance de 54 millimètres; ce disque peut avoir de diamètre 350 millimètres, et son épaisseur paraît n'en avoir pas plus de 4; au bas du disque, il y a un bout de tige creuse du même métal, dans laquelle on fait entrer un bâton en bois, recouvert quelquefois d'une lame d'argent : ce bâton n'a guère moins de $2^m 274$ en hauteur.

Le marâouch est en usage parmi les chrétiens qobtes, syriens et arméniens, soit catholiques romains, soit schismatiques nestoriens.

Le nâqous des Qobtes nestoriens s'appelle *nâqous mofred* ناقوس مفرد, c'est-à-dire *nâqous simple*. On lui donne ce nom pour le distinguer d'un autre instrument qu'on appelle *nâqous double*. Le nâqous mofred est fait de bois de cocotier[2]; il n'a que 325 millimètres en longueur, sur 41 en largeur et 9 en épaisseur. Il se tient dans la main gauche par une de ses extrémités qu'on serre fortement avec le pouce, tandis que de la main droite on le frappe avec une baguette longue de 244 millimètres, dont la grosseur peut avoir un diamètre de 14 millimètres. Cette baguette est terminée par une

---

[1] *Voyez* la planche CC, fig. 33.

[2] من خشب الجوز. C'est ainsi qu'on nous a désigné ce bois. Nous n'avons point vu d'assez près les *nâqous* pour nous assurer s'ils étaient effectivement de ce bois, ainsi qu'on nous l'a dit et écrit; mais cela nous paraît fort douteux, parce que ce bois, qui est spongieux et très-filamenteux, n'est ni assez dur ni assez compacte pour avoir l'élasticité nécessaire à la résonnance : on se sera vraisemblablement mépris, et l'on nous aura écrit *min khachab el-gouz*, au lieu de *min khachab el-louz* من خشب اللوز *de bois d'amandier*. Si nous eussions eu le temps de terminer toutes nos recherches en Égypte, et que nous eussions pu réfléchir à loisir sur

tête ronde d'un diamètre de 47 millimètres, et c'est par ce bout que l'on frappe sur le nâqous [1].

Ces instrumens n'accompagnent point le chant; mais ils servent seulement à annoncer les diverses cérémonies qui doivent avoir lieu pendant les offices.

ARTICLE IV.

Des instrumens des Persans et des Turks.

Excepté la kemângeh roumy et peut-être aussi l'e'oud, tous les autres instrumens qui sont gravés sur la planche AA, sont à peu près les mêmes parmi les Persans et les Turks, ou ne diffèrent que très-peu et seulement par les proportions : chez les uns et chez les autres, l'accord en est toujours le même.

Nous pourrions, à ces instrumens, en ajouter beaucoup d'autres qui sont en usage chez ces peuples; mais nous ne rendrons compte ici que de ceux que nous leur avons connus en Égypte, et qui ont été l'objet de nos recherches dans ce pays.

ARTICLE V.

Des instrumens des Syriens.

De toutes les églises chrétiennes qui sont en Égypte, celles des Syriens nous ont paru les plus petites, les plus

toutes les notes que nous avions prises, sans doute nous y aurions ajouté beaucoup de choses qui nous restent encore à désirer, et nous aurions vérifié ce qui paraissait demander confirmation; c'est aux voyageurs qui nous succéderont dans ce pays, à suppléer à ce que nous n'avons pu faire.

[1] *Voyez* planche CC, fig. 32.

pauvres et les moins fréquentées. Comme il n'y a qu'un ou deux prêtres tout au plus pour desservir ces églises, et comme les cérémonies s'y réduisent à très-peu de chose, le bruit des instrumens, par conséquent, n'est pas bien nécessaire pour les annoncer; nous n'en avons pas même vu faire usage les jours où nous avons assisté aux offices qui s'y célèbrent. Cependant on nous a assuré qu'on y employait quelquefois le marâoueh et le nâqous mofred, ainsi que dans l'église des Qobtes.

ARTICLE VI.

Des instrumens des Arméniens.

Nous avons appris que les Arméniens se servaient, dans leur pays, de plusieurs instrumens qui leur sont communs avec les Persans et avec les Turks. Il y avait même au Kaire, lorsque nous y habitions, un luthier arménien qui fabriquait ou plutôt qui réparait ces sortes d'instrumens; mais nous n'en avons point connu en Égypte qui parussent appartenir en propre aux Arméniens.

Les Arméniens, dans leur église épiscopale, au Kaire, se servent, comme les autres chrétiens orientaux, du marâoueh : ce sont deux enfans de chœur qui sont chargés du soin de faire résonner cet instrument pendant les diverses circonstances sacramentelles de la messe; chacun d'eux en tient un avec ses deux mains, et l'agite de temps à autre. C'est là le seul instrument que nous ayons vu employer dans les églises des Arméniens.

Comme nous présumions bien que ces peuples étaient

imbus des mêmes superstitions que nous avions déjà reconnues parmi les autres chrétiens orientaux, nous priâmes l'évêque de nous apprendre quel était le motif du bruit qu'on faisait en agitant le marâoueh dans certaines circonstances de la messe : ce vénérable et bon vieillard n'hésita pas à nous dire, d'un ton très-persuadé, que c'était afin d'éloigner le mauvais esprit, et de l'empêcher de venir souiller par sa présence la sainteté des mystères.

C'est une chose fort remarquable en Égypte, que dans les temples des Juifs, dans les mosquées des musulmans, aussi bien que dans les églises des chrétiens orientaux (il faut cependant en excepter les églises des Qobtes), les prières sont toujours accompagnées de bruit ou de mouvement, ou même de l'un et de l'autre. Partout nous avons reconnu la profonde empreinte de terreur qu'a laissée dans l'imagination et dans l'âme des peuples de ces contrées, l'idée d'un mauvais génie, ennemi de l'ordre et du bien, toujours prêt à nuire, et épiant l'instant où on est le plus tranquille pour exercer sa méchanceté. Cette opinion était celle des anciens Égyptiens, comme nous l'apprend Plutarque dans son Traité d'Isis et d'Osiris, où il nous a exposé les principes de la doctrine et de la philosophie de ces peuples. « Il faut, dit-il (*traduction d'Amiot*), que les choses se secouent et ne cessent jamais de se remuer, et quasi s'esveillent et se croulent, comme si elles s'endormoient ou languissoient ; car ils disent (les Égyptiens) qu'ils detournent et repoussent Typhon avec le sistre, entendant que, la corruption liant et arrestant la nature, le mouvement derechef la deslie, releve et remet sus par generation. »

C'est sans doute aussi sur un principe à peu près semblable, qu'au dernier office du jour, que nous appelons *complies*, on nous exhorte à ne pas nous livrer au sommeil, à veiller sans cesse, et à nous tenir continuellement sur nos gardes pour n'être pas surpris par le démon, qu'on nous représente *comme un lion rugissant qui rôde autour de nous pour saisir sa proie et la dévorer.* C'est sur ce même principe qu'est encore fondé cet adage vulgaire, qu'*il faut s'occuper pour éviter la tentation.*

Il est certain que toutes ces idées doivent nous paraître puériles et ridicules, à nous qui ne sommes pas habitués au style allégorique, et qui, le plus souvent, nous arrêtons à l'image qu'il nous présente, sans chercher à en approfondir le sens moral et philosophique : mais il n'en était pas ainsi chez les anciens; ils y découvraient des vérités utiles et très-importantes. Les Orientaux modernes, qui n'y voient que des fantômes qui les épouvantent, sont tombés, par leur ignorance, dans l'excès opposé où nous a entraînés l'abus de la philosophie.

ARTICLE VII.

Des instrumens sonores des Grecs modernes.

L'usage des cloches, pour convoquer les fidèles à l'église, n'étant pas permis dans l'empire ottoman, les Grecs y suppléent par un instrument de l'espèce du *nâqous mofred* dont nous avons parlé plus haut : on le nomme *nâqous megouz*[1] ناقوس مجوز, c'est-à-dire *nâ-qous double*[2]. Ce nom donnerait une idée fausse de cet instrument, si l'on en jugeait par comparaison avec le premier; car ce nâqous megouz n'est pas seulement une fois plus grand que le nâqous mofred ou nâqous simple, mais il est six fois plus grand que celui-ci : il a, en longueur, 1^m949; en largeur, 487 millimètres; et en épaisseur, 054 millimètres. Il est fait comme le précédent et du même bois. On le suspend au parvis des églises par deux cordes faites de boyau, passées d'abord chacune dans un anneau attaché au plafond, et qui viennent ensuite se nouer chacune dans un anneau qui tient au bord de la planche et qui correspond au premier anneau, l'un attaché au premier tiers de la longueur de cette planche, et l'autre au point qui tient le milieu entre le second et le troisième tiers de la longueur de cette même planche. Cette planche est suspendue verticalement dans sa largeur, et on la frappe avec une espèce de maillet à tête ronde en ivoire, grosse à peu près comme une bille de billard, et dont le manche, qui est cylindrique, a de diamètre, en son épaisseur, 16 millimètres, et de longueur, 379 millimètres. On voit un nâqous de cette espèce à l'entrée de l'église de Saint-George, au vieux Kaire; et l'on prétend que le son s'en fait entendre à un quart de lieue.

Quant aux instrumens de musique, il paraît que les Grecs modernes prennent plaisir à en jouer, et qu'ils y réussissent assez bien. Nous avons entendu des Grecs

---

[1] C'est un mot corrompu pour *mezoug* مزوج.
[2] *Voyez* pl. CC, fig. 34.

jouer de la *kemāngeh roumy*, ou viole grecque; nous en avons aussi très-souvent rencontré qui jouaient de l'un de ces instrumens que nous avons décrits sous le nom de *tanbour :* mais nous n'en avons pas vu aussi fréquemment jouer des instrumens à vent ; ce qui nous a fait présumer, ou qu'ils avaient moins de goût pour cette sorte d'instrumens que pour les autres, ou que les instrumens à vent étaient moins connus actuellement en Grèce que les instrumens à cordes.

ARTICLE VIII.

Des instrumens de musique parmi les Juifs modernes.

Nous n'avons ni vu ni entendu aucun instrument sonore dans les synagogues des Juifs de l'Égypte. Nous ignorons pourquoi ce peuple a laissé tomber en désuétude un usage établi avec tant de magnificence par David dans le temple de Jérusalem, et si souvent recommandé par l'Écriture sainte. Ce n'est pas qu'il n'y ait en Égypte quelques Juifs capables de remettre cet usage en vigueur; plusieurs d'entre eux jouent passablement des instrumens à cordes et à vent. Les femmes juives sont, en général, fort habiles à battre le tambour de basque, à jouer de ces petits crotales qui s'attachent aux doigts, et à danser; elles sont même recherchées pour enseigner cet art. Ainsi que les femmes et les filles des premiers Israélites, elles pourraient encore former des chœurs de danse autour de l'arche, ou pendant les chants d'actions de grâces. Cependant rien de tout cela n'a lieu aujourd'hui, non-seulement parmi les Juifs d'Égypte, mais encore parmi ceux des autres pays. Il y a sans doute quelques raisons qui s'y opposent; mais nous n'avons pas cherché à les découvrir. Nous aurions eu beaucoup trop à faire, si nous eussions voulu prendre des informations sur les motifs de tous les divers usages singuliers que nous avons remarqués en Égypte, relativement à la musique; nous n'aurions pu y suffire seuls: notre travail, déjà fort étendu par lui-même, aurait encore embrassé une grande partie de l'histoire de l'Égypte moderne, si nous eussions suivi un plan aussi vaste.

FIN DU TOME TREIZIÈME.

TABLE

DES MATIÈRES DU TOME XIII.

ÉTAT MODERNE.

	Pages.
DESCRIPTION *de l'art de fabriquer le sel ammoniac*, par M. H. V. Collet Descostils.	1
HISTORIQUE.	Ibid.
Des combustibles usités en Égypte	8
Des suies	14
De la sublimation	16
Des ballons et de leur fabrication.	Ibid.
Du lut des ballons.	19
Remplissage des ballons.	21
Du fourneau de sublimation.	Ibid.
Arrangement des ballons sur le fourneau.	23
Conduite du feu.	24

MÉMOIRES *et observations sur plusieurs maladies qui ont affecté les troupes de l'armée française pendant l'expédition d'Égypte et de Syrie, et qui sont endémiques dans ces deux contrées ;* par M. le baron Larrey, docteur en chirurgie de Paris, et en médecine de l'Université d'Iéna, membre de l'Institut d'Égypte, de plusieurs académies, premier chirurgien de l'ex-garde, inspecteur général du service de santé des armées, l'un des commandans de la Légion d'honneur, et chevalier de l'ordre de la Couronne de fer... 29

MÉMOIRE *sur l'ophthalmie endémique en Égypte*.	36
MÉMOIRE *sur le tétanos traumatique*.	51
MÉMOIRE *sur la peste*.	81
NOTICE *sur une espèce de sangsue que les soldats avalèrent en se désaltérant dans des lacs d'eau douce*.	104
DE L'HÉPATITIS.	111
DE L'ATROPHIE DES TESTICULES.	130
DU SARCOCÈLE.	134

TABLE DES MATIÈRES.

	Pages.
Première observation....................................	144
Deuxième observation...................................	Ibid.
Troisième observation...................................	146
Quatrième observation...................................	148
MÉMOIRE *sur la fièvre jaune, considérée comme complication des plaies d'armes à feu*...................................	150
DE LA LÈPRE ET DE L'ÉLÉPHANTIASIS........................	159
De la lèpre..	160
Observation.......................................	169
De l'éléphantiasis.....................................	174
MÉMOIRE *sur le scorbut*...................................	181
NOTICE *sur la syphilis, et sur l'établissement d'un hôpital civil au Kaire*..	195
INFLUENCE *du climat d'Égypte sur les plaies, et remarques particulières sur les phénomènes qu'elles ont offerts pendant l'expédition*...	198
DESCRIPTION *d'une ambulance volante ou légère*.............	204
NOTICE *sur la chirurgie et la médecine des Égyptiens*...........	206
CLASSIFICATION *des saisons de l'Égypte, et leur influence sur la santé des individus*......................................	215
DESCRIPTION *historique, technique et littéraire, des instrumens de musique des Orientaux*, par M. Villoteau................	221
PREMIÈRE PARTIE. — *Des instrumens à cordes connus en Égypte.*	Ibid.
Chapitre premier. De l'e'oud.............................	Ibid.
Article Ier. De l'origine et de la nature de l'e'oud ; de l'importance de cet instrument chez les Orientaux....	Ibid.
Article II. Du nom de l'e'oud..........................	225
Article III. De la forme de l'e'oud en général, et de ses parties...................................	227
Article IV. Matière, forme particulière, disposition, proportion et utilité des parties précédentes ; étui de l'instrument.............................	229
Article V. De l'accord de l'e'oud, et de son système musical.	237
Chapitre II. Du tanbour kebyr tourky......................	246
Article Ier. Des *tanbour* en général.....................	Ibid.
Article II. Du tanbour kebyr tourky ; de ses parties ; de leur forme, de leurs dimensions ou proportions, de leur utilité, et de l'accord de cet instrument...	249
Chapitre III. Du tanbour charqy. Forme de cet instrument ; dimensions et proportions de ses parties..........	265

TABLE DES MATIÈRES.

Pages.

Chapitre IV. Du tanbour boulghàry............................ 275

Chapitre V. Du tanbour bouzourk............................. 279
    Article Ier. Du tanbour bouzourk ; de sa forme ; de ses parties et de ses ornemens............................ *Ibid.*
    Article II. Des dimensions du tanbour bouzourk, et des proportions de ses parties........................ 283
    Article III. De l'accord de l'instrument, et de l'étendue de ses sons.................................. 284

Chapitre VI. Du tanbour baghlamah........................... 287

Chapitre VII. De la kemàngeh roumy, ou de la viole grecque.... 290
    Article Ier. Du nom de cet instrument.................. *Ibid.*
    Article II. De la forme de la kemàngeh roumy ou viole grecque............................... 291
    Article III. De l'accord de la kemàngeh roumy............ 292

Chapitre VIII. Du qànon..................................... 294
    Article Ier. Du véritable sens du nom de *qânon* appliqué à un instrument de musique. Destination primitive des instrumens désignés par ce nom. Usage que Ptolémée a fait de cette espèce d'instrument en composant son Traité des harmoniques....... *Ibid.*
    Article II. Quel fut le principal qànon, ou le qànon prototype des autres. Ressemblance qu'il y a entre la forme d'un instrument sculpté sur les antiques monumens de l'Égypte et le *canon monochorde* de Ptolémée. Nouvelle opinion sur l'origine du monochorde................................ 296
    Article III. Sens allégorique et emblématique que les anciens Égyptiens attachèrent à la représentation des diverses formes du *canon.* Application que ces peuples, et plusieurs anciens philosophes grecs après eux, firent de ces sortes d'instrumens dans la démonstration de l'harmonie céleste. Motifs du sens allégorique qu'on attacha à la représentation du *canon*........................... 299
    Article IV. Des diverses espèces d'instrumens qui ont été imaginés à l'imitation des premiers.......... 303
    Article V. De la forme générale et des dimensions principales du qànon des Égyptiens modernes........... 305
    Article VI. Des parties du qànon. Nom en arabe de chacune d'elles................................. 308

TABLE DES MATIÈRES.

Pages.

Article VII. Matière dont est formée, composée ou ornée chacune des parties précédentes.............. 309

Article VIII. De la forme, des dimensions et de l'usage des parties précédentes..................... 311

Article IX. Accord et partition du qânon............... 322

Chapitre IX. De l'instrument appelé en arabe *santir*........... 324

Chapitre X. De la kemângeh a'gouz...................... 327

Article Ier. Nom de cet instrument. Style et caractère de la forme et des ornemens qui distinguent la kemângeh a'gouz des autres instrumens orientaux, tant dans son ensemble que dans les diverses parties qui la composent.................. *Ibid.*

Article II. Parties dont se compose la kemângeh a'gouz... 330

Article III. Forme, matière et disposition de chacune des parties précédentes, et de leurs ornemens........ 331

Article IV. Dimensions de la kemângeh a'gouz et de ses parties..................................... 337

Article V. De l'accord de la kemângeh a'gouz; de la quantité, de l'étendue et de la variété des sons qu'on peut obtenir sur cet instrument............. 339

Chapitre XI. De la kemângeh farkh ou kemângeh soghayr..... 346

Article Ier. En quoi la kemângeh farkh se rapproche de la kemângeh a'gouz, et en quoi elle en diffère...... *Ibid.*

Article II. De la forme, de la matière, des ornemens et des dimensions de la kemângeh farkh, ainsi que de ses parties............................. 347

Article III. De l'accord, de l'étendue et de la qualité des sons de la kemângeh farkh.................... 351

Chapitre XII. Du rebâb................................ 353

Article Ier. Du nom, de l'espèce et de l'usage de cet instrument................................. *Ibid.*

Article II. Forme, matière, composition et dimensions du rebâb et de ses parties.................... 356

Article III. Accord et étendue des sons du rebâb. Destination primitive de cet instrument............... 359

Chapitre XIII. Du kissar, ou de la lyre éthiopienne.......... 365

Article Ier. Des diverses manières de prononcer et d'écrire le nom de cet instrument. De la parfaite ressemblance qui s'offre entre le kissar et la lyre décrite par Homère, dans son Hymne à Mercure. Description générale du kissar; manière d'en

TABLE DES MATIÈRES.

Pages.

jouer. Usage de l'ancienne lyre; préjudice qu'a éprouvé l'art musical depuis qu'on a négligé cet instrument. Discrédit dans lequel est tombée la musique depuis ce temps............ 365

Article II. Forme, matière, disposition et dimensions du kissar................................ 375

Article III. Singulier accord du kissar. Principe harmonique sur lequel cet accord est établi; étendue et diapason de ses sons; propriétés des intervalles formés par ces mêmes sons, manière de jouer de cet instrument...................... 381

SECONDE PARTIE. — *Des instrumens à vent*................. 391

Chapitre premier. Du hautbois égyptien appelé en arabe *zamr*, ou *zourná*, suivant les Persans............ *Ibid.*

Article Ier. De la confusion que cause ordinairement la diversité des noms donnés aux mêmes instrumens par les auteurs; de la possibilité de dissiper cette confusion dans les noms des instrumens anciens; des divers noms sous lesquels le *zamr* est connu................................ *Ibid.*

Article II. Des trois sortes de *zamr*; du nom qu'on leur donne à chacun. De l'espèce de zamr à laquelle il est probable que le nom de *zourná* doit appartenir; des rapports que ces instrumens ont entre eux; et des différences qui les distinguent. 397

Article III. Du nombre, du nom, de la matière et de la forme des parties du hautbois connu en Égypte sous le nom de *zamr*, et en d'autres lieux sous celui de *zourná*............................ 399

Article IV. Des dimensions des parties précédentes, par rapport à chacun des *zamr* de différentes grandeurs................................. 403

Article V. De la manière de jouer du zamr, de sa tablature, de la variété et de l'étendue de ses sons...... 410

Tablature, étendue et variété des sons du *zamr gourä*. — Tablature et étendue des sons du *zamr moyen*. — Tablature et étendue des sons du *zamr el-kebyr* ou *qabá*................ 414

Chapitre II. De l'e'ràqyeh.............................. 417

Article Ier. Quelle est l'origine et l'espèce de l'instrument appelé *e'ráqyeh*...................... *Ibid.*

Article II. De la matière, de la composition, de la forme et

TABLE DES MATIÈRES.

	Pages.
des dimensions de l'e'râqyeh, et de chacune de ses parties............................	420
Article III. De la manière de jouer de l'e'râqyeh, de la tablature, de l'étendue et de la variété des sons de cet instrument........................	425
Chapitre III. De la trompette des Égyptiens modernes, appelée *nefyr*................................	426
Article Ier. Opinion de Scacchi sur la forme de la trompette des anciens Égyptiens; ressemblance parfaite qui se trouve entre la forme qu'il lui suppose et celle de notre trompette moderne, dont se rapproche beaucoup aussi le nefyr des Égyptiens modernes..........................	*Ibid.*
Article II. De la matière, de la forme, de la composition et des dimensions du nefyr et de ses parties....	430
Chapitre IV. De la flûte à bec égyptienne, appelée en arabe *souffârah* ou *chabbâbeh*........................	434
Article Ier. Du nom, de la matière et de la forme de cette espèce de flûte........................	*Ibid.*
Article II. Des proportions et des dimensions du souffârah et de ses parties........................	436
Article III. De la tablature, de la variété et de l'étendue des sons du souffârah........................	438
Chapitre V. De la flûte égyptienne appelée en arabe *nây* ناي....	440
Article Ier. Des diverses espèces de nây.............	*Ibid.*
Article II. Du nây châh, ou du grand nây, percé de sept trous; de ce qu'il a de commun avec les autres nây, et de ce qui lui est propre............	443
Article III. Des dimensions du grand nây et de ses parties..	444
Article IV. De la manière de tenir le grand nây, ainsi que les autres instrumens de son espèce; du doigter; de la tablature et de l'étendue de ses sons; de leur qualité; de leur effet dans la mélodie....	447
Article V. Du nây giref ou petit nây à huit trous; de son affinité avec le nây châh; de sa forme en général; des choses qui n'y tiennent pas essentiellement et qui n'y paraissent qu'accidentellement............................	450
Article VI. De la forme du nây giref, de ses dimensions et de celles de ses parties, de son doigter et de sa tablature............................	453

TABLE DES MATIÈRES.

Pages.

Chapitre VI. D'une espèce de flûte champêtre appelée en arabe
arghoul ارغول 456
   Article   Ier. Du caractère et du style de l'arghoul; de l'origine et de l'époque de l'invention de l'arghoul, et du nom de son inventeur............... *Ibid.*
   Article   II. De l'arghoul, de ses parties et de son usage.... 466
   Article   III. Des parties dont se composent l'arghoul el-kebyr, l'arghoul el-soghayr et l'arghoul el-asghar; des principales dimensions de ces trois instrumens; de l'étendue et de la qualité de leurs sons; de la tablature; du doigter de chacun d'eux............................ 469

Chapitre VII. Du zouqqarah....................... 474
   Article   Ier. De l'usage, de la forme, de la matière et de la composition de cet instrument............ *Ibid.*
   Article   II. De l'antiquité du zouqqarah en Orient; analogie frappante que présentent entre eux cet instrument et le nable des anciens............... 477

TROISIÈME PARTIE. — *Des instrumens bruyans de percussion*..... 486

Chapitre premier. Considérations générales sur les instrumens bruyans de percussion................. *Ibid.*
   Article   Ier. De la différence qui existe entre les instrumens mélodieux et les instrumens bruyans. De ce qui distingue l'harmonie du bruit.............. *Ibid.*
   Article   II. Des diverses espèces d'instrumens bruyans. Des noms qu'on a donnés à ceux dont les sons participaient de la résonnance mélodieuse, et à ceux qui se rapprochaient davantage du bruit. De l'affinité des uns et des autres, et de l'utilité de chacun d'eux..................... 489
   Article   III. De ce qui distingue les instrumens bruyans des modernes d'avec ceux des anciens.......... 491

Chapitre II. Des crotales en général...................... 493
   Article   Ier. Des noms génériques de la plupart des crotales.. *Ibid.*
   Article   II. Des petits crotales en forme de cymbales, dont les danseuses égyptiennes font usage........ 496
   Article   III. Du nom, de la forme, des dimensions et de l'usage des grands crotales ou des cymbales égyptiennes............................ 500
   Article   IV. Des instrumens bruyans semi-crotales......... 510

Chapitre III. Des diverses timbales en usage en Égypte; des di-

		Pages.
	mensions de chacune d'elles, de l'emploi qu'on en fait, et de la manière de s'en servir...........	518
Chapitre IV. Des instrumens bruyans ou des tambours..........		525
QUATRIÈME PARTIE. — *Des instrumens de musique des nations étrangères dont un grand nombre d'habitans sont réunis en Égypte*.........		530
Chapitre unique. Des instrumens des divers peuples de l'Afrique.		*Ibid.*
Article	Ier. Des instrumens des Barâbras et des Nubiens...	*Ibid.*
Article	II. Des instrumens mélodieux, des instrumens bruyans et des crotales des Éthiopiens, et particulièrement de ceux des Abyssins................	532
Article	III. Des instrumens sonores des Qobtes de l'Égypte.	552
Article	IV. Des instrumens des Persans et des Turks......	554
Article	V. Des instrumens des Syriens................	*Ibid.*
Article	VI. Des instrumens des Arméniens..............	555
Article	VII. Des instrumens sonores des Grecs modernes....	557
Article	VIII. Des instrumens de musique parmi les Juifs modernes...............................	559

FIN DE LA TABLE.

BARREAU ANGLAIS

ou

CHOIX DES MEILLEURS PLAIDOYERS

DES AVOCATS ANGLAIS

Traduits par MM. CLAIR et CLAPIER, avocats à la Cour royale de Paris.

Trois volumes in-8° format et texte du Barreau français, dont ils formeront les tomes 17, 18 et 19, si les souscripteurs veulent les joindre à leur collection. Prix : 18 fr. les trois volumes. Chez C. L. F. PANCKOUCKE, éditeur, rue des Poitevins, n. 14.

Extrait du Prospectus.

« Notre recueil réunira tout ce que le barreau anglais a produit de plus remarquable. Les Œuvres du lord Erskine nous fourniront un corps complet de doctrine sur la liberté de la presse; ses plaidoyers pour le doyen de Saint-Asaph, pour Stockdale, pour Thomas Paine, présentent le résumé des plus intéressantes questions sur ce sujet. Nous emprunterons à Mackintosh sa défense du libraire Pelletier, poursuivi pour avoir publié à Londres une ode contre Napoléon, que l'on attribuait à Chénier. Philipps et Curran nous offriront quelques procès fameux de divorce et de séduction, qui nous feront connaître l'état des mœurs domestiques en Angleterre; enfin, le procès de M. Hastings nous apprendra comment s'exerce, dans le parlement anglais, cette responsabilité ministérielle qui n'existe encore chez nous que de nom. Ainsi, notre recueil ne sera pas seulement utile à l'avocat auquel il offrira de nouveaux modèles : tout homme qu'une honorable ambition invite aux études plus relevées du droit public, trouvera dans ces précédens de liberté, des enseignemens utiles. »

L'ouvrage est imprimé dans le même format et du même caractère que le *Barreau français* auquel il se lie naturellement. La première livraison qui est actuellement sous presse, contient les plaidoyers de lord Erskine; de courtes notices, placées en tête de chaque plaidoyer, en feront connaître l'objet et le résultat.

Les termes et les usages de la jurisprudence anglaise qui pourraient présenter quelques difficultés aux lecteurs français, seront expliqués dans des notes claires et concises.

Enfin, rien ne sera négligé par l'éditeur pour rendre cet ouvrage digne de la faveur dont le public a honoré la collection du Barreau français.

Il y joindra quatre portraits des plus célèbres orateurs du Barreau anglais.

www.ingramcontent.com/pod-product-compliance
Lightning Source LLC
Chambersburg PA
CBHW060508230426
43665CB00013B/1433